BIBLIOTECA DE SABIDURÍA Y COMPASIÓN

Biblioteca de sabiduría y compasión es una serie de varios volúmenes en los que Su Santidad el Dalai Lama comparte las enseñanzas del Buda sobre el camino completo hacia la Iluminación, que Su Santidad mismo ha practicado durante toda su vida. Los temas están dispuestos especialmente para las personas que no han nacido en una cultura budista, pero se han visto cautivadas por la perspectiva singular del Dalai Lama. Asistido por su antigua discípula la monja americana Thubten Chodron, el Dalai Lama establece el contexto para practicar las enseñanzas del Buda en los tiempos modernos y, a continuación, revela el camino de la sabiduría y la compasión, que dirige hacia una vida significativa y un sentimiento de realización personal. Esta serie es un puente importante entre los temas introductorios y los más complejos para quienes buscan una explicación profunda en un lenguaje contemporáneo.

Volúmenes publicados hasta ahora:

Un acercamiento al sendero budista.
Fundamentos de la práctica budista.
Samsara, Nirvana y naturaleza de buda.
Tras las huellas del Buda.
Alabanza a la Gran Compasión.
Compasión valerosa.
¿Dónde está el yo?

¿DÓNDE ESTÁ EL YO?

El Decimocuarto Dalai Lama
Bhiksu Tenzin Gyatso

y

Bhiksuni Thubten Chodron

Ediciones Amara
Apartado 995
07760 Ciutadella
Menorca
www.edicionesamara.com

Título original: *Searching for the Self*
Por cortesía de Wisdom Publications

Publicado por vez primera en 2023 por Ediciones Amara.
Ciutadella de Menorca. Illes Balears.

© Copyright de S.S. el Dalai Lama y Thubten Chodron
© Traducción: Fernando Hernández y Celia Gómez
© Coordinador de la traducción: Isidro Gordi
© Dibujo de la portada de Chandrakirti: Antón Gispert
© Diseño del libro: FEHERO

Impreso en España / Printed in Spain

Todos los derechos reservados. Prohibida su reproducción total o parcial sin permiso del editor o propietario del Copyright. Cualquier forma de reproducción, distribución, comunicación pública o transformación de esta obra solo puede ser realizada con la autorización de sus titulares, salvo excepción prevista por la ley. Diríjase a CEDRO (Centro Español de Derechos Reprográficos, www.cedro.org) si necesita fotocopiar o escanear algún fragmento de esta obra».

ISBN de la obra:978-84 95094-88-9
Depósito Legal: ME-527/2023

Ediciones Amara desea agradecer de un modo especial a María José Aceituno Hinojosa, Ester Abelenda, Lola Rega, María del Mar Morales, Sabrina Rodríguez, Laura Aguilar, Rafa Jiménez, Bárbara Zahara Jiménez, Gabriele Gross, Luisa Ríos, Reme Castro, Noemí Sánchez Milán, Elena García Rodríguez, María José Gómez Sánchez, Montse Sánchez Bolaños, Almudena Lara Ostio y Tomás Muñoz Luque, su desinteresada ayuda económica que ha hecho posible la publicación de *¿Dónde está el Yo?*

Su acto generoso hace realidad una de las estrofas de dedicación de la *Guía a la forma de vida del bodhisatva,* compuesta por Shantideva (685-763):

> [37] Que las enseñanzas, la única medicina para aliviar el dolor y el único origen de toda alegría, sean materialmente apoyadas, veneradas y se mantengan a lo largo del tiempo.

Elogios previos a *¿Dónde está el yo?*

"Estoy encantado de ver *¿Dónde está el yo?* Todos los volúmenes de *Biblioteca de sabiduría y compasión* son un tesoro muy valioso: son profundos, pero fácilmente accesibles. *¿Dónde está el yo?* te ayudará a abrir tu ojo de la sabiduría para investigar la vacuidad. Con esa comprensión, podrás volar en libertad sin aferrarte a los objetos ilusorios"
—Gueshe Lhakdor, director de la *Biblioteca de Obras y Archivos Tibetanos*, Dharamsala, India—.

"Es refrescante encontrar un estudio tan claro y profundo de la enseñanza del *Camino medio* sobre la "ausencia de una identidad personal sólida" y la vacuidad tal como se encuentra en las tradiciones mahayana y theravada. Este notable libro abre la puerta a una amplia y profunda comprensión de esas enseñanzas y del sendero que conduce a su comprensión experiencial"
—Ajahn Sundara, autor de *Caminando el mundo*, *Semillas del Dhamma* y *Pacupanna: El momento presente*—.

"Este séptimo volumen de *Biblioteca de sabiduría y compasión* es, sin duda, la obra maestra de S. S. el Dalai Lama y Thubten Chodron. *¿Dónde está el yo?* no sólo aborda el corazón de la visión budista sobre la vacuidad, que la distingue de las grandes religiones monoteístas, sino que también analiza los enfoques del budismo pali y chino sobre la naturaleza última. Una presentación valiente, impresionante y convincente hacia una teoría del "ecumenismo budista", que permite a los budistas de todo el mundo hablar con una sola voz sobre cuestiones importantes que nos conciernen a todos hoy. Al mismo tiempo, ofrece a los no budistas una nueva visión del mundo del pensamiento y la práctica budistas"
—Dra. Carola Roloff (Bhiksuni Jampa Tsedroen), profesora de Budismo y Diálogo en la Academia de Religiones del Mundo de la Universidad de Hamburgo—.

"Con este libro los autores han abierto la puerta a un vasto tesoro de ideas budistas. Basado en las instrucciones impartidas por el Dalai Lama a audiencias de todo el mundo, habla directamente de los problemas de la condición humana. Un valioso compendio de filosofía budista que aborda tanto la práctica espiritual sencilla y con fundamento como la necesidad de comprender verdades más profundas"

–Ian Coghlan (Jampa Ignyen), Universidad de Monash–.
Contenido

Contenido

Elogios previos a ¿Dónde está el yo? 9
Prefacio 17
Abreviaturas 25
Introducción 29

1. La importancia de comprender la naturaleza última, la vacuidad 33
   ¿Por qué es importante comprender la vacuidad? 33
   ¿Qué es la vacuidad? 36
   Vacuidad: su naturaleza, su propósito y su significado 38
   Recipientes adecuados para recibir enseñanzas sobre la vacuidad 43
   Requisitos previos para la visión superior 50

2. La tradición de Nalanda 53
   Iluminando la triple fe: Una evocación a los diecisiete grandes eruditos de la tradición de la gloriosa Nalanda 54
   Comentario a "Iluminando la triple fe" 59
   Guías y explicaciones válidos 63

3. Introducción a los sistemas de principios filosóficos 67
   El valor de estudiar los sistemas de principios filosóficos 68
   Sistemas de principios filosóficos budistas y sus sabios 75

4. Revisión de los sistemas de principios filosóficos budistas y no budistas 81
   La persona mundana y el yogui 81
   Escuelas de principios filosóficos no budistas 84
   Sistemas de principios filosóficos budistas 87
   Vaibhashika 88
   Sautrantika 90
   Yogachara (chitamatra) 97
   Madhyamaka 103

5. Comparar afirmaciones 109
   Niveles de ausencia de identidad esencial de la persona 111
   Niveles de ausencia de identidad esencial de los fenómenos 115
   ¿Qué es el camino medio? 118
   Ir gradualmente a la visión correcta 122
   Definitivo e interpretable 128
   Demostrar el significado definitivo... 137
   La tres puertas a la Liberación 140
   El homenaje de Nagarjuna 145

6. Sujetos conocedores y objetos conocidos 149
   Las etapas para comprender la vacuidad 149
   El proceso cognitivo 152
   Silogismos y consecuencias 164

7. La importancia de comprender la vacuidad............. 169
   ¿Quién soy yo? 169
   La raíz del samsara... 172
   Cómo se aferra la ignorancia a su objeto................................. 175
   El desarrollo de las aflicciones en la vida diaria 178
   Atención inadecuada y concepciones distorsionadas 180
   Conceptualizaciones y elaboraciones 181
   El cese del samsara... 189
   La vacuidad es una negación no afirmativa 192
   Comprender la ausencia de identidad esencial de
   la persona y los fenómenos 194
   Características de la realidad 199
   El objeto del logro 200

8. Objetos de negación 203
   Objetos negados por el sendero y objetos negados por
   el razonamiento... 203
   La importancia de identificar correctamente el objeto
   de negación 207
   Lo que no es el objeto de negación 210
   El sentido válido del yo 212

Existencia inherente, intrínseca 213
La identidad esencial de la persona 218
La identidad esencial de los fenómenos 231
El Sutra del corazón 233

9. La visión del camino medio 241

Establecer el objeto de negación y la visión de la ausencia de identidad esencial 241
Identificar correctamente el objeto de negación para evitar los dos extremos 246
Confundir la existencia con la existencia inherente y la vacuidad con la no existencia 249
La cualidad única de la madhyamaka 251
El samsara y el Nirvana son vacíos y dependientes 255
Los madhyamikas no son nihilistas 262
La vacuidad existe y en sí misma es vacía 267
¿Tienen tesis los madhyamika? 269
Evitar los dos extremos 272

10. El extremo del absolutismo 275

Budistas esencialistas que no refutan lo suficiente 276
¿Qué comprenden y hacen los sravakas y los realizadores solitarios? 278
El vehículo fundamental y el vehículo universal 283
Examinar nuestras creencias absolutistas 285
Un creador o inteligencia previa 288
El origen del universo 293
El yo y el alma 295
Malinterpretar la naturaleza de buda 297
Causas y efectos, permanente e impermanente 299
El budismo y otras religiones 301
La Iluminación y otras tradiciones espirituales 303
Libre albedrío y predeterminación 306

11. Tradición pali: Abandonar los dos extremos 309

Sabiduría 309
Penetrar el sentido de las cuatro verdades 310

Subyugar los engaños 314
La importancia de comprender la ausencia de identidad
  esencial...317
Desarrollar la sabiduría y lograr la comprensión 322
Calmar la reactividad ante las sensaciones..............................324
Cualidades únicas de la enseñanza del Buda 328
Renunciar a las visiones erróneas 330

12. Tradición pali: Desarrollar la sabiduría de vipasana... 335

Esquemas que utilizar y fenómenos que examinar 336
Las tres características..338
Eliminar lo que no es tuyo 351
El conocimiento de vipasana 352
Los seis grupos de seis 353
Análisis de los 36 factores como la ausencia de un
  yo permanente y sólido 359
Comprender la ausencia de identidad esencial mediante
  los elementos...364
Comprender la ausencia de identidad esencial mediante
  las formas derivadas..369

13. Epílogo: El abhidharma pali.. 373

Formular una filosofía enraizada en las enseñanzas
  del Buda...374
Los primeros abhidharmikas..376
La teoría del dharma 378
EL desarrollo de la teoría del dharma 382
Sustancia y naturaleza propia..385
Características propias 388
Designaciones y conceptos 392
Las dos verdades..394
La teoría de la forma 397
La teoría de las partículas más pequeñas 401
La teoría de la transitoriedad (ser instantáneo)......................404
La teoría del tiempo 406

La teoría del espacio 407
La evolución del abhidharma 408
Algunas reflexiones 410
Los abhidharmikas y los filósofos indios posteriores 415

Glosario 419
Índice por palabras 439

Índice de tablas

- Verdades convencionales y últimas 109
- Identidad esencial, El objeto de negación: La identidad esencial que se refuta en la persona y en los fenómenos 117
- Cómo establece cada sistema de principios filosóficos su visión del camino medio 121
- Las consciencias y sus objetos 159
- Las consciencias y los objetos según los prasangika 163
- Oscurecimientos Aflictivos y Cognitivos 244
- Engaños, antídotos y tipos de eliminación 317

PREFACIO

Muchas de las prácticas que realizamos en el sendero de la Iluminación son para prepararnos para estudiar, contemplar, meditar y comprender la naturaleza de la realidad, ya que éste es el logro que tiene el poder de cortar nuestros engaños desde su raíz. Así, en *Biblioteca de sabiduría y compasión*, llegamos ahora a este tema. Aunque Su Santidad ha abordado la exposición de la vacuidad –la ausencia de existencia inherente– a lo largo de los volúmenes anteriores, en éste y en los dos siguientes profundiza en este tema, presentándolo desde una diversidad de enfoques. Este primero de los tres volúmenes sobre la vacuidad, *¿Dónde está el yo?*, se centra en identificar nuestros puntos de vista erróneos y dirigirnos al modo real de existencia de todas las personas y fenómenos. Al hacerlo, se cuestionan algunas de nuestras creencias más profundas, algunas formas falsas de vernos a nosotros mismos y al mundo que son tan habituales que ni siquiera nos damos cuenta de ellas. ¡Prepárate para el desafío y la intriga!

CÓMO SURGIÓ ESTE LIBRO

Biblioteca de sabiduría y compasión lleva muchos años de trabajo. Como se relata en los prefacios de los volúmenes anteriores, la idea de esta serie comenzó a principios de los años 90, cuando le pedí a Su Santidad el Dalai Lama que escribiera un texto breve que los lamas tibetanos pudieran utilizar cuando enseñaran el Budadharma a los occidentales y a personas que no eran tibetanas. Su Santidad respondió que primero se debía escribir algo más largo, me dio una transcripción de una de sus enseñanzas y me mandó a trabajar.

En las entrevistas que mantuve con él durante los años siguientes, el enfoque y el alcance de la serie se hicieron más evidentes. A continuación se exponen algunos de los consejos de Su Santidad:

"Nuestro principal objetivo es ayudar a los practicantes de las tradiciones pali y sánscrita a tener una mejor comprensión de las enseñanzas y de la práctica del otro; una mejor comprensión entre las dos tradiciones traerá un contacto más estrecho, que no sólo beneficiará a los practicantes individualmente, sino que también permitirá que el Budadharma exista durante más tiempo. Además, hará posible que los líderes budistas de todas las tradiciones hablen con una sola voz sobre cuestiones importantes del mundo, como el cambio climático.

Salvo pequeñas diferencias, la práctica del vinaya en todas las tradiciones es básicamente la misma; el vinaya y el pratimoksha se enfatizan tanto en el vehículo fundamental como en el mahayana. Las treinta y siete armonías con la Iluminación también son comunes. Después de leer este libro, los practicantes theravada tendrán una comprensión más clara de que los practicantes mahayana también realizan estas prácticas y los practicantes mahayana sabrán que los practicantes theravada meditan en el amor y la compasión inconmensurables.

La tradición pali es la base del Budadharma. Aunque haya gente que piensa que el vinaya está anticuado, es una opinión errónea. El Buda estableció el vinaya, por lo que despreciar el vinaya y el valor de la vida monástica es similar a menospreciar la sabiduría del Buda y denigrar el sendero hacia la Iluminación. Sería bueno tener más explicaciones en esta serie sobre la tradición theravada, especialmente su práctica del vinaya —cómo se otorga la ordenación, las tres prácticas monásticas (*posadha, varsha* y *pravarana*)— y su práctica del samadhi, la Iluminación y las treinta y siete armonías con la Iluminación[1]. Sé que algunos practicantes en los países theravada son muy consumados y algunos monjes son considerados arhats.

Cuando me reúno con monjes de Sri Lanka, Tailandia, Birmania, etc., hablamos del vinaya, las treinta y siete armonías, las cuatro verdades, etc., enseñanzas budistas que todos compartimos. Cuando me reúno con practicantes tántricos japoneses, hablamos del tantra. Pero cuando los practicantes tántricos japoneses y los monjes budistas de Sri Lanka se reúnen, aparte de la práctica del refugio en las Tres Joyas, sólo pueden hablar de unas pocas prácticas que tienen en común. Eso es triste. Me gustaría que los budistas nos entendiéramos mejor.

También intento crear más entendimiento entre budistas, hindúes, cristianos, musulmanes y judíos. El énfasis de las religiones teístas en la fe en Dios, el Creador, ayuda a la gente a vivir mejor. Cuando piensan que han sido creados a imagen y semejanza de Dios, que Dios es como un padre protector y que todo está en manos de Dios, eso

---

1 Encontrarás una explicación sobre el vinaya, el samadhi, la visión y las treinta siete armonías con la Iluminación en *Tras las huellas del Buda* (Ediciones Amara).

les ayuda a desarrollar una fe unívoca. Esa fe reduce el egoísmo y les ayuda a dejar de hacer daño y a extender el perdón, la amabilidad y la generosidad hacia los demás. Si identificamos el egoísmo, el enfado, la avaricia, el miedo, los celos, etc., como emociones destructivas, podemos entender y respetar a los practicantes de las religiones teístas.

En la comunidad tibetana, algunas personas resaltan su identificación con una tradición tibetana concreta: "Yo soy nyingma, tú eres guelug; yo soy sakya, tú eres kagyu". Hacer esto de forma discriminatoria es una tontería. Espero que al ver nuestros puntos en común, los tibetanos superemos las viejas divisiones y que estos conceptos erróneos no se extiendan a los occidentales, chinos y otros practicantes del budismo tibetano".

Teniendo esto en cuenta, exploraremos las enseñanzas del Buda sobre la naturaleza de la realidad. Aunque hay muchos sistemas educativos en el mundo, cada uno con su propia metodología, aquí seguimos la tradición de Nalanda, de la India. En algunos sistemas educativos actuales, los profesores explican los temas a los alumnos, de los que se espera que recuerden toda la información. A continuación, realizan exámenes sobre la materia para comprobar si la han memorizado correctamente. No se les enseña necesariamente a pensar sobre la materia o a preguntarse por el valor ético de explorar un determinado campo de conocimiento.

En la tradición de Nalanda, nuestra motivación para la educación es aumentar nuestra capacidad para contribuir al bienestar de los demás y progresar en el sendero hacia la Iluminación completa. Aquí, el papel de un maestro es exponer ideas diversas y ayudar a los alumnos a investigarlas una por una, exponiendo sus reparos y debatiendo las distintas cuestiones. Los maestros no dan a los alumnos todas las respuestas, sino que presentan diferentes puntos de vista y preguntas que los alumnos discuten y debaten entre ellos. Esto sirve para aumentar la sabiduría discriminatoria de los alumnos y su capacidad de pensar con claridad. Aprenden lo que es verdad refutando ideas erróneas y estableciendo razones correctas.

El primer libro que hicimos Su Santidad y yo, *Budismo: Un maestro, muchas tradiciones*, así como los seis volúmenes anteriores de *Biblioteca de sabiduría y compasión* establecen muchos de los puntos comunes compartidos entre las tradiciones budistas más destacadas (hay muchas tradiciones budistas y formas de practicar, demasiadas para que podamos incluirlas en esta serie). Ahora nos ocuparemos del desarrollo de un tipo especial de sabiduría: la sabiduría que comprende la ausencia de identidad esencial y la vacuidad. Esta sabiduría tiene el poder de liberarnos del samsara para siempre.

Al aprender sobre la ausencia de identidad esencial y la vacuidad, encontrarás nuevas palabras, definiciones e ideas. Puede que te preguntes: "Si la realidad es vacía de todas las formas falsas de existencia, ¿por qué necesitamos tantas palabras y conceptos complicados para explicarla? ¿No debería ser la realidad simple de interpretar y fácil de comprender?".

Una vez que se ve directamente, la vacuidad probablemente parezca obvia y fácil de entender, pero para nuestra mente como seres ordinarios, oscurecida por visiones erróneas y emociones perturbadoras, discernir la realidad no es nada sencillo. Si la vacuidad fuera fácil de comprender, lo habríamos hecho hace mucho tiempo y ya nos habríamos convertido en budas. Pero no es así. Si la vacuidad fuera obvia, ya tendríamos la visión correcta y sabríamos cómo meditar en la vacuidad correctamente. Tampoco es el caso. La gente tiene una gran variedad de puntos de vista, e incluso en una misma persona existen muchas ideas y percepciones contradictorias. Observémonos a nosotros mismos. Por ejemplo: ¿todas nuestras percepciones y concepciones sobre la realidad forman una filosofía lógica y coherente, o a veces se contradicen entre sí, dejándonos confundidos?

Los textos indios y tibetanos que tratan sobre la vacuidad contienen muchos debates que emplean el razonamiento y el análisis crítico. Esto puede hacer que nos preguntemos: "¿Por qué se dedica tanto tiempo y energía a refutar los puntos de vista erróneos de los demás? ¿No deberíamos meditar en lugar de eso?". El razonamiento y el debate son herramientas que ponen al descubierto nuestras propias ideas erróneas. Aunque los textos parecen refutar claramente los puntos de vista distorsionados de los demás, es posible que nosotros mismos tengamos algunos de esos mismos conceptos y visiones erróneo. La lógica y el razonamiento no se emplean con el objetivo egoísta de ser el vencedor en un debate. Más bien, se emplean para refutar las opiniones distorsionadas a las que con tanta fuerza nos aferramos y encender la luz de la sabiduría en nuestra mente.

La meditación en la vacuidad no es la simple actividad de cerrar los ojos, vaciar todos los pensamientos de nuestra mente y esperar que la realidad aparezca por arte de magia en nuestra consciencia. En una mente abarrotada de puntos de vista erróneos y distraída por el apego a la felicidad de esta vida, no hay espacio para la realidad. Debemos despejar los conceptos erróneos mediante el razonamiento y el análisis para poder ver la naturaleza última que ya existe en nosotros mismos y en todos los fenómenos que nos rodean.

Por estas razones, debemos desarrollar continuamente el entusiasmo y el interés por comprender la vacuidad en profundidad, así como por comprender las palabras y los conceptos que conducen a dicha comprensión. A continuación, debemos meditar unipuntualizadamente en la vacuidad para obtener la comprensión de ésta y luego familiarizarnos con esa comprensión de la realidad para erradicar todas las aflicciones y engaños de nuestro continuo mental. Os animo a que os decidáis a estudiar, contemplar y meditar sobre este tema durante mucho tiempo.

Visión general de este libro

Este volumen comienza con una introducción de Su Santidad en la que sitúa nuestro estudio de la realidad en el marco de una motivación compasiva para beneficiar a los seres conscientes. Puesto que el valor de cualquier cosa que emprendamos depende de nuestra motivación, desarrollar una motivación para contribuir al bienestar de todos los seres sitúa nuestro estudio de la vacuidad en un contexto beneficioso.

El capítulo 1 explica por qué es importante comprender la vacuidad y describe las cualidades que hay que desarrollar para entenderla correctamente. El capítulo 2 habla de los sabios budistas cuyas enseñanzas son las más fiables para seguir. Culmina con un elogio que Su Santidad escribió y que nos presenta a los diecisiete grandes eruditos de la tradición de Nalanda que se sigue en el budismo tibetano. A continuación, en los capítulos 3, 4 y 5, exploramos lo que postulan los sistemas de principios filosóficos tanto budistas como no budistas. Este tema es muy amplio, por lo que aquí sólo se habla de las posiciones importantes en relación con los temas del presente volumen –la ausencia de identidad esencial y la vacuidad–. Aunque al principio este material puede parecer repleto de términos e ideas nuevas, a medida que progreses en tu estudio y práctica para desarrollar la visión de la vacuidad verás el valor de aprenderlos, porque ponen de manifiesto algunas de nuestras propias ideas incorrectas y nos dirigen a puntos de vista que son más razonables.

El capítulo 6 proporciona parte del material epistemológico que nos ayuda a comprender tanto los sujetos conocedores como los objetos conocidos, y el capítulo 7 explica algunos de los estados mentales implicados tanto en nuestras cogniciones ignorantes como en las acertadas. El capítulo 8 analiza la existencia inherente y otras formas fantasiosas de existencia que abarcan los objetos de negación –lo que pretendemos refutar cuando meditamos en la vacuidad– y el capítulo 9 establece el punto de vista del camino medio, que ha eliminado los extremos del absolutismo y el nihilismo. La visión del absolutismo superpone formas falsas de existencia, mientras que la visión nihilista niega lo que de hecho existe. El capítulo 10 examina más de cerca el extremo del absolutismo, ya que es la visión a la que normalmente nos aferramos los seres conscientes ordinarios.

El capítulo 11 habla de los dos extremos que se presentan en la tradición pali y de las tres características de impermanencia, duhkha y ausencia de identidad esencial que contrarrestan las visiones absolutistas. El capítulo 12 se adentra en algunos de los muchos argumentos presentados en la tradición pali que ayudan a superar el aferramiento a una noción falsa del yo. Aunque los argumentos para apoyar la ausencia de identidad esencial de la tradición sánscrita se exponen en el volumen 8 de *Biblioteca de sabiduría y compasión*, los lectores que ya estén familiarizados con ellos verán las similitudes con los argumentos que se encuentran en los sutras pali.

Es decir, es un libro ideado para las personas que han estudiado los sistemas de principios de la tradición tibetana, así como para los seguidores de la tradición pali que quieren aprender más sobre su propio sistema de Abhidharma. Muchos tibetanos creen que el theravada actual se corresponde con los sistemas vaibhashika y/o sautrantika tal y como se explican estos sistemas en la tradición tibetana. Sin embargo, no es así: aunque la tradición pali comparte muchos puntos con estos dos sistemas, hay algunas diferencias importantes. Además, este libro orienta al lector sobre algunas de las ideas fundamentales y canónicas que informan los tratados tibetanos sobre la naturaleza de la realidad, la ausencia de identidad esencial y la vacuidad. Ser consciente del desarrollo del abhidharma proporciona un trasfondo para las refutaciones del *Tratado sobre el Camino medio*, de Nagarjuna.

Cuando Su Santidad dijo que quería que incluyera la perspectiva de la tradición pali en *Biblioteca de sabiduría y compasión*, su oficina me dio una carta solicitando a los monjes theravada que me dieran enseñanzas y me permitieran permanecer en su templo. Así pasé dos semanas estudiando y practicando con Ajahn Anan en Wat Marp Jan, en Tailandia. A continuación, estudié la larga serie de enseñanzas de Bhikkhu Bodhi sobre el Majjhima Nikaya y me reuní con él para hacerle preguntas. Esto me llevó a leer sobre el abhidharma pali, a participar en un retiro de vipasana y a compartir el Dharma con monjes y monjas occidentales que conocí en nuestros *Encuentros monásticos occidentales* anuales. He enseñado el Dharma en Singapur durante casi dos años, También llegué a conocer a algunos monjes de esa tradición, participé en mesas redondas con ellos y me invitaron a hablar en sus templos. Este estudio de la tradición pali y este compromiso con ella han ayudado considerablemente a mi propia práctica del Dharma.

Ten en cuenta

Aunque la autoría de esta serie es compartida, la mayor parte del material son enseñanzas de Su Santidad. Yo recogí y escribí las partes pertenecientes a la tradición del pali, además de algún que otro párrafo, y compuse las reflexiones. Para facilitar la lectura, la mayoría de los títulos honoríficos se han omitido, aunque ello no disminuye el gran respeto que sentimos por todos esos excelentes sabios y practicantes. Los términos de lenguas extranjeras están normalmente entre paréntesis sólo la primera vez que aparecen. A menos que estén marcados con "P" o "T", indicando pali o tibetano respectivamente, los términos en cursiva son sánscritos. Cuando se colocan seguidos dos términos en cursiva, el primero es sánscrito y el segundo es pali. La ortografía sánscrita se usa para los términos del sánscrito y del pali cuyo uso se ha generalizado (*Nirvana*, *Dharma*, *arhat*, etc.) excepto en las citas de las escrituras pali. Con el fin de mantener el sentido de un pasaje no siempre es posible comentar todos los términos que aparecen por primera vez, por lo que se incluye un glosario al final del libro. Las palabras *sutra* y *tantra* van normalmente en minúscula, y se refieren al vehículo del sutra y al del tantra respectivamente, y también a los dos tipos de discursos: del sutra y del tantra. Cuando están escritas con mayúscula inicial hacen referencia al nombre propio de un sutra o al de un tantra. *Mahayana* se refiere aquí principalmente al sendero del bodhisatva tal como se explica en la tradición sánscrita. En general, el significado de todos los términos filosóficos concuerda con la presentación del sistema de principios prasangika madhyamaka. El pronombre personal *yo* se refiere normalmente a Su Santidad. Cuando no sea así, estará indicado.

AGRADECIMIENTOS

Mi más profundo respeto hacia Buda Shakyamuni y hacia todos los budas, bodhisatvas y arhats, que encarnan el Dharma y que debido a su compasión nos lo enseñan a los seres no iluminados. También me postro ante los maestros realizados del linaje de todas las tradiciones budistas, por cuya amabilidad todavía existe el Dharma en nuestro mundo.

Esta serie aparecerá en volúmenes consecutivos, así que expresaré mi agradecimiento a aquellos implicados en cada volumen en particular. En este séptimo volumen de *Biblioteca de sabiduría y compasión* quiero expresar mi agradecimiento a los traductores de Su Santidad: Gueshe Lhakdor, Gueshe Dorje Damdul y el Sr. Tenzin Tsepak. Me siento muy agradecida a Gueshe Dorje Damdul, Gueshe Dadul Namgyal y a la Bhiksuni Sangye Khadro por revisar el manuscrito; y a Samdhong Rimpoché, Gueshe Yeshe Lhundub y Gueshe Dhamchoe Gyaltsen por sus aclaraciones de puntos importantes. La ayuda de Gueshe Thupten Jinpa ha sido siempre bien recibida, y el Dr. Yakupitiyage Karunadasa y Stephen Wainwright han revisado amablemente todo el texto. También quiero agradecer a Bhikkhu Bodhi sus claras explicaciones sobre la tradición pali y su generosidad respondiendo a tantas preguntas como le hice. Además, revisó amablemente las secciones del libro referentes a la tradición pali, antes de su publicación. Doy las gracias así mismo al personal de la Oficina Privada de Su Santidad por facilitar las entrevistas, a las comunidades de Sravasti Abbey por respaldarme mientras escribía este volumen y a Mary Petrusewicz por su habilidosa edición. Me siento agradecida a todo el equipo de Wisdom Publications, que ha contribuido a que la publicación de esta serie sea una realidad. Todos los errores son culpa mía.

Bhiksuni Thubten Chodron
Monasterio de Sravasti

Abreviaturas

ADK   *Tesoro del conocimiento* (*Abhidharmakosha*), de Vasubandhu. En *Abhidharmakosha of Acharya Vasubandhu*: Traducción al inglés del francés por el Dr. Leo M. Pruden. Editado por Lokananda C. Bhikkhu (Delhi: Buddhist World Press, 2018).

ADKB   Autocomentario a *Tesoro del conocimiento* (*Abhidharmakosha*), de Vasubandhu. En *Abhidharmakosha-Bhashya*, de Vasubandhu: *Tesoro del abhidharma y su comentario*. 4 vols. Traducido al francés por Louis de La Vallée Poussin. Traducción comentada al inglés por Gelong Lodro Sangpo (Delhi: Motilal Banarsidass, 2012).

ADS   *Abhidharmasamuchaya*: *Compendio de la enseñanza superior* (*Filosofía*), de Asanga. Traducido al francés por Walpola Rahula. Traducción al inglés por Sara Boin-Webb (Fremont, CA: Jain Publishing, 2015).

AN   *Anguttara Nikaya*. Traducido por Bhikkhu Bodhi en *Los Discursos numéricos del Buda* (Boston: Wisdom Publications, 2012).

BCA   *Engaging in the Bodhisatva's Deeds* (*Bodhicaryavatara*), de Shantideva.

BV   *Comentario sobre la bodhichita* (*Bodhichittavivarana*), de Nagarjuna. Traducido por Thubten Jinpa.

CS   *Las Cuatrocientas* (*Chatuhshataka*), de Aryadeva. Traducido por Ruth Sonam en *Āryadeva's Four Hundred Stanzas on the Middle Way* (Ithaca, NY: Snow Lion Publications, 2008).

CTB   *La compasión en el budismo tibetano*, de Tsongkhapa. Traducido y editado por Jeffrey Hopkins (Ithaca, NY: Snow Lion Publications, 1980).

DAE   *Dependent-Arising and Emptiness: A Tibetan Buddhist Interpretation of Madhyamika Philosophy*, por Elizabeth Napper (Boston: Wisdom Publications, 1989).

DN   *Digha Nikaya*. Traducido por Maurice Walshe en *The Long Discourses of the Budhha* (Boston: Wisdom Publications, 1995).

EES   *Explicación extensa* (*de Chandrakirti*) *del "Suplemento al Tratado sobre el camino medio"* (*de Nagarjuna*): *Iluminación del pensamiento*, por Tsongkhapa Losang Drakpa. Traducido por Jeffrey Hopkins y Anne C. Klein. Manuscrito inédito.

EMW *Emptiness in the Middle way school of buddhism: Mutual Reinforcement of Understanding Dependent-Arising and Emptiness: Dynamic Responses to Tsong-kha-pa's "The Essence of Eloquence: IV,"* por Jeffrey Hopkins. Editado por Kevin Vose (Dyke, VA: UMA Institute for Tibetan Studies, 2019).

FEW *Tsongkhapa's Final Exposition of Wisdom.* Traducido por Jeffrey Hopkins (Ithaca, NY: Snow Lion Publications, 2008).

HSY *Conócete a ti mismo,* por S. S. el Dalai Lama. Traducido al español por Matilde Fernández de Villavicencio. Editorial Debolsillo.

Iti *Itivuttaka.* En *El Udana y el Itivuttaka.* Traducido por John D. Ireland (Kandy, Sri Lanka: Buddhist Publication Society, 2007).

LC *Gran tratado sobre las etapas del sendero: Lam Rim Chen Mo,* de Tsongkhapa, 3 vols. Traducido por The Lamrim Chenmo Translation Committee. Coordinador de edición: Joshua Cutler. Editor: Guy Newland. (Ithaca, NY: Snow Lion Publications, 2000-2004).

LS *Praise to the World Transcendent (Lokatistava),* de Nagarjuna. Traducido por Thupten Jinpa, 2007. http://www.tibetanclassics.org/html-assetsWorldTranscendentHym.pdf.

MMA *Suplemento al camino medio (Madhyamakavatara),* de Chandrakirti. Traducido por Jeffrey Hopkins en *Compassion in Tibetan Buddhism by Tsongkhapa* (Ithaca, NY: Snow Lion Publications, 1980).

MMK *Tratado del camino medio (Mulamadyamakakarika),* de Nagarjuna. De *Ocean of Reasoning by rJe Tsong Khapa.* Traducido por Geshe Ngawang Samten and Jay L. Garfield (New York: Oxford University Press, 2006).

MN *Majjhima Nikaya.* Traducido por Bhikkhu Ñanamoli y Bhikkhu Bodhi en *The Middle-Length Discourses of the Buddha* (Boston: Wisdom Publications, 1995).

MP *Maps of the Profound: Jam-yang-shay-ba's Great Exposition of Buddhist and Non-Buddhist Views on the Nature of Reality,* por Jeffrey Hopkins (Ithaca, NY: Snow Lion Publications, 2003).

NT *The Nature of Things: Emptiness and Essence in the Geluk World,* por William Magee (Ithaca, NY: Snow Lion Publications, 1999).

OR	*Ocean of Reasoning by rJe Tsong Khapa*. Traducido por Gueshe Ngawang Samten y Jay L. Garfield (New York: Oxford University Press, 2006).
P	Pali.
PV	*Comentario sobre el Compendio de la cognición válida* (*Pramanavarttika*), de Dharmakirti.
RA	*Guirnalda Preciosa* (*Ratnavali*), de Nagarjuna. Traducido por John Dunne y Sara McClintock en *The Precious Garland: An Epistle to a King* (Boston: Wisdom Publications, 1997).
Sn	*Suttanipata*. Traducido por Bhikkhu Bodhi en *The Suttanipata* (Somerville, MA: Wisdom Publications, 2017).
SN	*Samyutta Nikaya*. Traducido por Bhikkhu Bodhi en *The Connected Discourses of the Buddha* (Boston: Wisdom Publications, 2000).
SRR	*Self, Reality, and Reason in Tibetan Philosophy: Tsongkhapa's Quest for the Middle Way,* por Thupten Jinpa (New York: Routledge Curzon, 2002).
SS	*Seventy Stanzas* (*Shunyatasaptati*), de Nagarjuna. *Nagarjuna's Seventy Stanzas*, de David Ross Komito (Ithaca, NY: Snow Lion, 1987).
T	Tibetano.
TP	*Tratado sobre los Paramis*, de Achariya Dhammapala. Traducido por Bhikkhu Bodhi (Kandy: Buddhist Publication Society, 1991).
Vism	*Visuddhimagga,* de Buddhagosha. Traducido por Bhikkhu Ñanamoli en *The Path of Purification* (Kandy: Buddhist Publication Society, 1991).
VV	*Refutation of Objections* (*Vigrahavyavartani*), de Nagarjuna. En *The Dispeller of Disputes: Nagarjuna's Vigrahavyavartani*. Traducción y comentario de Jan Westerhoff (New York: Oxford University Press, 2010).
YDB	*The Yogic Deeds of Bodhisattvas*, por Gueshe Sonam Rinchen. Traducido por Ruth Sonam (Ithaca, NY: Snow Lion Publications, 1994).
YS	*Sixty Stanzas of Reasoning* (*Yuktishashtikakarika*), de Nagarjuna. Traducido por Gueshe Thupten Jinpa. https://www.tibetanclassics.org/html-assets/SixtyStanzas.pdf.

Introducción

Siempre que hablo con la gente, pienso en mí mismo como un miembro de su familia. Aunque nos veamos por primera vez, para mí ya es un amigo. Cuando compartimos algo, no pienso en mí como en alguien budista, tibetano o como el Dalai Lama, pienso en ambos como en un ser humano hablando con otro ser humano.

Cuando interactuemos, espero que pienses en ti como en un ser humano y no como en un estadounidense, asiático, europeo, africano o miembro de un país, grupo étnico, género, partido político, grupo de edad o religión en particular. Estas identidades y lealtades convencionales son secundarias y a veces interfieren en nuestra conexión y entendimiento mutuo. Si tú y yo encontramos un terreno común como seres humanos, podemos comunicarnos bien; que yo sea monje, budista, tibetano u hombre es algo superfluo en comparación con mi naturaleza como ser humano.

Ser humano es nuestra característica común fundamental: es la base que siempre compartiremos. Cada uno de nosotros nace como un ser humano, un hecho que no cambia hasta que nos morimos. Todo lo demás – que seas educado o inculto, joven o viejo, rico o pobre, negro, blanco, amarillo o rojo– es secundario.

En realidad, tú y yo ya nos conocemos profundamente como seres humanos que compartimos los mismos objetivos básicos. Todos buscamos la felicidad y no queremos el sufrimiento. Todos, vivamos donde vivamos, estamos comprometidos en diversos proyectos porque nos motiva el deseo de ser felices. Esto es natural y no hay nada malo en ello. Sin embargo, debemos tener en cuenta que la excesiva implicación en los aspectos superficiales de la vida no resolverá nuestros mayores problemas de descontento y sufrimiento. Y demasiado egoísmo no nos hará sentirnos satisfechos. El amor, la compasión y la preocupación por los demás son las verdaderas fuentes de felicidad. Cuando las cultivamos en abundancia, ni siquiera nos perturbarán las circunstancias más incómodas. Sin embargo, si alimentamos el resentimiento, los celos y el odio, la felicidad se nos escapará aunque vivamos en un mundo de lujo. Por eso, si realmente queremos ser felices, debemos ampliar la esfera de nuestro amor. Esto es tanto un pensamiento religioso como un sentido común básico.

Míralo de la manera siguiente. Nacemos indefensos. No tenemos nada y no podemos cuidar de nosotros mismos. Sin la bondad de nuestros padres u otro cuidador, no podríamos sobrevivir y mucho menos prosperar. Como las mentes de los niños pequeños son muy delicadas, su necesidad de amabilidad es especialmente evidente, pero los adultos también necesitan amabilidad. Si alguien me saluda con una sonrisa y expresa una actitud genuinamente amistosa, lo valoro mucho. Aunque no conozca a esa persona o ni siquiera entienda su idioma, mi corazón se relaja al instante. En cambio, si falta la amabilidad, aunque esté con alguien de la misma cultura a quien conozco desde hace muchos años, siento un frío glacial entre nosotros. La amabilidad y el amor –un verdadero sentimiento de hermandad– son muy valiosos. Hacen posible la comunidad y, por tanto, son una parte esencial de cualquier sociedad.

El último día de una visita a Los Ángeles, un gueshe y sus estudiantes –que habían organizado las enseñanzas–, mi personal y el equipo de seguridad se dirigían al ascensor del hotel, de camino al aeropuerto. Vi a la camarera que se había ocupado de mi habitación y me acerqué para darle las gracias. Para sorpresa de todos, se acercó y me dio un rápido beso en la mejilla. Todos los que estaban alrededor no sabían cómo responder, creo que estaban un poco incómodos, pensando que el beso en la mejilla era inapropiado, así que se limitaron a guardar silencio. Pero cuando entramos en el ascensor, les dije que era un beso muy dulce –la camarera sólo estaba expresando un afecto humano natural– y se relajaron.

De pequeños, dependemos de la bondad de los demás. Cuando somos ancianos, volvemos a depender de la bondad de los demás. Entre la infancia y la vejez creemos falsamente que somos seres independientes que tienen el control, pero no es así. La sociedad humana existe porque es imposible vivir en completo aislamiento. Especialmente con la estructura actual de la sociedad, la economía global, la especialización en determinados campos de estudio y la omnipresencia de la tecnología y la industria, somos más dependientes unos de otros que en cualquier otro momento de la historia de la humanidad. Interdependientes por naturaleza, debemos vivir juntos. Como esto es inevitable, debemos preocuparnos los unos por los otros. El objetivo de la sociedad debe ser la mejora compasiva de todos, de una vida a otra. Este esfuerzo debe incluir a todos los seres vivos de este planeta, no sólo a los seres humanos.

A medida que vayas apreciando más la amabilidad que te brindan intencionadamente los demás y la amabilidad involuntaria que se refleja en los bienes y servicios de los que dependes a diario, automáticamente querrás devolver esa amabilidad –o pagarla– contribuyendo a una sociedad más saludable para que otros se beneficien. Al beneficiar a los demás, también mejorarás tu propia condición. Si no se valora la amabilidad, la sociedad se desmorona.

Cuando las personas necesitadas son ignoradas, abandonadas o explotadas por razones políticas o económicas, se pone de manifiesto lo que nos falta a los seres humanos: aunque seamos lo suficientemente inteligentes y poderosos como para destruir el planeta, carecemos de auténtica bondad y amor por los demás. Hay un dicho indio: "Cuando una flecha te ha alcanzado, no hay tiempo para preguntar quién la ha disparado o el tipo de flecha que era". Del mismo modo, cuando nos encontramos con el sufrimiento humano, debemos responder con compasión en lugar de cuestionar la identidad política, nacional, religiosa o racial de aquellos a quienes ayudamos. En lugar de preguntarnos si su país es amigo o enemigo, debemos pensar: "Son seres humanos. Están sufriendo y su derecho a la felicidad es igual que el mío".

También hay que tener en cuenta a los animales que se crían para el consumo humano, un número tan grande que perjudica al propio medio ambiente. Estos tristes hechos son el resultado de un cuidado insuficiente. Si aumentara el sentimiento de compasión de la humanidad por los demás, no sólo serían más felices las personas del mundo, sino también los innumerables animales cuyas vidas afectamos directamente.

Una sociedad mejor no es algo que se pueda legislar. Nuestro bienestar común depende de que cada uno de nosotros, como individuos, desarrollemos la paz, la tolerancia, el perdón, el amor y la compasión en nuestro propio corazón y mente. Aunque otros no lo hagan, nosotros debemos hacerlo. Es nuestra contribución personal a la paz mundial y no debemos retroceder con el pretexto de que los demás deben ser amables primero y luego nosotros devolveremos la amabilidad. Al contrario, debemos avanzar con optimismo y determinación y hacer lo que sabemos en nuestro corazón que es correcto.

Con esta consciencia y la intención altruista de beneficiar a todos los seres, exploraremos juntos la naturaleza de la realidad. Para ello, examinaremos una serie de afirmaciones budistas y no budistas. Esto dará lugar a un gran debate, en el que compararemos y contrastaremos diferentes ideas e intentaremos defender nuestra propia posición. La motivación para ello es que todas las partes desarrollen su sabiduría investigando de cerca diversas afirmaciones filosóficas. Cualquier disección de los puntos de vista de los demás no se hace por hostilidad, por el deseo de tumbar a los demás o con la intención de criticar a las personas que tienen puntos de vista diferentes al nuestro. Más bien, a través de la discusión y el debate todos nos beneficiaremos.

Bhiksu Tenzin Gyatso
Decimocuarto Dalai Lama
Thekchen Choling

1 | La importancia de comprender la naturaleza última, la vacuidad

EN LOS VOLÚMENES ANTERIORES DE *Biblioteca de sabiduría y compasión* se exploró predominantemente el aspecto del método del sendero: los temas que nos llevan a ambicionar liberarnos del samsara y a generar la bodhichita y trabajar con alegría por la liberación de todos los seres conscientes. Se habló explícitamente de la naturaleza última de los fenómenos de vez en cuando porque subyace a todos estos temas. La vacuidad de existencia inherente es el espacio en el que todos los fenómenos existen.

Ahora pasaremos a hacer de la naturaleza última –la vacuidad de existencia inherente– el objeto principal de nuestra exploración. La vacuidad es el modo último de existencia, y la sabiduría que la comprende directamente es la única medicina que puede curar el samsara y su duhkha de una vez por todas. Esta sabiduría, unida a la bodhichita, elimina tanto los oscurecimientos aflictivos como los cognitivos permitiéndonos convertirnos en budas completamente Iluminados, quienes son de gran beneficio para todos los seres.

¿Por qué es importante comprender la vacuidad?

Todos compartimos el deseo de ser felices y vencer el duhkha. Si se examina de cerca, es evidente que la situación en el samsara es totalmente insatisfactoria. Sus defectos –especialmente el nacimiento, la vejez, la enfermedad y la muerte, que sufrimos sin elección– nos acosan continuamente en un renacimiento tras otro. Todos los placeres aparentes del samsara son transitorios y nos dejan insatisfechos. Perseguirlos nos atrapa en un ciclo de excitación seguido por la desilusión y la depresión. Cuando nos damos cuenta completamente de nuestra situación en el samsara y del peligro de que continúe, surge una fuerte aspiración a la Liberación y a la completa Iluminación.

El cese del samsara conlleva erradicar sus causas –las aflicciones y el karma contaminado–, que están enraizadas en la ignorancia que se aferra a las personas y a los fenómenos como inherentemente existentes. Para identificar esta ignorancia y el objeto falso al que se aferra, es necesario observar detenidamente nuestra mente y ver cómo asentimos fácilmente y nos aferramos a la falsa apariencia de que todo existe por su propio poder, sin depender de ningún otro factor. Identificar correctamente esta ignorancia que se aferra a la identidad esencial y que es la raíz del samsara es extremadamente importante, pues sin ello no podremos eliminarla.

Habiendo identificado correctamente el aferramiento a la identidad esencial y su objeto erróneo, debemos constatar que tales personas y fenómenos inherentemente existentes no existen en absoluto. Hacer esto implica refutar la existencia inherente, lo que se denomina el "objeto de negación" (*pratishedhya* o *nishedhya*[2], T. *dgag bya*), porque necesitamos demostrarnos a nosotros mismos que no existe ni puede existir. Contemplando los razonamientos correctos que refutan la existencia inherente, surgirá una asunción correcta respecto a la vacuidad o la ausencia de existencia inherente. Hay muchos niveles de asunción correcta que se obtienen con el tiempo hasta que se logra una inferencia correcta que conoce la vacuidad. Esta comprensión conceptual de la vacuidad se combina entonces con la mente de la permanencia apacible para lograr la unión de la permanencia apacible y la visión superior de la vacuidad. A través de la familiarización con la vacuidad meditando con la unión de la permanencia apacible y la visión superior a lo largo del tiempo, la apariencia conceptual de la vacuidad se desvanece gradualmente y la sabiduría profunda aumenta hasta percibir directamente la vacuidad, la naturaleza última de la realidad.

De nuevo, meditando a lo largo del tiempo con la sabiduría que percibe directamente la vacuidad, los niveles de aflicciones y sus semillas se limpian progresivamente del continuo mental. La meditación continuada elimina gradualmente los oscurecimientos cognitivos –las predisposiciones de ignorancia y el factor de la apariencia de existencia inherente– de la mente. Cuando esta sabiduría se complementa con la fe, la acumulación de mérito y la bodhichita, la completa Iluminación se vislumbra en el horizonte.

Así pues, si buscamos la verdadera paz y si nos tomamos a pecho las enseñanzas del Buda, no hay más remedio que desarrollar la sabiduría que comprende la vacuidad. *Cuatrocientos versos*, de Aryadeva (CS 135cd-136ab, 288), dice:

---

2 Parece que estos dos términos sánscritos no se encuentran en la literatura sánscrita budista

Todas las aflicciones se superan venciendo la ignorancia. Cuando se ve el surgimiento dependiente, la ignorancia no surge.

Es la única puerta a la paz, destruye las visiones erróneas, [llama] la atención de todos los budas: esto se llama ausencia de identidad esencial.

Todo lo que existe –ya sea impermanente o permanente– depende de otros factores. Al ser dependiente, carece de una esencia independiente e inherente que le haga ser lo que es. La ausencia de existencia inherente de estos surgimientos dependientes es su modo de existencia fundamental o último. Es el objeto comprendido por todos los budas del pasado, del presente y del futuro; es el objeto de la estabilidad meditativa de todos los sravakas, realizadores solitarios y bodhisatvas. A través de él se alcanza el Nirvana y la completa Iluminación. El *Sutra del rey de la concentración* (*Samadhiraja Sutra*) dice (MP 71):

Si los fenómenos se analizan individualmente como siendo vacíos de identidad esencial y se medita en lo que se ha analizado, esa es la causa para alcanzar el resultado, el Nirvana. A través de cualquier otra causa no se llega a la paz.

Es crucial buscar el antídoto adecuado contra la ignorancia. Aunque hay una gran variedad de prácticas religiosas y filosofías que benefician a la gente, no todas explican la visión correcta de la naturaleza de la realidad. He estado en más de un *Kumba Mela*, una peregrinación y festival hindú que se celebra cada doce años en la confluencia de los ríos sagrados Ganges, Yamuna y el mítico Sarasvati. Es una de las mayores concentraciones religiosas del planeta, a la que acuden, entre otros, los yoguis hindúes que viven en el Himalaya y meditan en la práctica del calor interno (*chandali*). Desde la perspectiva budista, aunque estos yoguis tienen una gran fe en sus gurús y han renunciado a los placeres de esta vida, no son capaces de cortar la raíz del aferramiento a la identidad esencial. Del mismo modo, algunos de mis amigos cristianos lloran cuando hablan de su amor a Dios, pero tampoco pueden detener el renacimiento en el samsara.

Aunque los budistas aprendemos y aplicamos los antídotos para aflicciones específicas –como meditar en la impermanencia para contrarrestar el apego o meditar en el amor para someter el enfado–, estos antídotos por sí solos no pueden erradicar la ignorancia que se aferra a la identidad esencial. En *Palabras claras* (*Prasannapada*), Chandrakirti explica (FEW 37-38):

Entre las extensas enseñanzas en nueve divisiones –discursos, etc.– proclamadas correctamente por el Buda, basadas en las dos verdades y correspondientes a las formas de comportamiento de los seres mundanos, las que se pronunciaron en aras de eliminar el apego no eliminan el odio y las que se pronunciaron para eliminar el odio no eliminan el deseo.

Además, las que se pronunciaron para eliminar la arrogancia, etc., no eliminan otros engaños. Por lo tanto, no son muy penetrantes y esas enseñanzas no son de gran importancia. Pero las que se pronunciaron para eliminar la confusión eliminan todas las aflicciones, ya que el Conquistador dijo que todas las aflicciones dependen completamente de la confusión.

El apego, el enfado, la arrogancia, los celos, etc., son problemáticos en nuestra vida y aplicar los antídotos específicos para ellos –contemplar la impermanencia, cultivar el amor, regocijarse de la buena fortuna de los demás, etc.– los somete temporalmente. Sin embargo, sus semillas aún permanecen en nuestro continuo mental, preparadas para surgir en un instante como aflicciones completas. Para cortarlas y que no vuelvan a surgir es imprescindible eliminarlas de raíz. El único antídoto capaz de erradicar la ignorancia que se aferra a la identidad esencial (también llamada *confusión*) es la sabiduría que comprende la ausencia de identidad esencial sutil de las personas y de los fenómenos. Al comprender la vacuidad, dejamos de asentir o de aferrarnos a las falsas apariencias de la ignorancia. En ese momento, no hay nada que pueda actuar como base para que surjan aflicciones como el apego y el enfado.

¿Qué es la vacuidad?

La vacuidad equivale a la talidad (*tattva*)[3]. Chandrakirti la describe como la refutación completa de la autoexistencia con respecto a todos los fenómenos internos (los que están relacionados con la mente de los seres conscientes) y externos (los que no están relacionados).

Entre los budistas y los no budistas hay muchas afirmaciones diferentes sobre la ausencia de identidad esencial y la talidad (vacuidad). Las que son incorrectas caen en dos extremos: el extremo de la inexistencia –la visión que niega o el nihilismo–, en el que se ha

---

3 Esto es según los prasangika. Para los seguidores de la filosofía Tathagatagarbha, en China, *talidad* tiene un significado diferente.

negado demasiado, y el extremo del absolutismo –la permanencia, el eternalismo o la visión que superpone–, en el que no se ha negado lo suficiente. En su comentario a *Tratado del camino medio*, Budapalita dice que en el primer giro de la rueda del Dharma, el Buda presentó la ausencia de identidad esencial como un antídoto para contrarrestar las formas distorsionadas de ver nuestros agregados como un *yo*. Sin embargo, la ausencia de identidad esencial que se presentó allí no es la comprensión última de la ausencia de identidad esencial, porque no se ha negado lo suficiente. Aunque los *yogachara* van un paso más allá y rechazan la realidad del mundo material externo, siguen manteniendo la realidad de la consciencia subjetiva interna. Esto también es una forma de visión exagerada en la que no se ha negado lo suficiente. Por su parte, los *svatantrika madhyamika*, en sus comentarios a las obras de Nagarjuna, insisten en que los fenómenos poseen alguna base objetiva a nivel convencional. Ellos también han caído en el extremo de la visión que superpone o el absolutismo. Los materialistas, por otra parte, dicen que el individuo y el mundo surgen al azar sin ninguna causa, y las personas que malinterpretan la visión *prasangika* dicen que según esa visión no existe nada en absoluto porque el análisis último niega toda existencia. Estas personas, que se parecen a los reduccionistas científicos, también caen en el extremo de la visión que niega. La visión del camino medio, tal como la presentan los prasangika, evita estos dos extremos al comprender la talidad que es la vacuidad de existencia inherente y, aun así, poder establecer la existencia convencional, la existencia dependiente.

La visión que superpone exagera lo que existe al decir que los surgimientos dependientes existen de forma inherente. Esta visión es defectuosa porque si las cosas existieran inherentemente, serían independientes de todos los demás factores, como las causas y condiciones, las partes, etc. En este caso, la persona sería permanente porque existiría sin depender de causas y condiciones. Este ser independiente y permanente continuaría sin cambiar, eternamente, después de la muerte.

La visión que niega o rechaza, niega la existencia de lo que sí existe. Esto implica pensar que si los fenómenos no existen inherentemente, no existen en absoluto. Los que sostienen esta visión dicen que si se negara la existencia inherente de las cosas impermanentes, que surgen de forma dependiente, entonces estas cosas no podrían realizar la función de crear efectos. En ese caso, cuando la persona muere, pasaría a ser totalmente inexistente, no habiendo continuidad de la persona y, por lo tanto, no habría renacimiento.

Ambas visiones extremas se basan en la premisa de que si los fenómenos existen, deben existir de forma inherente y, que si no existen de forma inherente, entonces no existen en absoluto. Los que sostienen la visión del absolutismo dicen que, puesto que los fenómenos existen, deben existir de forma inherente. De lo contrario, serían totalmente inexistentes y eso no es aceptable. Los que mantienen la visión que niega afirman que, puesto que los fenómenos no existen de forma inherente, no existen en absoluto. Las personas que caen en cualquiera de estos dos extremos son incapaces de establecer el surgimiento dependiente de los fenómenos. En su *Comentario a Cuatrocientos versos*, [de Aryadeva], Chandrakirti dice (EMW 179):

> Por lo tanto, (1) esta [visión que niega] es una visión errónea de no existencia debido a que se rechazan –como no existentes– las causas surgidas de forma dependiente en lo completamente afligido (el samsara), y [los fenómenos] en la Liberación o *lo muy puro*, que están compuestos [por causas y condiciones] y son como ilusiones, y (2) una visión de *cosicidad* (existencia inherente) también es errónea porque no existe una naturaleza inherentemente existente. Por lo tanto, en este sentido, los que proponen que las cosas tienen una naturaleza inherente incurren en el error de que los surgimientos dependientes no existen e incurren en los errores de las visiones de la permanencia y de la aniquilación.

La visión correcta es la del camino medio, que afirma que el surgimiento dependiente de todos los fenómenos y su vacuidad de existencia inherente son complementarios. Este libro profundizará en la vacuidad y explicará cómo la vacuidad y el surgimiento dependiente llegan al mismo punto. También nos permitirá obtener una comprensión correcta de la vacuidad y desarrollar las herramientas para experimentarla en nuestra meditación.

Vacuidad: su naturaleza, su propósito y su significado

La naturaleza de la vacuidad es la mera negación del aferramiento a la existencia inherente; el propósito de la enseñanza de la vacuidad es eliminar ese aferramiento que subyace en la raíz de todas las aflicciones y el duhkha; el significado de la vacuidad es que todos los fenómenos carecen de existencia inherente y existen de manera dependiente.

La naturaleza de la vacuidad es la ausencia de una base objetiva para el aferramiento, es decir, cualquier cosa sobre la que podríamos decir "Esto es el yo" o "Esto es tal y tal fenómeno". En su *Comentario sobre la bodhichita* (*Bodhicittavivarana*), Nagarjuna dice (BV 51-52):

> Morar en una mente que no tiene objeto se define como la característica del espacio, [así] aceptan que la meditación en la vacuidad es [de hecho] una meditación en el espacio.

> Con el rugido del león de la vacuidad se asustan todos los pronunciamientos [falsos]; dondequiera que residan tales oradores, allí acecha la vacuidad.

"Una mente que no tiene objeto" es una mente que no se aferra a ningún fenómeno como si tuviera una base objetiva o inherentemente existente. Mientras creamos que hay una base objetiva –algo que sea ese objeto por su propia naturaleza–, surgirá el aferramiento a su existencia inherente. Para constatar este hecho, sólo tenemos que ver nuestra rápida reacción con atracción y rechazo ante las personas, los objetos y los acontecimientos, basándonos en la creencia de que tienen su propia naturaleza inherente, de que existen como cosas aisladas e independientes tal y como parece. En *Sesenta estrofas de razonamiento* (*Yuktishashtikakarika*), Nagarjuna pregunta (YS 44):

> Aquellos que afirman los fenómenos condicionados como establecidas en términos de realidad última, ¿por qué no iban a surgir en su mente los errores de la permanencia y demás?

Si las cosas impermanentes que nos rodean en la vida cotidiana existieran independientemente de todos los demás factores no podrían cambiar. Por lo tanto, quien afirme la existencia inherente debería creer que los fenómenos condicionados son permanentes, una visión que la propia experiencia refuta, ya que nosotros y todo lo que nos rodea está en constante cambio.

Para evitar estos errores, es crucial analizar si se puede encontrar realmente la base objetiva que creemos que existe. Cuando buscamos la esencia de las cosas –una persona, un sueldo o un temporal–, en lugar de encontrar una base objetiva, encontramos su vacío de existencia inherente. Si luego buscamos la esencia de ese vacío, encontramos a su vez su vacío. Si buscamos una esencia, sólo encontramos ausencia de esencia. Esta falta de una base objetiva se aplica cuando buscamos la esencia de las personas, los fenómenos y su vacío.

Al final de nuestra búsqueda de una esencia objetiva, todo lo que queda es la vacuidad –la ausencia de existencia inherente–, que es como el espacio. El espacio sólo se define en términos negativos, es la ausencia de obstrucción. Aparte de esto, no se puede señalar nada como *espacio*. Del mismo modo, cuando buscamos la esencia de cualquier objeto con el análisis último, sólo encontramos la vacuidad –la ausencia de existencia inherente–. De este modo, las enseñanzas sobre la vacuidad desmantelan cualquier base para aferrarse y la estabilidad meditativa sobre la vacuidad se llama *meditación parecida al espacio*.

Los esencialistas –filósofos que afirman que la persona y los agregados existen realmente– no refutan lo suficiente y dejan una base objetiva para aferrarse a la existencia inherente. Aunque algunos de ellos, como los yogachara, niegan un mundo externo, al afirmar la existencia verdadera de la consciencia también conservan una base a la que aferrarse. Los svatantrika dejan margen para el aferramiento porque aceptan la existencia inherente a nivel convencional. Los prasangika –aquellos que niegan la existencia inherente tanto a nivel último como convencional– desmontan cualquier base a la que aferrarse.

En *Tratado sobre el camino medio* (*Mulamadhyamakakarika*), Nagarjuna afirma que todo lo que surge de forma dependiente es vacío y que considerar los fenómenos como designados de forma dependiente es la visión del camino medio. En otras palabras, equipara el significado de la vacuidad con el significado del *surgimiento dependiente* o *relación dependiente*. Comprender esto evita caer en los dos extremos. Esta visión es como el rugido de un león que diezma todas las visiones erróneas.

En los primeros versos del capítulo 24 de *Tratado sobre el camino medio*, alguien que malinterpreta el significado de la vacuidad piensa que la refutación de Nagarjuna de la existencia inherente socava tanto el Budadharma como las convenciones mundanas. Al no aceptar el significado de los sutras de la *Perfección de la Sabiduría*, acusa a Nagarjuna de ser un nihilista (MMK 24.1-6):

> Si todos ellos fueran vacíos [de existencia inherente], no habría surgimiento ni desintegración y se deduciría [absurdamente] que las cuatro verdades de los aryas no existen.
>
> Puesto que las cuatro verdades no existirían, conocerlas en profundidad, abandonarlas, meditar en ellas y hacerlas realidad no sería factible lógicamente.

Puesto que éstas no existirían, los cuatro frutos tampoco existirían. Cuando los frutos no existen, *los que moran en el fruto* no existen y *los que se acercan* tampoco existen.

Si esas ocho personas no existieran, la comunidad espiritual no existiría. Si no existieran las cuatro verdades, tampoco existiría la doctrina de lo excelente.

Si la doctrina y la comunidad espiritual no existieran, ¿cómo podrían existir los budas? Si se interpreta la vacuidad de este modo, se socava la existencia de las Tres Joyas.

La existencia de los efectos, de lo que no es la doctrina, de la doctrina misma y de todas las convenciones del mundo, todo esto queda socavado.

El objetor dice que si todo es vacío de existencia inherente, nada podría surgir ni cesar y, por lo tanto, el duhkha verdadero y los orígenes verdaderos no surgirían ni podrían cesar. Si ese fuera el caso, entonces los senderos verdaderos no se podrían desarrollar y las cesaciones verdaderas no se podrían hacer realidad. En resumen, las cuatro verdades de los aryas no existirían. Si las cuatro verdades no existieran, no sería posible conocer a fondo el duhkha verdadero, eliminar los orígenes verdaderos, meditar en los senderos verdaderos y hacer realidad las cesaciones verdaderas. Si esto no fuera posible, los cuatro frutos de *el que ha entrado en la corriente, el que retorna una vez, el no retornante* y el *arhat* no serían factibles, como tampoco lo serían los cuatro que se acercan a estos estados y los cuatro que moran en ellos. En ese caso, la Joya de la Sangha y la Joya del Dharma no existirían, y si éstas no existieran tampoco lo haría la Joya del Buda. La causa y el efecto, las enseñanzas del Dharma y todas las convenciones de la sociedad serían negadas. En resumen, el objetor afirma que la vacuidad equivale a la inexistencia total y que socavaría tanto la verdad última (las cesaciones verdaderas y el Nirvana) como todas las convenciones mundanas (el duhkha verdadero, los orígenes, el sendero y todo lo demás del mundo).

Nagarjuna responde que esta persona ha malinterpretado la naturaleza de la vacuidad, su propósito y su significado, y como resultado en su mente están proliferando muchos conceptos erróneos perniciosos. Nagarjuna explica entonces que la naturaleza de la vacuidad es pacífica (quiescente) y no fabricada por las elaboraciones mentales de existencia inherente, es la ausencia de todas las apariencias dualistas.

El propósito de comprender la vacuidad es eliminar las aflicciones, el karma contaminado y los oscurecimientos cognitivos, y el significado de la vacuidad es el surgimiento dependiente.

A continuación, Nagarjuna se enfrenta directamente a los puntos del objetor, diciendo que su comprensión está completamente al revés y que la situación es la opuesta a lo que él cree: el hecho de que todos los fenómenos sean vacíos de existencia inherente permite que existan todas las funciones y relaciones del samsara y del Nirvana. Si los fenómenos existieran independientemente de todos los demás factores, no podrían interactuar con otros factores y, por tanto, no podrían surgir, cambiar, funcionar o cesar (MMK 24.14):

> Para quien la vacuidad es factible, todo es factible. Para quien la vacuidad no es factible, nada es factible.

Puesto que los fenómenos son vacíos por naturaleza, todas las faltas que el objetor dice que tienen los madhyamikas, en realidad se acumulan en él. Nagarjuna confronta al objetor con la consecuencia indeseable de sus visiones erróneas (MMK 24.20):

> Si todos ellos no fueran vacíos [de existencia inherente], no habría surgimiento ni desintegración y se deduciría [absurdamente] que las cuatro verdades de los aryas no existen.

Puesto que los fenómenos carecen de existencia inherente, existen de forma dependiente. El duhkha verdadero surge dependiendo de sus causas, los orígenes verdaderos. Estos se pueden eliminar mediante la comprensión de los senderos verdaderos, que producen las cesaciones verdaderas. Los senderos verdaderos y las cesaciones verdaderas son la Joya del Dharma y la Joya de la Sangha, que incluye a los ocho que se acercan al que ha entrado en la corriente y que moran en ese estado, etc., y a los arya bodhisatvas, que los han hecho realidad. Puesto que la Joya de la Sangha es factible, la Joya del Buda también es posible. Todas las comprensiones y logros mundanos y supramundanos son factibles, igual que la causa y el efecto y todas las convenciones mundanas.

De este modo, Nagarjuna aclara que el significado de las afirmaciones de los sutras de la *Perfección de la Sabiduría* sobre la vacuidad es definitivo y que estas afirmaciones se pueden entender tal y como están expresadas. Además, el argumento anterior despeja cualquier duda respecto a la existencia de las Tres Joyas y las cuatro verdades:

puesto que los fenómenos son vacíos y surgen dependiendo de otros factores, todos los fenómenos del samsara y el Nirvana son posibles.

REFLEXIONES

1. ¿Por qué es importante comprender la vacuidad?
2. ¿Cuál es el propósito de comprender la vacuidad?
3. ¿Cuáles son las desventajas e inexactitudes de la visión que superpone y de la visión que niega o rechaza?
4. Revisa el argumento de Nagarjuna de que, puesto que todos los fenómenos son vacíos de existencia inherente y existen de forma dependiente, las cuatro verdades, así como las Tres Joyas y el sendero hacia la completa Iluminación existen.

Recipientes adecuados para recibir enseñanzas sobre la vacuidad

Para que las enseñanzas sobre la vacuidad nos beneficien, debemos ser recipientes apropiados. Las escrituras contienen advertencias sobre el peligro de enseñar la vacuidad a quienes no son recipientes apropiados y al hacerlo se transgrede un precepto raíz del bodhisatva. El principal peligro es que una persona no cualificada malinterprete las enseñanzas, confunda la vacuidad de existencia inherente con la inexistencia total y caiga en el extremo del nihilismo (la visión que niega), pensando que nada existe o que las acciones no producen resultados. Es especialmente perjudicial que las personas no crean en la ley del karma y sus efectos y dejen de preocuparse por la dimensión ética de sus acciones. Cuando se comportan de forma imprudente crean un karma destructivo, obteniendo para sí mismos sólo un renacimiento desafortunado.

Por otra parte, al malinterpretar las enseñanzas sobre la vacuidad, alguien puede pensar que la vacuidad no tiene sentido, reforzando así su creencia de que todos los fenómenos existen inherentemente. Si rechazan la vacuidad, cierran la puerta a la Liberación al caer en el extremo del absolutismo (superponer). Estas visiones erróneas perpetúan el duhkha en el samsara durante mucho tiempo. El erudito de la tradición sakya Drakpa Gyaltsen (1147-1216) resume las desventajas de entender incorrectamente la vacuidad en *Separarse de los cuatro apegos* (26):

> No hay Liberación para los que se aferran a la existencia; no hay renacimiento superior para los que se aferran a la no existencia; los que se aferran a ambas cosas son ignorantes, así que establece tu mente con libertad en la esfera no dual.

Los que se aferran a la existencia inherente no pueden comprender la vacuidad, hasta que no se deshagan de esa visión no podrán alcanzar la Liberación. Los que se aferran a la inexistencia niegan la ley del karma y sus efectos e ignoran la dimensión ética de sus acciones: como resultado, el renacimiento afortunado los elude. Los que sostienen tanto la visión del absolutismo como la del nihilismo están confundidos y no pueden progresar en el sendero. La visión de la vacuidad es el remedio para todas estas visiones erróneas.

Aryadeva menciona las cualidades de los discípulos apropiados: son de mente abierta y están dispuestos a escuchar nuevas ideas; son inteligentes y capaces de discernir la validez o el error de esas enseñanzas, y son serios, pues tienen una motivación espiritual sincera. Algunas personas arrogantes piensan erróneamente que han comprendido el significado sutil de la vacuidad. Si enseñan su visión errónea a los demás, no sólo se perjudican a sí mismos, sino que también extravían a los demás.

Chandrakirti habla de los signos externos que un maestro puede buscar para determinar si un estudiante está maduro para escuchar las enseñanzas sobre la vacuidad (MMA 6.4-5):

> Al oír hablar de la vacuidad, incluso siendo un ser ordinario, aquel que experimenta repetidamente una gran alegría interior, afloran las lágrimas de dicha alegría y se le ponen los pelos de punta, tiene la semilla de la mente de la Budeidad completa.
>
> Son recipientes para la enseñanza de la talidad. La verdad última les será revelada. En ellos surgirán las cualidades que conlleva.

Las personas que están ya familiarizadas con la doctrina de la vacuidad en vidas pasadas y las que tienen la sabiduría que surge de escuchar y la sabiduría que surge de contemplar sobre la vacuidad pueden tener estas reacciones físicas cuando escuchan las enseñanzas sobre la vacuidad en esta vida. Sin embargo, el llanto o el pelo erizado durante las enseñanzas no indican necesariamente que una persona sea un recipiente completamente adecuado para aprender sobre la vacuidad, porque estos signos físicos pueden ocurrir por diversas razones. Por otro lado, la ausencia de estos signos no significa que esas personas no sean recipientes adecuados para escuchar enseñanzas sobre la vacuidad. Las personas que han escuchado enseñanzas sobre las etapas del sendero, tienen la convicción de la infalibilidad del karma y sus efectos y no se desvían de las instrucciones de su maestro deberían aprender y estudiar la vacuidad y recibirían grandes beneficios al hacerlo.

Ornamento de las comprensiones experienciales claras, de Maitreya, dice que los recipientes adecuados para las enseñanzas sobre la vacuidad son los estudiantes que han hecho ofrecimientos a las Tres Joyas, han creado raíces de virtud y están bajo la guía de un maestro espiritual cualificado y virtuoso. Se necesita una gran acumulación de mérito, antes de aprender sobre la vacuidad, para garantizar que el estudiante pensará adecuadamente en las enseñanzas, alcanzará una comprensión correcta y, por lo tanto, se beneficiará de las enseñanzas. Los estudiantes del Budadharma deben estar dispuestos a esforzarse en examinar las enseñanzas sobre la vacuidad con sabiduría imparcial y perseverar hasta obtener la visión correcta.

Para que tu mente sea receptiva a la vacuidad, realiza prácticas para acumular mérito y purificar negatividades y desarrolla una base firme en la visión del mundo budista y las cuatro verdades. Además, cultiva la humildad y estate dispuesto a familiarizarte con las enseñanzas fundamentales, como las relativas a la impermanencia, el duhkha y el karma y sus efectos, sin saltar impetuosamente a enseñanzas más avanzadas. Al estudiar y practicar los temas fundamentales, aumentará tu confianza en el Dharma y en ti mismo como practicante.

Trata de aprender y reflexionar como te instruyen tu maestro espiritual y los maestros del linaje para no ser de los estudiantes confundidos de los que habla Aryadeva: personas que, sin entender las enseñanzas, culpan al Buda por no explicarlas bien; piensan que la vacuidad significa que no existe nada en absoluto, o favorecen visiones que les hacen sentir emocionalmente cómodos aunque esas visiones no estén respaldadas por el razonamiento. Escuché una historia sobre un monje budista que se convirtió al cristianismo. Cuando un amigo le preguntó por qué, respondió: "El budismo explica cosas que me son imposibles de hacer, como comprender la vacuidad. Pero en el cristianismo, sólo debo tener fe y Dios lo proveerá todo. Eso sí puedo hacerlo".

No des por sentadas las enseñanzas sobre la vacuidad. Después de su Iluminación, el Buda, según se dice, reflexionó así:

> Profundo y pacífico, libre de elaboración, luz clara no compuesta: he encontrado un Dharma que es como el néctar. Sin embargo, si lo enseñara, nadie lo comprendería, así que permaneceré en silencio aquí en el bosque.

"Profundo y pacífico" se refiere a la verdadera cesación, que es el punto principal del primer giro de la rueda del Dharma. "Libre de elaboración" alude al contenido del segundo giro de la rueda y "luz clara no compuesta" hace alusión al tercer giro de la rueda[4]. Estas enseñanzas son preciosas y, temiendo que nadie las entendiera, el buda estuvo a punto de no enseñarlas. Recibir estas enseñanzas es un proceso de relación dependiente, y hacernos estudiantes receptivos antes de recibir las enseñanzas e investigar con entusiasmo las enseñanzas después es lo que crea la causa para que nuestros maestros espirituales nos instruyan sobre la vacuidad.

Si seguimos un enfoque inteligente de las enseñanzas del Buda, las estudiamos con diligencia y obtenemos una comprensión correcta, el Budadharma perdurará. Pero si nos basamos sólo en la fe y adoramos a las Tres Joyas sin valorar su comprensión de la vacuidad, ¿cuánto tiempo existirá el Dharma en nuestro mundo? Si podemos explicar las visiones filosóficas del Buda sobre la base de la razón y la ciencia, la gente de esta época prestará atención. Por eso es importante estudiar los sutras y los tratados, comentarios y autocomentarios de los grandes eruditos indios. Los comentarios indios clásicos desvelan el significado de los escuetos versos raíz y nos permiten distinguir entre las afirmaciones de otros sistemas de principios y los nuestros.

Cuando quienes son recipientes adecuados escuchan las enseñanzas sobre la vacuidad, surgen en ellos las buenas cualidades. Chandrakirti dice (MMA 6.6-7a):

> Después de adoptar un código ético, se atendrán siempre a una conducta ética. Practicarán la generosidad, cultivarán la compasión, meditarán en la fortaleza y dedicarán plenamente la virtud de éstas para la Iluminación en aras de la liberación de los migradores. Respetarán a los bodhisatvas sublimes.

Los discípulos apropiados comprenden que la vacuidad y el surgimiento dependiente son complementarios, no contradictorios. Esto aumenta y estabiliza su fe en el karma y sus efectos, lo cual es esencial

---

4 Para más información sobre los tres giros de la rueda del Dharma, ver el capítulo 9 de *Un acercamiento al sendero budista* (Ediciones Amara).

para evitar el extremo del nihilismo. Convencidos de que la comprensión de la vacuidad es la clave para la Iluminación, están dispuestos a aprender, contemplar y meditar sobre la vacuidad una vida tras otra sin interrupción. Para asegurarse de tener vidas futuras con todas las condiciones propicias para ello, crean las causas de los nacimientos afortunados apreciando la conducta ética y purifican cualquier causa creada previamente para que no pueda madurar. Para evitar que la pobreza interfiera en su capacidad de recibir enseñanzas y practicar en vidas futuras, crean las causas para obtener las necesidades de la vida practicando la generosidad.

Conscientes de que la comprensión de la vacuidad unida a la compasión traerá la completa Iluminación, los bodhisatvas cultivan la compasión y la bodhichita para asegurarse de que seguirán sin interrupción el mahayana y alcanzarán la Budeidad. Para evitar que el enfado cree un karma destructivo, destruya la virtud y les impulse a un renacimiento desafortunado, practican la paciencia. La práctica de la paciencia también aporta una apariencia agradable, de modo que pueden conocer a más personas, especialmente a los aryas que los instruirán. Sabiendo que familiarizarse con la vacuidad es la manera de superar las aflicciones y los engaños, aprenden sobre ella y piensan y meditan en ella tanto como sea posible y desarrollan la permanencia apacible enfocada en la vacuidad. Para dirigir el mérito de las prácticas anteriores hacia la completa Iluminación, lo dedican a alcanzar la Budeidad. Su respeto por los bodhisatvas aumenta exponencialmente porque comprenden que sólo los budas y los bodhisatvas pueden enseñar la vacuidad utilizando una miríada de razonamientos. Para devolver la bondad de los budas, se dedican a las cuatro formas de reunir discípulos, que les dan la oportunidad de instruir a otros sobre la vacuidad.

En resumen, quienes son recipientes adecuados no piensan erróneamente que el aspecto del método del sendero, que incluye la compasión, la bodhichita, la acumulación de mérito, la conducta ética, la generosidad, la paciencia, etc., sólo lo deben practicar los que no han comprendido la vacuidad. Saben que, aunque estas prácticas son vacías de existencia inherente, existen convencionalmente. También contemplan las tres esferas —ellos mismos como agentes, las acciones realizadas y los objetos respecto a los que se actúa— como vacías de existencia inherente pero convencionalmente existentes, y dedican el mérito con esa consciencia. De este modo, aquellos que son recipientes adecuados practican tanto el aspecto del método como el de la sabiduría del sendero sin desestimar ninguno de ellos. Las actividades de escuchar y enseñar la vacuidad crean un gran mérito. El *Sutra del regalo del niño precioso* (*Aryasatpurush Sutra*) dice (EES 21):

> Manjushri, cualquiera que escuche [incluso] con dudas esta interpretación de la enseñanza [sobre la vacuidad] genera un mérito mucho mayor que un bodhisatva que, careciendo de medios hábiles, practica las seis perfecciones durante cien mil eones. Siendo así, ¡qué necesidad hay de decir nada sobre una persona que escucha sin dudas! ¡Qué necesidad hay de decir nada sobre una persona que imparte la escritura por escrito, la memoriza y también la enseña completa y extensamente a otros!

Aunque alguien carezca de medios hábiles —es decir, no entienda la vacuidad— y tenga dudas al respecto, planta poderosas semillas de liberación en su corriente mental al escuchar las enseñanzas sobre la vacuidad. Si este es el caso, una persona que tiene plena confianza en las enseñanzas sobre la vacuidad crea un mérito mucho mayor. No hace falta decir que alguien que la enseña sin error crea un mérito muy extenso.

¿Por qué alguien que copia o memoriza una escritura crea un gran mérito? Después de todo, hoy en día podemos fotocopiar o digitalizar fácilmente los textos del Dharma sin necesidad de tener un pensamiento virtuoso. Lleva mucho tiempo copiar una escritura escribiéndola a mano y dedicar tanto tiempo y esfuerzo a escribirla meticulosamente aumenta nuestro respeto por su contenido. Copiarla lentamente nos da tiempo para contemplar el significado de la escritura y memorizarla conlleva la repetición, que es propicia para la contemplación. Estas actividades de escribir, memorizar y recitar las escrituras nos conectan con las preciosas enseñanzas. Debido a esta familiaridad, cuando, más tarde, escuchamos o leemos las enseñanzas, el significado nos impacta con mayor profundidad. Por esta razón, los monjes de los monasterios tibetanos memorizan y recitan las escrituras desde que son niños.

Contemplar la vacuidad puede evitar los renacimientos desafortunados. El *Sutra del tesoro del que así se ha ido* (*Sutra Tathagatakoshagarbha*) dice (EES 21):

> Un ser vivo que poseyendo todas estas [diez grandes no-virtudes] entra en la doctrina de la ausencia de identidad esencial y tiene la fe y

la creencia de que todos los fenómenos son desde el principio puros no toma un mal renacimiento.

Por ejemplo, alguien ha cometido una poderosa acción destructiva que dará lugar a un renacimiento desafortunado en su próxima vida. Al abrazar las enseñanzas sobre la vacuidad, genera una tremenda fe y respeto hacia ellas y con gran entusiasmo trata de comprender estas enseñanzas. Incluso aunque no pueda comprenderlas por completo, teniendo una buena comprensión puede evitar un renacimiento desafortunado en su próxima vida.

Se obtienen muchos beneficios al instruir a otros sobre la vacuidad. Sin embargo, la enseñanza de la vacuidad no se debe llevar a cabo al azar y se requiere mucho cuidado. Se necesitan dos requisitos principales. En primer lugar, se requiere tener una motivación pura, es decir, que suponga una preocupación genuina por los estudiantes deseando que alcancen la Iluminación. Esta motivación también debe estar libre de las ocho preocupaciones mundanas, como la búsqueda de ganancias materiales o financieras, elogios, fama, placer o servicios. En segundo lugar, es esencial la capacidad de explicar el significado correcto de la vacuidad sin errores. Esto requiere años de estudio, contemplación y meditación.

Si, careciendo de estos dos requisitos, alguien da una explicación errónea sobre el vacío o incluso una explicación correcta con una motivación aflictiva, su palabra se convierte en la no virtud de la charla vana. Explicar incorrectamente la vacuidad a alguien nuevo en el Dharma es especialmente grave porque las personas tienden a tomar muy a pecho las primeras enseñanzas que escuchan y, como resultado, pueden mantener una visión distorsionada de la vacuidad durante mucho tiempo. Si se da una explicación incorrecta a alguien que ha estudiado la filosofía, al menos esa persona tiene la oportunidad de utilizar el razonamiento y percibir que es incorrecta. Una explicación correcta dada con una motivación de compasión libre de apego a la felicidad de esta vida es un excelente regalo para un estudiante y un excelente ofrecimiento de nuestra práctica al Buda.

REFLEXIONES

1. ¿Cuáles son las cualidades de un estudiante adecuado para escuchar las enseñanzas sobre la vacuidad?

2. ¿Qué beneficios obtienen los estudiantes adecuados al aprender sobre la vacuidad y qué beneficios obtienen los maestros cualificados al enseñar la doctrina de la vacuidad?
3. ¿Cuáles son las desventajas e inexactitudes de la visión que superpone y de la visión que niega?

Requisitos previos para la visión superior

La visión superior y la sabiduría que comprende la vacuidad se deben desarrollar específicamente. No surgirán por sí mismas ni meditando en otros temas sin relación, como la compasión o la permanencia apacible. Sin embargo, contemplar otros aspectos del sendero favorecerá nuestra comprensión de la vacuidad. Por ejemplo, meditar sobre los defectos del samsara o sobre la bodhichita aumentará nuestro esfuerzo gozoso por aprender y meditar sobre la vacuidad.

Para que la práctica de la visión superior fluya sin problemas, se deben completar ciertos requisitos previos. En su *Etapas medias de la meditación* (*Bhavanakrama* II), Kamalashila habla de tres causas para prepararse a meditar en la vacuidad y desarrollar la visión superior: contar con un maestro espiritual experimentado y con conocimientos, escuchar y estudiar las enseñanzas bajo su guía y contemplar adecuadamente lo enseñado.

El primer requisito previo —elegir y confiar en un maestro espiritual cualificado— se trató en los capítulos 4 y 5 de *Fundamentos de la práctica budista*. El segundo se cumple escuchando las enseñanzas de tus maestros espirituales sobre la vacuidad, tal como se explican en los sutras, comentarios y tratados auténticos. El Buda dijo que quien escucha a otro se liberará del envejecimiento y la muerte. *Escucha a otro* indica que la visión profunda de la vacuidad se genera escuchando primero su significado de un maestro espiritual externo y pensando en su significado para asegurarnos de que lo hemos entendido correctamente. Sin escuchar una explicación precisa de la vacuidad por parte de un maestro espiritual cualificado, no se generará en tu mente la visión profunda, por muy poderosa que sea tu concentración, por muchos libros que leas, por muy fuerte que sea tu fe en el gurú y en las Tres Joyas o por muchos retiros que hayas hecho.

Para obtener una comprensión correcta del significado definitivo de la vacuidad, confía en los tratados de los grandes sabios, como Nagarjuna. Puesto que abundan las interpretaciones distorsionadas de la vacuidad, asegúrate de seguir a los sabios y de desarrollar la sabiduría de acuerdo con sus explicaciones.

Después de haber escuchado y estudiado las explicaciones correctas de la vacuidad, consolida la visión contemplándola profundamente. Una comprensión inferencial correcta de la vacuidad es un requisito previo esencial para desarrollar la visión superior en la vacuidad. Decir simplemente "Todos los fenómenos son vacíos" no significa que se haya comprendido la vacuidad. Hacer meditación de estabilización sobre tu idea de la vacuidad durante años, sin haber discernido la visión superior, no genera la visión que comprende la vacuidad. Por eso los próximos capítulos y volúmenes contienen una explicación detallada de cómo establecer la visión correcta de la vacuidad y a continuación cómo generar la visión superior en la vacuidad.

Escuchar y estudiar aportan la sabiduría que surge de escuchar; contemplar lo que has aprendido y discutirlo y debatirlo con otros induce la sabiduría que surge de contemplar. Empleando formas completas de razonamiento, examina cómo existe la persona y concluye de forma decisiva que un yo verdaderamente existente –el objeto de negación– no existe. Luego medita para unir la permanencia apacible y la visión superior y obtener la sabiduría que surge de la meditación. Con esto integra tu comprensión de la vacuidad con tu mente para efectuar una profunda transformación.

2 | La tradición de Nalanda

El budismo en la India fue el resultado de los tres giros de la rueda del Dharma que impartió el Buda, en los que estableció los principios básicos de su enseñanza. Durante el primer giro, explicó las cuatro verdades: cómo entramos en el ciclo de la existencia bajo el control de las aflicciones y el karma contaminado y cómo liberarnos practicando el sendero y logrando la Cesación. Aunque todo esto lo dijera el Buda, debemos explorar si realmente es posible cesar el duhkha samsárico y alcanzar la Liberación. El Buda desaconsejó la creencia ciega y, en cambio, animó a la investigación mediante el razonamiento y la lógica.

La tradición de Nalanda, que comenzó en la India, lleva el nombre de la Universidad de Nalanda, cerca de Rajgir. Esta tradición, que hace hincapié en el uso del razonamiento y la lógica, se transmitió posteriormente al Tíbet, Mongolia, China, Corea, Japón y Vietnam. Toma como punto de partida el consejo del Buda a sus seguidores: "Igual que los sabios examinan el oro quemándolo, cortándolo y frotándolo, vosotros, bhiksus, debéis aceptar mis palabras después de haberlas examinado, y no simplemente por respeto hacia mí". Los maestros de Nalanda le tomaron la palabra y escudriñaron sus enseñanzas, clasificándolas en las que eran definitivas y las que requerían interpretación.

La tradición de Nalanda ha aportado grandes beneficios al mundo. Las personas de Oriente y Occidente practican el Budadharma y los científicos se interesan por él. En Oriente, en general, la gente tiene una gran fe en el budismo y muchos recitan oraciones y el *Sutra del corazón*. Pero cuando les pregunto cuál es el significado del *Sutra del corazón*, no lo saben. Para preservar el Dharma, la gente ha construido muchos monasterios y templos llenos de bellas estatuas en sus altares, pero enseñar el significado del Dharma es lo más importante para que la gente entienda y practique las enseñanzas y se beneficie de ellas. Esta es la verdadera manera de preservar el Budadharma.

Para poner de manifiesto la importancia de la tradición de Nalanda y mi gratitud hacia los grandes maestros que la componen, escribí un homenaje en el que expresaba mi admiración por diecisiete maestros de Nalanda titulado *Iluminando la triple fe: Una evocación a los diecisiete grandes eruditos de la tradición de la gloriosa Nalanda*. Aunque ya existía una alabanza a ocho grandes maestros indios, esta alabanza a los diecisiete maestros incluye a otros sabios en cuyos escritos nos basamos. Son algunos de los principales eruditos de esta tradición, cuyas visiones examinaremos en los siguientes capítulos. Aunque no todos ellos vivieron en la Universidad de Nalanda, la forma de estudiar y practicar de Nalanda estaba presente en las demás grandes universidades budistas. Cada uno de estos maestros se especializó en un área del Budadharma y todos eran conocedores y practicantes realizados de los tres adiestramientos superiores, los adiestramientos superiores de la conducta ética, la concentración y la sabiduría.

Iluminando la triple fe: Una evocación a los diecisiete grandes eruditos de la tradición de la gloriosa Nalanda[5]

1. Nobles entre los Nobles, surgidos del deseo compasivo de beneficiar a los seres errantes, habéis alcanzado la protección, el abandono y la realización espiritual sublime y liberáis a los seres conscientes mediante la enseñanza del surgimiento dependiente. Me postro ante ti, Conquistador, Sol entre los Maestros.

2. Traigo a la memoria al estimado Nagarjuna, quien, como profetizó el Conquistador, introdujo el Camino Medio del vehículo universal y fue hábil para aclarar el significado de la talidad, libre de extremos, según la intención de la Madre de los Conquistadores (los sutras de la *Perfección de la Sabiduría*), a través de la presentación profunda y lógica del surgimiento dependiente.

3. Traigo a la memoria al bodhisatva Aryadeva, su principal hijo espiritual, el más erudito y consumado, que atravesó el océano de las filosofías budistas y las demás, que es la gloriosa joya de la corona entre todos los sostenedores de los tratados de Nagarjuna.

---

5 Las tres clases de fe son la fe de la admiración, la fe de la aspiración y la fe de la creencia. Véase el capítulo 9 de *Un acercamiento al sendero budista* (Ediciones Amara).

4. Traigo a la memoria al estimado Budapalita, que aclaró el significado último del surgimiento dependiente –el pensamiento de Arya [Nagarjuna], punto esencial de lo profundo, la existencia como mera designación y nombre– y ha ascendido al máximo estado de consumación.

5. Traigo a la memoria a Acharya Bhavaviveka, maestro erudito que introdujo una visión filosófica que refuta extremos como la producción verdaderamente existente al mismo tiempo que acepta el conocimiento comúnmente verificado y los objetos externos.

6. Traigo a la memoria a Chandrakirti, que promulgó el sendero completo del sutra y el tantra, que fue hábil en exponer el profundo y vasto camino medio, en el que la apariencia y la vacuidad eliminan los dos extremos a través del surgimiento dependiente y la [naturaleza de las cosas] meramente condicionada.

7. Traigo a la memoria al bodhisatva Shantideva, hábil en enseñar a una multitud de afortunados discípulos el camino verdaderamente maravilloso de la gran compasión a través de medios versátiles de razonamiento, profundos y vastos.

8. Traigo a la memoria al gran abad Santaraksita, que introdujo el camino medio no dual para adaptarse a las disposiciones mentales de los discípulos, fue muy versado en diferenciar los razonamientos del camino medio y la cognición válida y difundió la enseñanza del Conquistador en el País de las Nieves (Tíbet).

9. Traigo a la memoria al estimado Kamalashila, que explicó minuciosamente las etapas de la meditación de la visión del camino medio, libre de extremos, y la unión de la permanencia apacible y la visión superior según el sutra y el tantra. Aclaró impecablemente la doctrina del Conquistador en el País de las Nieves.

10. Traigo a la memoria al estimado Asanga, a quien Maitreya inspiró y cuidó, que fue un promotor de la difusión de todos los discursos del mahayana y reveló el vasto camino y, como profetizó el Conquistador, iluminó el sendero del yogachara.

11. Traigo a la memoria al estimado Acharya Vasubandhu, quien, manteniendo el sistema de los *Siete tratados del abhidharma* y la no dualidad [del yogachara], aclaró las filosofías vaibhashika,

sautrantika y vijñanavada. El principal, renombrado como el segundo Omnisciente.

12. Traigo a la memoria al estimado Dignaga, el lógico que nos dio la visión discernidora de la sutil discriminación abriendo completamente cien puertas de lógica para revelar el sistema de las escrituras del Buda a través del razonamiento empírico.

13. Traigo a la memoria al estimado Dharmakirti, que desentrañó los puntos vitales de los modos de lógica budista y no budista, proporcionó convicción en los vastos y profundos caminos sautrantika y yogachara a través del razonamiento y fue un experto exponiendo los maravillosos senderos del Dharma.

14. Traigo a la memoria al estimado Vimuktisena, que interpretó la *Perfección de la Sabiduría* procedente de los hermanos Asanga conforme al camino medio, libre de los extremos de la existencia y la no existencia, y que encendió la lámpara que ilumina el significado de *Ornamento* [*de las comprensiones experienciales claras*].

15. Traigo a la memoria al estimado Haribhadra, que aclaró las tres Madres[6] de las escrituras supremas de la *Perfección de la Sabiduría* de acuerdo con las instrucciones esenciales de Maitreyanath y que el Conquistador profetizó que expondría el significado de la Madre.

16. Traigo a la memoria al estimado Gunaprabha, sobresaliente en la estabilidad y el aprendizaje, que integró las intenciones de cien mil categorías del vinaya y, conforme al Mulasarvastivada, explicó en profundidad y sin error el pratimoksha.

17. Traigo a la memoria al estimado Shakyaprabha, sostenedor ideal del vinaya, maestro del tesoro de las cualidades de los tres adiestramientos[7], quien, para asegurar la longevidad de las impecables enseñanzas del vinaya, explicó minuciosamente el significado de las vastas escrituras.

---

6 Estos son los tres sutras de la *Perfección de la Sabiduría*: el sutra extenso en cien mil líneas (o versos), el sutra de longitud media en veinticinco mil líneas y el sutra condensado en ocho mil líneas.

7 Se refiere a los tres adiestramientos superiores de la conducta ética, la concentración y la sabiduría.

18. Traigo a la memoria a Jowo Atisha, bondadoso Señor que hizo florecer la enseñanza del Sabio en el País de las Nieves, quien expuso las doctrinas vastas y profundas –la enseñanza completa del Conquistador– en el contexto de los senderos de las personas de las tres capacidades[8].

19. Haciendo tales invocaciones con una mente impenetrablemente pura a vosotros, sabios sumamente excelentes, ornamentos para el mundo y fuentes de estupendas y elegantes enseñanzas, inspiradme para que madure mi mente y así pueda alcanzar la Liberación.

20. A través de la comprensión del significado de las dos verdades, la realidad básica de cómo son las cosas, compruebo por medio de las cuatro verdades cómo llegan los seres al samsara y lo abandonan: así la cognición válida genera una fe firme en las Tres Joyas. Inspiradme para estar permanentemente arraigado en el sendero a la Liberación.

21. Inspiradme para que domine la renuncia –la mente que desea la Liberación, la pacificación total del duhkha y de sus causas– y la bodhichita espontánea enraizada en la compasión, el anhelo ilimitado de proteger a los seres errantes.

22. Inspiradme para lograr la convicción, con facilidad y sin esfuerzo, de los puntos profundos de todos los senderos del vehículo de la perfección y del vajrayana, escuchando, contemplando y meditando en el significado de los comentarios de los grandes pioneros.

23. Que yo, en sucesivos nacimientos, obtenga perfectamente una vida humana dotada de los tres adiestramientos y sirva a la doctrina como lo hicieron los grandes pioneros salvaguardando y promoviendo las escrituras y las visiones mediante la explicación y la práctica.

24. Que todas las comunidades de la Sangha se fortalezcan con practicantes nobles y eruditos que dediquen su tiempo a escuchar, contemplar, enseñar y practicar y que hayan abandonado totalmente los medios de vida erróneos, que el mundo entero se adorne siempre con tales seres.

---

8 Se refiere a los niveles inicial, medio y superior de los practicantes. Véase el capítulo 8 de *Un acercamiento al sendero budista* (Ediciones Amara).

25. Debido a estas invocaciones, que pueda atravesar todos los niveles y senderos del sutra y del tantra y que alcance rápidamente el estado de un conquistador omnisciente que cumple espontáneamente los dos propósitos. ¡Que pueda trabajar por los seres conscientes mientras dure el espacio!

Colofón

Así, los principales sabios de la Noble Tierra de la India mencionados anteriormente han compuesto numerosos tratados excelentes y significativos y conceden una visión superior a aquellos que piensan de forma crítica sobre las profundas y vastas enseñanzas del Vencedor Supramundano Totalmente Iluminado, el Buda. Hasta el día de hoy, incluso después de casi 2.550 años, esos tratados sobreviven intactos para que los estudiemos, contemplemos y meditemos en ellos. Por lo tanto, estoy agradecido a esos maestros que fueron la flor y nata de los sabios y aspiro a seguirlos en mi práctica con una fe inquebrantable.

En la actualidad, cuando el mundo ha hecho grandes progresos en los campos de la ciencia y la tecnología y estamos distraídos y preocupados por el ajetreo de nuestras vidas, es sumamente importante que los seguidores del Buda tengan una fe basada en la comprensión de lo que Él enseñó. Estos textos fueron compuestos por maestros tan renombrados como los Seis Ornamentos y los Dos Supremos, así como por Budapalita y Arya Vimuktisena y otros, que analizaron sus enseñanzas detenidamente con una mente imparcial e inquisitiva en busca de las razones [que las sustentan] y que desarrollaron una fe basada en la comprensión de esas razones. Por todo ello, estos excelentes textos sobre lo profundo y lo vasto son indispensables. Con esta idea, encargué una nueva tangka que representa a los diecisiete eruditos de la tradición de Nalanda. Añadí otros nueve maestros de los linajes vasto y profundo a [los representados en la] tangka tradicional de los Seis Ornamentos y los Dos Supremos.

En consecuencia, me sentí impulsado a componer una invocación con un respeto incondicional a estos sabios supremos y algunos de mis amigos simpatizantes del Dharma me animaron. Así fue como yo, Shakya Bhikshu Tenzin Gyatso, que me encuentro en la última fila de los que estudian las obras de estos sabios, he desarrollado una convicción inequívoca acerca de la soberbia obra de estos sublimes maestros y he compuesto este texto [titulado] "Iluminando la triple fe", una invocación a los diecisiete grandes y renombrados sabios de Nalanda.

Se completó en Teckchen Choling, Dharamsala, distrito de Kangra, Himachal Pradesh, India, el primer día del undécimo mes del año de la Serpiente de Hierro del decimoséptimo "rabjung" tibetano [ciclo de sesenta años], correspondiente al 15 de diciembre de 2001 del calendario occidental, 2.545 años después –según el sistema theravada– de que el Buda falleciera. Que prevalezca la paz[9].

Comentario a "Iluminando la triple fe"

Los versos de alabanza comienzan con el Buda, cuya palabra, debido a su posición filosófica única, no tiene parangón. Le sigue Nagarjuna (1), que explicó las enseñanzas de la *Perfección de la Sabiduría*, dilucidó el surgimiento dependiente y fue el precursor del sistema madhyamaka. Aryadeva (2) fue su discípulo, así como Budapalita (3), que aclaró la visión prasangika. Luego viene Bhavaviveka (4), otro estudiante de Nagarjuna[10], que no estuvo de acuerdo con algunas de las afirmaciones de Budapalita al sostener que las cosas tienen alguna existencia objetiva a nivel convencional. Esto provocó un debate entre los filósofos madhyamaka que ha durado muchos siglos.

Chandrakirti (5) destacó la importancia de explicar todos los fenómenos como surgimientos dependientes para evitar los dos extremos del nihilismo y el absolutismo. Esta es la base para entender la apariencia y la realidad. Chandrakirti también explicó toda la enseñanza del sutra y el tantra. Luego aparece Shantideva (6), el autor de *Implicarse en las acciones del bodhisatva*, la explicación más profunda y extensa de la bodhichita. En mi infancia, tenía cierto interés en la bodhichita, pero sentía que sería muy difícil de lograr. Se lo confesé a mi tutor Tagdrag Rimpoché, quien me aconsejó que no me desanimara y me contó que él había tenido alguna experiencia con la bodhichita. Después de partir al exilio, recibí enseñanzas sobre el texto de Shantideva de Khunu Lama Rimpoché y, como resultado, llegué a comprender que si me esforzaba yo también podría sentir cierta afinidad con la bodhichita.

---

9 Traducido por el Venerable Gueshe Lhakdor, en Dharamsala, el 26 de febrero de 2002; revisado por Tenzin Wangdue, Nicholas Vreeland y Jeremy Russell, en diciembre de 2020.

10 Decir que alguien es un estudiante de Nagarjuna no significa que lo haya conocido directamente durante su vida, sino que ha seguido su visión.

El siguiente es Santaraksita (7), a quien debemos agradecer haber establecido en el Tíbet la tradición del estudio basado en la razón y la lógica. También ordenó a los primeros monjes del Tíbet, instituyendo allí la comunidad monástica. Como abad de Nalanda, inició el sistema yogachara-madhyamaka, que unía la tradición madhyamaka de Nagarjuna y Aryadeva, la tradición yogachara de Asanga y Vasubandhu y el pensamiento lógico y epistemológico de Dignaga y Dharmakirti. Le sigue su alumno Kamalashila (8), que escribió *Etapas de la meditación*, un importante texto que nos instruye en las técnicas adecuadas de la meditación, así como en el desarrollo de la bodhichita mediante las instrucciones de siete causas y un efecto[11].

Asanga (9) fue el fundador de la escuela yogachara o chitamatra (*sólo mente*). Vasubandhu (10), su hermano menor, se especializó en el abhidharma. Vasubandhu fue originalmente un defensor del vehículo fundamental y más tarde adoptó el vehículo universal (mahayana). Asanga sabía que su hermano menor era muy inteligente y le preocupaba que pudiera hacer un mal uso de su inteligencia despreciando el mahayana, por lo que le envió un mensajero diciéndole que estaba gravemente enfermo y pidiéndole que fuera a ayudarle.

Al llegar a la estancia de Asanga, Vasubandhu le preguntó por la causa de su enfermedad, a lo que Asanga le respondió que tenía una grave enfermedad del corazón que había surgido por su culpa. Continuó su explicación diciéndole que le preocupaba que él, Vasubandhu, cayera en un renacimiento desafortunado debido a que había despreciado y difamado el mahayana. Esto le había dolido tanto que, como resultado, tenía una dolencia cardíaca que podría resultar fatal. Alarmado, Vasubandhu le pidió a su hermano que le enseñara el mahayana. Escuchando la exposición de Asanga, Vasubandhu aplicó su sabiduría penetrante para obtener convicción de las enseñanzas del mahayana y meditó en ellas.

Vasubandhu se preocupó entonces por la posibilidad de tener un renacimiento desafortunado como resultado de haber despreciado previamente el mahayana. Confesando su error a Asanga, Vasubandhu quiso cortarse la lengua para reparar sus palabras destructivas. Asanga le dijo que eso no purificaría sus palabras negativas y, en cambio, le aconsejó: "Antes utilizabas hábilmente la palabra para criticar

---

11   Para una explicación completa de ello, véase el capítulo 3 de *Alabanza a la Gran Compasión* (Ediciones Amara).

el mahayana. Ahora debes usarlo para proponer sabia y eficazmente el mahayana". Vasubandhu se dedicó entonces a escribir varios textos desde la perspectiva yogachara.

El estudiante de Vasubandhu, Dignaga (11), fue un maestro de lógica. Le siguió otro lógico y epistemólogo, Dharmakirti (12). Ambos utilizaron el razonamiento para demostrar la verdad de las enseñanzas del Buda, y Dharmakirti en el segundo capítulo de su *Comentario a "Compendio de la cognición válida"* utilizó el razonamiento para demostrar que el Buda es una autoridad fiable. Aunque Vimuktisena (13) fue discípulo de Vasubandhu, explicó la *Perfección de la sabiduría* desde el punto de vista madhyamaka.

También Haribhadra (14) fue un célebre comentador de la *Perfección de la sabiduría*. En la actualidad, muchos estudiantes de los monasterios memorizan su comentario, *Significado claro*. Recuerdo a un grupo de monjas del monasterio de Kopan, en Nepal, que lo habían memorizado y les comenté que al hacerlo me habían superado.

Gunaprabha (15) y Shakyaprabha (16) fueron maestros del vinaya, la disciplina monástica. Por último, Atisha (17) fue el amable maestro espiritual que hizo florecer la enseñanza del Conquistador en el País de las Nieves durante la época de la segunda difusión. La primera difusión comenzó cuando Santaraksita y Gurú Padmasambhava llevaron el budismo al Tíbet en el siglo VIII, pero se vio gravemente cercenada y dañada bajo el reinado del rey Langdarma (r. 838-41). Atisha fue invitado al Tíbet para revitalizar el Budadharma.

La alabanza concluye: "Inspiradme para que madure mi continuo mental y alcance la Liberación. Inspiradme para establecer la raíz del sendero de la Liberación. Inspiradme para perfeccionar la mente iluminada de la bodhichita. Inspiradme para desarrollar rápida y fácilmente la convicción sobre los profundos senderos de la *Perfección de la sabiduría* y el vajrayana". Que podamos trabajar con un esfuerzo gozoso para lograr estos objetivos.

En el colofón subrayé la importancia de examinar y analizar las enseñanzas del Buda con una mente imparcial e inquisitiva. No hay que conformarse con hacer rituales y recitar oraciones, sino que hay que intentar comprender las enseñanzas del Buda sobre las dos verdades y las cuatro verdades de los aryas. Haribhadra dijo que hay seguidores sosos y seguidores inteligentes del Buda; los inteligentes cuestionan e investigan lo que han oído y leído, mientras que los sosos aceptan las enseñanzas sólo por fe. Si se sigue la tradición de

Nalanda y se confía en el razonamiento y la lógica, las enseñanzas del Buda perdurarán mucho tiempo en el futuro; pero si nos limitamos a tener fe, es poco probable que eso ocurra.

El adiestramiento en la tradición de Nalanda, con su amplio uso del razonamiento y la lógica, es compatible con el método científico. Durante casi cuarenta años he dialogado con científicos modernos en beneficio mutuo. Tanto la ciencia como el budismo hacen hincapié en la investigación para descubrir la verdad.

Por supuesto, las enseñanzas del Buda siguieron desarrollándose en el Tíbet. El rey Songtsen Gampo (c. 604-49) adoptó un modelo indio para crear un sistema tibetano de escritura. Cuando Santaraksita (725-88) llegó al Tíbet en el siglo VIII por invitación del rey, fomentó la traducción de la literatura budista al tibetano para que los tibetanos pudieran estudiar en su propia lengua y creó un departamento de traducción en el monasterio de Samye.

Los extensos escritos de Dignaga y Dharmakirti sobre lógica y epistemología fueron traducidos al tibetano. Eruditos tibetanos posteriores como Chapa Chokyi Senge (1109-69), el abad de Sangphu, y Sakya Pandita (1182-1251) desarrollaron estos temas.

Marpa Lotsawa (1012-97) transmitió muchas enseñanzas tántricas de la India al Tíbet, y su discípulo Milarepa (1052-1135), del que se dice que alcanzó la completa Iluminación en esa misma vida, fue uno de los mayores meditadores del Tíbet. Tsongkhapa (1357-1419) fue un brillante erudito y meditador. El consumado lógico Gyaltsab Dharma Rinchen se propuso desafiar a Tsongkhapa. En un estado de confianza exagerada, asistió a una de las enseñanzas de Tsongkhapa y se sentó junto a él en el trono. Ignorándolo, Tsongkhapa continuó enseñando. Al escuchar la profunda exposición de Tsongkhapa, Gyaltsab se quitó el sombrero, se deslizó del trono y se sentó a sus pies, y así puso de manifiesto la superioridad de Tsongkhapa. Aunque Tsongkhapa tuvo visiones de las deidades de meditación –Manjushri en particular–, hizo hincapié en el estudio de los textos clásicos. Nunca utilizó sus experiencias místicas para validar su comprensión de las enseñanzas, sino que se basó en un exhaustivo razonamiento.

Entre los versos dedicados al final de su *Gran exposición sobre las etapas del sendero* (*Lamrim Chenmo*), Tsongkhapa escribió:

> En las regiones donde la suprema y preciosa enseñanza no se ha difundido, o donde se ha difundido pero luego ha decaído, con mi

corazón profundamente movido por una gran compasión, pueda yo iluminar este tesoro de felicidad y beneficio.

He tomado esto muy en serio y he tratado de servir a la humanidad, y siento que no he defraudado al Buda.

Guías y explicaciones válidos

El Buda explicó la naturaleza última de forma diferente según las disposiciones, intereses, capacidades y necesidades del público en particular. Para ayudarnos a discernir el significado definitivo del Buda, debemos confiar en sus sagaces seguidores. El Buda profetizó claramente a un sabio llamado Nagarjuna que, empleando el razonamiento, destruiría los dos extremos de la existencia (absolutismo) y la no existencia (nihilismo). Los numerosos textos de Nagarjuna –el más importante de los cuales es *Tratado sobre el camino medio*– hablan extensamente de la vacuidad. Su estudiante Aryadeva escribió *Cuatrocientos versos* para complementar el tratado de su maestro. Después de introducir algunos temas preliminares, Aryadeva examina críticamente las creencias de los sistemas de principios no budistas y budistas que no consideran complementarios la vacuidad y el surgimiento dependiente. *Comentario sobre "Tratado del camino medio"* (*Budapalita-Mulamadhyamakavrtti*), de Budapalita (470-550), es un texto breve pero profundo que subraya que no es posible cosificar las cosas funcionales más allá de ser meramente condicionadas, es decir, que aparte de ser producidas por causas y condiciones, no hay una esencia inherente en las cosas funcionales. En su *Corazón del camino medio* (*Madhyamakahrdaya*) y su extenso autocomentario *Fulgor del razonamiento* (*Tarkajvala*), Bhavaviveka (c. 500-570) desarrolla su propia y singular interpretación de Nagarjuna. La obra de Shantideva *Implicarse en las acciones del bodhisatva* profundiza en el significado de la vacuidad.

Atisha, el erudito que llevó *la nueva transmisión* de las enseñanzas al Tíbet, recomendó que, de la plétora de sabios indios que escribieron sobre la vacuidad, siguiéramos los textos de Chandrakirti. Atisha elogió a Chandrakirti como alguien que comprendió correctamente el pensamiento de Nagarjuna y, por tanto, del Buda. En su *Introducción a las dos verdades* (*Satyadvayavatara* 15-16ab), Atisha dice:

> ¿A través de quién se debe comprender la vacuidad? A través de Chandrakirti, el estudiante de Nagarjuna, que fue profetizado por

el Tathagata y que vio la verdad, la realidad. A través de las instrucciones esenciales por él transmitidas, la realidad, la verdad, será comprendida.

Los grandes maestros de las cuatro tradiciones budistas tibetanas están de acuerdo en que la visión prasangika, tal como la explican Nagarjuna y Chandrakirti, es la más sublime, aunque la denominen de manera diferente y la describan de forma algo distinta. Te recomiendo que escuches, leas, estudies, reflexiones y medites sobre las obras de los sabios mencionados. Relaciona sus enseñanzas con tus propias percepciones, concepciones y emociones y examina cómo percibes y concibes las cosas. Entonces notarás el impacto que tiene en tu mente incluso una pequeña comprensión de la vacuidad.

Hasta la época de Rendawa Zhonnu Lodro (1349-1412), el maestro sakya que fue uno de los maestros más cercanos a Tsongkhapa, la visión del camino medio no era muy conocida. Parece que la gente no ponía especial énfasis en el camino medio, o quizá no tenía un interés especial en él, a pesar de que las enseñanzas de Nagarjuna estaban presentes en el Tíbet. Aunque la visión del camino medio se enseñaba como una característica de la práctica más amplia del sutra y se consideraba necesaria para la práctica tántrica, no se hacía hincapié en la vacuidad como tema principal de estudio y meditación, y en los primeros siglos del budismo en el Tíbet no había muchos tratados que dilucidaran y analizaran sus matices sutiles.

Debido al especial interés de Rendawa por la visión del camino medio, la gente empezó a comprender su importancia y, a partir de entonces, su estudio se convirtió en un aspecto destacado del budismo en el Tíbet. El discípulo de Rendawa, Tsongkhapa, también estaba muy interesado en la vacuidad y escribió extensamente sobre ella. Los maestros de otras tradiciones budistas tibetanas también empezaron a escribir sobre ella. De hecho, el tema de la vacuidad se hizo tan popular en aquella época que la gente decía: "En el Tíbet, cuando enseñes, enseña la vacuidad; cuando medites, medita en la vacuidad; cuando viajes, reflexiona sobre la vacuidad".

Hablo mucho de la vacuidad; me veo obligado a hacerlo porque sin la vacuidad, nada funciona. La comprensión de la vacuidad es lo único que eliminará la ignorancia que se aferra a la identidad esencial. Sin ella, la bodhichita no puede ser verdaderamente eficaz y no podemos progresar a través de los cinco senderos hacia la Iluminación. La comprensión de la vacuidad nos permite saber que la Liberación es posible y comprobar la existencia de las Tres Joyas. La capacidad de estudiar, contemplar y meditar en la vacuidad hace que nuestra vida humana tenga sentido. A medida que aumente nuestra comprensión de la vacuidad, veremos de manera natural la grandeza y la bondad de los maestros espirituales que la enseñan.

Por estas razones, el estudio y la práctica de las obras de Nagarjuna, Aryadeva, Budapalita, Bhavaviveka y Chandrakirti, así como los comentarios de Tsongkhapa y otras lumbreras tibetanas, es de suma importancia. Las personas de Occidente y de otros países son inteligentes y pueden entender la vacuidad cuando se les enseña. Introducir hábilmente los recipientes adecuados en la doctrina de la vacuidad de existencia inherente los anima a utilizar su inteligencia y a desarrollar la sabiduría y los conduce por el camino correcto.

Los filósofos y yoguis de la India valoraban la poesía y muchas de sus composiciones estaban escritas en verso. Esto permite diversas interpretaciones de las palabras y los significados, que se han debatido durante siglos. Algunos de estos sabios escribieron autocomentarios sobre sus textos raíz en verso, mientras que otros escribieron el texto raíz corto y dejaron que otros ampliaran el significado en comentarios. Como resultado, existe una gran cantidad de literatura que aborda el tema desde una diversidad de perspectivas.

A veces desearíamos que el Buda y los sabios indios nos dijeran el "único significado correcto" de sus palabras al que pudiéramos ceñirnos y que apaciguara nuestra inquietud por la ambigüedad. Pero el propósito del Buda y los sabios era llevarnos a pensar y a agudizar nuestra capacidad de investigar y poner a prueba las enseñanzas con el razonamiento. Como resultado de ese largo proceso, obtendremos una sabiduría firme y clara que va más allá del conocimiento intelectual.

Mientras aprendes los distintos sistemas de principios filosóficos, encontrarás muchos puntos de debate. El objetivo de los debates no es la argumentación filosófica. Demostrar simplemente la propia destreza intelectual y refutar las visiones de los demás no conduce a la Liberación. Más bien, los debates ayudan a aclarar tu propia visión. Cuando los prasangika refutan la visión de la vacuidad de los svatantrika, mira en tu interior y comprueba si sostienes la visión svatantrika y te aferras sutilmente a la existencia inherente. En meditación, investiga cómo existen realmente las cosas y examina la visión de cada sistema de principios filosóficos para determinar cuál es el más profundo y completo. Este es un proceso desafiante que requiere mucha reflexión. Una vez que has encontrado la visión correcta, medita y compréndela.

Te animo a que estudies una variedad de comentarios indios, así como los sutras que explican. Algunas personas creen que estudiar sólo los manuales de debate escritos por su propio colegio monástico es suficiente para conocer un tema. Lo dicen con gran respeto por el linaje, pensando que los maestros anteriores eran tan astutos que lo descubrieron todo. Consideran que su trabajo como estudiantes es simplemente absorber lo que el maestro principal de su colegio monástico enseñó y duplicarlo en su propia mente. Algunas personas pueden incluso llegar a pensar: "Sólo necesito estudiar lo que mi propio maestro enseñó porque él o ella es el Buda y lo sabe todo". Estos puntos de vista estrechos limitan la perspectiva del individuo y hacen que la tradición se estanque. Todos necesitamos aprender, investigar por nosotros mismos y utilizar nuestra propia inteligencia para comprender las enseñanzas. Estudiar ampliamente y ver un tema desde una variedad de ángulos agudiza nuestras facultades y expande nuestra comprensión. También insufla nueva energía a nuestros debates y a la tradición en su conjunto.

3 | Introducción a los sistemas de principios filosóficos

En su *Comentario sobre la bodhichita* (BV 70), Nagarjuna nos dice:

> Una mente feliz es realmente tranquila; una mente tranquila no está confundida. No tener confusión es comprender la verdad; comprendiendo la verdad se alcanza la libertad.

El propósito principal de estudiar sobre la ausencia de identidad esencial, la vacuidad y la visión superior es ver la realidad para que podamos alcanzar la libertad y la paz de la Liberación y la completa Iluminación y ayudar a otros a hacer lo mismo. Para ello, debemos investigar el proceso a través del cual se produce nuestro duhkha no deseado y cómo revertirlo. En *Samsara, Nirvana y naturaleza de buda*, rastreamos el origen de duhkha hasta el karma –nuestras acciones intencionales– y del karma hacia atrás hasta aflicciones como el apego, el enfado, los celos, la arrogancia, etc. La raíz de todas las aflicciones es la ignorancia que se aferra a la existencia inherente de las personas y de los fenómenos, es decir, como si fueran capaces de establecerse y existir por su propio poder, independientemente de todos los demás factores.

Esta ignorancia se puede erradicar mediante la sabiduría que percibe los fenómenos tal y como son en realidad, como vacíos de existencia inherente. La forma de generar esta sabiduría es el tema de este volumen y de los dos siguientes. Al embarcarnos en esta exploración de cómo nuestra mente malinterpreta la forma en que existen los fenómenos, seamos curiosos y estemos abiertos a considerar ideas que quizá no hayamos escuchado antes. Además, mantengamos continuamente una motivación sincera para cuestionar, analizar y aprender con el fin de apoyar nuestro objetivo, a largo plazo, de la Budeidad.

Al comprender la verdad de cómo existen realmente las personas y los fenómenos, nuestra mente se tranquilizará y se liberará del dolor de la ignorancia. Más allá del miedo, la ansiedad y la inseguridad, una mente imperturbable imbuida de una gran compasión y sabiduría es capaz de beneficiar a los demás, especialmente guiándolos hacia el Nirvana y la completa Iluminación.

Nuestra investigación sobre la naturaleza de la realidad comienza con una visión general de las afirmaciones de los sistemas de principios filosóficos budistas e indios antiguos no budistas. Estos sistemas se desarrollaron como resultado de que los eruditos se preguntasen: "¿Quién soy yo?" y "¿Cómo existen las cosas?". En estos sistemas de principios, exponen lo que creen que es la fuente del duhkha indeseado y la sabiduría que socavará esa fuente.

Después de oír que la visión del madhyamaka (camino medio) se considera suprema, es posible que queramos saltar inmediatamente a ella en lugar de esforzarnos por aprender primero otros sistemas de principios filosóficos. Sin embargo, el estudio de estos otros sistemas es muy valioso, porque podemos descubrir que tenemos visiones similares a las suyas. En ese caso, debemos examinar si nuestras visiones son correctas. Otra ventaja de estudiar otros sistemas es que, al adoptar sus posiciones y tratar de defenderlas, llegamos a ver dónde les faltan pruebas y razones y, de ese modo, agudizamos gradualmente nuestra sabiduría y refinamos nuestra propia visión.

El valor de estudiar los sistemas de principios filosóficos

Durante sus cuarenta y cinco años de enseñanza del Dharma, el Buda instruyó a una gran variedad de personas que tenían diferentes capacidades y disposiciones mentales. Como maestro hábil, enseñó lo que era más eficaz para guiar a una persona concreta desde su nivel actual hasta la Iluminación. Por esta razón, el método del Buda para explicar la naturaleza última –la vacuidad o la ausencia de identidad esencial– variaba según su audiencia. Puesto que la vacuidad es lo contrario de cómo percibimos normalmente la existencia de las cosas, el Buda tenía que preparar a la gente para que entendiera su significado correctamente, sin concepciones distorsionadas ni visiones extremas. Enseñó a la gente la visión correcta por etapas, según su aptitud en ese momento. Cuando se dirigía a ciertas personas, el Buda negaba un yo permanente, unitario e independiente. A otros, les refutó una persona autosuficiente y sustancialmente existente, pero afirmó la existencia inherente de la persona, mientras que a otro grupo les refutó la existencia inherente tanto de las personas como de los fenómenos. A algunas personas, el Buda les enseñó que los objetos externos son verdaderamente existentes y a otras les explicó que los objetos externos existen, pero que carecen de existencia verdadera. Si no comprendemos la habilidad del Buda para enseñar a las personas según su aptitud, corremos el riesgo de pensar que el Buda estaba confundido o que se contradecía.

En la antigua India, los practicantes budistas que seguían una diversidad de sutras vivían muy cerca unos de otros y debatían y discutían las visiones expuestas en estos sutras. Con el tiempo, los practicantes que tenían afirmaciones comunes se identificaron vagamente como grupo y, más tarde, como defensores de un sistema de pensamiento. De esta manera, los nombres vaibhashika, sautrantika, yogachara y madhyamika pasaron a identificar grupos de personas con visiones similares. Aunque estos cuatro sistemas no recogen exhaustivamente todos los principios budistas, son una herramienta útil para entender las principales ideas que eran populares en la India budista y la diversidad de pensamiento de lo que se denominó *budismo*. El conocimiento de estos cuatro sistemas incluye gran parte del pensamiento budista tibetano y te ayudará a entender los textos de los sabios budistas a lo largo de la historia.

Aunque estos grupos se suelen denominar *sistemas filosóficos* o *escuelas*, no propusieron un catecismo rígido de principios al que se adhirieran todos sus proponentes. No todos los miembros de un sistema vivían en el mismo lugar de la India y si alguien quería estudiar los principios de un sistema concreto, no tenía que ir a un monasterio específico para hacerlo. Personas con diversas creencias vivían juntas y debatían entre ellas, así como con los no budistas. Los monjes de una misma comunidad celebraban juntos las ceremonias del vinaya: sus diferentes creencias no interferían en la armonía de la sangha.

El Buda no anunció que enseñaba un sistema de principios concreto. La idea de los sistemas de principios filosóficos surgió más tarde entre los sabios indios y se sistematizó más en el Tíbet. En su *Corazón del camino medio* y su autocomentario *Fulgor del razonamiento*, Bhavaviveka explica ampliamente los sistemas de principios filosóficos. Dos maestros indios –el segundo Aryadeva (siglo VIII o IX) en *Compendio de la esencia de la sabiduría* (*Jñanasarasamuccaya*) y Jetari (c. 940-980), un pandit de Vikramashila, en *Sugatamatavibhangakarika* y su extenso autocomentario– escribieron sobre los sistemas de principios indios. Aryadeva presentó tanto los sistemas budistas como los no budistas, mientras que Jetari explicó los cuatro sistemas budistas principales. En sus obras, ambos maestros sugirieron que estos sistemas de principios filosóficos forman una serie progresiva que conduce gradualmente al estudiante a la visión más precisa de la base, el sendero y el resultado[12]. Santaraksita (725-88), que escribió *Compendio de principios* (*Tattvasamgraha*), una enorme compilación de las visiones de sistemas filosóficos budistas y no budistas, recomendó estudiar los sistemas de principios filosóficos inferiores y superiores. Su discípulo Kamalashila profundizó en ello en su comentario a ese texto.

Los maestros tibetanos estuvieron de acuerdo con esta presentación progresiva de los sistemas de principios filosóficos y compusieron un género de textos relativos a los principios filosóficos (*siddhanta*). Estos textos se enseñan ampliamente en los monasterios tibetanos y ahora en los centros de Dharma y monasterios en la India y otros sitios fuera del Tíbet. Entre los eruditos contemporáneos de las cuatro tradiciones tibetanas –nyingma, kagyu, sakya y guelug– existen algunas diferencias en las presentaciones de los sistemas de principios filosóficos, aunque el significado y la presentación general son similares[13]. Los eruditos tibetanos completaron ciertos principios de cada sistema, añadiendo definiciones y, en algunos casos, deduciendo lo que los seguidores de un sistema concreto dirían sobre un tema. Por ejemplo, un sistema budista de la India puede no haber afirmado explícitamente la existencia inherente, pero al examinar sus principios los eruditos dedujeron que sí lo hacía. Esto se debe a que la afirmación de partículas sin partes, de una consciencia base de

---

12 Correspondencia privada, Gueshe Dadul Namgyal, 1 de mayo de 2010.

13 En la tradición guelug, los principales textos de principios filosóficos son *Gran exposición de los principios filosóficos* (*Grub mtha' chen mo*), de Jamyang Shepa; *Guirnalda preciosa de los principios* (*Grub pa'i mtha'i rnam par bzhag pa rin po che'i phreng ba*), de Konchok Jigme Wongpo, la encarnación de Jamyang Shepa, y *Ornamento de la montaña de los principios filosóficos* (*Grub mtha' lhun po'i mdzes rgyan*), de Changkya Rolpai Dorje. El texto principal de principios filosóficos nyingma, *Tesoro de los principios: Iluminando el significado de todos los vehículos* (*Theg pa mtha' dag gi don gsal bar byed pa grub pa'i mtha' rin po che'i mdzod*), fue escrito por Longchen Rabjam. *Explicación minuciosa de los sistemas* (*Gzhung lugs legs par bshad pa*), de Sakya Pandita, también conocido como *Diferenciar los principios filosóficos* (*Grub mtha' rnam 'byed*), es el texto principal de principios filosóficos de la tradición sakya, y Taktsang Sherab Rinchen, un erudito sakya, escribió *Explicación de "Libertad de los extremos a través del conocimiento de todos los principios filosóficos"* (*Grub mtha' kun shes nas mtha' bral grub pa zhes bya ba'i bstan bcos*). Un texto popular de principios filosóficos kagyu y rime fue escrito por Jamgon Kongtrul Lodro Taye y está incluido en su obra maestra, *Tesoro del conocimiento* (*Shes bya kun la khyab pe mdzod*), Libro Sexto, Tercera Parte: "Marcos de la filosofía budista".

todo (*alayavijñana*) o de una consciencia mental que lleva las semillas kármicas se hace desde la suposición de que los fenómenos existen inherentemente.

Los filósofos tibetanos también contribuyeron al desarrollo de los sistemas filosóficos desarrollando las afirmaciones de sus predecesores indios. Por ejemplo, el sistema yogachara descrito en los textos de principios filosóficos actuales es más detallado que las presentaciones de los tratados de Asanga y Vasubandhu, que a su vez desarrollaron el significado de sutras como el *Sutra que desenreda el pensamiento* y el *Sutra del descenso a Lanka*. Más tarde, los maestros tibetanos y chinos describieron varios tipos de predisposiciones y elaboraron otros temas que no se detallaron en estos sutras y tratados. Por esta razón, las afirmaciones tibetanas y chinas sobre el yogachara difieren en algunos aspectos.

Las doxografías en las que los sabios posteriores clasifican las afirmaciones de los sabios anteriores en sistemas tiene ventajas e inconvenientes. En cuanto a las ventajas, permitió a los tibetanos organizar y sistematizar de manera comprensible la enorme cantidad de literatura budista que llegó al Tíbet. Nos permite identificar fácilmente los puntos importantes de cada sistema de principios filosóficos y ver cómo se interrelacionan con otros puntos formando un sistema cohesionado. El establecimiento de los sistemas de principios filosóficos en un determinado orden se hizo para conducir gradualmente a los discípulos a lo que se considera la visión más elevada y precisa. En conjunto, las presentaciones de estos sistemas forman una herramienta pedagógica que ayuda a los estudiantes a familiarizarse con las principales visiones que examinarán y meditarán posteriormente con mayor profundidad a medida que progrese su práctica del Dharma[14].

En cuanto a los inconvenientes, al clasificar estrictamente varias posiciones en un solo sistema, se oscurece la diversidad de puntos de vista y debates dentro de cada sistema, y los principios filosóficos de cada sistema se quedan codificados, aunque no eran así en la antigüedad. Además, curiosamente, el autor de cada texto de principios filosóficos pertenece al sistema de principios que considera más elevado.

Otra consecuencia de establecer sistemas de principios filosóficos que tiene tanto ventajas como inconvenientes es que permite al

---

14 Para un excelente análisis del propósito de las escuelas de principios filosóficos en la tradición guelug, véase James Blumenthal, *Ornament of the Middle Way*, 227-32 (Shambhala Publications).

autor establecer hombres de paja para refutar las posiciones con las que no está de acuerdo y aclarar la posición de su propio sistema. Estos debates artificiales pueden ser muy útiles para la comprensión de los estudiantes, incluso cuando no son históricamente precisos. Por ejemplo, Bhavaviveka supuestamente sostenía ciertas creencias que los estudiosos posteriores reprendieron severamente, pero como había muerto siglos antes de que se recopilaran los textos de los principios filosóficos, no tuvo oportunidad de confirmar si realmente sostenía esas posiciones o de defenderlas si lo hacía.

En este volumen, nos centraremos en la organización de los sistemas de principios filosóficos según la tradición guelug. En general, son cuatro: vaibhashika, sautrantika, yogachara y madhyamaka. El orden de las escuelas no se debe considerar como el desarrollo histórico secuencial del pensamiento budista, y las visiones de un sistema codificado pueden no coincidir siempre con las creencias reales de sus así llamados fundadores o principales proponentes. A veces, los principios filosóficos de un sistema concreto son los de eruditos con visiones similares pero no idénticas a las del fundador, algunos principios se pueden deducir de lo que dijo el principal proponente de ese sistema y algunas afirmaciones son elaboraciones de lo que dijo el proponente. Sin embargo, al presentar una amalgama de diferentes principios filosóficos en lo que parece ser un resumen de la doctrina de cada escuela, los eruditos tibetanos pudieron diferenciar y aclarar los puntos sutiles relativos a la vacuidad según la visión prasangika, tal como ellos la entendían, refutando los principios filosóficos de las escuelas inferiores.

El theravada no está incluido en los cuatro sistemas de principios filosóficos descritos en los textos tibetanos, aunque la mayoría de sus principios se pueden encontrar entre las cuatro escuelas de principios. El budismo se extendió a Sri Lanka en el siglo III a.C. Como Sri Lanka estaba lejos de las grandes universidades monásticas budistas del norte de la India, el budismo se desarrolló allí de forma comparativamente aislada y más tarde pasó a llamarse *tradición theravada*. Es incorrecto equiparar la theravada con las escuelas vaibhashika o sautrantika[15]. En los comentarios o subcomentarios pali (*tika*) no se mencionan los cuatro sistemas de principios filosóficos tal y

---

15 Véase el capítulo 4, "La expansión del Budadharma y los cánones budistas", en *Un acercamiento al sendero budista*, para los comentarios sobre el significado primitivo del nombre *theravada*.

como se mencionan en la India clásica y se formularon posteriormente en el Tíbet.

Tsongkhapa, cuyos seguidores iniciaron la tradición guelug, vivió en una época en la que la naturaleza última de los fenómenos era ampliamente explicada y debatida. Entre los años 800 y 1000, la visión yogachara-svatantrika madhyamaka de Santaraksita era la más importante del Tíbet y se consideraba la más precisa. Después de que Patsab Nyima Drak (¿1055-1145?) y otros comenzaran a traducir las obras de Chandrakirti, la visión de Santaraksita fue cuestionada y dejó de ser vista como la visión cumbre en el período entre 1100 y 1400. Con la presentación de Dolpopa Sherab Gyaltsen (1292-1361) de otra vacuidad, surgieron más debates. Los textos de principios filosóficos se convirtieron en una ayuda inestimable cuando los tibetanos debatieron sobre estas diferentes visiones.

Puede que te preguntes por qué hay tantas visiones diferentes de la vacuidad y que quieras que alguien te diga cuál es la correcta. O puedes aprender los sistemas de principios filosóficos según una tradición y luego confundirte al descubrir que otra tradición tiene una explicación diferente. Comprendo tu desconcierto, y también creo que esta diversidad de visiones hace que el budismo sea muy rico. Cada sistema de principios filosóficos presenta un modelo del mundo según su perspectiva única sobre las verdades convencionales y últimas. Se nos desafía a comprender cómo las afirmaciones de cada sistema forman un todo cohesionado y a investigar profundamente utilizando el razonamiento para determinar qué sistema tiene más sentido para nosotros. Nuestra mente se volverá más flexible porque también entenderemos que varios sistemas y tradiciones pueden definir la misma palabra de forma diferente. Esto nos obliga a estudiar otras visiones en lugar de criticarlas debido a nuestra incomprensión del significado de sus palabras y conceptos.

Muchos de los escritos de los maestros posteriores fueron una respuesta a las afirmaciones de los maestros anteriores. El estudio de los sistemas de principios filosóficos y el conocimiento de la historia de la filosofía budista nos muestran el contexto en el que surgieron las diferentes posiciones y en el que los diversos maestros escribieron sus tratados. Por ejemplo, la refutación radical de Nagarjuna fue en gran medida una respuesta a la sustancialidad propuesta por los sarvastivada. Los escritos de Dignaga y Dharmakirti surgieron en un clima de intenso debate entre budistas y no budistas. Las afirmaciones de Bhavaviveka contrarrestaron las de Budapalita, mientras que Chandrakirti defendió la posición de Budapalita y refutó la de Bhavaviveka.

El estudio de los diferentes sistemas de principios filosóficos nos impulsa a investigar con mayor profundidad la naturaleza de la realidad, en lugar de suponer que las apariencias superficiales que se presentan a nuestra mente son verdaderas. Cada sistema presenta una visión progresivamente más refinada y aunque la de los prasangika se considera la más precisa, eso no significa que sea la mejor visión para todos en este momento. Las afirmaciones de otros sistemas budistas pueden ser más adecuadas para un individuo en particular en ese momento. A medida que estudies las escuelas de principios filosóficos, observa cuál es la más cómoda para ti en este momento y adopta esa. Conforme pase el tiempo, podrás perfeccionar tu visión. ¿Cómo discernir qué sistema aceptar? Investiga qué sistema te desafía y te ayuda a acabar con el aferramiento erróneo sin destruir tu fe en la existencia convencional, la ley del karma y sus efectos y la importancia de practicar el aspecto del método del sendero.

Para los que se inician en el estudio de los principios filosóficos, la terminología puede parecer desalentadora y es posible que se inclinen a descartar los principios filosóficos como maquinaciones intelectuales que tienen poco que ver con la vida. Pero si se mira más de cerca, se descubre que cuando se entiende mejor la terminología estas enseñanzas pueden ayudar a comprender la mente, a descubrir y disipar los conceptos erróneos, a desarmar las emociones perturbadoras y a penetrar en la naturaleza de la realidad.

Por ejemplo, los budistas refutan la visión que sostienen muchos no budistas de que la persona es esencialmente permanente pero superficialmente impermanente. Al principio puede que no entendamos lo que esto significa, pero si pensamos en ello veremos que a veces vemos a las personas como si tuvieran una esencia inmutable pero también como si cambiaran con el tiempo. Tenemos que preguntarnos si una persona puede tener simultáneamente una naturaleza fija y una naturaleza transitoria. ¿Existen dos yoes, uno que es permanente y otro que cambia con el tiempo? De este modo, se eliminan nuestros conceptos erróneos y nos familiarizamos con la visión de las personas y las cosas desde una perspectiva más acorde con la forma en que existen.

Si no conoces los principios filosóficos, en la primera lectura familiarízate con las palabras. En la segunda, recuerda los conceptos.

En lecturas posteriores, investiga el significado. Cuando hayas comprendido bien los sistemas de principios filosóficos, medita sobre sus visiones para obtener una experiencia más profunda de cómo existen las cosas.

Dos de mis estudiantes, que hacían un retiro largo, se esforzaban por comprender la vacuidad, así que les sugerí varias grandes obras para que las leyeran. En aquella época no había tantos libros sobre la vacuidad en inglés como ahora y la mayoría los habían escrito eruditos para eruditos. Un día vinieron a verme y me dijeron que se sentían agobiados por toda esa lectura y que querían meditar más y estudiar menos. Les hablé de Asanga, que era un bodhisatva del tercer nivel cuando Maitreya le ordenó que siguiera estudiando. Para asegurarme de que entendían lo que quería decir, levanté tres dedos y dije con firmeza: "Tercer nivel". Cuando se iban, les dije que no necesitaban leer todos los libros del madhyamaka, pero que al menos siguieran estudiando a Nagarjuna, Chandrakirti y Tsongkhapa. Parecieron aliviados y años más tarde volvieron para informarme de los progresos que habían hecho en la comprensión de la vacuidad.

Sistemas de principios filosóficos budistas y sus sabios

Empezamos con un breve resumen de los sistemas de principios filosóficos budistas y los sabios indios que los expusieron, y en el siguiente capítulo exploraremos su visión de la naturaleza de la realidad.

Los sistemas de principios filosóficos del vehículo fundamental son:

1. *Vaibhashika*, que se puede subdividir en tres ramas según su ubicación: Cachemira, Aparantaka y Magadha.
2. *Sautrantika*, que tiene dos ramas: (1) *Proponentes de las escrituras*, que siguen *Tesoro del conocimiento*, de Vasubandhu, y (2) *Proponentes del razonamiento*, que siguen *Siete tratados sobre la cognición válida*, de Dharmakirti.

Los sistemas de principios filosóficos mahayana (vehículo universal) son:

1. *Yogachara* (*chitamatra*, *sólo mente*), que tiene dos ramas: los proponentes de las escrituras y los proponentes del razonamiento.
2. *Madhyamaka* (*camino medio*), que tiene dos ramas: (1) *svatantrika madhyamaka* (*autonomista*), que tiene dos subdivisiones: la

yogachara-svatantrika madhyamaka y la *sautrantika-svatantrika madhyamaka*, y (2) *prasangika madhyamaka (consecuencialista).*

Los Vaibhashika siguen los principios filosóficos expresados en *Gran explicación detallada (Mahavibhasha Sastra)*, un tratado escrito por En esta línea, este epílogo explicará algunos aspectos del abhidharma. Condensa el significado de los *Siete tratados del abhidharma*, que únicamente los vaibhashika consideran que son la palabra del Buda. Otros vaibhashika célebres son Vasumitra, Dharmapala, Budhadeva y Sanghabhadra.

Vasubandhu (c. 316-96) escribió el famoso *Tesoro del conocimiento (Abhidharmakosha)*. Aunque tiene fama de sostener la visión yogachara, este texto se asocia con la escuela vaibhashika. Más tarde escribió un comentario sobre el mismo, *Explicación de Tesoro del conocimiento (Abhidharmakoshabhashya)*, que lo estudian tanto los vaibhashika como los proponentes de las escrituras sautrantika.

El gran sabio Dharmakirti (c. 600-660) estudió con Ishvarasena, discípulo de Dignaga (c. 480-540). Dharmakirti escribió *Siete tratados sobre la cognición válida*, de los que se dice que explican las posiciones de los sautrantika y los yogachara, aunque parece que el propio Dharmakirti era un yogachara proponente del razonamiento. A veces los grandes sabios daban explicaciones que diferían de sus propias creencias personales porque esas eran las visiones más adecuadas para sus discípulos.

Históricamente, los sistemas de principios filosóficos mahayana comenzaron con Nagarjuna, el gran sabio indio (c. siglo II de nuestra era) que descubrió y luego propagó los sutras de la *Perfección de la Sabiduría* en la India. Este magnífico erudito y practicante escribió seis grandes tratados sobre la vacuidad, de los cuales el más significativo es *Tratado sobre el camino medio (Mulamadhyamakakarika*, también conocido como *Sabiduría raíz* o *Sabiduría fundamental)*[16], en el que expuso lo que se llegó a conocer como la visión madhyamaka de la vacuidad tal como se explica en los sutras de la *Perfección de la Sabiduría*. El heredero espiritual de Nagarjuna, Aryadeva (c. 170-270), que comprendió completamente el pensamiento de Nagarjuna,

---

16 Los otros cinco tratados sobre la vacuidad que se dice que escribió Nagarjuna son *Guirnalda preciosa de consejos para el rey (Ratnavali)*, *Refutaciones de las objeciones (Vigrahavyavartani)*, *Setenta estrofas sobre la vacuidad (Shunyatasaptati)*, *Sesenta estrofas de razonamiento (Yuktishashtikakarika)* y *Tratado denominado el "Finamente tejido" (Vaidalyasutranama)*.

explicó con más detalle esta visión en su obra *Cuatrocientos versos* (*Chatuhshataka*).

El propio Asanga (c. 310-90) era un madhyamika, pero elaboró y enseñó ampliamente la visión yogachara, por lo que fue conocido como *el gran pionero* de esta visión. Esta visión debió de estar presente en la época de Nagarjuna, ya que éste la refutó en su *Comentario sobre la bodhichita* (*Bodhicittavivarana*). Al explicar la visión yogachara, Asanga refutó la existencia de objetos externos y afirmó que un objeto y la consciencia que lo aprehende tienen la misma causa sustancial. Asanga también escribió un comentario sobre el abhidharma, *Compendio del conocimiento* (*Abhidharmasamuchaya*), desde el punto de vista yogachara.

En el siglo VIII, en la India, el madhyamaka, el yogachara y las visiones lógico-epistemológicas de Dignaga y Dharmakirti se encontraban entre las visiones filosóficas más destacadas. El gran sabio Santaraksita (c. 725-88) sintetizó estos tres, creando el sistema yogachara-madhyamaka (más tarde conocido como yogachara-svatantrika madhyamaka en el Tíbet), que fue el último gran desarrollo del pensamiento budista indio antes de que el budismo de la India fuera destruido a finales del siglo XII y principios del XIII. Cuando el budismo llegó por primera vez al Tíbet, la visión de Santaraksita se consideraba la explicación más elevada del madhyamaka porque fue el primer maestro destacado de la filosofía budista en el Tíbet, así como el primer abad que ordenó monjes en ese país.

Dado que Nagarjuna y Aryadeva no aclararon si los objetos externos existían, Bhavaviveka (500-570) refutó la visión yogachara de la ausencia de objetos externos y estableció que los objetos externos existen convencionalmente. Santaraksita afirmó que los objetos externos no existen convencionalmente y que la mente carece en última instancia de existencia inherente. El alumno de Santaraksita, Kamalashila (c. 760-815), explicó con más detalle esta visión. Otros destacados seguidores del sistema yogachara-svatantrika fueron Vimuktisena, Haribhadra, Jetari y Lavapa. Debido a que Bhavaviveka aceptó que los objetos externos existen convencionalmente, su sistema se conoció como sautrantika-svatantrika madhyamaka. Jñanagarbha fue un defensor de este sistema, aunque los tibetanos suelen incluirlo en el yogachara-svatantrika madhyamaka.

Otra rama del madhyamaka es el prasangika madhyamaka. Budapalita (c. 470-540) escribió un comentario sobre *Tratado del camino medio*, de Nagarjuna, utilizando muchas consecuencias para respaldar la visión de Nagarjuna. Objetando la forma en que Budapalita refutó la visión samkhya de *surgir de sí mismos*, Bhavaviveka afirmó que los fenómenos existen por sus propias características y tienen una existencia inherente a nivel convencional.

Chandrakirti (600-650) complementó y amplió las explicaciones de Nagarjuna, afirmando que los objetos externos existen convencionalmente y que todos los fenómenos carecen de existencia inherente. También afirmó que los silogismos no son necesarios y que las consecuencias son suficientes para establecer la visión correcta[17]. A pesar de que Chandrakirti afirmó algunos principios filosóficos que parecen coincidir con las escuelas vaibhashika y sautrantika —como la existencia de los objetos externos de forma convencional (que es aceptada por ambas escuelas del vehículo fundamental) y la inexistencia de el autoconocedor[18] (que es aceptada por los vaibhashika)— sus razones derivan de sus visiones sobre la vacuidad, que difieren de las razones utilizadas por los sistemas inferiores. Chandrakirti no siempre estuvo de acuerdo con el sistema de lógica y epistemología de Dignaga y Dharmakirti y expuso otros principios filosóficos que formaron parte del prasangika madhyamaka en el Tíbet.

Aunque los escritos de Chandrakirti fueron poco estudiados mientras vivió o durante dos o tres siglos después, más tarde se le conoció como el principal defensor de la visión prasangika. Bhavaviveka fue el principal defensor de la visión svatantrika. Shantideva (siglo VIII) también expuso la visión prasangika madhyamaka. Sin embargo, esta distinción de dos ramas en el madhyamaka se produjo más tarde en el Tíbet, en la época de Tsongkhapa, por lo que los maestros indios son designados como svatantrika madhyamika o prasangika madhyamika de forma retrospectiva. Los nombres de estos sistemas derivan de su manera preferida de establecer la visión correcta —Bhavaviveka mediante el uso de silogismos autónomos (*svatantra-prayoga*) y Budapalita y Chandrakirti mediante el uso de consecuencias (*prasanga*)—. Sin embargo, la razón real de la división en dos sistemas fue el hecho de que Bhavaviveka aceptase que los fenómenos existen por sus propias características a nivel convencional.

---

17 Actualmente continúa el debate sobre si, según el sistema prasangika, no es necesario un silogismo para generar la visión correcta.

18 También se denomina "mente que se reconoce a sí misma" (T. *rang rig*).

Aunque los madhyamikas refutaron posteriormente afirmaciones específicas de *los dos Conocimientos*[19], no parece que escribieran sus propios textos sobre el abhidharma. Más bien, aparte de las afirmaciones específicas de *los dos Conocimientos* que contradecían los principios filosóficos madhyamaka, los prasangika aceptaron estos textos. Como ejemplos de las partes que refutaron están la definición de la ignorancia que es la raíz de la existencia cíclica y la sabiduría necesaria para erradicarla.

Desde la India, los sistemas yogachara y madhyamaka se extendieron por el norte y el este de Asia. En China, la visión yogachara se hizo muy popular, aunque la visión madhyamaka sigue existiendo entre algunos budistas chinos. La visión prasangika se extendió en el Tíbet y todas las tradiciones tibetanas la siguen, aunque el vocabulario que utilizan para explicarla puede diferir.

Atisha (982-1054), un destacado maestro que llevó las enseñanzas al Tíbet durante la segunda difusión del budismo en este país, se refirió principalmente a los textos de Bhavaviveka *Corazón del camino medio* y *Fulgor del razonamiento*. Aunque Atisha recomendó que la gente siguiera la visión de Chandrakirti, fue en la época de los gueshes kadam cuando Patsab Nyima Drak comenzó a traducir del sánscrito al tibetano el *Suplemento al camino medio* (*Madhyamakavatara*), de Chandrakirti, *Palabras claras* y *Comentario sobre los hechos yóguicos del bodhisatva de los Cuatrocientos Versos* (*Bodhisattvayogacharacatuhshatakatika*). Patsab entregó el primer borrador de la traducción de *Suplemento* al gueshe kadam Sharawa para que lo comentara. Aunque Sharawa no entendía el sánscrito, le indicó algunos pasajes que era necesario revisar. Cuando Patsab comparó estos comentarios con el sánscrito original, vio que efectivamente tenía que revisar esas secciones. Por ello, Patsab elogió la comprensión de Sharawa del camino medio.

La admiración también fue en sentido contrario. Sharawa elogió públicamente la traducción revisada y expresó su gratitud por la contribución de Patsab Lotsawa para llevar la obra de Chandrakirti al Tíbet. Los traductores tibetanos que trabajaron a partir de los textos originales en sánscrito eran personas muy cultas y valientes. Se mantuvieron fieles al sánscrito original y desarrollaron un vocabu-

---

19 *Los dos Conocimientos* son *Tesoro del conocimiento*, de Vasubandhu, y *Compendio del conocimiento*, de Asanga.

lario coherente, lo que hizo que los estudiosos modernos alabaran la precisión de sus traducciones. Por supuesto, el lenguaje filosófico que utilizaron era demasiado complejo para el lector medio, pero sus esfuerzos permitieron a los estudiantes serios conectar con el pensamiento del pasado, con los grandes sabios indios y con el propio Buda.

Patsab enseñó a los seguidores de la escuela kadam, que se originó con Dromtonpa, el principal discípulo tibetano de Atisha. Los kadampas influyeron en las enseñanzas de las tradiciones de la *nueva transmisión* en el Tíbet: las tradiciones sakya, kagyu y guelug. A menos que se indique lo contrario, la explicación de la vacuidad que se ofrece en los capítulos siguientes se ajusta a la visión prasangika madhyamaka tal como la presentaron los grandes maestros de la tradición de Nalanda, de la India.

REFLEXIONES ───────────────────────────

1. ¿Cuál es el propósito de estudiar los sistemas de principios filosóficos?
2. Revisa los cuatro sistemas de principios filosóficos y los eruditos que son sus proponentes.

4 | Revisión de los sistemas de principios filosóficos budistas y no budistas

Los textos de principios filosóficos tibetanos comienzan abordando brevemente los sistemas de principios no budistas y, a continuación, presentan los sistemas budistas empezando por los que proponen una visión burda y progresando hacia los que tienen una visión más refinada de las verdades convencionales y últimas.

La persona mundana y el yogui

Algunos de los sistemas de principios filosóficos que florecieron en la antigua India existen hoy en día, otros no. Mientras tanto, han aparecido nuevas visiones. En este capítulo, mencionaré algunas de las más importantes. Estos resúmenes de los sistemas de principios filosóficos no budistas y budistas son breves y, para el propósito de este libro, se centrarán en su visión de la realidad última. Te proporcionarán una base para las explicaciones y debates de los capítulos y volúmenes posteriores y harán que te intereses por la naturaleza de la realidad. Hay varios libros excelentes sobre los sistemas de principios filosóficos que han sido traducidos al inglés: por favor, estúdialos para obtener una visión más completa[20].

Al empezar a estudiar los sistemas de principios filosóficos, algunas personas comentan que algunas de sus afirmaciones no tienen sentido y piensan que no es necesario dedicar mucho tiempo a refutar estas visiones porque sus defectos son muy evidentes. Sin embargo, hay varias razones para estudiar y refutar estas visiones. En primer lugar, algunas de estas visiones erróneas pueden existir de forma inadvertida en nuestra mente. Sólo si las exponemos claramente y examinamos su validez podremos descubrir nuestros propios malentendidos. En segundo lugar, es posible que nos encontremos con personas que sostienen estas visiones. Si comprendemos estos

---

[20] Ver, *Buddhist Philosophy,* Cozort and Preston; Tenzin Yangzom, *Presentation of Buddhist Tenets by Jetsun Chokyi Gyaltsen: Tibetan, English, Mandarin*; Geshé Namgyal Wangchen, *Brief Presentation of the Fundamentals of Buddhist Tenets and Modern Science.*

puntos de vista y cómo refutarlos, podemos ayudar a otros a tener una visión correcta de la realidad. En tercer lugar, los que proponen estas "tontas" visiones son personas sofisticadas, no tontas. Si han venido a enseñarnos, es muy posible que sus visiones nos convenzan. Dado que nuestra inteligencia es limitada, nos corresponde desarrollarla, no sea que escuchemos a un defensor de principios filosóficos incorrectos y los adoptemos nosotros mismos.

Nuestro propósito es alcanzar la completa Iluminación para liberarnos a nosotros mismos y a los demás del dukkha samsárico. Para ello, debemos cortar la ignorancia que se aferra a la identidad esencial, que es la raíz del samsara, comprendiendo la naturaleza última de la realidad. Esta es nuestra razón para aprender filosofía. Shantideva distingue dos tipos de personas: las personas mundanas, o las que no tienen inclinación filosófica, y los yoguis, que se basan en el análisis filosófico. En este contexto, yogui no se refiere necesariamente a un meditador, sino a alguien que basa su comprensión del mundo en una perspectiva filosófica. La palabra tibetana para yoga es *naljor* (T. *rnal 'byor*), que significa unir la mente con el objeto virtuoso elegido; *yogui* y *yoguini* se refieren a un individuo que está familiarizado con un objeto virtuoso específico y fusiona su mente con él. En cierto modo, esto se podría aplicar también a la educación moderna, en la que un estudiante diligente intenta dominar un campo determinado para fundir su mente con él. Una persona así no se relaciona con el mundo de forma ingenua.

Las perspectivas de los seres mundanos son socavadas por los yoguis y, entre los yoguis, los más avanzados filosóficamente socavan a aquellos cuyos principios filosóficos son más superficiales. La ciencia es una disciplina de investigación y aunque el método científico y el filosófico difieren, ambos utilizan el análisis crítico. Así, según la definición de Shantideva, los científicos se podrían considerar un tipo de yogui porque se dedican a la investigación y al análisis y algunos de sus hallazgos socavan las apariencias ordinarias. Por ejemplo, los seres mundanos ven el mundo compuesto por objetos aislados y aparentemente sólidos. Los científicos saben que en esos objetos hay más espacio que masa. Saben que nuestra percepción ordinaria del mundo es una proyección y que la realidad es más compleja de lo que aparece a nuestros sentidos.

Introduzcamos algo del vocabulario utilizado en los sistemas de principios filosóficos. En general, *fenómenos* se refiere a todo lo existente. Pero cuando se habla de la *identidad esencial de los fenómenos* y de la *ausencia de identidad esencial de los fenómenos*, se refiere a todos los fenómenos que no son personas, concretamente a los agregados (forma, sensación, discernimiento, factores composicionales y consciencia), que son la base de designación de la persona. La ausencia de existencia inherente del yo es la ausencia de identidad esencial de la persona (*pudgalanairatmya*); la ausencia de existencia inherente de los agregados es la ausencia de identidad esencial de los fenómenos (*dharmanairatmya*).

La base de designación (base de imputación) es el conjunto de partes en función de las cuales se designa el objeto designado o imputado. Por ejemplo, un coche se designa en función del conjunto de sus partes –el motor, las ruedas, el eje, etc.–, que es su base de designación. Del mismo modo, una persona o *yo* se designa en función de su base de designación, los cinco agregados psicofísicos.

La palabra (inglesa) *self* (*yo* en español) tiene múltiples significados, según el contexto y según los traductores budistas anglosajones. Unas veces *self* se refiere a la persona o al yo (y se traduce al castellano como *yo* o *persona*). Otras veces se refiere al objeto de negación –el objeto inexistente fabricado por la ignorancia y al que ésta se aferra– (en este contexto *self* se traduce al español como *identidad esencial*) como en las expresiones *ignorancia que se aferra a la identidad esencial*, *la ausencia de identidad esencial de la persona*, *la ausencia de identidad esencial de los fenómenos* y *ausencia de identidad esencial*, y podemos añadir también que alude a la existencia inherente, intrínseca, como se verá más adelante. Aunque todos los sistemas budistas dicen que el objeto de negación es la identidad esencial, la forma en que la definen varía. Puede ser *autosuficiente y sustancialmente existente, el sujeto y el objeto siendo sustancialmente diferentes, existencia verdadera, existencia última, existencia inherente*, etc.

Del mismo modo, la palabra tibetana '*dzin* se puede traducir como *aferramiento*[21] o como *aprehender*. A pesar de que nos aferramos de modo erróneo a la existencia inherente, podemos aprehender con precisión una mesa. En el contexto de la investigación de la na-

---

21 Algunos traductores han traducido '*dzin* como *concepción* y así dicen: "La concepción de la existencia verdadera". Esta traducción puede ser engañosa porque solemos considerar la concepción como una mente bastante burda, mientras que el aferramiento o el aprehender la existencia verdadera es una mente innata que es más sutil.

turaleza última, se habla de *la ignorancia que se aferra a la identidad esencial, ignorancia* o *aferramiento a la identidad esencial.* Para los prasangika estos términos son sinónimos.

Es fácil confundir el significado de una palabra en un sistema con su definición en otro. Por ejemplo, los prasangika entienden la *verdad última* como el modo último de ser de la persona y los fenómenos, la forma real en que existen. Para los vaibhashika la *verdad última* no se refiere al modo último de existencia de los fenómenos, sino que, más bien, una verdad última es un objeto que cuando se descompone físicamente en partes o se disecciona mentalmente, la consciencia que lo aprehende no se anula. En este sentido, dicen que las partículas sin partes direccionales y los momentos de consciencia sin partes temporales son verdades últimas, mientras que las mesas y las personas no lo son.

El hecho de que dos términos o frases contengan palabras similares no significa que la palabra tenga el mismo significado en ambos. Por ejemplo, para los prasangika madhyamika una verdad última no existe en última instancia y una consciencia que aprehende los cuernos de un conejo (que es algo que no existe) es un conocedor válido con respecto al objeto que aparece (la apariencia de los cuernos de un conejo), pero no es un conocedor válido. Estos usos desconcertantes de las palabras se aclararán más adelante.

REFLEXIONES

1. Repasa parte del vocabulario básico utilizado en el estudio de la vacuidad, como *fenómeno, agregados, base de designación, identidad esencial, verdad última, ausencia de identidad esencial, surgimiento dependiente,* etc.
2. Recuerda el significado de cada término.

Escuelas de principios filosóficos no budistas

Las escuelas no budistas son sistemas filosóficos sofisticados. Aunque la breve descripción que se ofrece a continuación no les hace justicia, permite hacerse una idea de sus planteamientos sobre el samsara, su origen, la Liberación y el sendero. En capítulos posteriores, examinaremos con más detalle algunas de sus afirmaciones. La mayoría de los sistemas de principios filosóficos no budistas afirman la existencia de un creador independiente y/o de un principio cósmico permanente del que procede el mundo. Dado que la persona que vemos es transitoria y efímera, estas escuelas también afirman la existencia de un ser permanente –un atman o alma– que está separado del cuerpo y la mente y que perdura de una vida a la siguiente.

Los *vaisheshika* (*particularistas*) y los *naiyayika* (*lógicos*) afirman un yo inherentemente existente que está separado de la mente y del cuerpo con sus sentidos físicos. El yo es una entidad real, que se puede encontrar y omnipresente. Un practicante comprende este yo purificando la mente a través de rituales y ayunos y así deja de crear karma destructivo o constructivo. El yo se separa entonces del cuerpo y, al no volver a renacer, se libera.

Los *samkhya* (*enumeradores*) afirman que la consciencia es un yo permanente. También afirman una naturaleza fundamental o sustancia primordial (*prakrti*, *pakati*) que no nace, no cambia y no tiene partes. Esta naturaleza fundamental es la causa de los demás fenómenos, pero no ha sido producida por nada. Es similar a la idea de una sustancia universal a partir de la cual se crea todo y que, por tanto, impregna todos los fenómenos. Al decir que ya existe todo en la naturaleza fundamental y que surge de ella, los samkhyas afirman que las cosas se producen a partir de sí mismas –es decir, ya existen dentro de la causa–.

Los samkhya teístas dicen que el creador Ishvara junto con la naturaleza fundamental crean los fenómenos. El samsara ocurre porque uno no comprende que todo –incluida la miseria del propio samsara– es una manifestación de la naturaleza fundamental. Cuando uno comprende esto, todas las manifestaciones se absorben de nuevo en la naturaleza fundamental y los fenómenos convencionales ya no aparecen en la mente del yogui. El yo permanece ahora solo: esto es la Liberación.

Los *mimamsaka* (*analizadores* o *ritualistas*) afirman que los engaños residen en la naturaleza de la mente y, por tanto, son imposibles de erradicar por completo. Muchas personas hoy en día tienen una visión similar, diciendo, por ejemplo, que los seres humanos somos inherentemente egoístas y que el verdadero altruismo es imposible. Una visión parecida es afirmar que nuestros estados mentales surgen de o en el cerebro y que nuestra composición genética determina nuestros estados mentales habituales. El enfado, por ejemplo, está programado en nosotros a nivel genético o físico y es imposible eliminarlo.

Los mimamsaka dicen que la Omnisciencia es imposible porque los fenómenos son infinitos, por lo que una persona nunca podría conocerlos todos. Esta visión también es compartida por algunas personas hoy en día, que afirman que es imposible que los seres ordinarios lleguen a ser omniscientes porque sólo un Dios creador puede serlo. Otros dicen que, como el cerebro humano es finito, no puede conocer todo lo infinito.

Algunos *nirgrantha* (*jainistas*) defienden un sendero de ascetismo que consume todo el karma. Se nace entonces en un lugar que se asemeja al concepto cristiano del cielo, donde se está libre del samsara. En casi todas las culturas ha habido grupos que afirman que las prácticas ascéticas o las dificultades físicas extremas son el sendero hacia el Cielo o la Liberación. Unos caminan sobre el fuego; otros van desnudos en climas gélidos. Hay quienes se autoflagelan o realizan ayunos extremos. Cuando enseñaba en Mundgod, en el sur de la India, en 2002, vi a algunos indios flagelarse. No sé si lo hacían para alcanzar la Liberación o por alguna otra razón; en cualquier caso, una multitud se reunía a su alrededor para contemplarlos.

Desde el punto de vista budista, la mayoría de las escuelas no budistas caen en el extremo del absolutismo. Los *charvaka* (*materialistas*), sin embargo, tienden al extremo del nihilismo, porque afirman que sólo existen las cosas que podemos percibir directamente con los sentidos. No aceptan la inferencia como forma viable de conocer los objetos. Aunque no rechazan que una semilla produzca un brote porque esa relación causal es evidente para nuestros sentidos, sí rechazan la causalidad que no es evidente para los sentidos, como la ley del karma y sus efectos y la causalidad implicada en el renacimiento. Al creer que ni la persona ni la mente continúan después de la muerte, niegan la existencia de vidas pasadas y futuras porque con nuestros sentidos físicos no se puede conocer el proceso de renacimiento. En cambio, afirman que la mente es un subproducto del cuerpo, y/o que el cuerpo y la mente son una sola entidad. Como el cuerpo deja de funcionar después de la muerte, creen que la mente también deja de funcionar. Esta visión es similar al reduccionismo científico, en el que se dice que sólo existen las cosas perceptibles por los sentidos o que se pueden medir con instrumentos científicos.

A esto, algunas personas añaden la creencia de que muchos elementos de nuestra personalidad están controlados o fuertemente determinados por la genética. Esta visión puede hacer que las personas sientan que no pueden hacer nada, como si su estado mental o físico estuviera predeterminado. También descartan el hecho de que todo depende de múltiples causas y condiciones y que podemos tomar decisiones en nuestra vida.

Sistemas de principios filosóficos budistas

El *vaibhashika* y el *sautrantika* se consideran sistemas de principios filosóficos del vehículo fundamental, mientras que el *yogachara* y el *madhyamaka* son sistemas de principios filosóficos del vehículo universal (*mahayana*). Sin embargo, un practicante de un vehículo puede seguir el sistema de principios filosóficos de otro vehículo. Un practicante del vehículo fundamental que busca el estado de arhat puede mantener los principios filosóficos de cualquiera de los cuatro sistemas de principios. Igualmente, un practicante del vehículo universal puede seguir cualquiera de los cuatro sistemas de principios filosóficos. Además, alguien puede perfectamente cambiar de sistema de principios filosóficos y un seguidor de cualquiera de ellos puede cambiar de vehículo de práctica.

Los sistemas de principios filosóficos se diferencian en cuanto a su definición de la ignorancia que es la raíz del samsara y el objeto que concibe esa ignorancia. También difieren en cuanto a sus afirmaciones sobre la ausencia de identidad esencial, los oscurecimientos aflictivos y los oscurecimientos cognitivos.

Al observar tu mente, puedes descubrir que tienes algunas visiones no budistas que no habías reconocido antes. De niño es posible que hayas aprendido que existe un Dios creador que no fue creado, pero que creó el universo y los seres que lo componen. Quizá las oraciones a Dios te hayan consolado de niño. Puede que hayas aprendido que tienes un alma inmutable que es la esencia de lo que eres. Aunque igual ahora ya hayas dejado de creer en esas cosas de modo intelectual, esas creencias pueden haber quedado profundamente grabadas en tu mente y cuando se avecinan las crisis son emocionalmente atractivas. Puede que conozcas las palabras de los principios filosóficos budistas, pero que descubras que en el fondo de tu mente mantienes visiones no budistas.

En tu estudio y exploración de los sistemas de principios filosóficos, primero piensa tal como lo hacen los vaibhashika –muchas de sus afirmaciones tienen sentido para nosotros–. Después de un tiempo, si ves algunas inconsistencias en ellas, adopta los principios filosóficos sautrantika. Si más tarde estos no te satisfacen, explora las afirmaciones del yogachara. Si ese sistema tiene sentido para ti, quédate con él. Si no, profundiza en otros sistemas, como el yogachara-svatantrika o el sautrantika-svatantrika madhyamaka, que son fascinantes. Pero si encuentras incoherencias lógicas en ellos, investiga la visión prasangika. Sea cual sea el sistema por el que te decidas, utiliza el razonamiento para evaluar claramente sus afirmaciones.

Vaibhashika

Todos los sistemas de principios filosóficos budistas (escuelas) –y muchos sistemas no budistas también– hablan de verdades últimas y de verdades convencionales y de existencia última y convencional, aunque lo que individualmente quieren decir con estos términos varía mucho. Los vaibhashika[22] definen una verdad última como un fenómeno que si se separa física o mentalmente en partes, la consciencia que lo aprehende no se detiene. Las partículas sin partes direccionales (la unidad más pequeña de la materia), los momentos de consciencia sin partes (las unidades más pequeñas de la consciencia) y el espacio no producido son ejemplos de verdades últimas porque no se pueden subdividir física o mentalmente y, por tanto, no pierden su identidad bajo ninguna circunstancia. Las mesas y las personas, en cambio, son verdades convencionales porque, al dividirse en partes, dejan de ser reconocibles como mesas y personas. La mente en general es una verdad última y sustancialmente existente porque cuando se divide en momentos más pequeños, todavía es posible aprehenderla porque cada uno de esos pequeños momentos es mente[23].

---

22 Los eruditos tibetanos dicen que las dieciocho escuelas budistas antiguas se pueden incluir bajo el título de *vaibhashika*. Sin embargo, los eruditos modernos y la mayoría de los budistas de otros países asiáticos no están de acuerdo. Muchos eruditos modernos creen que los vaibhashika eran una rama de la sarvastivada porque el texto principal de los vaibhashika, el *Mahavibhasashastra* (*Gran explicación condensada*), es un comentario sobre el libro definitivo del abhidharma sarvastivada, *Fundamento del conocimiento* (*Jñanaprasthana*).

23 Lo mismo ocurre con la forma en general. Un coche es un ejemplo de forma. El coche es una verdad convencional y existe de forma imputada, pero la forma en general no lo es porque cuando la forma se rompe física o mentalmente en trozos más pequeños, la forma sigue estando presente.

Los vaibhashika también diferencian *lo sustancialmente establecido* (*dravyasiddha*), que se refiere a todos los fenómenos, y *lo sustancialmente existente* (*dravyasat*). Dicen que todos los objetos conocibles son sustancialmente establecidos porque tienen una entidad propia que no depende del pensamiento. Dado que los fenómenos se dividen en las dos verdades, la verdad última equivale a sustancialmente existente, y las verdades convencionales equivalen a existir de modo imputado.

De acuerdo con los svatantrika y los sistemas inferiores a éste, todos los fenómenos necesitan tener fenómenos sustancialmente existentes como base de imputación. Los fenómenos que existen de modo imputado se denominan *autoaislados* (T. *rang ldog*) y los fenómenos sustancialmente existentes se denominan *aislados del ejemplo* (T. *gzhi ldog*). La persona autoaislada es la persona en general, el yo en el que pensamos cuando decimos "Estoy contento" o "Tengo frío". Se imputa sobre los agregados. Este yo imputado tiene las características de los agregados –por ejemplo, ambos son impermanentes–. Cuando la persona se separa mentalmente en partes –los cinco agregados–, la consciencia que aprehende el yo cesa. Este yo aislado/imputado es el yo sobre el que se niega la existencia autosuficiente y sustancial cuando se medita en la ausencia de identidad esencial.

Pero cuando los vaibhashika investigan en profundidad y se preguntan qué es ese yo, señalan algo sustancialmente existente, como la consciencia mental, el conjunto de los agregados o cada agregado individualmente. Esta es la *persona aislada del ejemplo* que se encuentra cuando se busca la persona. La mayoría de los vaibhashika consideran que la persona aislada del ejemplo es el mero conjunto de los agregados físicos y mentales que son la base de designación de la persona. Sin embargo, algunos vaibhashika dicen que cada uno de los cinco agregados es una persona y otros afirman que la consciencia mental es la persona. En resumen, el yo autoaislado existe de modo imputado y no es sustancialmente existente; el yo aislado del ejemplo –en este caso, la consciencia mental, etc.– es sustancialmente existente.

Los vaibhashika sólo hablan de la ausencia de identidad esencial de la persona. La ausencia de identidad esencial burda de la persona es la ausencia de una persona permanente, unitaria e independiente; la ausencia de identidad esencial sutil de la persona es la inexistencia de una persona autosuficiente y sustancialmente existente (el significado de estos términos se explicará más adelante). No afirman una ausencia de identidad esencial de los fenómenos.

Todas las escuelas budistas y no budistas que hablan del karma deben explicar cómo pasa el karma de una vida a otra. Los vaibhashika de Cachemira dicen que el continuo de la consciencia mental lo lleva, mientras que los demás vaibhashika afirman que la adquisición (*prapti*) o el no desperdicio (*avipranasa*), que son compuestos abstractos, impiden que se pierda el resultado de una acción. La *adquisición* se asemeja a una cuerda que ata los bienes y el *no desperdicio* es como un pagaré, un vale o un sello que garantiza que el prestamista no experimente la pérdida de lo que ha prestado.

Según los vaibhashika, cuando muere un buda o un arhat su consciencia se interrumpe. Por lo tanto, no hablan de cuatro cuerpos de buda, ni aceptan la existencia de tierras puras creadas por los budas. Además, dicen que el Buda no es omnisciente –es decir, no conoce todos los fenómenos simultáneamente sin esfuerzo–, sino que lo conoce todo en el sentido de que cuando dirige conscientemente su mente hacia algo, puede conocerlo individualmente.

Normalmente se define *cosa* (*bhava*) como aquello que es capaz de realizar una función y equivale a productos y fenómenos impermanentes. Los vaibhashika, sin embargo, dicen que *cosa* se refiere no sólo a los fenómenos impermanentes, sino a todos los fenómenos, porque incluso los fenómenos permanentes realizan funciones. Por ejemplo, el espacio permanente cumple la función de permitir que existan cosas en él. Este es el único sistema budista que afirma esto.

Sautrantika

Los sautrantika definen las dos verdades de forma diferente a los vaibhashika. Para los sautrantika una verdad última es un fenómeno que es capaz de soportar un análisis razonado en términos de tener su propio modo de existencia sin depender de la imputación por términos y conceptos. Las verdades últimas son objetos reales que no dependen de la mente que los imputa. Las verdades últimas equivalen a las cosas, a los productos, a los fenómenos verdaderamente existentes, a los impermanentes y a los fenómenos específicamente caracterizados (fenómenos que, en última instancia, pueden realizar una función). Al hablar de las verdades últimas de esta manera, los sautrantika enfatizan la importancia de que realicen una función y de ser directamente perceptibles. Las mesas, las personas y los continuos mentales son verdades últimas, mientras que en las demás escuelas de principios filosóficos se consideran verdades convencionales.

Según los sautrantika, las verdades convencionales son fenómenos que existen sólo al ser imputados por una consciencia conceptual; en última instancia, no pueden realizar una función. Equivalen a los fenómenos permanentes, a los fenómenos no compuestos, a los falsos existentes y a los fenómenos generalmente caracterizados (fenómenos que en última instancia no pueden realizar una función). Sólo son percibidos por las consciencias conceptuales. Entre ellos se encuentran las apariencias conceptuales, el espacio no producido y las cesaciones verdaderas.

Los sautrantika afirman las partículas sin partes direccionales y los momentos sin tiempo de la consciencia. Los sautrantika *proponentes de la escritura*, igual que los vaibhashika, dicen que aquellas son verdades últimas porque no se pueden dividir más, mientras que los sautrantika *proponentes del razonamiento* dicen que son verdades últimas porque en última instancia pueden realizar una función. Sin embargo, algunas personas dicen que sólo los sautrantika proponentes de la escritura afirman las partículas sin partes y que los sautrantika proponentes del razonamiento, que siguen a Dharmakirti, no lo hacen.

En el sistema sautrantika *imputadamente existente* (*prajñaptisat*)[24] e *imputado* tienen significados diferentes. Decir que un objeto es *imputadamente existente* significa que el hecho de identificarlo de-

---

24 *Imputadamente existente* y *sustancialmente existente* tienen diferentes significados según cada sistema de principios filosóficos. Se utilizan de la siguiente manera:

- Vaibhashika: Algo es *imputadamente existente* cuando, al ser dividido en trozos o instantes de tiempo más pequeños, ya no se puede constatar. Algo es *sustancialmente existente* cuando se puede identificar incluso cuando se descompone en partes o instantes de tiempo más pequeños.
- Desde la sautrantika hasta la svatantrika madhyamaka: Algo es *imputadamente existente* cuando antes hay que identificar otro objeto para poder constatarlo. Algo es *sustancialmente existente* cuando se puede conocer directamente, sin que se identifique antes otro objeto.
- Prasangika: Todos los fenómenos son *imputadamente existentes* porque existen al ser meramente imputados por término y concepto. La *existencia sustancial* es equivalente a *existencia inherente* y nada existe de ese modo.

Para una descripción diferente de *existencia sustancial* y *existencia imputada* según el texto *Temas recogidos*, de Drepung Gomang, véase Perdue, *Debate in Tibetan Buddhism*, 758-71.

pende de identificar otra cosa. Una persona, Tashi, es imputadamente existente porque sólo se puede identificar percibiendo su cuerpo, su palabra o su mente. Del mismo modo, un bosque se identifica mediante la aprehensión de muchos árboles. *Imputado*, por otro lado, se refiere a todo lo que se establece al ser meramente imputado por el pensamiento sin tener su propia naturaleza objetiva. Un ejemplo es el espacio permanente.

Decir que algo es *sustancialmente existente* significa que el hecho de identificarlo no depende de identificar antes otra cosa. En este caso, *sustancialmente existente* significa que el objeto es autosuficiente, ya que no depende de otro objeto para ser identificado. Los coches y las estrellas se conocen de este modo. Los vemos directamente con los ojos. La mente y los factores mentales también son sustancialmente existentes porque, según los sautrantika, el *autoconocedor* –un tipo de consciencia que se percibe a sí misma– los percibe directamente. Para conocer el enfado en nuestra propia mente no necesitamos percibir primero otra cosa, mientras que para conocer una hora –que no es sustancialmente existente– tenemos que percibir primero el cambio en otro objeto.

En *Guía concisa del camino medio* (*Dbu ma'i lta khrid phyogs bsdebs*), Tsongkhapa dice (SRR 76):

> Por lo tanto, el significado de realidad sustancial y realidad nominal [imputada] es el siguiente: cuando una cosa aparece a la mente, si lo hace en función de la percepción de otro fenómeno que comparte características diferentes a dicho objeto, entonces se dice que el objeto es realidad nominal... Lo que no depende de otros de esta manera se dice que es sustancialmente real.

Desde los sautrantika hasta los svatantrika inclusive, existencia autosuficiente y sustancial es lo mismo que sustancialmente existente. En sí misma y por sí misma, la existencia sustancial no es un objeto de negación. Sin embargo, una persona autosuficiente y sustancialmente existente sí lo es. La persona autoaislada es imputada como existente, no es una persona autosuficiente y sustancialmente existente, que es el objeto de negación cuando los svatantrika y los sistemas inferiores refutan la ausencia de identidad esencial sutil de la persona. Una persona autosuficiente y sustancialmente existente no existe.

Cuando se niega una persona autosuficiente y sustancialmente existente, se comprende la ausencia de identidad esencial de la persona. La ausencia de ser una persona autosuficiente y sustancialmente existente se puede comprender con respecto a cualquier fenómeno. Si la base es la persona, entonces se comprende que la persona no es una persona autosuficiente y sustancialmente existente. Si la base es un fenómeno que no sea la persona, entonces se comprende que ese fenómeno no es un objeto que posea una persona autosuficiente y sustancialmente existente. Por esta razón, todas las escuelas que afirman la ausencia de una persona autosuficiente y sustancialmente existente como la ausencia de identidad esencial sutil de la persona están de acuerdo en que cualquier fenómeno puede ser la base de la ausencia de identidad esencial de la persona. Los prasangika están de acuerdo con esto, con la excepción de que para ellos se denomina *ausencia de identidad esencial burda de la persona*.

Los sautrantika y los vaibhashika afirman sólo la ausencia de identidad esencial de la persona, no la ausencia de identidad esencial de los fenómenos[25]. Según los sautrantika, el objeto que aparece a un percibidor directo —incluyendo los percibidores directos que son senderos ininterrumpidos y senderos liberados en los senderos de la visión, la meditación y no más aprendizaje— debe ser un objeto impermanente. Sin embargo, la ausencia de identidad esencial es un fenómeno permanente. Por lo tanto, se dice que estas consciencias del sendero, que son percibidores directos yóguicos, no comprenden directamente la ausencia de identidad esencial. Más bien, perciben directamente los agregados y saben indirectamente que los agregados carecen de una persona autosuficiente sustancialmente existente.

---

25 El hecho de que los vaibhashika y los sautrantika no afirmen la ausencia de identidad esencial de los fenómenos afecta a sus principios filosóficos en otros temas. Por ejemplo, aceptan que los cinco agregados y el entorno externo existen verdaderamente y que la forma en que aparecen a los percibidores directos no es errónea: estas cosas son verdaderamente existentes tal y como aparecen. Puesto que este es el caso, los cinco agregados, etc., están inherentemente contaminados y nunca se pueden purificar. Así, cuando los arhats fallecen y alcanzan el Nirvana sin residuo, sus agregados contaminados cesan, así como la continuidad de la persona. Por esa razón, hay tres vehículos últimos y los sravakas y los realizadores solitarios nunca entrarán en el mahayana ni llegarán a ser budas. Como no todos se convertirán en budas, no es necesario que generen la bodhichita. Puesto que los agregados y el entorno están inherentemente contaminados, tanto el Buda como los yoguis altamente realizados no los ven como puros. Debido a que la continuidad de la persona y los agregados termina con el logro del Nirvana sin residuo, no aceptan los cuatro kayas de un buda, que incluyen el Cuerpo de la Verdad, que es la mente omnisciente de un buda, y los dos Cuerpos de la Forma, a través de los cuales los budas benefician a los seres conscientes y los guían en el sendero.

La afirmación común de casi todos los sistemas de principios filosóficos es que la ausencia de identidad esencial de la persona es la ausencia de una persona autosuficiente y sustancialmente existente y de un yo "que haga que los agregados sean míos", el poseedor de los agregados. *Autosuficiente* (T. *rang rkya ba*) significa que la persona es diferente de los agregados físicos y mentales. Sin embargo, éste no es el caso: la persona y los agregados están relacionados, los agregados son una naturaleza con la persona y por eso podemos identificar a la persona conociendo su cuerpo, su palabra o su mente. En el caso de que fuese –en el sentido al que arriba se refiere– *autosuficiente*, una persona sustancialmente existente sería perceptible sin que apareciera nada más en la mente. Eso significaría que sin aprehender el cuerpo, la palabra o la mente de una persona, podríamos seguir percibiendo a la persona. Está claro que no es así. Para conocer la persona, es necesario que aparezca al menos uno de los agregados. Puesto que una persona sólo se puede identificar percibiendo algún otro fenómeno, como el cuerpo, una persona depende de los agregados y está relacionada con ellos. Por lo tanto, la persona existe imputadamente, no sustancialmente.

Los sistemas de principios filosóficos budistas inferiores, desde el svatantrika madhyamaka hasta el vaibhashika, niegan la existencia autosuficiente y sustancial del yo general, el yo que se imputa sobre los agregados. El yo general tiene las características de los agregados en el sentido de que la persona camina, habla, sabe cosas y siente emociones igual que uno o más de los agregados. Es el yo al que nos referimos en la conversación cotidiana cuando no estamos analizando qué es el yo.

Una persona no es sustancialmente existente porque se tienen que identificar su cuerpo, su palabra o su mente para poder identificar a la persona. La persona tampoco es autosuficiente porque no es el controlador del cuerpo y la mente. Sin embargo, la persona aparece como autosuficiente y sustancialmente existente: el yo aparece como siendo independiente del cuerpo y la mente y controlándolos como un amo que dice a los sirvientes lo que deben hacer. El yo dice: "Camina hacia fuera", dirigiendo al cuerpo para que camine. El yo dice: "Pensaré en esto más tarde", indicando a los agregados mentales lo que deben hacer. El cuerpo y la mente parecen depender de la persona que les da las órdenes y la persona aparece como siendo diferente de los agregados. Un yogui, sin embargo, comprende que la persona no existe de manera autosuficiente: no es un controlador independiente del cuerpo y la mente porque depende de los agregados. Puesto que no hay una persona autosuficiente nada puede ser poseído por dicha persona, por lo que tanto el *yo* como *lo mío* carecen de existencia autosuficiente y sustancial.

En resumen, una persona autosuficiente y sustancialmente existente es aquella que aparece como siendo diferente de los agregados, pero que también es el controlador del cuerpo y la mente. Aparece como si fuese el dueño y usuario autosuficiente y sustancialmente existente de los agregados a los que se aferra como si fuesen *míos*. Este sentido del yo es falso porque el yo depende de los agregados y no existe separado de ellos. No hay ninguna persona que mande con autoridad sobre el cuerpo y la mente, aunque a veces sintamos que sí la hay.

Aunque los sistemas inferiores niegan una persona autosuficiente y sustancialmente existente, dicen que la persona existe y señalan una identidad personal –un ejemplo de la persona– que es la persona. Muchas de estas escuelas dicen que la consciencia mental es la identidad personal porque la consciencia mental va de una vida a otra. Otros dicen que el conjunto de los agregados, el continuo de la consciencia o una consciencia base de todo es la identidad personal. Todas estas escuelas dicen que la identidad personal existe sustancialmente. En el caso de decir que la consciencia mental es la identidad personal, la consciencia mental existe sustancialmente, porque el hecho de que aparezca una consciencia no depende de la aparición de otro fenómeno. La consciencia mental aparece y es conocida sin ser imputada, y por esta razón es sustancialmente existente. Aunque la consciencia mental es un compuesto de diferentes instantes mentales, no es imputada porque todos esos instantes mentales son de un tipo similar (es decir, todos son instantes mentales). En resumen, aunque los sistemas inferiores niegan la existencia sustancial de la persona, afirman que la identidad personal –como la consciencia mental o el conjunto de los agregados– es sustancialmente existente. La identidad personal no tiene todas las características de la persona. Por ejemplo, la consciencia mental no tiene características físicas aunque la persona sí las tiene.

Los objetos que posee el yo incluyen el cuerpo y la mente, así como los objetos externos, como las sillas y las tazas. Para meditar sobre la ausencia de existencia autosuficiente y sustancial en relación con estos objetos, reflexionamos en que no son objetos que posea una persona autosuficiente y sustancialmente existente[26]. Sin embargo, el cuerpo y la mente en sí mismos son sustancialmente existentes porque se pueden identificar sin que otro fenómeno aparezca primero en la mente.

En cuanto al segundo significado de existencia sustancial e imputada descrito anteriormente, Asanga, en *Compendio de constataciones* (*Nirnayasamgraha*), dice:

> Todo aquello cuya definición (o característica) se designa sin relación con otros y sin depender de otros, en definitiva, se conoce como sustancialmente existente. Todo aquello cuya definición se designa en relación con otros y dependiendo de otros, en definitiva, se conoce como imputadamente existente, no sustancialmente existente.

Esta explicación es aceptada por todas las escuelas budistas. Para las escuelas inferiores, la existencia sustancial mencionada aquí es el objeto sutil de la negación en la meditación sobre la ausencia de identidad esencial de la persona. Los prasangika, sin embargo, dicen que este significado de existencia sustancial es burdo y que la ausencia de identidad esencial de las escuelas inferiores no niega lo suficiente, porque la persona también es vacía de existencia inherente[27].

En resumen, según la visión que comparten los cuatro sistemas de principios filosóficos, la visión errónea de una identidad personal, también denominada visión errónea de lo compuesto y transitorio, se aferra a un yo independiente o autosuficiente y sustancialmente existente en nuestro propio continuo. Aquí *persona independiente* no se refiere a una persona con existencia inherente, que es el único objeto de negación específico de la escuela prasangika madhyamaka. Más bien se refiere a una persona que es dueña o que disfruta de los agregados psicofísicos. Igual que un rey gobierna sobre sus súbditos, este yo gobierna sobre el cuerpo y la mente, que están supeditados a

---

26 Al describir esto, Tsongkhapa citó el capítulo noveno de *Autocomentario a Tesoro del conocimiento*.

27 Según los prasangika, la existencia sustancial equivale a la existencia objetiva o inherente. Aunque los prasangika aceptan que algunas cosas son existencias imputadas, tal como las describe Asanga, afirman muchos niveles de imputación. El descrito anteriormente es burdo, mientras que el significado más sutil de existente imputado es que todos los fenómenos existen al ser meramente imputados por la mente y el término. *Meramente* excluye que sea inherentemente existente.

él. El yo parece ser independiente de los agregados, como el jefe del cuerpo y la mente.

Un claro indicio de que tenemos esta sensación de un yo independiente es, por ejemplo, cuando vemos a alguien con un cuerpo atractivo o una mente inteligente y pensamos: "Si fuera posible cambiar mi cuerpo por el suyo y mi inteligencia por la suya, lo haría de buen grado". Aquí, el yo parece estar separado y ser independiente del cuerpo y la mente. Parece ser su dueño, y éste se puede beneficiar cambiando su cuerpo por uno más atractivo o su mente por una más inteligente. Este yo independiente, autosuficiente y sustancialmente existente no existe: cuando se busca no se puede encontrar ni como uno de los agregados ni separado de ellos.

REFLEXIONES ———————————————————

1. ¿Cómo sería una partícula sin partes direccionales? ¿Por qué no existe algo así?
2. ¿De qué dos formas utilizan los sautrantika las expresiones *sustancialmente existente* e *imputadamente existente*?

Yogachara (*chitamatra*)

Los yogachara se definen como defensores de los principios filosóficos budistas que utilizan el razonamiento para refutar los objetos externos y afirman que los fenómenos dependientes son verdaderamente existentes. La escuela yogachara[28] –también llamada *chitamatra* (*sólo mente*), *vijñanavada* y *vijñaptivada*– tiene dos ramas: los proponentes de las escrituras, que siguen principalmente a Asanga, y los proponentes del razonamiento, que siguen principalmente a Dignaga y Dharmakirti. Los principales sutras a los que hacen referencia los yogacharin son el *Sutra que desenreda el pensamiento* [del Buda] (*Samdhinirmocana Sutra*) y el *Sutra del descenso a Lanka* (*Lankavatara Sutra*). Además, los proponentes de las escrituras se basan en *Compendio del mahayana* (*Mahayanasamgraha*), de Asanga, y en *Treinta estrofas* (*Trimshika*), de Vasubandhu, y en el comentario de Sthiramati (c. 510-70).

---

28 Se llama *yogachara* porque sus seguidores practican cuatro niveles yóguicos: los niveles yóguicos de comprender la ausencia de identidad esencial de la persona, de observar sólo la mente, de observar la talidad y de morar en la no apariencia.

Siguiendo los *Cinco tratados sobre los niveles*, de Asanga[29], los yogachara proponentes de las escrituras afirman ocho consciencias: las cinco consciencias sensoriales, la consciencia mental, una consciencia base de todo (*alayavijñana*) y una consciencia aflictiva (*klishtamanas*). La consciencia base de todo es una consciencia mental neutra, sin contaminar y permanente que existe a lo largo de toda la vida y en las vidas futuras. Es el almacén de todas las predisposiciones y semillas kármicas. Puesto que es estable y existe cuando uno está despierto, dormido y en el estado intermedio entre los nacimientos, puede llevar las semillas kármicas y otras predisposiciones de una vida a la siguiente. Por esta razón, se dice que la consciencia base de todo es la persona. La consciencia aflictiva se enfoca en la consciencia base de todo y, al no ver su naturaleza, la considera erróneamente como un yo con una naturaleza autosuficiente y sustancialmente existente.

Los yogachara proponentes del razonamiento se ciñen a los *Siete tratados sobre la cognición válida*, de Dharmakirti[30]. Afirman las seis consciencias tradicionales (visual, auditiva, olfativa, gustativa, táctil y mental) que conocen sus objetos correspondientes (formas, sonidos, etc.) mediante sus facultades sensoriales asociadas (ojo, oído, etc.), como lo hacen las demás escuelas de principios filosóficos, y afirman que las semillas y predisposiciones kármicas se depositan en la consciencia mental y son transportadas por ella. Así, afirman que la consciencia mental es la persona.

Los yogachara proponentes de las escrituras tienen una forma única de presentar los fenómenos y su modo de existencia más profundo. Todas las cosas convencionales con las que interactuamos a diario –libros, árboles, etc.– surgen debido a las predisposiciones depositadas en la consciencia base de todo. Aunque estas cosas parecen ser objetos externos que no tienen relación con nuestra mente, ésta es una apariencia falsa. De hecho, surgen de la misma predisposición que la consciencia que los percibe, y existen simultáneamente con la

---

29 *Niveles de la práctica yóguica* (*Yogacharabhumi*), *Compendio de constataciones* (*Nirnayasamgraha*), *Compendio de los niveles* (*Vastusamgraha*), *Compendio de enumeraciones* (*Paryayasamgraha*), *Compendio de explicaciones* (*Vyakhyanasamgrahani*). *Niveles de la práctica yóguica* incluye *Niveles del bodhisatva* (*Bodhisattvabhumi*), *Niveles del sravaka* (*Sravakabhumi*) y *Niveles del realizador solitario* (*Pratyekabuddhabhumi*).

30 *Investigación de las relaciones* (*Sambandhapariksha*), *Determinación de la cognición válida* (*Pramanavinishcaya*), *Comentario sobre la cognición válida* (*Pramanavarttika*), *Gotas de razonamiento* (*Nyayabindu*), *Gotas de lógica* (*Hetubindu*), *Prueba de las otras mentes* (*Samtanantarasiddhi*) y *Razonamiento del debate* (*Vadanyaya*).

consciencia que los percibe. Esto es muy diferente de otros sistemas que afirman objetos externos y dicen que las consciencias que los perciben son causadas por el objeto y su correspondiente facultad sensorial. En otras palabras, según estos yogachara, la flor y la mente que la percibe surgen de la misma predisposición en la consciencia base de todo. Existe cierta similitud entre estos yogachara y las visiones científicas respecto a la inexistencia de una materia externa objetivamente existente. Sería interesante una mayor discusión sobre este tema entre budistas y científicos.

Los yogachara consideran que el segundo giro de la rueda del Dharma y las enseñanzas de los *Sutras de la Perfección de la Sabiduría* son interpretables y que el tercer giro de la rueda del Dharma es definitivo. Para explicar la enseñanza propuesta en el segundo giro –"Todos los fenómenos son vacíos de existencia inherente"– desarrollaron la clasificación de las tres naturalezas (*trisvabhava*) y luego describieron el significado de la ausencia de naturaleza (*nihsvabhava*) para cada una de ellas. Todos los objetos conocibles tienen estas tres naturalezas.

1. La naturaleza dependiente o *impulsada por otros* surge en función del poder de otros, concretamente de las predisposiciones que los producen. Como la naturaleza dependiente surge de causas, no dura más que un instante.

2. La naturaleza *imputada o imaginada* incluye nuestras imputaciones y conceptos sobre las cosas. Éstas no existen por sus propias características, sino que existen por el pensamiento. El espacio no condicionado es un ejemplo de la naturaleza imaginada existente y la ausencia de identidad esencial de la persona es un ejemplo de la naturaleza imaginada no existente.

3. La naturaleza *consumada o completamente establecida* es doble: (1) la vacuidad de los objetos externos –es decir, la vacuidad del hecho de que sujeto y objeto surjan de diferentes entidades sustanciales– y (2) la vacuidad de un objeto que exista por sus propias características y sea el referente de su nombre. En resumen, la naturaleza consumada es la inexistencia de la naturaleza imaginada en la naturaleza dependiente.

Una flor, por ejemplo, es una naturaleza dependiente porque depende de las predisposiciones que la produjeron. Aunque nos parezca que la flor está "ahí fuera", separada de la mente que la percibe, esto es falso. Ser una entidad separada de la consciencia que la percibe es su naturaleza imputada. La negación de este tipo de existencia en términos de la flor es la naturaleza consumada de la flor. Cada naturaleza carece de naturaleza a su manera:

- Las *naturalezas dependientes* carecen de naturaleza de producción (*utpatti-nihsvabhavata*) porque surgen de causas que son de una naturaleza diferente a la de ellas mismas y no surgen de causas que sean de la misma naturaleza que ellas mismas (para ser una naturaleza, dos fenómenos deben existir al mismo tiempo, mientras que una causa y su efecto son secuenciales). También carecen de naturaleza última (*paramartha-nihsvabhavata*) porque la naturaleza última es el objeto último de la meditación producido por la purificación de los oscurecimientos, y las naturalezas dependientes no son esto.

- Las *naturalezas imputadas* o imaginadas carecen de naturaleza por su propio carácter (*lakshana-nihsvabhavata*) porque no existen por sus propias características. Los imaginados existentes, como el espacio no condicionado, existen sólo por el poder de la concepción.

- Las *naturalezas consumadas* carecen de naturaleza última (*paramartha-nihsvabhavata*) porque son la naturaleza última de los fenómenos que perciben las consciencias purificadoras últimas y no existen como la identidad esencial de los fenómenos.

Una *verdad convencional* es un objeto aprehendido por un conocedor válido que es un conocedor correcto que distingue un fenómeno convencional. Las naturalezas dependientes —como una mesa, una persona y las emociones— y los imaginados existentes —como el espacio permanente— son verdades convencionales. Las verdades convencionales son falsas en el sentido de que parecen ser objetos externos que son entidades diferentes de las consciencias que las perciben. No existen de este modo porque el objeto y la consciencia que lo percibe surgen de la misma causa sustancial, una predisposición en la consciencia base de todo.

Una *verdad última* es un objeto aprehendido por un conocedor válido que es un conocedor correcto que distingue lo último —la vacuidad, los fenómenos consumados, la ausencia de identidad esencial y la talidad—.

El yogachara define la existencia verdadera como la que se establece por medio de su propio y no común modo de existencia objetivo sin ser postulada por medio de conceptos. Las naturalezas dependientes –especialmente la mente– y las naturalezas consumadas son verdaderamente existentes. Tienen su propio modo objetivo de existencia que no depende de ser imputado por el pensamiento. Los imaginados no existen verdaderamente porque son meramente imputados por la concepción.

Para los yogachara, la ausencia de identidad esencial de la persona es la ausencia de una persona autosuficiente y sustancialmente existente. También afirman la ausencia de identidad esencial de los fenómenos desde cuatro enfoques, que llegan al mismo punto: (1) la vacuidad de un objeto que exista por sus propias características como el referente de un término; (2) la vacuidad de un objeto que exista por sus propias características como el objeto al que se aferra un pensamiento conceptual; (3) la vacuidad de un objeto que sea una entidad diferente de la consciencia que lo percibe, y (4) la vacuidad de un objeto que sea externo a la mente. Algunos eruditos de este sistema condensan estos cuatro en dos enfoques de la ausencia de identidad esencial de los fenómenos: (1) la vacuidad de un objeto que exista por sus propias características como el referente de término y concepto, y (2) la vacuidad de un objeto que sea un objeto externo y una entidad diferente de la consciencia que lo percibe.

Cuando en la naturaleza dependiente (por ejemplo, una flor) se niegan las naturalezas imaginadas (que la flor exista por sus propias características como referente de un nombre y que la flor y la consciencia que la aprehende sean entidades distintas), esa es la naturaleza consumada (la vacuidad, la realidad última).

Si las naturalezas dependientes no existieran por sus propias características, no serían factibles el surgimiento y el cese, y los fenómenos dependientes no existirían. Del mismo modo, si la naturaleza consumada no existiera por sus propias características (*svalaksana*), no sería la naturaleza última de los fenómenos.

Los vaibhashika y los sautrantika afirman la existencia sustancial de partículas sin partes direccionales (como este, oeste, delante y detrás) y de instantes mentales sin partes direccionales que no tienen partes anteriores ni posteriores. Los yogachara ponen esto en duda, diciendo que aunque puede que sea difícil subdividir algo físicamente, todas las partículas deben tener partes direccionales y lados porque las partículas físicas se encuentran una al lado de la otra para formar objetos más grandes. Sin partes direccionales, estas partículas no podrían unirse para formar objetos más grandes, como una silla. Al contrario, todas las partículas se fusionarían entre sí y ocuparían el mismo espacio, convirtiéndose en una sola partícula. Del mismo modo, los instantes de la mente que carecen de partes, como un principio, un medio y una última parte, se fusionarían en un solo instante, y no podría existir un continuo. Los madhyamika están de acuerdo con la refutación de los yogachara de las partículas sin partes y de los instantes mentales sin partes.

Estudiar la visión yogachara es un buen trampolín que amplía nuestra visión y facilita la comprensión de las visiones madhyamaka más adelante. Las escuelas vaibhashika y sautrantika hablan sólo de la ausencia de identidad esencial de la persona, mientras que la yogachara añade la ausencia de identidad esencial de los fenómenos. Al hacerlo, nos incita a examinar no sólo cómo existe la persona, sino también cómo existen los agregados, que son la base de designación de la persona. Al afirmar que no hay objetos externos y que los fenómenos y las consciencias que los aprehenden son una sola naturaleza, el yogachara nos adentra en el análisis del papel que desempeña la mente en la existencia de los fenómenos. Aunque los prasangika refutan el hecho de que el sujeto y el objeto sean una sola naturaleza, contemplar la visión yogachara nos permite ver que son falsas las apariencias de objetos externos objetivamente existentes para nuestras consciencias sensoriales y que las cosas existen en relación con la mente. Este planteamiento reduce el aferramiento a los objetos atractivos y desagradables porque se ven como ilusorios: no son objetos externos objetivos como parecen ser, sino que son una sola naturaleza con la mente que los percibe.

Además, la afirmación yogachara de que los fenómenos son vacíos de existir por sus propias características como referentes de términos nos estimula a explorar el papel del lenguaje y los conceptos en la existencia de los fenómenos. La comprensión de estos dos planteamientos de la escuela yogachara sobre la ausencia de identidad esencial de los fenómenos nos prepara para la visión madhyamaka.

REFLEXIONES ───────────────────────────

1. ¿Por qué algunos yogachara afirman una consciencia base de todo? ¿Cuál es su función?

2. ¿Cuál es su creencia sobre los objetos externos? ¿Tiene sentido para ti esta visión?
3. Revisa las tres naturalezas y sus no naturalezas.

Madhyamaka

Los madhyamika son proponentes de principios filosóficos budistas que afirman que ningún fenómeno existe verdaderamente o de modo último. Son de dos tipos: svatantrika y prasangika, siendo las diferencias entre ellos tema de mucha discusión. Al contrario que los yogachara, los madhyamika afirman que no hay diferencia entre la mente y el mundo externo en el sentido de que ambos son vacíos de existencia verdadera –ninguno tiene su propio modo de ser–. Cuando los madhyamikas dicen que la mente es no nacida, quieren decir que la mente surge, permanece y cesa, pero no de modo último o verdadero. Estas funciones ocurren dependiendo de otros factores.

Aunque en los textos de principios filosóficos contemporáneos se hace una clara distinción entre la svatantrika madhyamaka y la prasangika madhyamaka, esto no era así en la India ni en los primeros años del budismo en el Tíbet. Parece que fue una distinción que hicieron los tibetanos y que fue ampliamente aceptada en el siglo XIV.

Svatantrika madhyamaka

Existen diferencias entre los dos tipos de madhyamikas en diferentes áreas, sobre todo en la forma en que afirman el objeto de negación. Viendo cómo los svatantrika definen la existencia convencional, podemos comprender su objeto de negación, que es lo contrario a eso. La existencia convencional depende de que los objetos sean meramente postulados por el hecho de aparecer a una consciencia no defectuosa. La existencia última (*paramarthasiddhi*), lo que se ha de negar, es lo contrario a esto. La existencia última no es postulada por el hecho de aparecer a una consciencia no defectuosa. Si las cosas existieran de modo último, existirían por su propio lado mediante su modo único de ser. Existencia última es equivalente a existencia verdadera (*satyasat*), existencia por su propia realidad (*samyaksiddhi*) y existencia por su propia talidad (*tattvasiddhi*).

Para existir convencionalmente, son necesarios dos factores: el objeto debe ser postulado por el hecho de aparecer a una consciencia no defectuosa, y también debe existir inherentemente. Para los svatantrika *postulado* significa que un objeto es designado por una consciencia al aparecerle a ella. Puesto que el objeto también existe inherentemente, la consciencia a la que se le aparece no está equivocada con respecto a su existencia inherente. Esta consciencia no defectuosa a la que se le aparece un objeto inherentemente existente puede ser tanto un pensamiento conceptual como una percepción no conceptual. En ambos casos, esa consciencia no se equivoca con respecto al objeto con el que se implica.

Tanto los prasangika como los svatantrika afirman que todo lo que existe es designado[31] por términos y conceptos. Sin embargo, los prasangika añaden que son *meramente* designadas por términos y conceptos —*meramente* indica que no existen inherentemente–, mientras que los svatantrika no añaden *meramente* y en su lugar afirman que todos los fenómenos existen inherentemente a nivel convencional. Es decir, los svatantrika afirman que, convencionalmente, los fenómenos existen por sus propias características (*svalaksanasiddhi*), existen inherentemente (*svabhavasiddhi*) y existen por su propio lado (*svarupasiddhi*), aunque no existen de modo último, verdadero o perfecto a nivel convencional. A nivel último, carecen de todos los modos de existencia anteriores.

Para tener una idea de esta diferencia, observa tu mente cuando medites en la vacuidad. Puedes investigar profundamente cómo existe el yo y encontrar sólo su vacío de existencia verdadera. Pero una parte de tu mente se opone, diciendo que debe haber algo que realmente seas tú de manera convencional. Estás de acuerdo en que los fenómenos existen al ser designados, pero todavía sientes que debe haber algo en el objeto que hace que sea lo que es. Si no lo hubiera, las cosas no existirían en absoluto o se convertirían en cualquier cosa que tu pensamiento les atribuyese. Por lo tanto, deben tener algún grado de existencia inherente de manera convencional.

Viendo que las cosas funcionales tienen cada una su propio y único potencial para producir sus resultados, los svatantrika dicen que cuando se busca con el análisis último –el análisis que investiga lo que un objeto es realmente y su modo más profundo de existencia– no se pueden encontrar los fenómenos y son vacíos de existencia verdadera. Pero a nivel convencional deben tener algún grado de

---

31 *Postular* puede tener el significado de *designar*, lo que se hace mediante una consciencia conceptual, o de *establecer*, lo que se puede hacer mediante una consciencia tanto conceptual como no conceptual.

existencia inherente, de lo contrario cualquier causa podría producir cualquier resultado. Por esta razón, los svatantrika afirman que las cosas existen por sus propias características, pero no *únicamente* por sus propias características, pues también necesitan ser designadas por el hecho de aparecer a una consciencia no defectuosa. Es decir, las cosas no existen por sus propias características excepto cuando son designadas por la mente por el hecho de aparecer a una consciencia no defectuosa. Hay algo del lado del objeto que permite que sea lo que es. Eso, junto con el hecho de ser postulado por una mente no defectuosa, es la forma en que existen los fenómenos. La apariencia de existencia inherente a las consciencias sensoriales no es falsa, ya que las cosas existen inherentemente de modo convencional.

Una verdad convencional es un objeto aprehendido por un conocedor válido convencional –es decir, por un percibidor directo o un conocedor inferencial que no está afectado por una causa interna o externa que produzca error–, una consciencia que no es errónea con respecto a su objeto aprehendido. Una verdad última es un objeto constatado por una consciencia válida analítica que analiza lo último. Una verdad última, como la vacuidad, es comprendida de forma no dual por una consciencia no contaminada –es decir, por la sabiduría inmaculada de la estabilidad meditativa–.

Hay dos subdivisiones principales en la escuela svatantrika: yogachara-svatantrika y sautrantika-svatantrika. Igual que los yogachara, los yogachara-svatantrika dicen que no hay objetos externos y que todos los fenómenos son de la misma naturaleza que la mente que los conoce porque surgen de la misma causa sustancial, una predisposición kármica en la mente. La apariencia de las cosas como entidades separadas de la consciencia que las conoce de forma válida es una apariencia falsa. También, como los yogachara, afirman el autoconocedor (*svasamvedana*). El autoconocedor[32] es una consciencia que es consciente de modo no dual de la consciencia que observa y experimenta. Simultáneamente con la consciencia que está observando, el autoconocedor es una naturaleza con esa consciencia y nos permite recordar la cognición de un objeto. Los yogachara-svatan-

---

32 El autoconocedor (*svasamvedana*, T. *rang rig*) es rechazado por los vaibhashika, sautrantika-svatantrika y los prasangika porque, si existiera, el sujeto y el objeto de una cognición se confundirían. Además, habría una regresión infinita de la cognición autoconocedora. Algunos eruditos dicen que los proponentes de las escrituras sautrantika también rechazan dicho tipo de cognición.

trika difieren de los yogachara en que no afirman que la mente sea verdaderamente existente. Tampoco afirman una consciencia base de todo (la octava consciencia) o una consciencia aflictiva (la séptima consciencia). En cambio, dicen que la consciencia mental transporta las semillas kármicas y las predisposiciones que crean la apariencia del mundo externo.

Los sautrantika-svatantrika no aceptan una consciencia base de todo, una consciencia aflictiva o el autoconocedor; aceptan los objetos externos. Afirman que los objetos externos existen por sus propias características de modo convencional.

Aunque la identificación del objeto de negación por parte de los yogachara difiere de la de los prasangika, los dos enfoques se parecen en que ambos dicen que el objeto de negación aparece a las consciencias sensoriales. Los svatantrika, en cambio, dicen que el objeto de negación aparece sólo a la consciencia mental, porque aceptan la existencia inherente a nivel convencional.

La principal diferencia entre los svatantrika y los prasangika es que, en resumen, al refutar la existencia verdadera y la existencia última los svatantrika evitan el absolutismo, y al afirmar que los fenómenos existen inherentemente de forma convencional evitan el nihilismo. Los prasangika, por otro lado, refutan la existencia verdadera, la existencia última y la existencia inherente tanto a nivel último como convencional. Afirman la existencia nominal, lo que significa que los fenómenos existen al ser meramente designados.

Prasangika madhyamaka

De los diversos sistemas de principios filosóficos, el prasangika tiene la comprensión completa de la vacuidad. Esta visión es la que examinaremos con detenimiento en los próximos capítulos. Los prasangika afirman que las cosas son vacías de existencia inherente, es decir, que no son entidades aisladas en sí mismas que existan independientemente de todos los demás factores: no existen por su propio poder, por su propio lado o por sus propias características porque dependen de otros factores.

Los fenómenos existen al ser meramente imputados o designados por la mente. *Meramente* excluye que sean inherentemente existentes. Aunque los fenómenos dependen de su base de designación, no son su base de designación y no se pueden encontrar en ella. Tampoco se pueden encontrar separados de ella. Por ejemplo, una persona existe al ser meramente postulada por la mente dependiendo de su base de designación, los cinco agregados. Pero la persona no es ninguno de los agregados ni es el conjunto de los agregados y no existe separada de ellos. Aunque no se puede encontrar la persona cuando la buscamos con la sabiduría que analiza la naturaleza última, sí existe convencionalmente. Decimos "Estoy caminando" o "Estoy pensando" y todo el mundo entiende lo que queremos decir. Aunque los fenómenos carezcan de una esencia localizable, siguen funcionando. De hecho, si tuvieran una esencia inherente e independiente, no podrían funcionar en absoluto. Serían fenómenos congelados, incapaces de interactuar con las cosas que los rodean. Establecer que la funcionalidad de los fenómenos y su ausencia de existencia inherente son compatibles es un reto, pero los grandes prasangika como Nagarjuna y Chandrakirti lo consiguieron.

A diferencia de las escuelas inferiores, la prasangika considera equivalente todo lo siguiente: existencia sustancial, existencia por sus propias características, existencia inherente, existencia por su propio lado, existencia verdadera, existencia última, existencia objetiva, etc. Los prasangika refutan todos estos tipos de existencia en todos los fenómenos de forma generalizada. Sin embargo, los fenómenos existen: existen convencionalmente al ser meramente designados por la mente. El hecho de que surjan de forma dependiente no contradice el hecho de que sean vacíos de existencia inherente. De hecho, el surgimiento dependiente y la vacuidad de existencia inherente llegan al mismo punto.

Como explicó Chandrakirti en *Suplemento*, los objetos se conocen desde dos perspectivas diferentes. Los que se conocen por convenciones mundanas sin un examen exhaustivo de cómo existen son verdades convencionales. El hecho de que estos objetos no se encuentren tras un análisis último es su verdad última. Estas dos perspectivas —las convenciones mundanas y la realidad última— son las bases para diferenciar las dos verdades —la convencional y la última—.

Un objeto aprehendido por un conocedor válido convencional que percibe un objeto conocible falso es una verdad convencional. Una verdad convencional es el objeto de un conocedor equivocado. Es aquello con respecto a lo cual una consciencia convencional llega a ser un conocedor válido que distingue una convencionalidad. ¿Qué significa que las verdades convencionales son objetos falsos conocidos sólo por consciencias equivocadas? Son *falsas* en el sentido de que aparecen como verdaderamente existentes aunque no lo sean. Son conocidas por *consciencias equivocadas* porque la existencia inherente aparece a estas consciencias aunque la existencia inherente no existe. Son *verdades* desde la perspectiva de algo que las vela –siendo ese velo la ignorancia que se aferra a la existencia inherente–. Sin embargo, *no son verdaderas* porque no existen como aparecen a la consciencia principal que las percibe. Cuando se someten al análisis último, no se pueden encontrar.

Una verdad última es un objeto con respecto al cual una consciencia analítica llega a ser un conocedor válido que distingue lo último y que es aprehendido por dicho conocedor válido. Las verdades últimas son aprehendidas por consciencias no equivocadas, consciencias que conocen el modo de existencia más profundo de los objetos. Las verdades últimas son vacuidades, son verdades que existen tal y como aparecen a la mente que las percibe directamente. Para esa mente, la vacuidad aparece sin la apariencia dual de sujeto y objeto y sin la apariencia de existencia inherente.

REFLEXIONES

1. ¿Cómo definen los svatantrika la verdad última y la verdad convencional?
2. ¿Cómo las definen los prasangika?
3. ¿Qué significa la afirmación de los prasangika de que las cosas existen por mera designación?

5 | Comparar afirmaciones

CADA SISTEMA DE PRINCIPIOS FILOSÓFICOS tiene su propia definición de las verdades convencionales y últimas, así como sus propias nociones de lo que es la ausencia de identidad esencial y el objeto de negación. Aunque mantener todo esto claro en tu mente –y más aún comprender su significado– es desalentador al principio, a medida que estudies y reflexiones sobre este material, se hará más claro. La tabla siguiente resume las definiciones de las dos verdades y da una breve explicación acorde a cada sistema.

VERDADES CONVENCIONALES Y ÚLTIMAS

SISTEMAS	VERDAD CONVENCIONAL	VERDAD ÚLTIMA
Vaibhashika	Un fenómeno que si se separa en partes física o mentalmente, cesa la consciencia que lo aprehende (es decir, cesa la percepción del mismo); por ejemplo, una olla.	Un fenómeno que si se separa física o mentalmente en partes, la consciencia que lo aprehende no cesa; por ejemplo, las partículas sin partes direccionales, instantes temporales de consciencia y el espacio no producido.
Sautrantika (Proponentes del razonamiento)	Un fenómeno que sólo existe al ser imputado por una consciencia conceptual; por ejemplo, el espacio no producido. También es un fenómeno que, en definitiva, no es capaz de desempeñar una función.	Es un fenómeno que es capaz de soportar un análisis razonado en términos de tener su propio modo de existencia sin depender de la imputación por términos o consciencia conceptual; por ejemplo, una mesa. Es un fenómeno que en definitiva es capaz de realizar una función.

SISTEMAS	VERDAD CONVENCIONAL	VERDAD ÚLTIMA
Yogachara	Un objeto aprehendido por un conocedor primario que es una consciencia correcta que discierne una convencionalidad. Es un objeto de observación convencional propicio para generar aflicciones; por ejemplo, un ordenador.	Un objeto aprehendido por un conocedor primario que es un conocedor correcto que discierne lo último. Es un objeto de observación último de un sendero de purificación; por ejemplo, la vacuidad de la persona.
Svatantrika madhyamaka	Un objeto comprendido de forma dual por un conocedor válido directo que lo experimenta directamente; por ejemplo, un zapato. Es un objeto aprehendido por un conocedor válido convencional (es decir, un percibidor directo o un conocedor inferencial no afectado por una causa de error interna o externa).	Un objeto que es comprendido de forma no dual por un conocedor directo y válido explícitamente; por ejemplo, la vacuidad de existencia verdadera de un banco.
Prasangika madhyamaka	Un objeto con respecto al cual una consciencia convencional se convierte en un conocedor válido que distingue lo convencional y que es aprehendido por ese conocedor válido; por ejemplo, una bicicleta. Es un objeto aprehendido por un conocedor válido que percibe un objeto conocible falso.	Un objeto con respecto al cual una consciencia analítica se convierte en un conocedor válido que distingue lo último y que es aprehendido por ese conocedor válido; por ejemplo, la vacuidad de existencia inherente de una manzana o la imposibilidad de encontrar una olla en su base de designación.

En los sistemas vaibhashika y sautrantika las dos verdades son conjuntos diferentes de objetos no relacionados. En los sistemas yogachara y madhyamaka, las dos verdades son una sola naturaleza y nominalmente diferentes. Para los vaibhashika, una taza y las partículas sin partes que la componen no están relacionadas, y para los sautrantika los fenómenos que realizan funciones y los que no lo hacen no están relacionados. Los yogachara dicen que no hay fenómenos externos a la mente, mientras que todos los demás sistemas –excepto los yogachara-svatantrika madhyamika– afirman que hay objetos externos. Para los madhyamika, la copa es una verdad convencional y la vacuidad de existencia inherente de la copa es una verdad última. La copa y su vacío son una misma naturaleza porque existen simultáneamente, y si una existe, también lo hace la otra. Sin embargo, son nominalmente distintas porque no son la misma cosa y se pueden distinguir conceptualmente.

Niveles de ausencia de identidad esencial de la persona

Tras escuchar o leer por primera vez estas diferentes visiones, es posible que nos preguntemos a qué viene tanto jaleo y por qué hay tantas categorías y definiciones. El objetivo del estudio de los principios filosóficos no es confundirnos, aunque a priori pueda parecerlo. Más bien, es ayudarnos a entender cómo existen las cosas y eliminar así la ignorancia que es la raíz del samsara.

A lo largo del tiempo, la gente se ha preguntado: "¿Quién soy yo?". Llegar a la respuesta correcta a esta pregunta es crucial porque nuestro concepto del yo se encuentra en el centro de nuestra visión del mundo y todo lo que encontramos va en referencia a nosotros mismos. Ya sea una persona, una idea o un acontecimiento, nuestra principal preocupación es *cómo me afectará a mí*. En función de esto, actuamos creando un karma que influirá en nuestras experiencias futuras. Si nuestro concepto inicial del yo es incorrecto, todo lo que venga después también será erróneo.

Los sistemas de principios filosóficos tienen diferentes maneras de definir el objeto de negación –aquello que no existe y a lo que erróneamente nos aferramos como existente–. La forma en que un sistema identifica el objeto de negación influye en la forma en que identifica el aferramiento a la identidad esencial que sostiene el objeto de negación como verdadero y la ausencia de identidad esencial que se obtiene al comprender que el objeto de negación no existe. La secuencia de las escuelas de principios filosóficos está ordenada en función de la profundidad de su comprensión de estas cuestiones. Comprendiendo progresivamente cada nivel del objeto de negación, del aferramiento a la identidad esencial que lo sostiene como verdadero y de la comprensión que sabe que ese objeto de negación no existe, nos acercamos a una comprensión cada vez más sutil de la realidad: cómo existen realmente las personas y los fenómenos.

A medida que se comprende cada nivel sucesivo de ausencia de identidad esencial, se elimina una parte del aferramiento a un yo falso. Sin embargo, cada uno de los sistemas inferiores deja algo que puede servir de base para seguir aferrándose. Todas las escuelas budistas refutan la existencia de un yo permanente, unitario e independiente, la noción errónea más burda del yo. Luego refutan una persona autosuficiente y sustancialmente existente. Sin embargo, las escuelas inferiores dejan intacta la existencia inherente de la persona y de todos los demás fenómenos. Sólo refutando esto último llegamos a una comprensión completa de la realidad. Después de hacer más evidente el aferramiento residual que no se refuta en los sistemas inferiores, vemos la sutileza de la visión prasangika.

Empezando por el más burdo, a continuación se presentan los diferentes niveles de identidad de la persona que son el objeto de negación.

Yo permanente, unitario e independiente

El primer nivel del objeto de negación es un yo o alma (*atman*) permanente (no cambiante), unitario (sin partes, monolítico) e independiente (autónomo). Se trata de un alma o yo absoluto y no cambiante que continúa después de la muerte. La persona y los agregados —desde esta perspectiva— son de dos naturalezas completamente diferentes: los agregados son impermanentes —el cuerpo muere, la mente cambia—, pero la persona es permanente. La relación entre el yo y los agregados es como una persona que lleva una carga. Un alma o yo independiente "recoge" un conjunto de agregados al principio de cada renacimiento y "los abandona" al morir. Este yo no cambiante continúa a lo largo de toda la serie de renacimientos samsáricos. La mente que se aferra a esto es la idea errónea de un yo o alma permanente, unitaria e independiente. La mayoría de las religiones no budistas afirman un yo así, mientras que todas las escuelas de principios filosóficos budistas lo refutan.

Persona autosuficiente y sustancialmente existente

El siguiente nivel del objeto de negación para establecer la ausencia de identidad esencial es una persona autosuficiente y sustancialmente existente. Aquí, el yo y los agregados parecen ser diferentes y existen por separado. El aferramiento a una persona autosuficiente y sustancialmente existente no considera que el yo esté designado sobre los agregados. La persona es como un pastor, y la mente y el cuerpo son como las ovejas que el pastor controla. El pastor y las ovejas son distintos: el pastor está al mando y las ovejas siguen sus indicaciones. Aquí los agregados parecen depender del yo, pero el yo dirige los agregados y parece ser independiente de ellos. Podemos sentir esto cuando no queremos salir de la cama por la mañana y pensamos: "¡Venga, cuerpo, hora de levantarse!" o "Intentaré ser más consciente". Comprender la inexistencia de una persona así contrarresta el aferramiento a una persona autosuficiente y sustancialmente existente[33].

El aferramiento a una persona autosuficiente y sustancialmente existente tiene formas adquiridas e innatas. El aferramiento adquirido surge del estudio de filosofías incorrectas, mientras que el aferramiento innato ha existido desde el principio y se transmite de una vida a otra. Casi todos los proponentes de principios filosóficos budistas afirman la ausencia de una persona autosuficiente y sustancialmente existente[34]. El aferramiento adquirido se elimina en el sendero de la visión, mientras que para los bodhisatvas, el aferramiento innato y las aflicciones que surgen debido a éste se eliminan a partir del cuarto nivel. En el octavo nivel del bodhisatva se erradican por completo. La mención explícita de que el aferramiento a una persona autosuficiente y sustancialmente existente se elimina a partir del cuarto nivel tiene el propósito de afirmar que hay niveles innatos de este aferramiento y las aflicciones que genera que son la parte de las aflicciones que se eliminan en el cuarto nivel. Del mismo modo, otra parte del aferramiento innato a una persona autosuficiente y sustan-

---

33 Jamyang Shepa (1648-1721/22) tiene una perspectiva única sobre la persona autosuficiente y sustancialmente existente, diciendo que hay versiones burdas y sutiles. A diferencia del aferramiento burdo a una persona autosuficiente y sustancialmente existente, el aferramiento sutil a una persona autosuficiente y sustancialmente existente considera que la persona, la mente y el cuerpo están relacionados, pero sigue considerando la persona como el jefe y la mente y el cuerpo como los empleados que la persona lidera y dirige. El yo tiene el control y domina a los agregados, dándoles órdenes. Aquí el jefe es un trabajador igual que los empleados, pero es más importante y poderoso que ellos. Experimentamos este objeto de negación cuando sentimos que hay un yo que es uno de los agregados; por ejemplo, cuando la consciencia mental parece ser el yo que controla los demás agregados. Jamyang Shepa dice que éste es el objeto de negación en la meditación sobre la ausencia de identidad esencial de la persona para todas las escuelas que no son prasangika. Su inexistencia es la ausencia de identidad esencial sutil de una persona autosuficiente y sustancialmente existente.

34 Las cinco subescuelas sammitiya de los vaibhashika afirman una persona autosuficiente y sustancialmente existente.

cialmente existente y las aflicciones que genera se deben eliminar en cada uno de los niveles subsiguientes hasta el octavo.

Si existiera una persona autosuficiente y sustancialmente existente, entonces cualquier cosa que deseáramos respecto a nuestros agregados ocurriría porque una persona autosuficiente y sustancialmente existente podría controlar los agregados. Si quisiéramos cambiar nuestro cuerpo contaminado por el cuerpo de un buda con sus treinta y dos signos y ochenta marcas, nuestro deseo se haría realidad inmediatamente. Si quisiéramos cambiar nuestra mente confusa por la mente omnisciente de un buda, también se haría realidad.

El modo de aprehensión del aferramiento innato a una persona autosuficiente y sustancialmente existente aprehende a la persona como siendo el controlador de los agregados. Este es el yo que se niega en las cuatro verdades comunes –las cuatro verdades aceptadas por todas las escuelas budistas–. El duhkha verdadero burdo surge de este origen, el aferramiento a un yo burdo, una persona autosuficiente y sustancialmente existente. La cesación verdadera es el Nirvana que se produce al eliminar las aflicciones burdas que surgen del aferramiento a una persona autosuficiente y sustancialmente existente. El sendero verdadero comprende la ausencia de dicho *yo*. Esta es la ausencia de identidad esencial burda. Se llama *burda* porque en comparación con el aferramiento a una persona inherentemente existente y la ausencia de identidad esencial de una persona inherentemente existente, es burda.

Las cuatro verdades no comunes son las que proponen los prasangika madhyamika, y se centran en la existencia inherente. El duhkha verdadero son los agregados producidos por los orígenes verdaderos, que son las aflicciones y el karma creados por el aferramiento a la existencia inherente. El sendero verdadero refuta la existencia inherente tanto de la persona como de todos los demás fenómenos. La negación no afirmativa que el sendero verdadero comprende es la vacuidad de existencia inherente. Esta es la vacuidad sutil.

Persona inherentemente existente

El grado más sutil del objeto de negación respecto a la persona es su existencia inherente, última o verdadera. El yo falso parece erigirse y existir por su propio poder, sin depender de ningún otro factor como causas y condiciones, partes o ser designado por término y concepto.

Los prasangika dicen que el yo existe al ser meramente imputado o designado por nombre y concepto dependiendo de los agregados. Los sautrantika dicen que el yo es imputado sobre los agregados y que no existe independientemente de ellos. Pero lo que quieren decir con esto difiere del significado que le dan los prasangika. Los sautrantika afirman que para identificar a la persona hay que percibir el cuerpo, la palabra o la mente de la persona; los prasangika están de acuerdo con eso pero van más allá diciendo que la existencia de la persona no sólo depende de causas, condiciones y partes (los agregados), sino también de la mente que concibe y designa a la persona.

Sólo los prasangika madhyamika afirman la existencia inherente de la persona como objeto de negación. Dicen que la ausencia de una persona autosuficiente y sustancialmente existente es la ausencia de identidad esencial burda de la persona y que comprender esto por sí solo no puede eliminar los oscurecimientos aflictivos. ¿Por qué? Porque alguien podría comprender con un percibidor directo que no hay un yo que sea el controlador de los agregados, pero aun así aferrarse a un yo que exista independientemente, por su propio lado, verdadera e inherentemente. Sólo identificando este objeto de negación sutil y luego refutándolo podemos comprender el nivel más profundo de ausencia de identidad esencial de la persona.

De los dos tipos de aflicciones —las aflicciones innatas que van de una vida a otra y las aflicciones adquiridas que aprendemos de las filosofías falsas—, sostener un yo permanente, unitario e independiente es una aflicción adquirida. Aprendemos esta visión cuando nos enseñan que hay un alma permanente, unitaria e independiente. El aferramiento a una persona autosuficiente y sustancialmente existente tiene aspectos tanto innatos como adquiridos, igual que el aferramiento a la existencia inherente de la persona y los fenómenos. Las aflicciones y visiones adquiridas son más fáciles de superar, mientras que las aflicciones y visiones innatas requieren más esfuerzo y tiempo para erradicarlas.

Niveles de ausencia de identidad esencial de los fenómenos

Los sistemas yogachara y madhyamaka también afirman el aferramiento a la identidad de los fenómenos. Eso es un tipo de ignorancia. La inexistencia de dicha identidad esencial de los fenómenos es la ausencia de identidad esencial de los fenómenos. Los yogachara hablan de dos conceptos erróneos básicos o aferramientos con respecto a los fenómenos. Uno es el aferramiento al sujeto y al objeto de una cognición como si fueran entidades diferentes. El otro es el aferramiento a los fenómenos como existentes por medio de su propio carácter/por su propia naturaleza siendo el referente de los términos y pensamientos conceptuales que se imputan sobre ellos. La vacuidad de estos dos objetos de negación, según los yogachara, es la ausencia de identidad esencial de los fenómenos.

Los madhyamika dicen que la existencia verdadera o existencia última de los fenómenos es el objeto negado al hablar de la ausencia de identidad esencial de los fenómenos. La vacuidad de existencia verdadera o última de los fenómenos es la ausencia de identidad esencial de los fenómenos, según esta escuela.

Dentro de la escuela madhyamaka, hay más distinciones. Los svatantrika-madhyamika definen la existencia verdadera o última como existiendo sin que sea postulada por el hecho de aparecer a una consciencia no defectuosa —es decir, a una consciencia que no está equivocada con respecto al objeto con el que se implica y que le aparece como inherentemente existente—. Esta consciencia no tiene causas superficiales de error, como una facultad sensorial defectuosa o la consciencia mental que sostiene visiones erróneas. La existencia objetiva de los fenómenos, sin que sean postulados por el hecho de aparecer a una consciencia no defectuosa, es el objeto de negación para los svatantrika. La vacuidad de dicha existencia verdadera o última de los fenómenos es la ausencia de identidad esencial de los fenómenos. Sin embargo, los svatantrika sostienen que, de hecho, los fenómenos se establecen de forma inherente y por sus propias características a nivel convencional, porque debe haber algo que se pueda encontrar inherentemente a ese nivel que sea el objeto: si no lo hubiera, cualquier cosa podría ser cualquier cosa.

Comparar afirmaciones / 117

IDENTIDAD ESENCIAL, EL OBJETO DE NEGACIÓN:
LA IDENTIDAD ESENCIAL QUE SE REFUTA EN LA PERSONA Y EN LOS FENÓMENOS

Sistema de principios filosóficos	Identidad esencial burda de la persona	Identidad esencial sutil de la persona	Identidad esencial burda de los fenómenos	Identidad esencial sutil de los fenómenos
Vaibhashika	Un yo permanente, unitario e independiente.	Una persona autosuficiente y sustancialmente existente.	–	–
Sautrantika	Un yo permanente, unitario e independiente.	Una persona autosuficiente y sustancialmente existente.	–	–
Yogachara	Un yo permanente, unitario e independiente.	Una persona autosuficiente y sustancialmente existente.	–	Sujeto y objeto como entidades separadas; fenómenos externos; fenómenos que existen por sus propias características como la base de nombres; fenómenos que existen por sus propias características como la base de conceptos.
Yogachara-svatantrika madhyamaka	Un yo permanente, unitario e independiente.	Una persona autosuficiente y sustancialmente existente.	Sujeto y objeto como entidades separadas; fenómenos externos.	La existencia verdadera de la persona y los fenómenos.
Sautrantika-svatantrika madhyamaka	Un yo permanente, unitario e independiente.	Una persona autosuficiente y sustancialmente existente.	–	La existencia verdadera de la persona y los fenómenos.
Prasangika madhyamaka	Una persona autosuficiente y sustancialmente existente.	Una persona inherentemente existente.	–	La existencia inherente de los fenómenos.

Los prasangika madhyamika proponen la visión más sutil de la ausencia de identidad esencial, el pensamiento último del Buda, tal como lo describen figuras tan destacadas como Nagarjuna, Budapalita, Chandrakirti y Shantideva. Afirman que la existencia inherente –una naturaleza que se puede encontrar, independiente que existe sin depender de ser designada por un término y un concepto– es el objeto de negación de la meditación en la vacuidad. Este objeto falso aparece a nuestros sentidos, engañando a la consciencia mental de modo que se aferra a los fenómenos como si existieran de esta manera. La ausencia de fenómenos que existan de forma inherente, intrínseca, por su propio poder, por su propio lado y por sus propias características es el significado más profundo de la vacuidad.

Todas estas escuelas tienen su origen en la palabra del Buda, como se encuentra en los sutras. El Buda expuso estas distintas visiones como un medio hábil para facilitar la comprensión a sus estudiantes. Para ayudarnos a comprender su significado, se clasifican en enseñanzas interpretables (provisionales) y definitivas, que se explican a continuación. Para comprender adecuadamente la vacuidad, es necesario estudiar las enseñanzas definitivas.

REFLEXIONES ─────────────────────

1. ¿Cuáles son las cualidades de una persona permanente, unitaria e independiente?
2. ¿Aprendiste una visión comparable a ésta cuando eras niño?
3. En caso afirmativo, ¿qué piensas ahora de esa visión? ¿Existe un alma o un yo permanente?

¿Qué es el camino medio?

Cada escuela de principios filosóficos tiene su propia manera de explicar la base, el sendero, el resultado, el objeto de negación y la visión del camino medio. En próximos capítulos, se explorarán algunas de estas diferencias para precisar la interpretación única de los prasangika de la visión del camino medio. El camino medio se valora porque está libre de los extremos del absolutismo y del nihilismo; el primero superpone una forma de existencia que los fenómenos no tienen –la existencia inherente– y el segundo niega o rechaza la forma en que existen los fenómenos. El extremo del absolutismo también se denomina *el extremo de la permanencia*, ya que, si los fenómenos existieran inherentemente, las cosas funcionales tendrían una esencia permanente. Una persona, por ejemplo, sería permanente y no podría cambiar, lo que haría imposible la Iluminación. El extremo del nihilismo también se denomina *el extremo de la aniquilación*, ya que, si los fenómenos existieran de esa manera, el continuo de las cosas funcionales quedaría totalmente interrumpido cuando se desintegraran. Por ejemplo, cuando muriera una persona, no habría continuo mental ni renacimiento en el caso de los seres ordinarios.

Alguien puede ser filosóficamente nihilista o éticamente nihilista. Un nihilista filosófico piensa que los fenómenos no existen; un nihilista ético rechaza la ley del karma y sus efectos y cree que nuestras acciones no tienen una dimensión ética que influya en nuestras vidas futuras. Muchas personas que inicialmente son filosóficamente nihilistas se convierten en éticamente nihilistas, mientras que los que son éticamente nihilistas pueden o no ser filosóficamente nihilistas. En las siguientes secciones, el nihilismo se refiere principalmente al nihilismo filosófico.

A medida que leas las afirmaciones de cada escuela en los enunciados que aparecen a continuación, describiendo cómo evitan los dos extremos y establecen el camino medio, reflexiona profundamente: ¿con qué afirmaciones te sientes más cómodo a primera vista?, ¿cuál tiene más sentido cuando se aplica el razonamiento?

Los *charvakas* evitan el absolutismo diciendo que ningún fenómeno existe más allá de lo que perciben nuestros sentidos. Evitan el nihilismo diciendo que todos los fenómenos son manifiestos para nuestros sentidos.

Los *samkhyas* evitan el absolutismo afirmando que los fenómenos son manifestaciones de la naturaleza fundamental. Evitan el nihilismo afirmando que la naturaleza fundamental –una sustancia real a partir de la cual se manifiestan todos los fenómenos– es no cambiante.

Los samkhyas son absolutistas en el sentido de que sostienen que la causa sigue existiendo en el momento de producir su resultado. Los *vaibhashika* evitan este extremo del absolutismo al afirmar que una causa debe cesar para que surja su efecto. Evitan el nihilismo diciendo que un efecto surge después de la cesación de su causa –después de que el capullo cesa, surge la flor–. También evitan el nihilismo diciendo que el pasado y el futuro son entidades sustanciales (T. *rdzas*). El pasado de un objeto existe después de su existencia presente, y el futuro de un objeto existe antes de su existencia presente. Para los vaibhashika, todo es establecido sustancialmente (T. *rdzas su grub pa*).

Los *sautrantika* evitan el absolutismo afirmando que los fenómenos condicionados se desintegran instante tras instante, las cosas cambian y se transforman en otra cosa a cada nuevo instante. También evitan el absolutismo afirmando que los fenómenos permanentes, como el espacio no producido, no son entidades sustanciales. Evitan el nihilismo afirmando que la continuidad de la mayoría de los fenómenos producidos –como el yo y los seis elementos– no se interrumpe y existe continuamente. De este modo, el yo continúa de una vida a otra. También afirman que los objetos existen por sus propias características como referentes de términos y conceptos, es decir, que hay algo en una mesa que hace que sea apta para ser llamada *mesa* y para que nuestra mente la considere como tal. Además, afirman que los objetos externos están compuestos por partículas sin partes y son verdaderamente existentes.

Los *yogachara* evitan el absolutismo afirmando que los fenómenos dependientes no existen por sus propias características como referentes de palabras y conceptos. También evitan el absolutismo afirmando que las naturalezas imaginadas o imputadas no son verdaderamente existentes. Evitan el nihilismo afirmando que los fenómenos dependientes y consumados son verdaderamente existentes. Si no lo fueran, no existirían en absoluto.

Los *svatantrika madhyamika* evitan el absolutismo diciendo que nada existe verdaderamente o de modo último sin que sea postulado por el mero hecho de aparecer a una consciencia no defectuosa. Evitan el nihilismo afirmando que todos los fenómenos existen inherentemente y que existen por sus propias características a nivel convencional. Si no lo hicieran, no existirían. Es decir, las cosas existen desde el lado del objeto de forma convencional y esta existencia aparece a una consciencia no defectuosa que postula los fenómenos. De este modo, los fenómenos existen.

Los *prasangika madhyamika* dicen que lo que los svatantrika afirman para evitar el nihilismo les hace caer en el extremo del absolutismo. Los prasangika evitan este error afirmando que ningún fenómeno se establece desde su propio lado o por su propio poder ni desde el punto de vista último ni desde el punto de vista convencional. Cuando se busca entre su base de imputación, los fenómenos no se encuentran. Evitan el nihilismo afirmando que los fenómenos existen convencionalmente al ser meramente designados por términos y conceptos dependiendo de su base de designación. Aunque las cosas existen como meras designaciones, son capaces de realizar funciones. Si no existieran de este modo, o bien serían permanentes o no existirían en absoluto.

Cómo establece cada sistema de principios filosóficos su visión del camino medio

Sistema de principios	Cómo evita el absolutismo	Cómo evita el nihilismo
Charvaka (no budistas)	Los fenómenos no existen más allá de lo que es perceptible por nuestros sentidos.	Todo lo que existe se manifiesta ante nuestros sentidos.
Samkhya	Los fenómenos son manifestaciones de la naturaleza fundamental –una sustancia real a partir de la cual se manifiestan todos los fenómenos–	La naturaleza fundamental es no cambiante.
Vaibhashika	Todos los fenómenos producidos son impermanentes y se desintegran instante tras instante 2) Para que surja un efecto su causa debe cesar.	Un efecto surge después de que hayan cesado sus causas. 2) Todos los fenómenos son establecidos sustancialmente.
Sautrantika	Los fenómenos condicionados se desintegran instante tras instante. Las cosas se desintegran en un instante transformándose en otras cosas 2) Los fenómenos permanentes como el espacio no producido no son entidades sustanciales.	1) La continuidad de la mayoría de los fenómenos producidos –como el yo– no se interrumpe y existe continuamente. 2) Los objetos existen por sus propias características como referentes de términos y conceptos
Yogachara	1) No existe una materia externa compuesta por partículas sin partes. (2) Los fenómenos dependientes no existen por sus propias características como el referente de palabras y consciencias conceptuales. (3) Las naturalezas imputadas o imaginadas no son verdaderamente existentes.	1) Los fenómenos dependientes y consumados son verdaderamente existentes. (2) Las verdades últimas son establecidas de manera última y existen de manera inherente.
Svatantrika madhyamaka	Los fenómenos no existen verdaderamente o de modo último sin ser postulados por el hecho de aparecer a una consciencia no defectuosa.	Todos los fenómenos son establecidos por su propio lado, existen por sus propias características y existen inherentemente a nivel convencional.
Prasangika madhyamaka	Ningún fenómeno existe por sí mismo, por su propio poder o de forma inherente. Carecen de existencia inherente incluso a nivel convencional.	Los fenómenos existen convencionalmente al ser meramente designados por término y concepto dependiendo de su base de designación.

Te habrás dado cuenta de que lo que una escuela afirma como su forma de evitar el extremo de negar demasiado (nihilismo) para la siguiente escuela es en realidad el extremo de añadir demasiado (absolutismo). Pensar en las visiones de estas escuelas en orden progresivo conduce gradualmente nuestra mente a la visión correcta. Aunque cada sistema de principios sucesivo niega la posición específica del anterior, comprender la visión de los sistemas de principios inferiores sirve de base para comprender la visión de los sistemas superiores. Al aceptar gradualmente las posiciones de los sistemas superiores, debemos tener cuidado de no denigrar los inferiores.

Cuando termines de leer este volumen y los dos siguientes sobre la vacuidad y de reflexionar sobre el contenido de ellos, quizá quieras volver a esta sección. Lo más probable es que entonces veas en ella un significado mucho más profundo.

Ir gradualmente a la visión correcta

El Buda es un hábil maestro que nos conduce a través de una secuencia de objetos de negación y afirmaciones sobre la visión del camino medio para contrarrestar nuestras visiones distorsionadas y nuestra ignorancia. Lo hace exponiendo una progresión constante que se aleja de la existencia sustancial, verdadera e inherente y se acerca a la existencia dependiente e imputada. Un breve resumen ilustrará cómo lo hizo.

Los vaibhashika dicen que las verdades últimas existen sustancialmente porque la consciencia que las aprehende no cesa cuando se rompen físicamente o se dividen mentalmente en partes, mientras que las verdades convencionales existen de forma imputada en el sentido de que no se pueden percibir cuando se descomponen mental o físicamente en partes más pequeñas. Sin embargo, todas ellas son sustancialmente establecidas porque tienen su propia entidad autónoma que no depende de la imputación de conceptos.

Los sautrantika llevan esto un paso más allá, diciendo que las verdades últimas, que son cosas impermanentes y funcionales, son sustancialmente existentes porque realizan funciones, y las verdades convencionales no lo son porque son imputadas por término y concepto, pero todas son verdaderamente existentes porque existen en realidad tal y como aparecen.

Los yogachara avanzan aún más, diciendo que los fenómenos dependientes y consumados son verdaderamente existentes porque no son meramente imputados por la consciencia que los aprehende y existen por su propio modo de existencia no común. Las naturalezas imaginadas son imputadas por medio de los conceptos. Pero todas ellas existen intrínsecamente puesto que tienen su propio modo de ser y se pueden encontrar cuando se busca el objeto al que se atribuye el término[35].

Los svatantrika van más allá, diciendo que ningún fenómeno existe verdaderamente porque no existe sin ser postulado por el hecho de aparecer a una mente no defectuosa, pero sí existen inherentemente a nivel convencional porque aparecen a una mente no defectuosa.

Al final, los prasangika dicen que ningún fenómeno existe inherentemente, sino que todo es meramente imputado porque existe al ser meramente designado por término y concepto. Para ellos, *sustancialmente existente* implica que algo existe tal y como aparece, mientras que *imputadamente existente* significa que depende de ser designado por término y concepto y no existe tal y como aparece. La vacuidad existe tal y como aparece a un percibidor directo y, por tanto, es verdadera, pero no es verdaderamente existente.

El Buda también presentó una progresión de objetos de negación, examinando primero cómo existe la persona y luego cómo existen los fenómenos. Empezó por refutar la existencia de un yo permanente, unitario e independiente, opinión que sostienen muchos no budistas. Este punto de vista es adquirido –fabricado por nuestra mente intelectual a través de especulaciones filosóficas incorrectas– y es en comparación fácil de refutar. Las aflicciones innatas que van de una vida a otra están más arraigadas y son difíciles de eliminar.

Una vez que hemos refutado un yo permanente, unitario e independiente, estamos preparados para investigar más profundamente, por lo que el Buda introduce la noción de que no hay una persona autosuficiente y sustancialmente existente. Este es un punto de vista innato y es el objeto de negación principal de las escuelas inferiores en lo que se refiere a la ausencia de identidad esencial de la persona. Al refutarlo, una capa de aferramiento y las aflicciones que dependen de él se liberan.

---

35   No todas las naturalezas imputadas o imaginadas se pueden encontrar cuando buscamos el objeto al que se refiere su término, porque algunas de ellas son inexistentes. Sin embargo, como categoría, las naturalezas imputadas o imaginadas existen y se pueden encontrar cuando se busca el objeto al que se atribuye el término *imputado*.

También debemos ser conscientes de las afirmaciones de los budistas esencialistas sobre la existencia imputada y la existencia sustancial. Desde su punto de vista, una persona es imputada porque no se puede identificar sin que otros fenómenos —en este caso los agregados— aparezcan en la mente. Los agregados, sin embargo, son sustancialmente existentes porque se pueden conocer directamente. En general, los esencialistas hablan de dos tipos de conocedores: los conocedores conceptuales y los percibidores directos no conceptuales. Esto nos hace reflexionar sobre el papel de la concepción y en cómo llegan a existir los fenómenos no condicionados mediante la imputación. Estos puntos se desarrollan en la escuela de principios filosóficos sautrantika.

Abundan los conceptos erróneos y las ideas equivocadas. Podemos tener la idea de que las partículas más pequeñas sin partes componen formas más grandes y que las formas se pueden reducir a dichas partículas. Sin embargo, si las partículas no tuvieran partes direccionales, sería imposible que se unieran para formar objetos más grandes. Si no tuvieran lados, o bien se fusionarían y se convertirían en uno, o bien no se podrían tocar. En cualquiera de los dos casos, no se crearía un compuesto mayor. La escuela yogachara y las superiores refutan tales partículas.

Para contrarrestar la idea de que las cosas son externas, objetivas y no están relacionadas con la mente que las aprehende, el Buda enseña la ausencia de objetos externos y enseña que la mente que aprehende y el objeto aprehendido surgen de la misma semilla en la consciencia base de todo[36]. Al enseñar este objeto de negación, el Buda nos ayuda a ver que la mente y el objeto que aprehende no están desvinculados el uno del otro. Este punto de vista es útil porque ver que los objetos de nuestro apego y de nuestro enfado están en la naturaleza de la mente reduce drásticamente la intensidad de nuestras aflicciones.

El Buda también enseñó que las cosas no existen por sus propias características como el referente de los términos. Aquí nos desafía a investigar la relación entre un objeto y el término que se le imputa. Vemos que los términos son útiles como instrumentos convencionales para comunicarse con otras personas, pero que la relación entre un objeto y su nombre depende de la mente. Un nombre no existe por su propio lado en el objeto.

---

36 Esto se aplica a los discípulos con facultades modestas. El Buda puede enseñar directamente los principios prasangika a los discípulos con facultades agudas.

El Buda enseña entonces que los fenómenos se producen en colaboración: algo existe desde el lado del objeto, pero también depende de ser designado por una consciencia no defectuosa. La naturaleza inherente de un objeto aparece a una consciencia no defectuosa y también es postulada por la mente. Aunque los objetos no se pueden encontrar cuando se buscan con una consciencia analítica que analiza la naturaleza última, convencionalmente tienen su propia naturaleza inherente. De este modo, cualquier cosa no se puede denominar cualquier cosa: cada objeto tiene algo en él que justifica que reciba un nombre determinado. Este es el punto de vista svatantrika.

Al trabajar con todas estas visiones, nuestra mente ha dejado de creer en muchas nociones incorrectas de la existencia. Sin embargo, todavía se aferra a un poco de seguridad: que convencionalmente los fenómenos tienen una naturaleza inherente y que hay algo en cada fenómeno que existe independientemente de otros factores. Sin esto, tememos que no exista nada en absoluto. Ahora bien, el Buda elimina incluso este aferramiento al decir que todos los fenómenos existen al ser meramente designados por término y concepto. Para existir, todo depende de la imputación de la mente, incluso la propia mente. A diferencia de los yogachara, que dicen que la mente existe verdaderamente, los prasangika afirman que la mente existe al ser meramente designada. En contraposición a los svatantrika, que dicen que de forma convencional todos los fenómenos tienen su propia naturaleza inherente, los prasangika dicen que carecen de una naturaleza que se pueda encontrar tanto de forma última como convencional.

Igual que un ovillo enredado no se puede desenredar rápidamente estirando de un solo punto, nuestra mente no se puede desprender instantáneamente de todos los conceptos erróneos ni del aferramiento. Al fin y al cabo, la mente ha mantenido estas visiones erróneas desde tiempo sin principio. Se necesita la guía de un maestro hábil, el Buda, para conducirnos gradualmente a la visión correcta a través de la progresión de los cuatro sistemas de principios.

¿Por qué no basta con negar un yo permanente, unitario e independiente? Porque todavía sostenemos el yo como si fuera el controlador de los agregados, y muchas aflicciones surgen debido a este aferramiento.

Aunque refutar una persona autosuficiente y sustancialmente existente ayuda a reducir la fuerza de las aflicciones burdas, es insuficiente para erradicar todas las aflicciones. Esto se debe a que todavía subyace el aferramiento a la base del yo –los agregados mentales y físicos– como inherentemente existente. Sin negar la existencia inherente de los agregados, seguiremos aferrándonos a la existencia inherente del yo que imputamos sobre ellos[37]. Este aferramiento conduce al apego y al enfado. Al aferrarnos a los objetos agradables como si existieran de forma inherente, tratamos de conseguirlos y protegerlos y surge el apego. Al aferrarnos a los objetos desagradables como si existieran de forma inherente, queremos destruirlos o distanciarnos de ellos y surge el enfado. Aunque hayamos comprendido la ausencia de una persona autosuficiente y sustancialmente existente, las aflicciones más sutiles que se aferran a la existencia inherente[38] siguen existiendo en nuestro continuo mental.

Al creer que los objetos existen con su propia identidad como el referente de sus términos y considerar que los fenómenos externos no están relacionados con la mente que los percibe, creemos que las cosas existen objetivamente "ahí fuera". Esto prepara el terreno para que surjan el apego, el enfado y otras aflicciones. Desmantelar estos puntos de vista, como hacen los yogachara, hace que estemos menos condicionados a reaccionar emocionalmente ante los objetos externos.

Pero negar la existencia objetiva del mundo externo no es suficiente porque no impide el aferramiento a la existencia verdadera de la mente y los estados mentales internos. Seguimos obsesionados con que las emociones y las percepciones existen verdaderamente. Los madhyamika contrarrestan esto negando la existencia verdadera en todo el espectro de fenómenos, internos y externos. Sin embargo, la forma en que los svatantrika madhyamika hacen esto no es suficiente,

---

37 La secuencia descrita en detalle es como sigue. Primero los agregados aparecen como existiendo de modo inherente y la ignorancia se aferra a ellos como inherentemente existentes. Este es el aferramiento a la identidad esencial de los fenómenos. El yo es designado sobre la base de los agregados y también aparece como inherentemente existente. A continuación, se produce el aferramiento al yo como inherentemente existente. Este es el aferramiento a la identidad esencial de la persona. Los agregados y otros elementos se consideran "lo mío", lo que provoca el aferramiento a "mis cosas". Se producen más aflicciones, se crea karma contaminado y se perpetúa el samsara.

38 Las aflicciones sutiles que se aferran a la existencia inherente son una afirmación única de los prasangika. La mayoría de las aflicciones de nuestra vida cotidiana son burdas: no se aferran a la existencia inherente por sí mismas, sino que tienen como base el aferramiento a una persona autosuficiente y sustancialmente existente así como el aferramiento a la existencia inherente.

dejan cierto grado de realidad objetiva al decir que los fenómenos existen por su propio lado. Todavía se aferran a algo localizable y concreto en los fenómenos que los hace ser lo que son. Mientras nos aferremos a cualquier cosa como si existiera por su propio lado, no podremos cortar la raíz de la existencia cíclica y seguiremos aferrados a los agregados, y por tanto a la persona, como inherentemente existentes. Esto, a su vez, perpetúa las aflicciones. Nagarjuna dice (YS 51-52ab):

> Mientras haya algo localizable y concreto, uno es atrapado por la retorcida serpiente de las aflicciones. Aquellos cuya mente no encuentra algo localizable y concreto no serán atrapados. ¿Cómo no iba a surgir el veneno mortal de las aflicciones en aquellos cuya mente encuentra un objeto localizable y concreto?

Mientras consideremos que los fenómenos y las personas tienen algo localizable y concreto que sea su verdadera esencia, seguirán surgiendo aflicciones. Sólo cuando se comprende directamente el significado completo de la ausencia de identidad esencial se puede cortar la base de la ignorancia que se aferra a la identidad esencial. De este modo, los prasangika llevan la refutación del madhyamaka un paso más allá que los svatantrika, al decir que no hay ni la más mínima parte de algo localizable y concreto en ningún fenómeno y que las cosas existen al ser meramente designadas dependiendo de su base de designación. En este sentido, *meramente* excluye la existencia inherente. En esta visión no se deja nada a lo que poder aferrarse porque se niega la existencia inherente u objetiva en todos los fenómenos externos e internos, incluyendo la persona y la mente. Todo es vacío de existencia inherente y, sin embargo, existe de modo nominal y dependiente.

Una interpretación similar está creciendo entre los científicos. La ciencia newtoniana daba por sentado que existía un mundo externo objetivo e independiente del observador. Los descubrimientos de la física cuántica lo ponen en duda y hacen que parezca difícil que la realidad se base en la materia objetiva. Algunos científicos se plantean que, después de todo, las cosas no están completamente separadas y sin relación con el percibidor.

Aunque veas las inconsistencias de los principios de las escuelas inferiores, puede que al principio te sientas incómodo con la idea radical de vacío de los prasangika. Ve despacio y sigue profundizando en tu comprensión de ese sistema. Con el tiempo, tu investigación y análisis harán más profunda tu comprensión.

Personalmente, me inclino por la visión prasangika de la vacuidad: ayuda a evitar el apego, el enfado y otras aflicciones y, al mismo tiempo, confirma que los seres humanos tenemos un mundo común y compartido que surgió debido a causas y condiciones.

En resumen, todos los budistas están de acuerdo en que la ignorancia se disipa con la sabiduría, pero los sistemas de principios difieren en cuanto a cuál es el objeto de esa sabiduría última. La disposición de los sistemas de principios articula las diversas desviaciones en las que podemos caer fácilmente, así como la dirección correcta que debemos seguir cuando eliminamos la ignorancia y desarrollamos la sabiduría. Para comprender la vacuidad, debes cuestionar cómo existen las personas y el entorno, e incluso tú mismo. Reflexiona sobre el mecanismo con el que construimos nuestra identidad y el mundo que nos rodea y cómo la ignorancia los cosifica. En este proceso, contrarrestarás las visiones erróneas y te familiarizarás con las correctas.

REFLEXIONES

1. ¿Por qué cada sistema de principios filosóficos se quiere presentar como el camino medio? ¿Qué es lo que está en el medio?
2. Revisa cómo se autodefine cada sistema de principios como el camino medio.
3. ¿Cómo dirige a los estudiantes la secuencia de escuelas de principios filosóficos, de menor a mayor, hacia la visión real del camino medio?
4. ¿Cuáles son las ventajas de adoptar provisionalmente el punto de vista de cada escuela de principios filosóficos empezando por la vaibhashika, investigarla y detectar tanto sus puntos fuertes como sus puntos débiles, y luego pasar a la siguiente escuela de principios filosóficos y hacer lo mismo?

Definitivo e interpretable

Como sabemos, el Buda impartió una gran variedad de enseñanzas a diferentes audiencias en los cuarenta y cinco años que siguieron a su Iluminación. Al hacerlo, tuvo en cuenta sus disposiciones e intereses porque su intención última era llevarlos a comprender completamente la vacuidad de existencia inherente, eliminar todo el duhkha samsárico y que alcanzaran la completa Iluminación. Nagarjuna comenta que el Buda hizo declaraciones aparentemente contradictorias a diferentes audiencias para conducir hábilmente a la diversidad de oyentes hacia el Nirvana (MMK 18.8):

> Todo es real y no real; tanto real como no real; ni no real ni real –ésta es la enseñanza del Noble Buda–.

En algunas ocasiones el Buda decía que los agregados son como una carga y que la persona es el portador de esa carga, lo que implica que la persona está separada de los agregados. A otro grupo le decía que no hay un yo permanente, unitario e independiente que sea diferente de los agregados. A veces decía que el yo es autosuficiente sustancialmente existente; otras veces decía que una persona autosuficiente y sustancialmente existente no existe. En algunos sutras afirmó que los fenómenos externos no existen, pero que la mente existe verdaderamente, y en otros, negó la existencia verdadera de todos los fenómenos.

Siendo conscientes de la compasión y la habilidad del Buda como maestro, nos queda la tarea de discernir lo definitivo (*nitartha, nitattha*) y lo interpretable o provisional (*neyartha, neyyaattha*)[39] con respecto al significado (materia) y las escrituras. En cuanto al significado, debemos discernir si la materia que se expresa se debe entender de forma definitiva o provisional, y en cuanto a las escrituras –las palabras y los medios de expresión– también debemos distinguir lo definitivo de lo interpretable. Esta cuestión es importante porque nuestra comprensión filosófica influye en nuestra meditación y la meditación sobre la visión correcta es esencial para cortar la raíz del samsara.

Cada sistema de principios filosóficos tiene sus propios criterios para discernir qué es enseñanza del Buda y qué no lo es. La forma en que lo hacen refleja su comprensión particular del objeto de negación, de la ausencia de identidad esencial y de la verdad última.

Algunos vaibhashika y sautrantika afirman que todas las afirmaciones del Buda se pueden tomar literalmente y son definitivas y que ningún pasaje del sutra requiere interpretación. Aceptan como literales y definitivos los sutras que explican que los fenómenos con-

---

39 En algunos casos se utiliza el término *interpretable*, que implica que debemos interpretar el significado de un pasaje; en otras ocasiones se utiliza la palabra *provisional*, que implica que el pasaje no transmite el significado último. El término sánscrito es el mismo en ambos casos.

dicionados son impermanentes, que las cosas condicionadas por la ignorancia son duhkha por naturaleza y que la ausencia de identidad esencial es la ausencia de una persona autosuficiente y sustancialmente existente. En este contexto, *sutra* no se refiere necesariamente a textos completos, sino a pasajes o, incluso, a unas pocas palabras pronunciadas por el Buda.

Algunos vaibhashika posteriores afirman que hay significados tanto definitivos como interpretables. Citan los sutras de la *Perfección de la Sabiduría* como interpretables y afirman que, en realidad, el Buda no quiso decir que todos los fenómenos no tienen una naturaleza inherente, sino que estaba refutando las afirmaciones no budistas relativas a la naturaleza fundamental y a la producción a partir de sí mismo[40]. En la misma línea, algunos sautrantika aceptan los sutras de la *Perfección de la Sabiduría* como la palabra del Buda, pero dicen que estos sutras no se pueden tomar al pie de la letra y requieren una interpretación. Por ejemplo, afirman que cuando el Buda dijo que los productos no existen se refería a su desintegración a cada instante[41].

Sólo en los sistemas yogachara y madhyamaka vemos un método bien definido para diferenciar las enseñanzas del Buda definitivas de las interpretables. Los yogachara afirman que los sutras definitivos son aquellos cuyas enseñanzas explícitas se pueden aceptar literalmente –por ejemplo, el *Sutra que desenreda el pensamiento* (*Samdhinirmocana Sutra*)–. Los sutras interpretables son aquellos cuyas enseñanzas explícitas no se pueden aceptar literalmente –por ejemplo, el *Sutra del corazón* (*Prajñaparamitahrdaya Sutra*)–. Debido a que los yogachara proponentes de las escrituras dicen que los fenómenos dependientes y las naturalezas consumadas existen verdaderamente y existen por sus propias características, mientras que las naturalezas imaginadas no lo hacen, proponen como definitivos los sutras que afirman una consciencia base de todo, explican su visión de las tres naturalezas y cuyo contenido literal refuta los objetos externos.

Los yogachara basan su forma de distinguir los significados y sutras definitivos e interpretables en el *Sutra que desenreda el pensamiento*, que dice que el primer y segundo giro de la rueda del Dharma son interpretables y el tercero es definitivo. El primer giro es interpretable porque en él dijo el Buda que todos los fenómenos existen por sus

---

40 MP 233.

41 Ver MP 268-69.

propias características; el segundo giro es interpretable porque en él dijo el Buda que ningún fenómeno existe por sus propias características. El tercer giro de la rueda del Dharma es definitivo porque en él el Buda expuso claramente qué fenómenos existen por sus propias características y cuáles no[42]. Dicho de otro modo, el primer giro presenta la ausencia de identidad esencial de la persona, pero no la ausencia de identidad esencial de los fenómenos, porque no refuta que los fenómenos existan por sus propias características como bases de términos y conceptos. El segundo giro expone literalmente la no existencia verdadera de todos los fenómenos, pero no establece que algunos fenómenos existen verdaderamente y otros no. El tercer giro distingue la existencia verdadera de las naturalezas dependientes y consumadas y la existencia no verdadera de las naturalezas imaginadas.

Los yogachara diferencian las palabras y los significados como definitivos o interpretables explicando las cuatro confianzas y los cuatro razonamientos y diferencian los sutras como definitivos e interpretables a través de los cuatro pensamientos y las cuatro intenciones indirectas. Un estudio en profundidad de estos cuatro conjuntos de cuatro y las razones que ambos grupos de yogachara emplean para diferenciar los sutras y significados definitivos e interpretables revela mucho sobre su visión de la vacuidad[43].

Los madhyamika se refieren al *Sutra de la enseñanza de Akshayamati* (*Akshayamatinirdesha Sutra*) para discernir entre lo definitivo y lo interpretable. Dice (MP 809):

> ¿Cuáles son los sutras definitivos? ¿Cuáles requieren interpretación? Los sutras que exponen el establecimiento de los fenómenos convencionales se denominan "que requieren interpretación". Los sutras que exponen el establecimiento de lo último se denominan "definitivos".
>
> Los sutras que enseñan [sobre diversos objetos] por medio de diversas palabras y letras se denominan *que requieren interpretación*. Los que enseñan lo profundo, lo difícil de ver y lo difícil de comprender se llaman *definitivos*. Aquellos que enseñan, por ejemplo, [la existen-

---

42 Estos yogachara dicen que cuando los discípulos de facultades agudas estudian los sutras de la Prajñaparamita del segundo giro, comprenden la explicación del yogachara de las tres naturalezas y las tres no naturalezas sin tener que estudiar los sutras del tercer giro. Sin embargo, los discípulos del yogachara de facultades modestas deben estudiar sutras como el *Sutra que desenreda el pensamiento* para comprender correctamente la visión yogachara de estos temas.

43 Ver MP 315

cia inherente de] un propietario cuando no hay ningún propietario [inherentemente existente] y que enseñan aquellos objetos indicados por diversas palabras [tales como] *yo, ser consciente, vida, alimentador, ser, persona, progenitor de Manu, hijo de Manu, agente* y *experimentador* son los que requieren interpretación.

Aquellos sutras que enseñan las puertas de la Liberación –la vacuidad de las cosas, la ausencia de signos, la ausencia de deseos, la ausencia de actividad, la ausencia de producción, la ausencia de creación, la ausencia de ser consciente, la ausencia de ser vivo, la ausencia de persona y la ausencia de controlador– se denominan *definitivos*. Esto se conoce como *confianza en los sutras definitivos y no confianza en los que requieren interpretación*.

Los sutras que requieren interpretación son aquellos cuyo tema es la diversidad de fenómenos convencionales, como los objetos cotidianos. Los que son definitivos hablan de la ausencia de existencia inherente de dichos objetos, diciendo "No hay ser consciente", etc. Para los prasangika, lo interpretable se puede o no tomar literalmente, pero su tema principal no es el modo último de la existencia, la vacuidad.

Un ejemplo de un sutra cuyo significado no se debe tomar literalmente es aquel en el que Buda dijo que había que matar a la madre y al padre propios. Lo dijo para ayudar a mitigar el dolor y el remordimiento de alguien que había matado a sus propios padres. Está claro que esto no se puede tomar al pie de la letra, sino que hay que interpretarlo y entenderlo en su contexto. En este caso, el Buda no se refería a matar a los padres biológicos, sino al segundo y al décimo de los doce eslabones de la originación dependiente: la acción composicional y la nueva existencia. Al "matarlos", el samsara cesa y se alcanza el Nirvana.

Del mismo modo, en el *Tantra de Guhyasamaja*, el Buda dice que hay que matar al Tathagata y que matando al Tathagata se alcanzará la Iluminación suprema. Obviamente, esto no se puede tomar literalmente, sino que se debe entender en un contexto tántrico como el control de la vida y la vitalidad (T. *srog tshol*). Los aires del cuerpo están relacionados con la mente. Cuando no se controlan los aires, surgen las distracciones. Al controlar los aires mediante la práctica de vida y vitalidad, se detienen las distracciones. Con mucha práctica, esta meditación detiene el funcionamiento de los aires y las consciencias burdos, permitiendo que se manifieste la mente extremadamente sutil. Entonces, los meditadores utilizan esta mente para comprender la vacuidad, purificar la mente de todos los engaños y alcanzar la completa Iluminación.

Un ejemplo de un sutra cuyo significado es literal pero cuyo tema no es el modo último de la existencia es un sutra que explica la ausencia de una persona autosuficiente y sustancialmente existente. Aunque la persona carece de dicho modo de existencia, esa no es su naturaleza última y más profunda. Del mismo modo, la afirmación "las formas son impermanentes" es literalmente correcta, pero la impermanencia no es la naturaleza última de las formas. El significado de ambas afirmaciones es provisional.

Los sutras del Buda sobre los doce eslabones de la originación dependiente, donde se dice: "[...] de la ignorancia surgen las acciones contaminadas", también son interpretables. Una causa produce un efecto a nivel convencional. A nivel último, tanto la causa como el efecto son vacíos de existencia verdadera. Puesto que hay un significado más profundo –la vacuidad de existencia inherente– que hay que comprender, estos sutras son provisionales.

Según los svatantrika, los sutras de significado definitivo son aquellos que enseñan explícitamente como tema principal la verdad última y se pueden entender literalmente. Tales sutras son definitivos porque lo último se puede establecer mediante un conocedor válido y no se puede interpretar como algo distinto de lo último. Los sutras que no se pueden entender literalmente o que enseñan principalmente fenómenos convencionales requieren interpretación.

Según los prasangika, las escrituras definitivas son aquellas cuyo tema principal y explícito es la vacuidad de existencia inherente. Se llaman *definitivas* porque enseñan la vacuidad de existencia inherente –la ausencia de identidad esencial sutil de todo lo que existe, la verdad última después de la cual no hay ningún significado más profundo que descubrir– y refutan la elaboración de existencia inherente. Dentro de la esfera de la realidad, todos los fenómenos resultan indiferenciables en el sentido de que su naturaleza última es igualmente vacía de existencia inherente. Se dice que el significado de un sutra es definitivo cuando no se puede interpretar para que signifique otra cosa que el modo más profundo de la existencia, la vacuidad, que es la visión última que hay que establecer y la naturaleza última de los fenómenos. Los pasajes de significado definitivo no se pueden interpretar de modo que signifiquen otra cosa que lo expresado porque su significado ha sido válidamente probado y experimentado.

Los sutras de significado interpretable tratan principal y explícitamente de los fenómenos convencionales –todos los fenómenos que no son la vacuidad, como los seres conscientes y el karma– y describen cómo surgen, funcionan y cesan. Estos sutras se consideran interpretables porque requieren interpretación para conocer el modo último de existencia de los fenómenos convencionales. Los prasangika dicen que los fenómenos convencionales son falsos porque aparecen de una manera y existen de otra. Por ejemplo, el dinero parece existir "ahí fuera", con su propio valor inherente, cuando en realidad está siendo meramente designado dependiendo del papel y la tinta. Tiene valor sólo porque le hemos atribuido valor. Los sutras interpretables no cuestionan la aparente existencia inherente de los fenómenos.

La palabra *interpretable* o *provisional* implica *llevar a* o *ser extraído*. Es decir, las escrituras provisionales nos *llevan* a comprender el modo último de la existencia. Su significado se debe *extraer* porque no es la naturaleza última. El proceso de interpretación dirige el significado literal del sutra hacia un significado diferente, uno que es la vacuidad.

En el *Sutra del corazón*, Avalokiteshvara habla inspirado por la bendición del Buda: "No hay ojo, ni oído...". No está refutando la existencia de ojos, oídos y otros fenómenos convencionales. Si lo hiciera, alguien podría decir que si los ojos y los oídos no existieran, sus palabras también serían inexistentes, en cuyo caso no podrían demostrar su posición. Anteriormente, en el sutra, Avalokiteshvara dice: "[…] estos cinco agregados también son vacíos de existencia inherente". Esta calificación de *vacío de existencia inherente* se debe trasladar a las otras negaciones del sutra, como "No hay ojo, ni oído...," por lo que el significado es que no hay ojo inherentemente existente, ni oído inherentemente existente, etc. Por lo tanto, el *Sutra del corazón* es definitivo.

Puesto que los svatantrika niegan la existencia inherente sólo a nivel último, pero la aceptan a nivel convencional, dicen que afirmaciones del tipo "Todos los fenómenos son vacíos de existencia inherente" no se pueden aceptar literalmente y son interpretables. Para que sea definitiva, esta afirmación tendría que ser matizada como "Todos los fenómenos son *a nivel último* vacíos de existencia inherente". El *Sutra de la Perfección de la Sabiduría en cien mil estrofas* tiene dicha matización –"de modo último"– y por eso lo consideran definitivo, mientras que el *Sutra del corazón* carece de este matiz y dicen que es interpretable.

Resumiendo, tanto los svatantrika como los prasangika aceptan que el *Sutra del corazón* enseña principal y explícitamente la vacuidad. Sin embargo, para los svatantrika es un sutra interpretable porque no es aceptable literalmente. Esto se debe a que el sutra afirma literalmente que los agregados y todos lo demás fenómenos son vacíos de existencia inherente, mientras que los svatantrika afirman que son vacíos de existencia inherente sólo a nivel último, pero no convencionalmente. Para los prasangika, el sutra es definitivo porque los fenómenos no existen inherentemente ni a nivel último ni a nivel convencional y esta vacuidad es el modo de existencia último de todos los fenómenos.

Aunque los svatantrika dicen que hay casos de significados que pueden considerarse interpretables y definitivos a la vez en el segundo giro de la rueda del Dharma, los prasangika dicen que los sutras del segundo giro son definitivos porque todos los fenómenos carecen de existencia inherente tanto a nivel último como convencional. Además, los prasangika trasladan la calificación de "vacío de existencia inherente" que se encuentra en un sutra a todos los sutras de la misma clase. Para ellos, el segundo giro de la rueda del Dharma consiste en sutras definitivos y hay casos de pasajes definitivos del primer y tercer giro de la rueda del Dharma donde se enseña explícitamente la vacuidad.

El *Sutra que desenreda el pensamiento* y el *Sutra de la enseñanza de Akshayamati* emplean criterios diferentes para establecer qué enseñanzas del Buda son definitivas y cuáles interpretables. Si determináramos lo que es definitivo y lo que es interpretable sólo en función de lo que dice un sutra, aún quedaría la cuestión de qué hace que ese sutra sea válido para ello. Si hubiera que citar otro sutra para validar el primero, pronto tendríamos una regresión infinita. Por lo tanto, no podemos confiar totalmente en las escrituras para hacer esta distinción y como el Buda no está aquí actualmente, no podemos preguntarle. Debemos utilizar el razonamiento y el análisis para discernir lo que es definitivo. Cuando una afirmación del sutra relativa a la naturaleza última se somete a un análisis crítico y no contradice el razonamiento, se dice que es definitiva. Si una afirmación no se refiere a la naturaleza última –o incluso si lo hace, no se basa en el razonamiento– requiere una interpretación. Partiendo de esta premisa, Nagarjuna escribió *Tratado sobre el camino medio*, en el que su criterio principal era el razonamiento.

En resumen, según los prasangika, *interpretable* y *definitivo* se puede referir tanto a una escritura como a su significado. Las escrituras que hablan principal y explícitamente de la vacuidad de existencia inherente son definitivas porque la vacuidad es el modo último en que existen todos los fenómenos y su comprensión conduce directamente a la Liberación. Todos los demás temas son provisionales porque no constituyen la naturaleza profunda de la realidad y sólo conducen a la Liberación de forma indirecta. Los pasajes que hablan de la vacuidad son definitivos, incluso cuando el término *inherentemente* se utiliza como calificativo en algunas pero no en todas las ocasiones en esa escritura.

Todas las enseñanzas del Buda nos llevan a la Liberación. Las enseñanzas interpretables nos guían indirectamente hacia la visión correcta y las enseñanzas definitivas señalan directamente la naturaleza última de la realidad. Por ello, debemos respetar tanto los sutras de significado definitivo como los de significado interpretable. Despreciar los sutras provisionales sería un error porque seguir sus enseñanzas —especialmente las relativas a la bodhichita y la renuncia al samsara— nos conduce hacia la comprensión de la vacuidad de existencia inherente. Como seguidor de Nagarjuna y practicante madhyamaka, respeto y venero el *Sutra que desenreda el pensamiento*, que presenta una explicación alternativa sobre el significado de la vacuidad, aunque mi fe y convicción se dirigen hacia las enseñanzas sobre el surgimiento dependiente y la vacuidad expresadas en los sutras de la Perfección de la Sabiduría.

Del mismo modo, debemos respetar las enseñanzas de otras religiones porque benefician a los seres conscientes y, por tanto, son valiosas. No obstante, nuestra fe, convicción y práctica deben dirigirse hacia la tradición y el camino que sigamos. En los siguientes capítulos, al explicar la verdad última, me basaré en las enseñanzas definitivas del sistema prasangika madhyamaka, que se considera la visión suprema y definitiva.

REFLEXIONES ─────────────────────────────

1. ¿Por qué el Buda enseñó una diversidad de puntos de vista, algunos de los cuales aparentemente se contradicen entre sí?

2. ¿Por qué es importante para nuestra práctica del Dharma diferenciar los sutras definitivos de los interpretables?
3. ¿Qué consideran los yogachara como sutras definitivos y como sutras interpretables?
4. ¿Qué consideran los prasangika como sutras definitivos y como sutras interpretables?

Demostrar el significado definitivo

No podemos limitarnos a afirmar que las enseñanzas definitivas, tal y como las entienden los prasangika, son las supremas, sino que debemos ofrecer alguna prueba lógica, que los demás puedan verificar por sí mismos, de que todos los fenómenos son vacíos de existencia inherente. Cuando nos relacionamos con el mundo, tenemos la sensación de que las cosas existen ahí fuera, independientemente de nuestra percepción o concepción. Pero cuando buscamos el objeto real –el referente real de nuestras palabras– no podemos encontrar algo que exista por sí mismo o por su propio poder. Si los fenómenos poseyeran una existencia inherente, tendrían una base objetiva que sustentaría su realidad. Sin embargo, cuando examinamos detenidamente la naturaleza de las cosas, vemos que su identidad depende de otros factores que no son ellas mismas. Si no dependieran de otros factores y fueran entidades autónomas en sí mismas, no se podrían influir mutuamente. En ese caso, las causas no podrían producir efectos.

Se puede aplicar a los fenómenos materiales un razonamiento similar al de la física cuántica. Para nuestra ingenua percepción cotidiana, la flor que tenemos delante parece estar "ahí fuera", parece que es algo diferente de mí. Puedo tocarla y verla. Está ahí, delante de mí, esperando que yo u otra persona venga a verla. Pero cuando nos preguntamos: "¿Qué es exactamente esa flor?", y empezamos a reducir la flor a sus elementos constituyentes a nivel molecular y luego a partículas subatómicas, llegamos a un punto en el que simplemente hay partículas subatómicas sin ninguna diferencia entre los fenómenos orgánicos e inorgánicos. Cuando se deconstruye incluso la idea de partículas subatómicas, no se encuentra nada. Este enfoque de la física cuántica es útil para deconstruir la solidez de los objetos que percibimos.

Los yogachara aplican el proceso de deconstrucción al mundo material externo, pero se quedan ahí. Siguen cosificando el mundo interno de la experiencia y mantienen la opinión de que es verdaderamente real. Los madhyamika continúan con ese análisis y lo hacen extensivo a nuestro mundo mental interno de la experiencia y la consciencia. La mente es inmaterial, por lo que no podemos examinar sus dimensiones espaciales. Es un continuo y cuando se deconstruye sólo hay una serie de puntos temporales ínfimos, no hay nada que se pueda identificar como un continuo mental.

El rechazo de los yogachara al mundo externo material puede verse casi como una especie de nihilismo. Debido a que no pueden encontrar una base objetiva del mundo material, niegan el mundo externo, material, incluso convencionalmente. Los madhyamika, sin embargo, no basan su noción de realidad en ningún tipo de base objetiva. La realidad y la existencia de las cosas se entienden sólo en el marco de la experiencia cotidiana convencional. Desde esa perspectiva, tanto el mundo mental de la experiencia como el mundo externo de los fenómenos materiales existen. Los madhyamika no hacen uno más o menos real que el otro.

Los esencialistas –los que afirman la existencia verdadera– utilizan el principio del surgimiento dependiente como premisa para argumentar que los fenómenos poseen una naturaleza real, específica y verdadera. Para ellos, el surgimiento dependiente es la prueba de la existencia verdadera. Nagarjuna responde diciendo que la razón que utilizan para demostrar la existencia verdadera –el surgimiento dependiente– en realidad demuestra exactamente lo contrario, la vacuidad. El hecho de que las cosas surjan de causas y condiciones y dependan de otros factores demuestra que no poseen ninguna naturaleza verdaderamente existente en sí mismas.

Según los esencialistas, si las cosas no existieran realmente, no existirían en absoluto. Nagarjuna replica que en un sistema que no acepta la vacuidad, no hay forma de establecer la existencia del karma y sus efectos, las cuatro verdades, el surgimiento dependiente, etc. Si todos los fenómenos no fueran vacíos de existencia verdadera, ninguna de estas cosas se podría sostener, no podrían surgir ni cesar. En cambio, en un sistema que postula la vacuidad de existencia verdadera, todos estos fenómenos son posibles[44]. De hecho, la vacuidad y el

---

44 Este argumento se explica con más detalle en el primer capítulo, en la sección "Vacuidad: su naturaleza, su propósito y su significado".

surgimiento dependiente llegan al mismo punto. De este modo, Nagarjuna demuestra mediante el razonamiento que el significado de los sutras de la Perfección de la Sabiduría no se puede interpretar de otro modo, sino que es definitivo. También demuestra que los sutras que discrepan de esto requieren una interpretación y no se pueden entender literalmente.

Entonces, ¿cómo entendemos los sutras que contienen afirmaciones como "Todo es sólo mente"? Nagarjuna explica que se pronunciaron para eliminar el temor de algunos discípulos. En *Guirnalda preciosa* dijo (RA 394-96):

> Igual que un profesor de idioma hace que [algunos alumnos] lean a partir de un esquema del alfabeto, del mismo modo, el Buda enseñó el Dharma de acuerdo con las capacidades de sus discípulos.
>
> Para algunos, el Dharma que enseñó tiene como objetivo detener la negatividad. Para otros, está dirigido a la práctica de la virtud. Y para otros, enseñó uno que se basa en la dualidad.
>
> Para algunos, el Dharma que enseñó no se basa en la dualidad y para otros enseñó un Dharma profundo que aterroriza a los tímidos. Su esencia es la sabiduría y la compasión y es el medio para alcanzar la completa Iluminación.

Como muestran estos versos, el Buda enseña el Dharma según la aptitud, la receptividad y las necesidades particulares de los discípulos. En general, empieza enseñando la conducta ética: abstenerse de realizar acciones destructivas fomentando las constructivas. Luego enseña el nivel más básico de ausencia de identidad esencial. Cuando los discípulos están preparados, les enseña las presentaciones yogachara de la no dualidad de sujeto y objeto. Finalmente, a los de facultades mentales avanzadas, les revela los significados más profundos de la vacuidad y la bodhichita. Este hábil método de presentar primero a los estudiantes las enseñanzas que requieren interpretación, seguidas de la enseñanza del significado definitivo cuando son receptivos a él, protege a los estudiantes de caer en el nihilismo al malinterpretar la vacuidad.

El propio Tsongkhapa se esforzó por mantener un equilibrio entre negar la existencia inherente de todos los fenómenos y, al mismo tiempo, mantener la realidad cotidiana de causa y efecto. En la primera parte de su vida, sostuvo un punto de vista que considera que la realidad cotidiana es una mera ilusión y que la meditación en la vacuidad se basa en el desapego de los fenómenos. Pensaba que, del mismo modo que la realidad es indescriptible e indefinible, la meditación sobre la vacuidad se basa en la ausencia de juicios y en el desapego. Más adelante en su vida, Tsongkhapa refutó este punto de vista y comprendió que, aunque los fenómenos son vacíos de existencia inherente, funcionan en el mundo y existen convencionalmente como ilusiones.

Evitar la confusión

Podemos confundir fácilmente el significado de las palabras al leer los textos madhyamaka sobre la vacuidad. Por ejemplo, a veces se niegan tanto las *cosas* (*bhava*) como las *no cosas* (*abhava*). El término *cosa* se refiere a la existencia inherente y el término *no cosa* a la inexistencia total. En este caso los madhyamika están refutando los dos extremos. No están diciendo que todos los fenómenos impermanentes y permanentes no existan en absoluto.

Del mismo modo, a veces los textos madhyamaka niegan la existencia y la no existencia. Podemos confundirnos porque se trata de una dicotomía y si se niega una, se debe afirmar la otra. Sin embargo, en este contexto *existencia* significa *existencia inherente* y *no existencia* se refiere a la *no existencia absoluta*. Refutar la *existencia* y la *no existencia* evita los dos extremos.

La tres puertas a la Liberación

Los sutras definitivos hablan de las tres puertas a la Liberación (*vimoksha, vimokkha*). Son la ausencia de identidad esencial vista desde tres perspectivas: la entidad, la causa y el resultado de los fenómenos condicionados.

La primera, la puerta a la Liberación de la *vacuidad* (*shunyata, suññata*) es la ausencia de existencia inherente de la entidad o de la naturaleza de cualquier fenómeno, por ejemplo, un brote o una persona. Meditar en esto conduce a la comprensión de que las entidades de los fenómenos carecen de existencia inherente y esto lleva a la pacificación del aferramiento a las entidades de los fenómenos como inherentemente existentes.

La puerta a la Liberación *sin signos* (*animitta, animitta*) es la vacuidad que es la ausencia de existencia inherente de la causa de cualquier cosa –por ejemplo, la vacuidad de una semilla en relación con el brote–. Meditar en esto conduce a la comprensión de que las causas no existen inherentemente y esto pacifica el aferramiento a que las causas de una cosa condicionada sean inherentemente existentes. En este contexto, *signo* significa causa.

La puerta a la Liberación *sin deseo* (*apranihita, appanihita*) es la ausencia de existencia inherente de los efectos de cualquier fenómeno. Meditar en esto conduce a la comprensión de que los efectos no existen inherentemente y nos libera de los efectos del samsara. *Deseo* significa los objetos que se desean, tanto los que están en el samsara como en el Nirvana, y la ausencia de deseo es su ausencia de existencia inherente. No hay objetos inherentemente existentes que haya que buscar, esperar o alcanzar. Aunque busquemos la cesación de duhkha y sus causas y el logro del sendero y la Cesación, ninguno de ellos existe por su propio lado, y nosotros tampoco.

Las tres puertas a la Liberación se pueden entender de múltiples maneras. En primer lugar, la *vacuidad* es la vacuidad de un fenómeno, digamos una manzana. La *ausencia de signos* es la ausencia de existencia inherente de sus causas y condiciones –la semilla de la manzana, el agua, el fertilizante, etc.–. La *ausencia de deseo* es la ausencia de existencia inherente de sus resultados: el puré de manzana o la tarta de manzana. Estos tampoco existen de forma inherente.

Las tres puertas a la Liberación se pueden contemplar en términos de samsara y Nirvana. La entidad, las causas y los efectos del samsara carecen de existencia inherente. El Nirvana es permanente y su entidad es vacía. Los senderos verdaderos que son causas del logro del Nirvana son impermanentes y también carecen de existencia inherente. Tanto la naturaleza del samsara como la del Nirvana son vacías. Las causas de nuestro samsara –las aflicciones y el karma contaminado– son vacías de existencia inherente, igual que la sabiduría que produce el Nirvana. El sabio no trata de eliminar las aflicciones inherentemente existentes ni de alcanzar el Nirvana inherentemente existente, pues sabe que no existen. Los sabios tampoco conciben una persona inherentemente existente que practique el sendero y más tarde se convierta en un buda inherentemente existente. La meditación en cada una de las tres puertas a la Liberación nos lleva a comprender la vacuidad de existencia inherente y pacifica el aferramiento a dicha existencia.

Además de que las cosas, sus causas y sus efectos son vacíos, la relación entre estos factores –la actividad de surgir de causas y la actividad de producir efectos– también es vacía.

Las tres puertas a la Liberación están relacionadas con otros temas. Incluyen los ocho significados profundos expuestos en el *Sutra del corazón* cuando Avalokiteshvara dice:

Shariputra, así todos los fenómenos son meramente vacíos, no tienen características. No son producidos y no cesan. No tienen contaminantes ni separación de los contaminantes. No tienen decrecimiento ni crecimiento.

Meramente vacíos, no tienen características habla de la puerta a la Liberación de la vacuidad: los fenómenos carecen tanto de una naturaleza general inherentemente existente como de una naturaleza específica inherentemente existente. La naturaleza general de una lámpara es, por ejemplo, su impermanencia, y su naturaleza específica es su función de iluminar un área. Las cuatro características *–No son producidos y no cesan. No tienen contaminantes ni separación de los contaminantes–* pertenecen a la puerta a la Liberación sin signos porque hablan de la causa (y el efecto) de lo completamente aflictivo, el samsara, y de lo completamente puro, el Nirvana. La causa y el efecto en cuanto al samsara son la causa verdadera y el duhkha verdadero; la causa y el efecto en cuanto al Nirvana son el sendero verdadero y la Cesación Verdadera. Los dos restantes *–No tienen decrecimiento ni crecimiento–* hablan de la puerta de la Liberación sin deseo. Las faltas que deseamos disminuir y las cualidades excelentes que queremos aumentar carecen de existencia inherente.

Las tres puertas a la Liberación también están relacionadas con la base, el sendero y el resultado. El aferramiento a la base de nuestro samsara –los cinco agregados, los dieciocho constituyentes, la ignorancia, las aflicciones, etc.– como inherentemente existente bloquea una de las puertas a la Liberación, la de la vacuidad. Comprender la vacuidad de éstos abre dicha puerta a la Liberación.

Considerar que el sendero de la Liberación tiene signos o características inherentes bloquea la puerta sin signos a la Liberación. Por el contrario, comprender que carecen de tales signos de existencia inherente y utilizar esta comprensión para dejar de ansiar y aferrarse a un sendero inherentemente existente abre la puerta a la Liberación sin signos.

Creer que los resultados de la Liberación y la completa Iluminación son inherentemente existentes bloquea la puerta sin deseos a la Liberación. Abandonar el deseo de alcanzar la liberación o la

Iluminación inherentemente existentes abre la puerta sin deseos a la Liberación.

Además, las tres puertas se pueden relacionar con los dieciséis aspectos de las cuatro verdades. La explicación de esto es ligeramente diferente en *Ornamento de las comprensiones experienciales claras* y en *Tesoro del conocimiento*. *Ornamento* explica que las tres puertas son senderos de antídotos. Los senderos de antídotos son conocedores sublimes capaces de destruir las superposiciones que son sus objetos de negación, en este caso la superposición de existencia inherente o verdadera. En los continuos mentales de los arya bodhisatvas, la puerta de la vacuidad se relaciona con los dos últimos aspectos del duhkha verdadero: vacuidad y ausencia de identidad esencial. Es un antídoto contra la visión errónea del yo porque comprende directamente la ausencia de un yo permanente, unitario e independiente (vacuidad) y la ausencia de un yo autosuficiente y sustancialmente existente (ausencia de identidad esencial). La puerta de la ausencia de signos es la sabiduría inmaculada que comprende directamente los cuatro aspectos de la cesación verdadera —cesación, pacificación, logro supremo y emergencia definitiva— y los cuatro aspectos de los senderos verdaderos —sendero, consciencia, consecución y Liberación—. Como tal, es un antídoto contra el aferramiento a la existencia inherente. La puerta de la ausencia de deseo es el antídoto contra el deseo de nacer en los tres reinos del samsara. Es la sabiduría inmaculada que comprende directamente la ausencia de existencia inherente de los dos primeros aspectos del sufrimiento verdadero —impermanencia y duhkha— y de los cuatro aspectos de los orígenes verdaderos —causa, origen, fuerte producción y condición—.

Aunque se mencionan tres puertas a la liberación, en realidad la visión de la vacuidad —la ausencia de existencia inherente— es la puerta de la liberación que tiene prioridad sobre las demás. Cuando sabemos que todos los fenómenos carecen de existencia inherente y empleamos esa sabiduría para extinguir el ansia por las cosas, ya no ansiamos ni aprehendemos signos de existencia inherente en nada. *Requisitos para la Iluminación* (*Byang chub kyi tshogs*)[45] explica (LC 3:194):

> Como los [fenómenos] no existen inherentemente, son vacíos. Además, puesto que [los fenómenos] son vacíos, ¿de qué sirven los sig-

---

45 Parece ser que este texto no está disponible en sánscrito o tibetano, pero existe en chino como un conjunto de gathas atribuidos a Nagarjuna.

nos? Puesto que han superado todos los signos, ¿por qué el sabio desearía [tales fenómenos]?

La aspiración a la Liberación, la bodhichita, la fe y la conducta ética son algunas de las muchas cualidades necesarias para alcanzar la Iluminación, pero el logro de las tres puertas a la Liberación son la causa incomparable de la Iluminación porque cortan completamente la raíz del samsara.

Las tres puertas a la Liberación también se explican en la tradición pali. Las liberaciones son senderos arya que llevan al Nirvana –la puerta de la Liberación sin signos, sin deseo y la del vacío–. Estas tres son una sola naturaleza, pero se diferencian dependiendo de cómo perciben el Nirvana. La puerta a la Liberación sin signos ve el Nirvana como algo libre de los signos de los fenómenos condicionados. La puerta a la Liberación sin deseo ve el Nirvana completamente desprovisto de aferramiento y deseo. La puerta a la Liberación de la vacuidad ve el Nirvana como vacío de identidad esencial o de cualquier tipo de identidad sustancial.

Como hay tres liberaciones, hay tres puertas a la Liberación (*vimokshamukha, vimokkhamukha*) a través de las cuales uno abandona el mundo y entra en la Liberación. Estas tres puertas corresponden a la comprensión de las tres características. La visión superior de la impermanencia es la puerta a la Liberación sin signos porque elimina todos los signos de los fenómenos condicionados –específicamente los agregados– para que pueda brillar la naturaleza que no decae y no se desintegra del Nirvana. Al conocer la impermanencia, sabemos que todas las cosas condicionadas están limitadas y circunscritas por su surgimiento y cese. No existen antes de surgir y no van más allá de su desintegración. El elemento sin signos es el Nirvana en el que están ausentes todos los signos de las cosas condicionadas –como su surgimiento y cese–.

La visión superior de duhkha es la puerta a la Liberación sin deseo, ya que conocer directamente la naturaleza insatisfactoria de los fenómenos condicionados detiene cualquier deseo o anhelo por ellos. Contemplar duhkha provoca una sensación de urgencia por liberarse de las cosas condicionadas y la mente entra en el Nirvana visto como el elemento sin deseo. El elemento sin deseo es el Nirvana porque en el Nirvana no hay deseo, avaricia ni aferramiento que desee la existencia condicionada.

La visión superior de la ausencia de identidad esencial es la puerta a la Liberación de la vacuidad, ya que revela que ningún fenómeno condicionado tiene una identidad sustancial y, por lo tanto, no es razonable pensar que el Nirvana, lo no condicionado, esté sujeto a una identidad sólida. Contemplar que las cosas condicionadas no son *el yo* o *lo mío* hace que se vean como algo ajeno y la mente entra en el Nirvana visto como el elemento vacío, que obtiene su nombre porque está vacío de identidad esencial.

En los tres casos, la comprensión correcta de lo condicionado corta las elaboraciones mentales para revelar lo no condicionado, el Nirvana. Por lo tanto, la manera de alcanzar lo no condicionado es a través de la comprensión correcta de lo condicionado –como impermanente, duhkha, y vacío de identidad esencial. El Nirvana no es una entidad aislada y absoluta, más bien se alcanza viendo con sabiduría los fenómenos condicionados tal y como son en realidad.

El homenaje de Nagarjuna

Igual que las tres puertas de la Liberación, el homenaje de Nagarjuna al Buda en *Tratado del camino medio* explora la vacuidad de las causas y sus efectos:

Me postro ante el Buda perfecto, el mejor de todos los maestros, que enseñó que lo que es el surgimiento dependiente es sin cese, sin surgimiento, sin discontinuidad, sin permanencia, sin ir, sin venir, sin diferencia, sin identidad y pacífico –libre de elaboración [conceptual]–.

En este pasaje, Nagarjuna identifica la vacuidad como la ausencia de ocho características de las cosas condicionadas: cese, surgimiento, discontinuidad, permanencia, ir, venir, diferencia, e identidad. Estas ocho ausencias no son cualidades de una entidad absoluta o permanente que no surge de causas ni produce efectos. En cambio, pertenecen a las cosas que convencionalmente tienen causas y efectos, que van y vienen, que son iguales (idénticas) o diferentes, etc. Los fenómenos condicionados y sus ocho características existen convencionalmente, pero a nivel último no se pueden encontrar con la sabiduría analítica.

¿En qué sentido surgen las cosas? ¿Cómo podemos entender la causalidad? En su texto, Nagarjuna explica que a nivel convencional, cuando decimos que algo surge de otra cosa –por ejemplo, los melocotoneros surgen de las semillas de los melocotones– lo hacemos en el contexto de los fenómenos convencionales cotidianos. No examinamos si el melocotonero surge de una causa idéntica a sí mismo, de una causa intrínsecamente distinta, de ambas o sin causa. Simplemente observamos un melocotonero que crece a partir de una semilla de melocotón y decimos: "Esta cosa surge de esta otra".

Pero cuando vamos más allá de los límites de las verdades convencionales y buscamos algún tipo de surgimiento o producción inherente y objetiva del melocotonero, tenemos que considerar qué tipo de causa podría producir un melocotonero inherentemente existente. Dicha causa tiene que ser o bien idéntica a su efecto o bien completamente distinta y no relacionada con él. Los samkhyas no budistas afirman lo primero, diciendo que el resultado ya está en la causa en el momento en que la causa existe. Los budistas lo refutan, diciendo que si el resultado está presente en la causa mientras la causa existe, entonces un elefante adulto completamente formado existiría en el vientre de una madre elefante, y un melocotonero con hojas y ramas existiría en una semilla de melocotón. La alternativa es que un efecto surja de una causa que no tenga ninguna relación con él. En ese caso, el elefante adulto no tendría ninguna relación con el embrión de la madre elefante y el melocotonero no tendría ninguna relación con la semilla de la que creció.

En el plano cotidiano convencional, no hay ningún problema en hablar de que las causas y los efectos son diferentes. Sabemos que el embrión de elefante y el elefante adulto no son la misma cosa, sino que están relacionados causalmente entre sí. Pero cuando buscamos con el análisis último, preguntando: "¿Cómo surge exactamente un efecto de una causa? ¿En qué momento concreto la causa se convierte en el efecto?", el proceso de producción se vuelve amorfo.

Nagarjuna presenta dos argumentos para refutar que un efecto surja de una causa que sea inherentemente diferente y distinta a él. El primero señala que la idea misma de *otro* presupone algo que tiene su propia naturaleza única e inherente que es diferente a todo lo demás. Pero si algo no posee su propia naturaleza –si no es una cosa inherentemente existente–, ¿cómo podemos plantear algo que sea diferente a él[46]? Si algo no es inherentemente real, ¿cómo podemos plantear algo que sea inherentemente distinto a él? Esta es una de las formas

---

46 Un ejemplo aproximado del significado aquí es decir que *uno* presupone más de uno. Si decimos que hay una taza, otra persona sabe que no hay dos tazas.

en las que la noción de una diferencia objetivamente real entre yo y lo demás se echa abajo.

El segundo argumento de Nagarjuna afirma que la idea misma de surgimiento se vuelve insostenible si afirmamos que la causa y el efecto son inherentemente diferentes o inherentemente otros. Una causa precede a su efecto y el efecto sigue a su causa. Pero cuando observamos la actividad de algo que surge, vemos que se producen dos procesos simultáneos: el cese de la causa y el surgimiento del efecto. Cuando el efecto surge, la causa cesa; cuando la causa cesa, el efecto surge.

El cese de la causa es una actividad de la causa, y el surgimiento del efecto es una actividad del efecto. Mientras la semilla cesa, el brote surge. Si estas dos actividades simultáneas existieran intrínsecamente, los dos agentes que realizan estas dos actividades –la semilla y el brote– también deberían existir al mismo tiempo. Pero esto es imposible porque la semilla debe cesar para que surja el brote. Estos errores aparecen si afirmamos causas y efectos inherentemente existentes. A través de estos dos argumentos, Nagarjuna socava cualquier noción de algo que surja de otra cosa que sea algo totalmente inconexo.

Comentando el homenaje de Nagarjuna, Chandrakirti dice que estos ocho atributos de los fenómenos dependientes se niegan desde la perspectiva de la sabiduría inmaculada –la sabiduría de los aryas en estabilidad meditativa que experimenta la vacuidad de forma directa y no conceptual–. Esta sabiduría está libre de la dualidad sujeto-objeto y libre de las elaboraciones conceptuales. El único contenido u objeto de esa sabiduría es la vacuidad de existencia inherente; las verdades veladas no aparecen para esta sabiduría no conceptual. Por esa razón, Chandrakirti dice que la negación de las ocho características de los fenómenos dependientes se tiene que entender desde la perspectiva de la vacuidad, no a nivel convencional. Aunque convencionalmente las cosas surgen y cesan, son idénticas o diferentes, van y vienen, etc., a nivel último estas actividades no existen, ni existen los agentes de estas actividades desde la perspectiva de la sabiduría que experimenta la naturaleza última.

Comprender esto es importante. El dzogchen contiene la práctica de buscar la naturaleza de la mente –qué es la mente, de dónde viene, cuál es su forma y color, etc.–. Esta es una manera hábil de llevar a los meditadores principiantes a acercarse a la comprensión de la naturaleza de la mente, ya que llegan a entender que la mente no tiene forma, ni color; no se puede tocar, ni oler, ni saborear. Estos meditadores no han comprendido la naturaleza última de la mente, que es la ausencia de existencia inherente; sólo han comprendido la ausencia de cualidades convencionales de la mente, como el color y la forma. Tenemos que distinguir claramente la naturaleza convencional y última de la mente y saber que comprender la naturaleza última de la mente implica negar su (fabricada) existencia inherente, no su forma o ubicación.

REFLEXIONES

1. ¿Cuáles son las tres puertas a la Liberación? ¿En qué se parecen? ¿En qué se diferencian?

2. ¿Cuál era el propósito del Buda al enseñarlas?

3. ¿Cuáles son los dos argumentos de Nagarjuna que refutan las causas y efectos inherentemente existentes?

6 | Sujetos conocedores y objetos conocidos

COMO SE MENCIONÓ ANTERIORMENTE, UN percibidor directo de la vacuidad tiene el poder de limpiar nuestra mente de todos los engaños. Generar este tipo de mente sabia implica obtener la comprensión correcta del objeto de meditación –en este caso la vacuidad– y de los tipos de mente que pueden percibirlo, ya sean consciencias conceptuales o percibidores directos. Estos son los temas del presente capítulo.

Las etapas para comprender la vacuidad

Los practicantes pasan gradualmente por varias etapas de conocimiento mientras progresan desde la ignorancia hasta la comprensión correcta de la vacuidad. Empezamos con una consciencia errónea, progresamos hacia la duda que se inclina hacia la comprensión correcta, seguida por la asunción correcta, luego la inferencia y, finalmente, un percibidor directo de la vacuidad.

Nosotros, personas ordinarias, tenemos una consciencia errónea que se aferra tanto a la persona como a los otros fenómenos como existentes de modo inherente: esto es lo contrario de cómo existen en realidad. Esta mente errónea no desaparece por sí sola y el primer paso para eliminarla es escuchar las enseñanzas correctas sobre la vacuidad. Contemplar estas enseñanzas despierta la duda. La duda que se inclina hacia una conclusión errónea rechaza la vacuidad, pero si seguimos estudiando y reflexionando sobre la vacuidad, poco a poco dará paso a la duda que piensa que los fenómenos pueden o no ser vacíos. Después de más estudio y reflexión, la duda que se inclina hacia la conclusión correcta piensa: "No estoy seguro, pero es razonable que los fenómenos carezcan de existencia inherente". Siguiendo con el estudio y la reflexión, se llega a la suposición correcta de que los fenómenos carecen de existencia inherente. Aunque ahora vas en la dirección correcta, tu comprensión es superficial y el razonamiento que demuestra la vacuidad no está adecuadamente claro en tu mente.

Conoces las palabras para explicar la vacuidad e intelectualmente puedes creer que todos los fenómenos son vacíos de existencia inherente porque son surgimientos dependientes, pero no tiene mucho impacto en tu mente.

El paso a la asunción correcta puede durar mucho tiempo, ya que debes seguir aprendiendo, cuestionando y analizando para refinar tu comprensión de la vacuidad. Después de algún tiempo obtendrás la comprensión correcta de la vacuidad y tendrás una inferencia correcta, que sabe irrefutablemente a través de un razonamiento válido que todas las personas y fenómenos carecen de existencia inherente. La inferencia es una consciencia conceptual que comprende la vacuidad a través de una apariencia conceptual de la vacuidad. Esta comprensión, que se puede producir antes o después de entrar en un sendero, tiene un poderoso efecto en la mente: hace tambalear la forma en que ves el mundo porque comprendes que el mundo y los seres conscientes que hay en él no existen de la forma en que aparecen.

Los practicantes que todavía no han desarrollado la concentración en el nivel de la permanencia apacible se esfuerzan ahora en ello. Al desarrollar la permanencia apacible, su objeto de concentración puede ser cualquiera de los objetos explicados en las escrituras[47]. Después de obtener la permanencia apacible, continúan meditando, alternando la meditación analítica y la meditación de estabilización en la vacuidad. A medida que pasa el tiempo, la vacuidad se vuelve cada vez más familiar para su mente, hasta el punto de que, al realizar un análisis mínimo, el propio análisis conduce a la flexibilidad y la permanencia apacible. Entonces meditan en la vacuidad con una mente que es la unión de la permanencia apacible y la visión superior: esto marca el comienzo del sendero de preparación. A través de la meditación continua la vacuidad se vuelve más clara, hasta que finalmente la apariencia conceptual se desvanece y perciben la vacuidad directamente y sin conceptos. En este punto, entran en el tercer sendero, el sendero de la visión. Aunque la consciencia conceptual y la percepción directa son muy diferentes, la primera puede conducir a la segunda, ya que en este caso ambas son consciencias mentales y aprehenden el mismo objeto, la vacuidad.

Ahora empieza el proceso de eliminar las aflicciones, empezando por las aflicciones adquiridas, que se eliminan al principio del sende-

---

47 Ver los capítulos 6 y 9 de *Tras las huellas del Buda* (Ediciones Amara) para saber más sobre los objetos de concentración en las tradiciones pali y sánscrita.

ro de la visión. A través de la familiaridad con la visión de la vacuidad en el cuarto sendero, el de la meditación, se erradican las aflicciones innatas. Los que siguen el sendero del sravaka y del realizador solitario alcanzan el quinto sendero, el de no más aprendizaje de su propio vehículo, cuando han erradicado todos los oscurecimientos aflictivos. Los que siguen el sendero del bodhisatva eliminan todos los oscurecimientos aflictivos en el octavo nivel del bodhisatva del sendero mahayana de la meditación. Alcanzan el sendero mahayana de no más aprendizaje, la Budeidad, cuando han eliminado por completo los oscurecimientos cognitivos[48].

La comprensión experiencial de la vacuidad se puede referir a una variedad de estados mentales, desde una inferencia correcta hasta un percibidor directo no conceptual. Ambas consciencias mentales son conocedores válidos que comprenden la vacuidad correctamente. La comprensión no le ocurre de golpe a una persona completamente inexperta. Los excepcionales practicantes que experimentan una Iluminación repentina han llevado a cabo una práctica considerable en muchas vidas anteriores y han dejado fuertes impresiones en su continuo mental para comprender la vacuidad. Cuando estas impresiones maduran en esta vida, puede parecer que su comprensión es *repentina*, pero en realidad se desarrolló gradualmente durante muchas vidas.

La *Iluminación* tiene diferentes significados según las distintas tradiciones budistas. Los maestros zen me explicaron que, en su tradición, la Iluminación incluye el primer vislumbre de la vacuidad, que es una comprensión conceptual. En este caso, la Iluminación no es un logro último ni una comprensión estable, y cuando la persona sale de la meditación sobre la vacuidad, vuelven a aparecer las apariencias dualistas y las aflicciones. Puede pasar mucho tiempo antes de tener otra percepción de la vacuidad. Sólo cuando su comprensión de la vacuidad es estable, directa y no conceptual, comienza el proceso de eliminar las aflicciones desde la raíz.

En la tradición theravada, la Iluminación tiene cuatro etapas: el que ha entrado en la corriente, el que retorna una vez, el no retornante y el estado de arhat. Un practicante se convierte en alguien que ha entrado en la corriente cuando tiene el percibidor directo del nirvana[49]. Esta comprensión inicial se profundiza y se integra en su

---

48 Para una descripción más profunda de este proceso, ver *Compasión valerosa*, (Ediciones Amara) capítulos 8 y siguientes.

49 La tradición sánscrita lo denominaría percepción directa de la vacuidad.

mente durante las etapas del que regresa una vez y del no retornante y, finalmente, se convierte en la comprensión estable y profunda de un arhat[50].

En la tradición tibetana, alcanzar la comprensión de la vacuidad no significa que uno esté iluminado. *Iluminación* se refiere a haber alcanzado el sendero de no más aprendizaje de cualquier vehículo que uno siga. Aunque los textos hablan de la Iluminación de un sravaka o de la de un arhat realizador solitario, en la tradición sánscrita, en general, *Iluminación* se refiere a la Budeidad.

REFLEXIONES ─────────────────────────────

1. Contempla los pasos para comprender la vacuidad con un percibidor directo, empezando con una visión errónea, progresando a la duda y luego a la asunción correcta, seguida por la inferencia y finalmente el percibidor directo.

2. ¿Qué cambios se producen de un paso a otro?

3. ¿Qué significa comprender la vacuidad? ¿Qué mentes lo hacen?

4. ¿Cuáles son los distintos significados de *Iluminación*?

El proceso cognitivo

En cualquier proceso cognitivo, existe el sujeto –la consciencia que aprehende– y el objeto –lo que se aprehende–. A la hora de examinar cómo existen las cosas, es crucial identificar los distintos tipos de sujetos y objetos y diferenciar los correctos de los erróneos. Para hacerlo, serán útiles algunos antecedentes relativos a las ideas budistas sobre la cognición. Además de las secciones siguientes, recomendamos revisar los capítulos 2 y 3 de *Fundamentos de la práctica budista* (el segundo volumen de *Biblioteca de sabiduría y compasión*, de Ediciones Amara).

Sujetos –consciencias que conocen un objeto–

Entre los sujetos –las mentes que conocen o experimentan un objeto– hay consciencias no conceptuales (*nirvikalpaka*) y consciencias conceptuales (*kalpana*). Las consciencias no conceptuales conocen sus objetos sin que medie una apariencia conceptual (*imagen genérica*,

---

50 Ver *Compasión valerosa*, (Ediciones Amara) capítulos 6 y 7, para más información sobre los senderos de los sravakas y los realizadores solitarios.

artha-samanya), mientras que las consciencias conceptuales conocen sus objetos por medio de una apariencia conceptual[51]. En general, los percibidores directos son conocedores que están libres de conceptualidad (*kalpana-apodha*) y que no están equivocados (*abhranta*). Hay tres tipos de percibidores directos que son consciencias no conceptuales: (1) los percibidores directos sensoriales (percibidores directos visuales, auditivos, olfativos, gustativos, táctiles y mentales) –éstos son, por ejemplo, la consciencia visual que aprehende el amarillo y la consciencia auditiva que aprehende un sonido melodioso–; (2) percibidores directos mentales, como, por ejemplo, la clarividencia y la clariaudiencia; (3) percibidores directos yóguicos: consciencias mentales, desarrolladas a través de la meditación, que conocen directamente fenómenos más sutiles, como la impermanencia y la vacuidad. Ésta sería la visión sautrantika. Los prasangika interpretan el término *directo* en el sentido de que no depende de una razón, por lo que consideran que del segundo instante en adelante de una inferencia los percibidores son directos, aunque sean conceptuales.

Las consciencias conceptuales son consciencias mentales que conocen su objeto indirectamente, por medio de una apariencia conceptual. Estas consciencias piensan, imaginan, planean, recuerdan, visualizan, imputan, designan, aprenden ideas y conceptos, etc. A menudo, para que surja una apariencia conceptual, primero una consciencia sensorial percibe directamente los datos sensoriales en bruto. Una consciencia conceptual da un nombre a ese objeto, y el nombre y el concepto se mezclan con lo que vemos. El objeto que aparece a las consciencias conceptuales es una apariencia conceptual del objeto, no el objeto real. Puede ser una imagen visual cuando recordamos algo que vimos, o una imagen de un sonido, una sensación táctil, un sentimiento, un objeto abstracto, etc.

Una consciencia conceptual puede dar lugar a otra. Cuando planeamos dónde poner una mesa en una habitación, nos imaginamos que está contra la pared, en el centro de la habitación, girada hacia un lado u otro... Cada una es una nueva apariencia conceptual conocida por un nuevo instante de consciencia.

Por ejemplo, un percibidor visual directo ve directamente el color azul del cielo. Más tarde, cuando recordamos el color del cielo, no lo vemos directamente. En su lugar, aparece una apariencia conceptual

---

51 Véase *Fundamentos de la práctica budista*, 69-76 (Ediciones Amara).

del azul en nuestra consciencia mental. Esta apariencia conceptual no es el color azul real, pero aparece como si fuera lo mismo que el color azul. Por esta razón, las consciencias conceptuales se consideran equivocadas, aunque puedan entender su objeto correctamente. La apariencia conceptual del azul sólo es algo aproximado al azul que vimos, una mezcla de cada instante de las tonalidades de azul que vimos en el cielo y que forman en conjunto una imagen genérica del cielo azul.

Todas las cualidades de una flor no aparecen simultáneamente a una consciencia conceptual, contrariamente a lo que ocurre con un percibidor directo. Mientras que el color, la forma, la impermanencia, etc. de una flor aparecen simultáneamente a un percibidor visual directo, una consciencia conceptual debe pensar en cada uno de estos rasgos por separado. La concepción conoce las cualidades de la flor de forma individual e indirecta, no percibe la flor y sus atributos con la misma claridad que un percibidor directo.

Tanto las consciencias sensoriales como las conceptuales (pensamientos) pueden ser erróneas (*viparyasa*) o no erróneas (*aviparita*). Una consciencia visual que ve correctamente el color de una flor en un jardín y un conocedor inferencial de la vacuidad no son erróneos. Ver flores en el cielo bajo la influencia de las drogas y afirmar un alma permanente, unitaria e independiente son conocedores erróneos. Una consciencia visual válida y un conocedor inferencial de un yo sólido y concreto los descarta.

Aunque los percibidores directos conocen sus objetos de forma más vívida que las consciencias conceptuales, ambos tipos de consciencia tienen sus funciones. Muchos de los avances que los seres humanos han hecho se deben a nuestra capacidad de pensar y razonar, lo que implica conceptualidad. El aprendizaje del Dharma implica consciencias conceptuales: los percibidores directos auditivos oyen el sonido de las palabras, pero las consciencias conceptuales les confieren significado, lo que nos permite discutir e intercambiar ideas. Antes de alcanzar un percibidor directo yóguico de la vacuidad, es necesario escuchar o leer enseñanzas, estudiar, contemplar y discutir o debatir nuestra comprensión de la vacuidad. Todas estas actividades implican consciencias conceptuales. Sólo meditando a lo largo del tiempo con una comprensión conceptual correcta de la vacuidad podremos disminuir la apariencia conceptual de la vacuidad y percibir la vacuidad directamente. Para ilustrar este punto, el *Sutra del capítulo de Kashyapa* da la analogía de un fuego producido por dos palos que se frotan entre sí y que a su vez los quema a ellos[52]:

> Una vez que ha surgido el fuego, se queman los dos palos. Del mismo modo, Kashyapa, si tienes el intelecto analítico correcto, se genera la facultad de sabiduría de un arya. Al generarla, el intelecto analítico correcto se consume.

Si el palo del pensamiento correcto se frota contra el palo del pensamiento erróneo, surgirá el fuego de la sabiduría y consumirá ambos pensamientos. El palo del pensamiento correcto es necesario para que prenda el fuego, pero una vez que éste ha prendido, ya no es necesario y se destruye. Aunque al principio es necesario el pensamiento para aprender la visión correcta de la realidad, la unión de la permanencia apacible y la visión superior que percibe directamente la vacuidad va más allá del pensamiento.

REFLEXIONES ⎯⎯⎯⎯⎯⎯⎯⎯⎯⎯⎯⎯⎯⎯⎯⎯⎯⎯⎯⎯⎯

1. ¿Qué es una apariencia conceptual?
2. ¿Cuál es la diferencia entre el modo en que una consciencia conceptual conoce un objeto y el modo en que lo hace un percibidor directo?
3. Considera un día cualquiera. Pon ejemplos de percibidores directos y de consciencias conceptuales conociendo objetos.

Objetos: fenómenos conocidos por una consciencia

Una percepción o consciencia conceptual tiene diferentes tipos de objetos. Conocerlos nos permite entender mejor el proceso de cognición y es esencial para comprender la relación entre la vacuidad y el surgimiento dependiente. Entre los distintos tipos de objetos están los objetos que aparecen, los objetos observados, los objetos aprehendidos y los objetos concebidos. La presentación que sigue es según el sistema sautrantika; los prasangika están de acuerdo con él a menos que se indique lo contrario.

El **objeto que aparece** (*pratibhasa-vishaya*) es el objeto que aparece a esa consciencia. Los objetos que aparecen de los percibidores

---

[52] Tsongkhapa, *The Great Exposition of Secret Mantra, Volume One: Tantra in Tibet*; comentario del Dalai Lama; traducción, edición y material explicativo de Jeffrey Hopkins (Boulder, CO: Snow Lion, 2016), 214.

directos sensoriales incluyen el color, la forma, el sonido, el olor, el sabor, la textura, la temperatura, etc.

El **objeto que aparece** a una consciencia conceptual es una apariencia conceptual del objeto. Las apariencias conceptuales se consideran un fenómeno permanente. Una consciencia conceptual está equivocada con respecto al objeto que le aparece porque la apariencia conceptual de una mesa aparece como siendo la mesa, aunque no lo sea. Por esta razón, las conciencias del pensamiento, que son siempre conceptuales, se equivocan con respecto al objeto que les aparece porque confunden la apariencia conceptual del objeto con el objeto real.

El **objeto observado** (*alambana*) es el objeto que actúa como base y al que la mente se refiere o en el que se enfoca mientras aprehende ciertos aspectos del mismo. Es equivalente al objeto de enfoque (*vishaya*)[53].

El **objeto aprehendido** (*el objeto del modo de aprehensión, mustibandhavisaya*) de una consciencia es equivalente al **objeto con el que se implica** (*pravrtti-vishaya*) y al **objeto comprendido** (*prameya*). Este es el objeto principal con el que se relaciona la mente, el objeto hacia el que la mente se dirige. Este es el objeto que se aprehende. Para los percibidores directos, el objeto que aparece y el objeto aprehendido son el mismo. Para una consciencia conceptual que piensa en una mesa, el objeto que aparece es una apariencia conceptual de una mesa y el objeto aprehendido es una mesa. Esta mente está equivocada con respecto al objeto que le aparece porque conoce el objeto a través de una apariencia conceptual, pero no está equivocada con respecto a su objeto aprehendido. Según los prasangika, una mente ignorante que se aferra a la mesa como verdaderamente existente es errónea tanto con respecto al objeto que le aparece como al objeto aprehendido porque la mesa no es inherentemente existente. Aunque una consciencia visual ocasional que ve la mesa no es errónea con respecto a su objeto aprehendido –la mesa–, es errónea con respecto a ese objeto porque le aparece con existencia verdadera.

El **objeto concebido** (*adhyavasaya-vishaya*) es el objeto principal de una consciencia conceptual. El objeto que aparece a una cons-

---

53   El objeto observado o de enfoque se puede entender de dos maneras: (1) es el objeto que es la base para observar una característica particular. Por ejemplo, para una mente que percibe la impermanencia de una mesa, la mesa es el objeto observado y su impermanencia es la característica particular del objeto observado (T. *rnam pa'i yul*). (2) Es el objeto principal en el que se enfoca la mente, como *la mesa*.

ciencia conceptual que piensa en una flor es la apariencia conceptual de una flor; su objeto concebido es el mismo que su objeto aprehendido –una flor–.

Apliquemos estos diferentes tipos de objetos a una situación ordinaria. Jane y sus amigos van a un restaurante italiano y piden lasaña. Aunque pensemos que comer es una experiencia sencilla, en realidad están ocurriendo muchas cosas. Cuando les sirven los platos de lasaña, ven con su consciencia visual el color rojo de la salsa, el blanco de la pasta y el verde de la ensalada. Estos son los objetos observados de su consciencia visual. El olor de la lasaña es el objeto observado de su consciencia olfativa. Los distintos sabores son los objetos observados de su consciencia gustativa y la suavidad de la pasta es el objeto observado de su consciencia táctil. Las consciencias que perciben directamente estos atributos son percibidores directos sensoriales válidos y sus objetos aprehendidos son los mismos que sus objetos observados: el color y la forma para la consciencia visual, el sabor para la consciencia gustativa, etc.

Puede ocurrir que se nos cuele alguna exageración. Si Jane tiene mucha hambre, cuando ella recuerda las cualidades de la lasaña de la semana pasada, el factor mental de la atención distorsionada exagera su delicioso sabor, apetitoso olor y su aspecto colorido. Como resultado de esta exageración, surge el apego. El apego es una consciencia conceptual; es errónea porque la lasaña aparece como realmente fantástica, aunque no exista de ese modo.

Una semana después, Jane y sus amigos vuelven al mismo restaurante. Mientras miran el menú y piensan qué pedir, recuerdan la lasaña que comieron la semana anterior. El color y la forma, el sabor, etc., de la lasaña se conocen ahora a través de las consciencias conceptuales. El objeto que aparece del sabor es una apariencia conceptual del sabor que aparece a la consciencia mental que conoce el sabor de la lasaña. El objeto aprehendido es el sabor de la lasaña y, como esta consciencia es conceptual, su objeto concebido también es el sabor de la lasaña.

No todo lo que aparece a una consciencia sensorial es el objeto que le aparece. Cuando una consciencia visual ve una mesa, la impermanencia sutil de la mesa –su cualidad de cambiar instante tras instante– también aparece a esa consciencia, pero puesto que la impermanencia es un objeto sutil, la consciencia visual no puede aprehenderla. Por lo tanto, al ser una característica de la mesa, la impermanencia sutil también aparece a esa consciencia visual, pero no es el objeto que le aparece: el objeto que le aparece es la mesa. Si después la persona piensa en la impermanencia sutil e infiere correctamente su existencia, su consciencia mental la aprehende a través de una apariencia conceptual; la apariencia conceptual de la impermanencia sutil es el objeto que le aparece a ese pensamiento, y la impermanencia sutil es su objeto aprehendido. Si, a través la meditación continuada, despeja el velo de la apariencia conceptual, conocerá la impermanencia sutil con un percibidor directo yóguico. En ese momento, la impermanencia sutil es tanto el objeto que aparece como el objeto aprehendido por esa consciencia. Respecto a la visión errónea de una identidad personal (o visión de lo compuesto y transitorio) –según los prasangika– el objeto observado es el propio continuo del yo y lo mío y el objeto aprehendido es un yo y lo mío inherentemente existentes.

REFLEXIONES ─────────────────────────────

1. ¿Qué es una apariencia conceptual?
2. A lo largo del día, sé consciente de cuándo estás percibiendo directamente un objeto y cuándo estás pensando en él.
3. ¿Cuál es la diferencia según tu propia experiencia entre conocer un objeto con un percibidor directo y conocerlo con una consciencia conceptual por medio de una apariencia conceptual?
4. ¿Tu mente pasa rápidamente de un percibidor directo a una consciencia conceptual del objeto? ¿Crees a veces que estás percibiendo directamente un objeto cuando en realidad estás pensando en él?
5. ¿Cuáles son las ventajas y los inconvenientes de un percibidor directo? ¿Cuáles son las ventajas y los inconvenientes de una consciencia conceptual?

───────────────────────────────────────

De las muchas consciencias conceptuales que operan durante el día, algunas son útiles y otras no. La mente conceptual que está implicada en la lectura de este libro te permite aprender ideas que te llevarán a una comprensión más profunda y a la sabiduría. Pero la mente que rumia un problema o juzga las aparentes faltas de otras personas fácilmente transforma la mente en no virtud. En estas ocasiones, observa que, aunque el objeto no está realmente presente, la mente conceptual se ha visto tan atraída por él que fácilmente surge el apego, la ira u otra emoción destructiva. Esto explica muchas de nuestras distracciones durante la meditación.

Estos términos y distinciones entre sujetos y objetos pueden parecer inicialmente confusos, pero familiarizarse con ellos aclarará tu comprensión del objeto de negación en la meditación sobre la vacuidad. La siguiente tabla resume algunos de los elementos clave relativos a los objetos según el sistema sautrantika, que acepta la existencia inherente.

Las consciencias y sus objetos

CONSCIENCIAS	OBJETO OBSERVADO	OBJETO QUE APARECE	OBJETO APREHENDIDO	OBJETO CONCEBIDO
Consciencia visual que percibe el azul	Azul	Azul	Azul	—
Memoria o pensamiento del azul *	Azul	Apariencia conceptual del azul	Azul	Azul
Pensamiento de un yo permanente (consciencia conceptual errónea de algo que no existe) * ^	Yo	Apariencia conceptual de un yo permanente.	Yo permanente	Yo permanente
Consciencia visual que percibe que se mueve el paisaje mientras se conduce un vehículo (consciencia errónea) ^	Paisaje	Paisaje que se mueve	Paisaje que se mueve	—
El concepto de los cuernos de un conejo (consciencia errónea) * ^	Orejas de un conejo	Apariencia conceptual de los cuernos de un conejo	Cuernos de un conejo	Cuernos de un conejo

CONSCIENCIAS	OBJETO OBSERVADO	OBJETO QUE APARECE	OBJETO APREHENDIDO	OBJETO CONCEBIDO
Consciencia que aprehende unos agregados verdaderamente existentes (consciencia errónea)	Agregados	Apariencia conceptual de unos agregados verdaderamente existentes	Agregados verdaderamente existentes	Agregados verdaderamente existentes
Consciencia visual de un adulto aprehendiendo el reflejo de una cara en un espejo	Reflejo de una cara	Cara	Reflejo de una cara	—
Consciencia conceptual mental conociendo el reflejo de una cara en un espejo como una cara falsa *	Reflejo de una cara	Apariencia conceptual del reflejo de una cara	La no existencia de una cara real en el espejo	La no existencia de una cara real en el espejo

* Las conciencias del pensamiento se equivocan con respecto a su objeto que aparece porque confunden el objeto real con la apariencia conceptual del mismo.

^ Las consciencias erróneas son erróneas con respecto a su objeto aprehendido porque no lo aprehenden o conocen correctamente.

REFLEXIONES ─────────────────

Identificar los objetos de los distintos tipos de consciencia que se tienen durante el día ayuda a determinar el tipo de mentes que conocen un objeto y, por tanto, a evaluar si esos conocedores son precisos.

1. Al contemplar un jardín y disfrutar de los colores de las flores, ¿cuál es el objeto que aparece a tu consciencia visual? ¿Cuál es el objeto aprehendido?

2. Cierra los ojos y piensa en las flores. Sé consciente de que en tu mente aparece una apariencia conceptual de las flores, no las flores reales. ¿En qué se diferencia esto, desde el punto de vista de la experiencia, de ver las flores directamente?

3. Cuando te sientas irritado, detente e investiga: "¿Cuál es el objeto que aparece? ¿Cuál es el objeto aprehendido?". Si estás recordando un in-

cidente del pasado, sé consciente de cómo surge el enfado aunque el incidente no esté ocurriendo ahora.
4. Mira alguno de los platos de tu comida. Cierra los ojos y después imagina su sabor.
5. Prueba ahora la comida. ¿La apariencia conceptual del sabor que surge en tu consciencia conceptual es la misma que el sabor real? ¿Ha sido mejor o peor?

Aplicar estas enseñanzas a tu vida diaria puede ser divertido, mejorará tu comprensión del entorno exterior e interior y te permite llevar las enseñanzas a casa y comprenderlas a través de tu experiencia personal.

Ahora vamos a traer la existencia inherente a esta exposición y a hablar desde el punto de vista del sistema prasangika. Los objetos de la consciencia son básicamente los mismos, pero cuando se consideran equivocados o erróneos son distintos.

En el sistema prasangika, todos los fenómenos aparecen equivocadamente como inherentemente existentes para todas las consciencias sensoriales y mentales de los seres conscientes, excepto en la estabilidad meditativa de un arya en la vacuidad. La apariencia de una mesa inherentemente existente, de un sabor inherentemente existente, de un sonido inherentemente existente, etc., es falsa para las cinco consciencias sensoriales y estas consciencias están equivocadas con respecto a los objetos que les aparecen porque estas cosas aparecen inherentemente existentes aunque no lo son. Desde el punto de vista de los svatantrika e inferiores, la apariencia de existencia inherente es una apariencia precisa. Para ellos esas consciencias sensoriales no están equivocadas ni con respecto al objeto que les aparece ni con respecto a al objeto aprehendido porque los objetos inherentemente existentes existen[54].

Los prasangika dicen que una consciencia visual que aprehende el color amarillo está equivocada con respecto a su objeto aprehendido porque el amarillo le aparece como si existiera inherentemente aunque no existe de esa manera. Sin embargo, esta consciencia visual comprende su objeto aprehendido, el amarillo, y es un conocedor

---

54 Los yogachara, sin embargo, consideran que las consciencias que aprehenden objetos externos o que no son de la misma naturaleza que las consciencias que los perciben son equivocadas.

válido directo del amarillo. En cuanto a las consciencias mentales conceptuales, están las que no se aferran a la existencia inherente y las que sí lo hacen. En el caso de las primeras, el objeto que aparece es la apariencia conceptual del amarillo inherentemente existente para una consciencia que recuerda el amarillo que vio ayer. El objeto aprehendido y el objeto concebido es el amarillo. Esa mente está equivocada de dos maneras: primero, confunde la apariencia conceptual del amarillo con el color amarillo; segundo, el amarillo le aparece inherentemente existente aunque no lo sea. Sin embargo, esa consciencia no es errónea porque conoce el amarillo y puede diferenciarlo del azul, el rojo y otros colores.

Pero digamos que has visto el color amarillo perfecto para pintar tu casa y empiezas a pensar con apego en lo bonita que será tu casa y lo mucho que la admirarán tus vecinos. Esta mente conceptual se aferra a ese color amarillo como inherentemente existente. Está equivocada con respecto al objeto que aparece porque es una consciencia conceptual y porque su objeto aparece como inherentemente existente. También es errónea con respecto a su objeto aprehendido porque se aferra a un amarillo inherentemente existente aunque el amarillo inherentemente existente no exista. Del mismo modo, una mente que se aferra al yo como inherentemente existente está equivocada con respecto al objeto que aparece porque el yo aparece como inherentemente existente aunque no lo sea, y es una consciencia errónea porque un yo inherentemente existente no existe en absoluto. Esto significa que el apego, el enfado, los celos, la arrogancia, etc., que dependen del aferramiento a la existencia inherente, son consciencias erróneas.

Aunque todas las mentes tienen objetos aprehendidos, éstos no necesariamente existen –por ejemplo, un yo permanente aprehendido por la consciencia mental que se aferra al yo como permanente–. Cuando tiramos del rabillo del ojo mientras miramos la luna, el objeto que aparece y el objeto aprehendido de esa consciencia visual es una luna doble, aunque la luna doble no exista[55].

---

55 Hay diferentes opiniones al respecto. Algunas personas dicen que una sola luna es el objeto que aparece porque es lo que provocó la percepción de una luna doble, pero otras personas dicen que una sola luna no es el objeto que aparece porque se percibe falsamente.

Las consciencias y los objetos según los prasangika

CONSCIENCIAS	OBJETO OBSERVADO	OBJETO QUE APARECE	OBJETO APREHENDIDO	OBJETO CONCEBIDO
Consciencia visual que percibe el azul verdaderamente existente	Azul	Azul verdaderamente existente *	Azul	—
Visión de una identidad personal	El *yo* y *lo mío* en el propio continuo	Apariencia conceptual de un *yo* y *lo mío* verdaderamente existentes *	Un *yo* y *lo mío* verdaderamente existentes en el propio continuo^	Un *yo* y *lo mío* verdaderamente existentes en el propio continuo^
La sabiduría que comprende directamente la vacuidad de un *yo* y *lo mío* verdaderamente existentes	El *yo* y *lo mío* en el propio continuo [56]	La vacuidad de la existencia verdadera	La vacuidad de la existencia verdadera	—
La sabiduría que comprende conceptualmente la vacuidad de un *yo* y *lo mío* en el propio continuo	El *yo* y *lo mío* en el propio continuo	Apariencia conceptual de la vacuidad de un *yo* y *lo mío* verdaderamente existentes *	La vacuidad de un *yo* y *lo mío* en el propio continuo	La vacuidad de un *yo* y *lo mío* en el propio continuo

* Estas consciencias están equivocadas.

^ Estas consciencias son erróneas con respecto a los objetos que aprehenden

Analicemos de nuevo la lasaña de la cena de Jane. Mientras comía, el objeto que aparecía, el objeto observado y el objeto aprehendido de sus conciencias visual, olfativa, gustativa y táctil eran el color y la

---

[56] El objeto observado de esta sabiduría es el objeto cuyo modo de existencia se analiza y cuya vacuidad se comprende. Sin embargo, el objeto observado no aparece para esa sabiduría que comprende directamente la vacuidad: sólo la vacuidad aparece y es aprehendida por esa sabiduría. La sabiduría que comprende directamente la vacuidad del yo y lo mío comprende directamente la vacuidad de todos los fenómenos.

forma, el olor, el sabor, la textura suave y el calor de la lasaña. Sin embargo, estos aparecían como inherentemente existentes y, por lo tanto, estas consciencias sensoriales estaban equivocadas. Jane puede o no aferrarse a estos objetos como inherentemente existentes. Si no lo hace, su consciencia mental sigue estando equivocada porque el sabor y demás aparecen como inherentemente existentes, pero esa consciencia conceptual no es errónea porque no los sostiene como inherentemente existentes.

Pero si Jane está muy apegada a la deliciosa lasaña y empieza a planear cómo puede llevarse a casa algunos pedidos extra de lasaña, entonces su consciencia mental es errónea porque el apego está basado en la ignorancia que se aferra a la identidad esencial. Además, como el apego se basa en una atención distorsionada que exagera o proyecta infundadas buenas cualidades sobre un objeto, esa mente también es errónea. Observa la diferencia entre que los objetos aparezcan como inherentemente existentes y aferrarse como si fueran inherentemente existentes. También hay que tener en cuenta que las consciencias sensoriales no se aferran a la existencia inherente, aunque la existencia inherente aparece ante ellas. Sólo las consciencias mentales se aferran a la existencia inherente.

REFLEXIONES

1. Cuando no hay una emoción fuerte en tu mente y piensas: "Estoy leyendo este libro", ¿qué tipo de consciencia es esa? ¿Cuáles son los objetos que aparecen y los que se aprehenden? ¿Son alguno de ellos equivocados o erróneos?

2. Cuando te sientes culpable o enfadado contigo mismo, ¿es eso un percibidor directo o una consciencia conceptual?

3. ¿Apareces verdaderamente existente en ese momento?

4. ¿Te aferras a un yo verdaderamente existente que es malo porque has cometido un error?

5. ¿Es un estado mental preciso o erróneo?

Silogismos y consecuencias

Los razonamientos –especialmente los silogismos y las consecuencias– son importantes a la hora de profundizar en el significado de la vacuidad. Consulta el capítulo 2 de *Fundamentos de la práctica budista* para repasar las partes de un silogismo y los tres criterios necesarios para demostrar la tesis. Una persona que es receptiva y comprende los tres criterios comprenderá la tesis porque sabe (1) que la razón se aplica al sujeto, (2) la implicación directa/positiva (lo que sea la razón debe ser el predicado), y (3) la implicación inversa/negativa (lo que no sea el predicado no debe ser la razón).

En el silogismo "Considera el sujeto, el yo: es vacío de existencia verdadera porque es un surgimiento dependiente, como un espejismo", la tesis que se comprende es que el yo es vacío de existencia verdadera. Para comprender esto, debemos establecer los tres criterios en nuestra mente. En el mundo hay muchas personas que saben que las cosas surgen dependiendo de causas y condiciones. Todos sabemos que las flores crecen de semillas, pero seguimos considerando que las flores son verdaderamente existentes. Para refutar la existencia verdadera mediante el silogismo anterior, primero debemos aclarar el significado de surgimiento dependiente, específicamente comprender la dependencia causal: cómo el yo depende de causas y condiciones que tienen la capacidad de producirlo. El yo también depende de partes: el cuerpo y la mente de la persona. Esto establece el primer criterio, la presencia de la razón en el sujeto del silogismo: la persona es un surgimiento dependiente.

A continuación, aclaramos el significado del predicado —"vacío de existencia verdadera"—. ¿Qué supone la existencia verdadera? ¿Cómo sería el yo si fuera verdaderamente existente? Después, comprobamos la implicación positiva: ¿todo lo que surge de forma dependiente es necesariamente vacío de existencia verdadera? Con el análisis descubrimos que sí, que si algo surge de forma dependiente necesariamente carece de existencia verdadera.

Para comprobar la implicación negativa, examinamos si lo que es lo contrario del predicado es necesariamente lo contrario de la razón, es decir, ¿todo lo que no es vacío necesariamente no es un surgimiento dependiente? También aquí la respuesta es afirmativa, si algo no es vacío de existencia verdadera, no puede surgir de forma dependiente. Ahora podemos sacar la conclusión de que el yo es, efectivamente, vacío de existencia verdadera porque es un surgimiento dependiente.

Esta breve descripción puede sonar intelectual y árida, pero cuando somos conscientes de cómo nos aparecen las cosas y cómo nos aferramos a ellas como verdaderamente existentes, vemos que estos razonamientos desafían nuestras suposiciones y creencias más profundas, así como nuestras cogniciones ordinarias. Debemos ir despacio, preparándonos adecuadamente y siendo conscientes de cómo nos aparecen las cosas y cómo las aprehendemos. También debemos comprender los distintos términos, sus significados y sus relaciones para investigar si un silogismo es correcto.

A veces, una persona mantiene una opinión errónea con mucha fuerza y es necesario derribar su confianza en esta visión para que pueda generar una comprensión correcta. Esto se hace presentando a la persona una consecuencia, una afirmación en la que sus creencias se contradigan. Las consecuencias funcionan como una *reductio ad absurdum* al mostrar las incoherencias internas de la visión del otro. Por ejemplo, los antiguos brahmanes creían firmemente que el sonido de los vedas era permanente. Para mostrarles la falacia de esta creencia, presentamos la consecuencia: "El sonido no es un producto de causas porque es permanente". Esta persona ya sabe que el sonido es un producto de causas y ahora se enfrenta al hecho de que no puede serlo si es permanente. Esto le hace reflexionar sobre si el sonido es, en efecto, permanente o no.

Los svatantrika e inferiores no sólo afirman que el yo es inherentemente existente, sino que también apoyan esa creencia argumentando que es un surgimiento dependiente. Para ellos, el surgimiento dependiente indica existencia inherente y afirman que si los fenómenos no existieran inherentemente, no existirían en absoluto. Para hacerles dudar de su adhesión a la existencia inherente, los prasangika pueden presentarles esta consecuencia: "El yo no es un surgimiento dependiente porque existe inherentemente". Como estos budistas creen que el yo es un surgimiento dependiente, se sienten incómodos al decir que no puede ser dependiente porque existe de modo inherente. Eso les hace examinar su creencia de que el yo existe inherentemente.

Los prasangika dicen que la disonancia provocada por esta consecuencia hará que aquellos que son receptivos, pero aún se adhieren a la existencia inherente, comprendan que el yo es vacío sin tener que enunciar el silogismo: "Considera el yo: es vacío de existencia inherente porque surge de forma dependiente". Al ver la consecuencia indeseable de su visión anterior, alguien que ya tiene alguna duda sobre esa visión la abandonará y obtendrá una comprensión correcta. Sin embargo, cuando una persona sostiene firmemente un punto de vista erróneo, es necesaria una consecuencia seguida de un silogismo

para ayudarle a obtener la comprensión correcta. La consecuencia se utiliza para refutar el punto de vista erróneo y el silogismo para establecer el correcto.

Para ser receptivo a una consecuencia, alguien debe tener ciertas cualidades. A pesar de tener una visión errónea, tiene la mente abierta y está dispuesta a investigar esa visión. Una persona que acepta que un brote existe de forma inherente, pero que comprende las dos implicaciones de que todo lo que surge de forma dependiente es vacío de existencia inherente y que todo lo que no es vacío de existencia inherente no surge de forma dependiente, está en la vía de una comprensión correcta. Al escuchar la consecuencia –"El brote no es un surgimiento dependiente porque existe inherentemente"– se sentirá incómodo al afirmar la existencia inherente porque sabe que el brote es un surgimiento dependiente.

Una persona con una mentalidad completamente cerrada no es receptiva y si se le presenta una consecuencia, opondrá resistencia o una mirada vacía. Del mismo modo, una persona cínica o testaruda que no desea pensar en profundidad ni reconsiderar sus opiniones no es receptiva. Las consecuencias y los silogismos no mueven la mente de esas personas, por lo que es mejor no perder el tiempo debatiendo con ellas.

Los sabios abogan por que empecemos a contemplar la vacuidad examinando la naturaleza de las cosas que comúnmente se conocen como engañosas en el mundo –como los espejismos, los sueños, los reflejos, las alucinaciones y los hologramas– porque es más fácil ver que no existen como aparecen. Más adelante podemos aplicar esto a otros fenómenos en los que entender la discrepancia entre cómo existen y cómo aparecen es más difícil.

Un espejismo aparece como agua, pero no lo es: su apariencia es falsa. Esta apariencia surge en función de la arena, la luz del sol, el ángulo con el que incide en la arena, nuestra distancia a la arena, etc. Comprender que el destello plateado de la arena aparece falsamente como agua no es una comprensión de la ausencia de existencia inherente del espejismo, aunque es un paso en esa dirección.

De ahí pasamos al silogismo: "Considera una persona: no existe inherentemente porque surge de forma dependiente, como un espejismo". Contemplar que el agua del espejismo es una apariencia falsa ayuda a comprender la tesis del silogismo: que la persona no existe inherentemente.

7 | La importancia de comprender la vacuidad

¿Quién soy yo?

El Buda nos aconsejó reconocer el duhkha verdadero, eliminar los orígenes verdaderos de duhkha, hacer realidad las cesaciones verdaderas y desarrollar los senderos verdaderos. Dado que esto lo hace una persona –el yo–, las cuestiones relativas a la existencia y la naturaleza del yo cobran importancia. El yo es el agente que experimenta el sufrimiento y la felicidad, se implica en acciones constructivas y destructivas, practica el sendero y alcanza el Nirvana. ¿Cuál es la naturaleza de este ser, esta persona o yo? Esta era una cuestión importante para las escuelas budistas y no budistas de la antigua India y sigue siéndolo hoy en día. Muchos sistemas filosóficos han surgido a raíz de este tema.

Cuando examinamos el proceso causal de la felicidad y el duhkha, es evidente que estas experiencias surgen en relación con múltiples causas y condiciones –tanto factores internos, como nuestras facultades sensoriales y nuestra forma de interpretar los acontecimientos, como factores externos, como los objetos de los sentidos–. ¿Cuál es la naturaleza de estos factores que dan lugar a nuestras experiencias de dolor y placer? ¿Existen realmente? ¿De qué manera existen? También en la antigua India se reflexionaba sobre esto.

En nuestra propia experiencia, cuando nos preguntamos: "¿Qué es este yo?", observamos un sentido innato, natural e instintivo del yo. Si nos duele la mano, decimos automáticamente: "Estoy herido". Aunque la mano no somos nosotros, nos identificamos instintivamente con esa experiencia y sentimos "Estoy herido". En este caso, el sentido del yo surge en relación con el cuerpo.

El sentido del yo también surge en relación con la mente. Cuando hay un estado de ánimo malhumorado, decimos: "Estoy de mal humor", y cuando hay placer, exclamamos: "Estoy deleitado".

Sin embargo, este yo no se puede identificar completamente con nuestro cuerpo, porque si pudiéramos intercambiar nuestro cuerpo viejo, arrugado y enfermo por un cuerpo fresco, joven y sano, lo haríamos. En el fondo de nuestro corazón sentimos que hay un yo que se beneficiaría de este intercambio. Del mismo modo, si tuviéramos la oportunidad de intercambiar nuestra mente afligida e ignorante por la mente completamente iluminada de un buda, lo haríamos con mucho gusto. Esto sugiere que tampoco nos identificamos completamente con nuestra mente. Esta voluntad de intercambiar nuestra mente por la de otra persona indica una creencia muy profunda de que hay una persona separada, un yo, que se beneficiaría de este intercambio. Por un lado, el sentido del yo surge en relación con nuestro cuerpo o nuestra mente; por otro lado, no nos identificamos completamente ni con nuestro cuerpo ni con nuestra mente.

En nuestro sentido ingenuo y ordinario, hay un sentimiento del yo, de un ser que está intrínsecamente involucrado con el cuerpo y la mente y es el dueño que puede controlarlos. Sin embargo, el yo se siente independiente tanto del cuerpo como de la mente, con su propia identidad. En el caso de los que creen en el renacimiento, esta sensación de un yo separado se extiende a través de las vidas, con un yo independiente que nace en una vida y luego en otra. Incluso los que no creen en vidas múltiples piensan que la misma persona experimenta la infancia, la adolescencia, la edad adulta y la vejez. Aunque el cuerpo y la mente cambian constantemente, tenemos la sensación de un yo que perdura en el tiempo cuando decimos: "Fui joven y ahora soy viejo". Creemos que hay una persona que mantiene la continuidad del cuerpo y la mente a lo largo del tiempo.

Debido a la problemática identidad del yo, muchas escuelas no budistas plantean un yo o alma (*atman*) que tiene un estatus absoluto: es no cambiante, unitario y autónomo. Las escuelas budistas en general rechazan la noción de dicho yo, alma o principio eterno. Defienden que el yo o la persona depende de sus agregados mentales y físicos, y sólo sobre la base del continuo de los agregados físicos y mentales podemos decir que la persona existe a través del tiempo. Cuando el cuerpo y la mente envejecen, decimos que la persona envejece. Aparte del cuerpo y la mente, no podemos encontrar una persona autónoma que envejezca.

El Buda tenía claro que la concepción de un yo permanente, unitario e independiente es una construcción metafísica, una conjetura artificial que sólo existe en la mente de las personas que han pensado intelectualmente en ello. Nuestro sentido innato del yo no cree que existamos de esta manera. Aunque los seres conscientes no liberados tienen un sentido innato erróneo de un yo real, esta concepción del yo como no cambiante, monolítico y autónomo no es innata. Además, nuestro sentido ingenuo de que el yo es el dueño del cuerpo y la mente también es falso. El yo no existe como controlador independiente o amo de los agregados. De este modo, el Buda rechazó la autoexistencia y abrazó la ausencia de existencia esencial, *el no yo* –como lo tradujeron los traductores pali–. Varios sistemas de principios filosóficos contienen diferentes afirmaciones sobre el significado de la ausencia de identidad esencial, el yo que se niega y el yo que convencionalmente existe, que nace, muere, practica el sendero y alcanza la Liberación.

El *Sutra del corazón*, un sutra mahayana muy popular, habla de la comprensión de la vacuidad *incluso,* o *también,* de los cinco agregados, dependiendo de la traducción. Esto indica la amplia gama de fenómenos que son vacíos. Los cinco agregados de los que depende una persona son vacíos de existencia inherente. Puesto que son vacíos, también lo es la persona que depende de ellos. Dado que el *yo* es vacío de existencia inherente, *lo mío* también es vacío de existencia inherente. De la misma manera que los agregados y el yo son vacíos al ser designados dependiendo de sus partes, también son vacíos todos los demás fenómenos condicionados. Ya que todos los fenómenos condicionados son vacíos, todos los fenómenos no condicionados o no compuestos que se imputan necesariamente en relación con las cosas condicionadas son también vacíos. Finalmente, incluso la vacuidad, la naturaleza última de todos los fenómenos, es vacía de existencia inherente. Así como los seres conscientes del samsara son vacíos de existencia inherente, también lo son los budas que han alcanzado el Nirvana que No Mora.

¿Significa esto que no existe nada? ¿Quiere decir que cuando nos sentamos al sol, la persona que se quema es inexistente? Por supuesto que no. Aunque las personas y otros fenómenos no se pueden encontrar cuando se analizan, quien experimenta y lo que se experimenta siguen existiendo.

Comprender la naturaleza de la realidad es un reto. ¿Cómo podemos identificar y refutar lo que no existe y seguir estableciendo lo que sí existe? Para responder, las antiguas tradiciones filosóficas indias desarrollaron diversas teorías. Algunas aceptan el concepto de un alma o un yo eternos; otras afirman que existe una sustancia primordial de la que surge todo. Los budistas rechazan estas nociones. Por otra parte, algunas escuelas budistas aceptan la ausencia de identidad esencial de la persona y de los fenómenos, pero otras no lo aceptan. Entre los budistas que aceptan la ausencia de identidad esencial de la persona y los fenómenos, unos aceptan la existencia verdadera y otros no. Entre los que rechazan la existencia verdadera, unos mantienen alguna noción de existencia inherente a nivel convencional, mientras que otros rechazan la existencia inherente incluso convencionalmente. Por todo esto, existe un gran debate sobre la naturaleza de la realidad.

La raíz del samsara

En general, existen dos tipos de ignorancia: la ignorancia que malinterpreta el karma y sus efectos y la ignorancia que no comprende la naturaleza última (la ignorancia que se aferra a la identidad esencial). Aunque ambas son causa de la existencia cíclica, la ignorancia que se aferra la identidad esencial es la *raíz* de la existencia cíclica. Esta ignorancia no es sólo la carencia de sabiduría respecto a la naturaleza última, sino que también es una concepción errónea activa de la misma. El modo en que la ignorancia aprehende las personas y los fenómenos es totalmente opuesto al modo en que existen: aprehende lo contrario de lo que percibe la sabiduría que comprende la naturaleza última. Mientras que la ignorancia se aferra a los fenómenos como inherentemente existentes, la sabiduría los percibe como vacíos de existencia inherente. Esta ignorancia es el primero de los doce eslabones del surgimiento dependiente. En *Setenta estrofas sobre la vacuidad* (VV 64-65), Nagarjuna explica:

> El Maestro (Buda) dijo que la ignorancia es aquello que concibe las cosas producidas a partir de causas y condiciones como reales (inherentemente existentes). De ella surgen los doce vínculos [de la originación dependiente].

> Sabiendo bien que las cosas son vacías por el hecho de ver la realidad, la ignorancia no surge. Esa es la cesación de la ignorancia, por la cual cesan los doce vínculos.

Nagarjuna afirma que la raíz del samsara es la ignorancia que se aferra a la existencia inherente y el antídoto que la elimina es la percepción directa de la vacuidad de existencia inherente. Debido a que esta ignorancia es de dos tipos –aferrarse a la identidad esencial de la persona y aferrarse a la identidad esencial de los fenómenos–, hay dos tipos de identidad esencial: la identidad esencial de la persona y la identidad esencial de los fenómenos. *Persona*, en este contexto, se refiere a los seres de las seis clases (dioses, semidioses, humanos, animales, espíritus ávidos y seres infernales), así como a los aryas, arhats, bodhisatvas y budas. La persona es la que vaga por el samsara, cultiva el camino y alcanza la Liberación y el Despertar.

Por su parte, Chandrakirti dice que la visión errónea de una identidad personal (*satkayadrshti*) es la raíz del samsara (MMA 6.120):

> Viendo con su mente que todas las aflicciones y defectos surgen de la visión errónea de una identidad personal...

Puesto que Chandrakirti identifica la visión errónea de una identidad personal como la raíz del samsara y Nagarjuna identifica la ignorancia que se aferra a la existencia verdadera como la raíz, ¿hay dos raíces? No, estas dos no se consideran dos raíces diferentes del samsara, pues aprehenden sus objetos de la misma manera errónea –como existentes de forma inherente, verdadera o independiente–. La diferencia entre ellas es que la ignorancia es la superposición errónea de una identidad esencial en la persona y los fenómenos, mientras que la visión errónea de una identidad personal superpone la existencia inherente a nuestro propio *yo* y *lo mío*, no a otras personas o fenómenos[57]. Dice Tsongkhapa (FEW 56-57):

> La visión errónea de una identidad personal es la raíz de todas las demás aflicciones. Si fuera otra cosa que la ignorancia, habría dos raíces discordantes del samsara; por lo tanto, ambas [el aferramiento a la existencia inherente de la persona y de los fenómenos] se deben considerar como ignorancia.

La ignorancia debe ser eliminada para alcanzar el Nirvana. Sólo la sabiduría que percibe directamente la vacuidad tiene el poder de erradicar esta ignorancia porque refuta la existencia del objeto que la ignorancia sostiene como verdadero –existencia inherente, existencia por su propio lado, existencia por sus propias características, etc.–. Aunque el amor afectuoso, la meditación en la impermanencia y

---

57 La *superposición* (*samaropa*, T. *sgro btags, sgro 'dogs*) se refiere a la imputación de algo que no existe, como, por ejemplo, la identidad esencial de la persona o la identidad esencial de los fenómenos. Estas superposiciones son objetos de negación.

otras meditaciones son útiles para contrarrestar aflicciones específicas y son necesarias para alcanzar la Iluminación, no pueden erradicar la ignorancia. Por lo tanto, obtener la visión correcta de la vacuidad y percibirla de forma no conceptual es de crucial importancia.

En *Guirnalda preciosa*, Nagarjuna explica que el aferramiento a la identidad esencial de los fenómenos –específicamente de los agregados– es la causa del aferramiento a la identidad esencial de la persona (RA 35):

> Mientras exista el aferramiento a los agregados, existirá el aferramiento al yo. Además, cuando el aferramiento al yo existe, hay acción y de ella también hay nacimiento.

Basándose en el aferramiento al cuerpo y la mente como inherentemente existentes, surge el aferramiento al yo que existe dependiendo de ellos como inherentemente existente[58]. Así pues, el aferramiento a la identidad esencial de los fenómenos es la raíz de *todas* las aflicciones. Sin embargo, no podemos decir lo mismo de la visión errónea de una identidad personal, ya que es el efecto, no la causa, del aferramiento a la identidad esencial de los fenómenos. Sin embargo, para alcanzar la Liberación hay que eliminar ambos aferramientos.

---

58   Chandrakirti dice (MMA 1.3cd):

> Primero, con el pensamiento "yo", los seres se aferran a un yo; luego, con el pensamiento "mío", se apegan a las cosas [por ejemplo, a los agregados].

Del verso de Nagarjuna en *Guirnalda preciosa*, se puede deducir que el aferramiento a los agregados como verdaderamente existentes surge antes del aferramiento al yo como verdaderamente existente, pero Chandrakirti parece estar diciendo lo contrario, que primero surge el aferramiento al yo y luego el aferramiento a los agregados y el apegarse a ellos como *lo mío*. ¿Cómo resolvemos esta aparente contradicción? Nagarjuna está describiendo el proceso por el que surge el aferramiento a la identidad esencial del yo –que está cimentado en el hecho de aferrarse a los agregados como inherentemente existentes–. Por ejemplo, basándonos en el aferramiento a un sentimiento de tristeza como verdaderamente existente, decimos "estoy triste" y nos aferramos al yo como verdaderamente existente. Chandrakirti está hablando de la visión errónea de una identidad personal en la que el objeto observado es el *yo* o *lo mío*, no los agregados. No está diciendo que el aferramiento a la identidad esencial de la persona precede al aferramiento a la identidad esencial de los agregados, sino que aferrarse al yo como inherentemente existente precede a aferrarse a *lo mío* como inherentemente existente. *Lo mío* es otra forma de ver la persona. Aunque la noción de *lo mío* se basa en cosas como los agregados –decimos: "Este cuerpo es mío"–, no se aferra a ellos como inherentemente existentes: se aferra como inherentemente existente al *yo* que hace que las cosas sean *mías*.

El aferramiento a la identidad esencial de la persona tiene que ver con el aferramiento a que tanto nosotros como los demás somos inherentemente existentes. Aferrarse a que nosotros mismos existimos de forma inherente es la visión errónea de una identidad personal (como el *yo* y *lo mío*). A veces *la visión errónea de una identidad personal* se traduce como *la visión errónea de los agregados perecederos* o *visión de lo compuesto y transitorio*. Estas traducciones refutan dos puntos de vista erróneos. Primero, al decir que los agregados perecen, niega la idea de un alma inmutable y enfatiza que la persona y los agregados son momentáneamente impermanentes. En segundo lugar, *agregados* indica pluralidad, lo que niega la noción de que la persona es una unidad monolítica indivisible y afirma que la persona depende del conjunto de sus agregados físicos y mentales.

La visión errónea de una identidad personal es una "sabiduría" aflictiva: es una consciencia verificadora que malinterpreta su objeto. Según los prasangika, el objeto observado de la visión errónea de una identidad personal es el mero yo, la persona que convencionalmente existe. El objeto aprehendido y el objeto concebido es un yo verdaderamente existente, y esta consciencia es errónea con respecto a ambos porque se aferra a un yo verdaderamente existente, que no existe en absoluto, como existente.

Los yoguis empiezan examinando cómo existe el yo. ¿Podría existir el yo que piensan y sienten que existe objetivamente, el yo que es el objeto de la ignorancia que se aferra a la identidad esencial? Al investigar con el razonamiento cómo existe el yo, concluyen que no puede existir verdaderamente. La mente que se aferra erróneamente a un yo objetivo no se puede manifestar al mismo tiempo que la sabiduría que percibe la inexistencia de un yo objetivo, porque esas dos mentes son mutuamente excluyentes. La sabiduría tiene el poder de superar la ignorancia porque la sabiduría es una mente correcta, mientras que la ignorancia es errónea. Mediante la familiarización repetida con la sabiduría que comprende la vacuidad de un yo objetivo, se eliminan gradualmente el aferramiento a la identidad esencial, las aflicciones que dependen de él y sus semillas, y el samsara llega a su fin.

Cómo se aferra la ignorancia a su objeto

La ignorancia se aferra a las personas y a los fenómenos como inherentemente existentes, es decir, como si existieran por sí mismos, independientemente de todos los demás factores. Esta visión es errónea porque, de hecho, todo existe dependiendo de otros factores, incluyendo la imputación por el pensamiento y el nombre. *Las preguntas del Sutra Upali* (*Upalipariprccha Sutra*) dice:

> Aquí, las diversas flores florecientes que agradan a la mente y las atractivas y brillantes casas doradas supremas no tienen ningún creador [inherentemente existente]. Se postulan a través del poder del pensamiento. A través del poder del pensamiento se imputa el mundo.

Aunque todos los fenómenos existen al ser imputados, designados o postulados por la mente, la ignorancia los aprehende como existiendo exactamente al contrario —como existiendo por su propio poder, con su propia naturaleza inherente—. Según los prasangika madhyamika, el objeto observado por el (la mente del) aferramiento a la identidad esencial de los fenómenos son fenómenos como nuestro ojo, nuestra pierna, nuestra casa, nuestras emociones, etc. El objeto observado por (la mente del) aferramiento a la identidad esencial de la persona es el mero yo, la persona que existe convencionalmente, el yo designado dependientemente, el yo que se observa cuando generamos el mero pensamiento "yo". Este yo está atado al samsara, practica el sendero y alcanzará la Liberación.

El objeto concebido y el objeto aprehendido de los dos aferramientos a la identidad esencial es la existencia inherente —un yo inherentemente existente, agregados inherentemente existentes, etc.—. Digamos que sientes un intenso enfado hacia Tashi. Si examinas tu mente, notarás la idea de que Tashi es una persona objetiva que es la destinataria de tu enfado. El objeto concebido de este aferramiento a la identidad esencial es un Tashi inherentemente existente. En ese momento, haz una pausa y reflexiona: "¿Quién o qué es exactamente Tashi? ¿Es su cuerpo? ¿Su mente? ¿Un alma que está completamente separada de su cuerpo y de su mente?". Si Tashi existiera inherentemente tal y como aparece, deberías ser capaz de encontrar quién es realmente Tashi. Y si lo hicieras, el objeto concebido de la ignorancia existiría y la ignorancia sería un conocedor válido. Pero cuanto más buscas al Tashi "verdadero", más se hace evidente que no puedes aislar algo que sea él. De hecho, ocurre lo contrario: no puedes encontrar un Tashi verdadero con el que estés enfadado, y la intensidad de tu enfado disminuye.

La ignorancia que se aferra a la identidad esencial es una mente engañosa que nos ha confundido desde tiempos sin principio. Tiene dos niveles: innato (*sahaja*) y adquirido (*parikalpita*). Todos los seres que deambulan en el samsara tienen ignorancia innata, la raíz del samsara. La ignorancia adquirida proviene de aprender teorías filosóficas o psicológicas incorrectas. La ignorancia adquirida depende de involucrarse en un análisis incorrecto, mientras que la ignorancia innata se aferra a su objeto sin ningún análisis. Los fenómenos aparecen como inherentemente existentes y, asintiendo a esa apariencia, la ignorancia innata se aferra a ellos como si fueran inherentemente existentes. Para combatir la ignorancia, son esenciales la investigación y el análisis. Debemos usar nuestra inteligencia para examinar cómo sostiene su objeto la ignorancia y si las cosas existen de la manera en que la ignorancia las aprehende. Sólo a través de un análisis riguroso podemos convencernos de que los fenómenos no existen de la forma en que nos aparecen ordinariamente y que su modo real de existencia no es algo cosificado, objetivo y que esté "ahí fuera", sin relación con la mente. Hay otra forma de existencia, pero no es evidente para nuestra mente oscurecida y distraída.

La ignorancia es la fuente de todas las demás aflicciones. En *Cuatrocientos versos*, Aryadeva dice (CS 135):

> Así como el sentido del tacto [impregna] el cuerpo, del mismo modo la confusión está presente en todas [las aflicciones]. Por lo tanto, al trascender la confusión también se trascenderán todas las aflicciones.

En este caso, la confusión (*moha*) es sinónimo de ignorancia. La facultad sensorial del tacto impregna todas las partes del cuerpo, mientras que las otras facultades sensoriales –visual, auditiva, olfativa y gustativa– existen en áreas específicas: los ojos, los oídos, la nariz y la lengua, respectivamente. El sentido del tacto es análogo a la ignorancia innata, que impregna y está en la raíz de las otras aflicciones, mientras que las otras facultades sensoriales se asemejan a las demás aflicciones que dependen de la ignorancia. Aflicciones como la ira y el apego tienen sus propias funciones específicas que no se solapan entre sí, aunque ambas están basadas en la ignorancia. Las otras aflicciones no funcionan por sí mismas, sino que existen a expensas de la ignorancia innata.

Al eliminar la ignorancia, se detienen todas las aflicciones que dependen de ella, del mismo modo que al arrancar un árbol, sus ramas y sus hojas mueren. En *Tratado sobre el camino medio*, Nagarjuna dice (MMK 18.4):

Cuando se extinguen los pensamientos de *yo* y *mío* con respecto a las cosas internas y externas, los apropiadores [de los agregados –las aflicciones y el karma–] se detendrán, y debido a su extinción, se extinguirá el nacimiento.

"Los pensamientos de *yo* y *mío*" se refieren a la visión errónea de una identidad personal que se aferra al *yo* y *lo mío*. Cuando esto se extingue, cesan las aflicciones y el karma contaminado. Sin aflicciones ni karma contaminado, el nacimiento en el samsara –el undécimo de los doce vínculos de originación dependiente– no puede ocurrir.

Los aryas siguen creando karma, pero no el karma que conduce a un renacimiento en el samsara. Su karma no contaminado da como resultado la Liberación y la Iluminación. Los arya bodhisatvas "nacen" –es decir, se manifiestan– en nuestro mundo debido a la fuerza de la sabiduría y la compasión, no de la ignorancia.

REFLEXIONES ——————————————————————

1. ¿Qué es la visión errónea de una identidad personal?
2. ¿A qué es análoga la visión errónea de una identidad personal y en qué se diferencia de la ignorancia que se aferra a la identidad esencial?
3. ¿Cuál es la raíz del samsara? ¿Qué significa ser la raíz del samsara?

El desarrollo de las aflicciones en la vida diaria

Aunque las aflicciones surgen a menudo rápidamente en nuestra mente y parecen salir de la nada, se desarrollan a través de un proceso secuencial. Para tener la noción de *yo*, deben aparecer uno o más de nuestros agregados mentales o físicos. Sobre la base de esta apariencia, surge un sentido válido del yo. Este yo existe al ser meramente designado sobre la base de los agregados. Cuando la ignorancia observa este mero yo, se aferra erróneamente a él como si existiera de forma inherente. Ese aferramiento es la visión errónea de una identidad personal que se aferra al yo (*ahamkara*).

Sobre esta base, surge la visión errónea de una identidad personal que se aferra a *lo mío* (*mamakara*) cuando pensamos: "Este es mi cuerpo. Estos son mis pensamientos". El objeto del aferramiento a *lo mío* es el sentido de "es mío", el yo que hace las cosas *mías*, no es el cuerpo ni los pensamientos en sí. Aferrarse al cuerpo o a los pensamientos como algo inherentemente existente es la ignorancia que se aferra a la identidad esencial de los fenómenos, no la ignorancia que se aferra a la identidad esencial de la persona. Tsongkhapa dice (FEW 43):

[…] el objeto observado por una consciencia innata que piensa "mío" es ese mismo "mío". No hay que sostener que los propios ojos, etc. son el objeto observado.

El cuerpo, la inteligencia, la mesa, etc. son *ejemplos* de *lo mío* porque normalmente decimos: "Este cuerpo es mío. Esta mesa es mía". Pero el objeto observado del aferramiento a *lo mío* es el "mío" que es el poseedor, y no el cuerpo, la inteligencia o la mesa.

Una vez que nos aferramos al yo como inherentemente existente, rápidamente aparecen el apego, el enfado y otras emociones destructivas, porque queremos dar placer a este yo y protegerlo del dolor. Estos factores mentales surgen muy rápidamente, uno tras otro. Si nuestra atención es aguda, podemos observar este proceso y desbaratarlo. De lo contrario, estas aflicciones nos controlan.

El aferramiento a la existencia inherente del *yo* y el aferramiento a la existencia inherente de *lo mío* son mentes erróneas. No están presentes cada vez que usamos las convenciones "yo" y "mío". Cuando decimos casual y tranquilamente: "Estoy andando", o: "Este libro es mío", no está presente el aferramiento al yo o a lo mío. Esta forma de aprehender el yo y lo mío difiere en gran medida del aferramiento a la identidad esencial que se produce cuando pensamos con arrogancia: "Soy famoso", o decimos con codicia: "Esto es mío".

REFLEXIONES

1. Observa cómo te relacionas con las personas y con tu entorno cuando las aflicciones están presentes en tu mente, como, por ejemplo, cuando ansías una determinada comida, ansías el amor o estás muy enfadado o molesto.

2. Observa cómo te relacionas con la misma gente y los mismos objetos cuando las emociones aflictivas no se manifiestan en tu mente.

3. Reflexiona sobre que esta diferencia se debe a la presencia o ausencia de la ignorancia que se aferra a la identidad esencial, que es la base de todas las aflicciones. Hazte una idea de cómo te aparecen las cosas cuando está presente el aferramiento a la existencia verdadera y cuando no lo está.

4. Reflexiona sobre que este aferramiento a la existencia verdadera es una mente errónea, así como la fuente de todas las aflicciones, y toma la determinación de eliminarlo desde la raíz.

Atención inadecuada y concepciones distorsionadas

Basadas en la ignorancia, las concepciones distorsionadas (*atención inadecuada, ayonisho-manaskara*) superponen el atractivo o la fealdad en los objetos que creemos que existen realmente. Otros tipos de concepciones distorsionadas proyectan la permanencia en las cosas impermanentes, la pureza en las cosas impuras y el placer en las cosas que son insatisfactorias por naturaleza.

Cuando aprehendemos un objeto que aparece como atractivo, nos apegamos a él; cuando aprehendemos un objeto que aparece como desagradable, generamos aversión, y cuando aprehendemos un objeto neutro, permanecemos indiferentes. Estas y otras emociones perturbadoras dependen de la ignorancia y no operan al margen de ella.

Tanto las actitudes virtuosas como las aflicciones surgen dependiendo del factor mental de la atención. La atención adecuada conduce a actitudes y emociones virtuosas –como la compasión y la ecuanimidad–, mientras que la atención inadecuada (concepción distorsionada) produce otras perturbadoras, como la animosidad y la arrogancia. Un practicante que desarrolla la atención apropiada, que ve los placeres samsáricos como impermanentes e insatisfactorios y ve el Nirvana como gozoso, generará fácilmente la determinación de liberarse. Alguien que habitualmente interpreta las acciones de los demás como sospechosas y maliciosas irá por la vida con miedo, desconfianza y enfado. Dado que la concepción distorsionada malinterpreta los datos de los sentidos, proyecta y exagera cualidades positivas o negativas, imputa motivaciones en los demás, etc., es importante monitorizar nuestra mente con mucha atención.

El objeto observado tanto del amor como del apego son los seres conscientes. La atención adecuada ve a los seres conscientes como bondadosos, sujetos a duhkha y poseedores de la naturaleza de buda. De ella surgen la empatía, el amor y la compasión. La atención inadecuada ve a los seres conscientes como permanentes y deseables, lo que lleva a aferrarse a ellos. En ambos casos, los seres conscientes aparecen como existiendo verdaderamente. Tanto el amor como el apego son consciencias *equivocadas* en el sentido de que los seres conscientes aparecen como verdaderamente existentes para ellas. Sin embargo, el amor no es una consciencia *errónea* porque, convencionalmente, ve a los seres conscientes de una manera real. El apego, el enfado y otras aflicciones son consciencias erróneas porque ven sus objetos de forma distorsionada, basándose en una concepción distorsionada que proyecta en ellos cualidades como la permanencia, la belleza, la fealdad, el placer y el sufrimiento.

Aquí vemos la diferencia entre dos tipos de *consciencias innatas* (T. *blo lhan skyes*): las que son convencionalmente correctas y las que no lo son. En el primer caso, sus objetos existen convencionalmente y no pueden ser refutados por el razonamiento. Estas incluyen las mentes del amor y del perdón, las consciencias que aprehenden las manzanas o las personas y los razonamientos que examinan la impermanencia, etc. En el segundo caso, sus objetos pueden ser refutados por el razonamiento y no existen ni siquiera convencionalmente. Entre este tipo de consciencias se encuentran el apego, la ansiedad, el resentimiento y el aferramiento a la existencia verdadera.

Los factores mentales virtuosos y los conocedores válidos convencionales no son eliminados por la sabiduría que comprende la vacuidad, porque la concepción distorsionada no opera sobre ellos. Nuestra comprensión de la vacuidad y del surgimiento dependiente los purificará de la influencia de la concepción distorsionada y de la ignorancia, lo que les permite operar más plenamente y desarrollarse por completo.

Conceptualizaciones y elaboraciones

Esto nos lleva al tema de las conceptualizaciones y elaboraciones, que también propician que surjan las aflicciones. Nagarjuna dijo (MMK 18.5):

> A través del cese del karma y las aflicciones hay Nirvana. El karma y las aflicciones provienen de la conceptualización. Esta proviene de las elaboraciones.

Las elaboraciones cesan mediante [o en] la vacuidad. En la primera línea, Nagarjuna define el Nirvana como la cesación completa del karma y las aflicciones como resultado de aplicar el antídoto, la sabiduría que comprende la vacuidad. ¿Cómo se produce el Nirvana, el estado de verdadera libertad? Al cesar la ignorancia del primer vínculo, sus ramas (las aflicciones) cesan, así como las acciones composicionales del segundo vínculo (karma). De este modo, el renacimiento resultante en el samsara llega a su fin. ¿De dónde provienen las aflicciones y el karma? De las conceptualizaciones (*vikalpa viparyasa*) que implican conceptos distorsionados por los que nos enfocamos en los aspectos atractivos o no atractivos que imaginamos en los objetos. Las conceptualizaciones son alimentadas por las elaboraciones (*fabricaciones mentales, proliferaciones, prapañca, papañca*), que aquí se refiere principalmente a la ignorancia que se aferra a la existencia inherente. La cesación de estos cuatro –karma, aflicciones, conceptualizaciones y elaboraciones– es el Nirvana.

El hecho de que distintas personas tengan reacciones muy diferentes ante el mismo objeto demuestra que las aflicciones surgen de nuestras propias conceptualizaciones subjetivas, no del lado del objeto. No podemos explicar cómo surge el apego sobre la base de que el objeto sea deseable o atractivo en sí mismo. Tampoco podemos explicar que surja el enfado por el hecho de que el objeto sea objetivamente desagradable o amenazante, porque un objeto puede despertar distintas emociones en distintas personas, así como emociones opuestas en la misma persona en diferentes momentos. Para Jeff el fútbol es interesante, para Lucy es aburrido. Cuando Sarah tiene hambre, le apetece comer, pero después de haber comido hasta saciarse, la misma comida le resulta poco apetecible. Esto demuestra que nuestras conceptualizaciones e interpretaciones subjetivas son condiciones poderosas que dan lugar a estas reacciones emocionales.

Cuando hablamos de que un objeto es atractivo o nada atractivo, debemos verlo en relación con una persona o grupo de personas concreto. "Esta persona es atractiva" significa en realidad "La encuentro atractiva". "Este lugar es repugnante" indica en realidad "Para mí es repugnante". Las cualidades de ser atractivo y no atractivo dependen de la perspectiva del individuo que las experimenta. Nuestras conceptualizaciones subjetivas son los principales factores que dan lugar a nuestras reacciones emocionales.

Podemos ver esto claramente observando a las personas que encontramos en nuestra vida diaria. Algunos individuos son muy egoístas, referenciando todos los objetos y acontecimientos a sí mismos. Una frase corta o un pequeño acontecimiento malinterpretado por su atención inadecuada puede desencadenar instantáneamente fuertes reacciones emocionales en estas personas. No pueden tolerar lo que perciben como una crítica y estallan de enfado cuando escuchan palabras que no son ofensivas para todos los demás[59]. También conocemos a personas más relajadas y poco centradas en sí mismas. Podemos burlarnos de ellas y se ríen y no se ofenden. Admiten sus defectos y debilidades sin tratar de ocultarlos. Las conceptualizaciones e interpretaciones de un individuo determinan cómo experimenta a una persona, un objeto o una situación. Sus reacciones emocionales surgen principalmente de ellas, no de los objetos en sí.

Un ponente de una conferencia a la que asistí me dijo que las personas que utilizan excesivamente los pronombres de primera persona *yo*, *me* y *mío* tienen un mayor riesgo de sufrir un ataque al corazón. Otro científico explicó que cuando desarrollamos sentimientos hostiles hacia alguien, el 90% de la negatividad que vemos en ese objeto es nuestra propia proyección mental. Aunque este científico no es budista, su punto de vista concuerda con la explicación budista de cómo surgen las aflicciones. El Buda señaló que el atractivo y la falta de atractivo que provocan el surgimiento del apego y la ira son predominantemente una función de nuestra propia conceptualización, a menudo errónea. Tendemos a ver a una persona, un objeto o una situación como algo 100% atractivo o 100% repugnante, mientras que pocas cosas, si es que hay alguna, son así.

REFLEXIONES ―――――――――――――――――――――

1. Recuerda una situación inquietante de tu vida. Recuerda lo que pensabas y sentías. Examina cómo tus actitudes crearon tu percepción y experiencia.

2. Examina cómo tu actitud afectó a lo que dijiste e hiciste en la situación. ¿Cómo calmó o agitó la situación tu comportamiento?

3. ¿Fue tu actitud realista? ¿Estabas viendo todos los detalles de la situación o estabas viendo las cosas a través de los ojos del yo, mi, mío?

4. Considera otras formas en las que podrías haber visto la situación y cómo eso habría cambiado tu experiencia al respecto.

5. Decídete a ser consciente de cómo estás interpretando los acontecimientos de tu vida y a desarrollar formas beneficiosas y realistas de ver las cosas.

---

59 Esto difiere de los flashbacks y los ataques de pánico causados por traumas anteriores.

Las conceptualizaciones proceden de elaboraciones, la principal de las cuales es aferrarse a las personas y los fenómenos como inherentemente existentes. La palabra *elaboraciones* tiene varios significados según el contexto y hay varios tipos de elaboraciones.

- La elaboración de existencia inherente es el objeto de negación.
- La elaboración de aferrarse a la existencia verdadera o inherente (T. *bden 'dzin gyi spros pa*) es la raíz del samsara y el principal culpable.
- La elaboración de estados mentales aflictivos se deriva de aferrarse a la existencia inherente.
- La elaboración del dualismo es que el sujeto y el objeto aparezcan como separados (T. *gnyis snang gi spros pa*).
- La elaboración de la apariencia de existencia inherente (T. *bden snang gi spros pa*).
- La elaboración de convencionalidades (T. *kun rdzob kyi spros pa*) es la multiplicidad de verdades convencionales. Desde la perspectiva de un conocedor directo de la vacuidad, las verdades convencionales no existen porque no son la naturaleza última. Sin embargo, a nivel convencional existen.
- La elaboración del objeto (T. *chos chan gyi spros pa*) se refiere a un objeto y sus propiedades —por ejemplo, la vacuidad es una propiedad o atributo de una persona; surgir y cesar son características de los fenómenos impermanentes—. Este tipo de relación existe para una mente conceptual; para un percibidor directo de la vacuidad, sólo aparece la vacuidad.
- La elaboración de la conceptualidad (T. *rtog pa'i spros pa*) se refiere a cualquier concepto o pensamiento que conoce su objeto por medio de una apariencia conceptual.
- Las elaboraciones de los ocho extremos son aprehender con existencia inherente el surgimiento y la desintegración, la aniquilación y la permanencia, el ir y el venir y la igualdad y la diferencia. Estos también son objetos de negación.
- La elaboración de los aires y mentes burdos (T. *rlung sems rags pa'i spros pa*), de la que se habla en el tantra, incluye todos los aires y mentes excepto la mente de la luz clara innata fundamental y el aire más sutil, que es su montura.

Nagarjuna describe la vacuidad como la disolución total de las elaboraciones. Algunas elaboraciones no existen porque son opuestas a la naturaleza última de la realidad –por ejemplo, las elaboraciones de existencia inherente y las elaboraciones de los ocho extremos–. Estas elaboraciones son objetos de negación que se refutan mediante el razonamiento. Existen otras elaboraciones como, por ejemplo, la elaboración de las convencionalidades, la elaboración del objeto y la elaboración de la conceptualidad. Aunque estas elaboraciones existen, tampoco son la naturaleza última de la realidad.

Ninguna de estas elaboraciones –ya sean existentes o inexistentes– están presentes en la estabilidad meditativa de los aryas en la vacuidad. Se dice que los aryas en estabilidad meditativa comprenden directamente la vacuidad porque no perciben las elaboraciones. Sin embargo, esto no significa que se nieguen las características válidas de los fenómenos que surgen de forma dependiente o que no existan de forma convencional, sino que los aryas en estabilidad meditativa no las perciben cuando su mente está totalmente mezclada, de forma unipuntualizada y directa, con la vacuidad. Sin embargo, existen de forma convencional en los fenómenos originados de forma dependiente.

Por lo tanto, debemos distinguir entre la vacuidad, que es la naturaleza última de la realidad, y tener la naturaleza de la vacuidad. Los fenómenos convencionales –como nuestros padres, la mesa y el gobierno– no son la vacuidad, pero tienen la naturaleza de la vacuidad puesto que son vacíos de existencia inherente. Desde la perspectiva de la estabilidad meditativa que percibe directamente la vacuidad y está totalmente mezclada con la vacuidad, estos fenómenos convencionales no existen porque no son perceptibles para alguien en dicha estabilidad meditativa.

Revisemos la secuencia causal del samsara: la elaboración del aferramiento a la existencia inherente da lugar a concepciones distorsionadas –procesos de pensamiento erróneos– que, a su vez, provocan aflicciones. Las aflicciones conducen a la realización de actos que provocan el renacimiento en el samsara y el duhkha que lo acompaña. Pongamos una analogía rudimentaria. La ignorancia que se aferra a la identidad esencial y sus elaboraciones es como el jefe sin escrúpulos de una empresa que fabrica productos defectuosos; las conceptualizaciones y los conceptos distorsionados son como los vendedores que exageran las cualidades del producto; las aflicciones son como nuestra firma del contrato, y el karma son todas las acciones que realizamos después.

¿Qué pone fin a esta cadena de acontecimientos? La comprensión de la vacuidad de existencia verdadera. Poner fin a las elaboraciones implica desmantelar todo el aferramiento a una base objetiva (T. *yul gyi ngos nas yod pa*) en la persona y en los fenómenos, desmontar todo el aferramiento a la persona y los fenómenos como si tuvieran una esencia inherente e independiente.

La vacuidad está libre de todas esas elaboraciones y la comprensión directa de la vacuidad erradica gradualmente todo aferramiento a cualquier fundamento objetivo que pueda servir como base para aferrarse a la existencia inherente. Esto implica la negación de toda existencia inherente y de las características inherentes incluso a nivel convencional.

En general, *conceptualizaciones* y *conceptualidad* (*kalpana*)[60] son sinónimos y se refieren al pensamiento –una mente que conoce su objeto a través de una apariencia conceptual–[61]. En el verso anterior de Nagarjuna, *conceptualizaciones* tiene una connotación negativa, pero en el mundo convencional los pensamientos pueden ser útiles. Al fin y al cabo, tanto el aprendizaje de las enseñanzas del Buda como la reflexión sobre ellas tienen lugar en el contexto del lenguaje y el pensamiento. Hay diferentes tipos de conceptualizaciones; algunas son útiles en el sendero y otras no. Algunos ejemplos de conceptualización son:

- Conceptualizaciones virtuosas. La sabiduría que comprende la vacuidad es conceptual en los niveles de aprendizaje, pensamiento y en la fase inicial de la meditación. Esta consciencia conceptual no conoce la vacuidad directamente, pero es un paso esencial para comprender la vacuidad directamente. Las comprensiones del aspecto del método del sendero –incluyendo la aspiración a alcanzar la Liberación, el amor, la compasión y la bodhichi-

---

60 La palabra *rtog pa* es la traducción tibetana de dos palabras sánscritas. La primera es *kalpana*, que tiene el significado de *conceptualidad* como se describe aquí. La segunda es *investigación* (*vitarka, vitakka*), que es un factor mental que se implica con su objeto de forma burda. También es útil distinguir *rtog pa* de *rtogs pa*, que significa *comprensión experiencial* (*adhigama*).

61 El significado de *consciencia conceptual* y *apariencia conceptual* se explica en *Fundamentos de la práctica budista*, 99-108 (Ediciones Amara).

ta– son todas consciencias conceptuales de los seres conscientes. Sólo en el continuo de los budas no son conceptuales.
- Conceptualizaciones que implican concepciones distorsionadas. Entre ellas se encuentran las cuatro concepciones distorsionadas que ven lo impermanente como permanente, lo impuro como puro, lo desagradable como agradable y lo que carece de identidad esencial como si la tuviera[62].
- El pensamiento discursivo, que es un impedimento para desarrollar la permanencia apacible.
- Aflicciones. Todas las visiones y emociones aflictivas son conceptualizaciones. No ven sus objetos correctamente y son erróneas.
- La concepción de existencia verdadera –o aferramiento a la existencia verdadera– (T. *bden 'dzin gyi rnam rtog*). Como raíz del samsara, es la clase más perjudicial de conceptualización.
- La concepción de la vulgaridad (T. *tha mal pa'i rnam rtog*). Se encuentra en el contexto del tantra.

Los diferentes significados de *conceptualización* y *concepción* nos desafían a ser conscientes de los diversos contextos en los que se utilizan estos términos. Ciertos tipos de concepción son útiles y necesarios en el sendero hacia la Budeidad. Sin embargo, cuando culmina el sendero, se deben trascender todas las concepciones, ya que los budas conocen todos los fenómenos de forma directa y no conceptual[63].

Según la traducción tibetana del verso de Nagarjuna, el cese de las elaboraciones –especialmente la del aferramiento a la existencia inherente– es provocado por la vacuidad. Aquí se utiliza el caso instrumental, indicando que las elaboraciones cesan *con* la sabiduría que

---

62 Ver *Samsara, Nirvana, y naturaleza de buda*, 44-46 y 145-147, (Ediciones Amara) para más información sobre las concepciones distorsionadas.

63 En el homenaje del *Comentario a Compendio de la cognición válida* (de Dignaga), Dharmakirti rinde homenaje a Buda Shakyamuni refiriéndose a él como "el que ha eliminado la red de conceptualizaciones". Aquí *conceptualizaciones* se puede interpretar de dos maneras: como conceptualizaciones distorsionadas –como el aferramiento a la identidad esencial– o como conceptualizaciones en general. En términos de la comprensión inferencial de la vacuidad –una consciencia conceptual que es un recurso en el sendero–, a medida que un meditador avanza en el sendero, el velo de la conceptualidad cae gradualmente y ve la vacuidad directamente tal como es. Esta comprensión no conceptual tiene el poder de erradicar completamente las aflicciones. En el caso de la bodhichita, se dice que la bodhichita de un buda también es no conceptual.

comprende la vacuidad. La ignorancia *se aferra* a la existencia inherente de todos los fenómenos, mientras que la sabiduría que comprende la vacuidad *niega* la existencia inherente de los fenómenos y percibe su opuesto: la vacuidad de existencia inherente. Tanto la ignorancia como la sabiduría se enfocan en el mismo objeto, pero se relacionan con él de manera radicalmente opuesta.

En un comentario oral sobre el *Tratado sobre el camino medio*, Khunu Lama Rimpoché, un gran maestro budista y erudito del sánscrito, explicó que en sánscrito esta última línea también se puede leer en caso locativo, es decir, que las elaboraciones cesan *en* la vacuidad. Esta última lectura tiene un profundo significado porque todas las elaboraciones y engaños surgen en la naturaleza vacía de la mente. El creador último de todos los fenómenos tanto del samsara como del Nirvana es la mente. Todas las aflicciones son creadas por la mente y, en última instancia, se deben limpiar en la naturaleza de la propia mente. En el momento en que un meditador tiene una experiencia no dual de la vacuidad, todas las elaboraciones y engaños se disuelven de nuevo en esa realidad –en la vacuidad de la mente–. La vacuidad en la que se han extinguido todas las aflicciones mediante el antídoto de la sabiduría es la verdadera cesación de duhkha y sus orígenes, es el Nirvana. En este sentido, todas las elaboraciones se extinguen en la esfera de la realidad.

El resultado –la Budeidad– también es un estado mental. La mente juega un papel tremendamente importante en el proceso de purificación y perfección. *Continuo sublime* (*Ratnagotravibhaga Shastra*, *Uttaratantra Shastra*) afirma que todos los contaminantes de la mente son eventuales –se pueden separar de la mente– y que todas las cualidades iluminadas de la mente omnisciente del Buda existen como potenciales en la mente de los seres conscientes.

Una afirmación en la literatura sakya dice que en la base, que es la mente base de todo causal[64], todos los fenómenos del samsara y del Nirvana están completos. La mente base de todo es, en cierto sentido, la mente innata fundamental de la luz clara. En el nivel de los seres ordinarios, esta consciencia base de todo se llama *continuo causal*. Dentro de ese continuo causal, todos los fenómenos del samsara están completos bajo la forma de sus características naturales,

---

64 En la tradición sakya, el significado de *mente base de todo* es diferente del que tiene en el sistema yogachara.

todos los fenómenos de los senderos y bases están completos bajo la forma de sus cualidades y todas las cualidades iluminadas de la mente omnisciente del Buda están completas bajo la forma de sus potenciales. Esta bella y completa imagen resume la esencia de la perspectiva sakya sobre la base, el sendero y el resultado.

En el dzogchen de los nyingma, en el mahamudra de los kagyu, en la visión de la unión de la profundidad y la claridad del Lamdre de los sakya y en la comprensión guelug de la *mente aislada* según el *Tantra de Guhyasamaja*, en todos ellos, se hace hincapié en la comprensión de la naturaleza última de la mente. Aunque en la estabilidad meditativa no hay diferencia entre la vacuidad de la mente[65] y la vacuidad de los objetos externos, la contemplación de la vacuidad de la mente se enfatiza en las prácticas meditativas de las cuatro tradiciones del budismo tibetano porque tiene un impacto muy significativo en la mente del practicante.

REFLEXIONES

1. Recuerda un suceso que te haya preocupado.
2. Intenta identificar la elaboración fundamental –el aferramiento a la identidad esencial– que surgió y se aferró a las personas y los elementos de la situación como algo que existía objetivamente "ahí fuera".
3. ¿Cuáles fueron las concepciones distorsionadas –por ejemplo, ver las cosas impermanentes como permanentes– que surgieron?
4. ¿Qué otras concepciones distorsionadas (atención inadecuada…) estaban activas en la interpretación de los elementos de la situación?
5. ¿Qué aflicción(es) –como el apego, el enfado, los celos, la arrogancia, etc.– surgieron?

El cese del samsara

La ignorancia que se aferra a la identidad esencial es una mente errónea. Puesto que sus objetos concebidos y aprehendidos –la identidad esencial (la existencia inherente) de la persona y la identidad esencial de los fenómenos– no existen, desarrollar la sabiduría que ve

---

[65] En este contexto, el término *mente* se utiliza en un sentido general que abarca todo tipo de sucesos cognitivos, sin distinguir entre *sems* (mente) y *rig pa* (consciencia inmaculada).

las cosas tal como son en realidad reduce esta ignorancia y finalmente la erradica por completo. Chandrakirti perfila el proceso por el que los yoguis entran en la vacuidad y hacen realidad la sabiduría liberadora refutando primero el objeto concebido de la visión errónea de una identidad personal (LC 3:120-21):

> Los yoguis que desean entrar en la realidad y cuyo deseo es eliminar todas las aflicciones y faltas examinan la pregunta: "¿Cuál es la raíz del samsara?". Cuando lo investigan a fondo, ven que el samsara tiene como raíz la visión cosificadora de una identidad personal y ven que el yo es el objeto observado por esa visión cosificadora de una identidad personal. Ven que no observar el yo lleva a eliminar la visión cosificadora de una identidad personal y que, al eliminar esto, se superan todas las aflicciones y faltas. Por lo tanto, al principio sólo examinan el yo, preguntándose: "¿Cuál es el yo que es el objeto del aferramiento al yo?".

Tsongkhapa confirma la necesidad de refutar el objeto concebido por el aferramiento a la identidad esencial (FEW 56-7):

> ...sin refutar el objeto del aferramiento a la identidad esencial de la persona, no se puede producir el logro de la ausencia de identidad esencial... Además, dado que los dos aferramientos a la identidad esencial operan principalmente dentro de la observación de las cosas funcionales –la persona y los fenómenos–, es necesario constatar que precisamente esas bases, con respecto a las cuales se comete el error, no existen del modo en el que nos aferramos a ellas.

Una vez identificado el objeto de negación, los yoguis se dedican a refutarlo. Al familiarizar su mente con la comprensión directa de la vacuidad, erradican las aflicciones adquiridas e innatas y toda la estructura del samsara comienza a desmoronarse. El *Sutra sobre los secretos del Tathagata* (FEW 56) dice:

> Shantimati, es así. Por ejemplo, cuando se cortan las raíces de un árbol, todas las ramas, las hojas y las ramillas se secan. Shantimati, de forma similar, cuando la visión errónea de una identidad personal se pacifica, todas las aflicciones [raíz] y las aflicciones auxiliares se pacifican.

Aunque no todas las enseñanzas del Buda hablan directamente de la ausencia de identidad esencial, conducen directa o indirectamente a dicha comprensión. No se pueden eliminar las visiones erróneas y las aflicciones simplemente haciendo oraciones de aspiración. Debemos desarrollar la sabiduría que se opone directamente a sus perspectivas falsas y erróneas.

El mero hecho de permanecer en un estado de no conceptualidad o sin actividad mental no elimina estos oscurecimientos. Aunque no surjan engaños en un estado no conceptual, no hay nada en el contenido no conceptual de esa experiencia que contrarreste o reduzca su poder.

Las elaboraciones perturbadoras se eliminan al comprender que la existencia inherente no existe en absoluto. Esto se logra mediante la consciencia investigadora (*yuktijñana*) que analiza lo último. Las consciencias investigadoras son de dos tipos: (1) la consciencia investigadora conceptual (inferencial) que comprende la vacuidad dependiendo de una razón, y (2) la sabiduría inmaculada no conceptual de la estabilidad meditativa de un arya que percibe la vacuidad directamente y no de modo conceptual. Esta última consciencia investigadora no está analizando activamente la vacuidad, sino que, puesto que ha llevado a cabo previamente un análisis profundo, ha dado lugar a la unión de la permanencia apacible y la visión superior enfocada en la vacuidad.

Ambos tipos de consciencia investigadora dañan la elaboración de la existencia inherente, pero la sabiduría inmaculada de la estabilidad meditativa de un arya en la vacuidad erradica la elaboración de la conceptualidad porque percibe la vacuidad directamente, no a través de una apariencia conceptual. Esta estabilidad meditativa está libre de la elaboración de la apariencia dual, porque esa sabiduría y su objeto (la vacuidad) son indistinguibles cuando se experimentan, como agua vertida en agua. Sin embargo, la consciencia investigadora conceptual sigue teniendo la apariencia de sujeto y objeto: esta sabiduría ha eliminado sólo una parte de las elaboraciones.

Mucha gente asocia el conocimiento conceptual con el conocimiento intelectual, pero en el Budadharma el análisis no consiste en acrobacias intelectuales ni en hacer malabarismos con una proliferación de palabras: implica el proceso de observar cómo le aparecen las cosas a la mente, cómo existen para la ignorancia que se aferra a ellas y luego investigar si las cosas realmente existen o no de esa manera. Una consciencia investigadora conceptual que comprende la vacuidad contrarresta la creencia en la existencia inherente y tiene un poderoso efecto en nuestra mente.

La vacuidad es una negación no afirmativa

Para identificar el objeto aprehendido –el objeto comprendido– por la sabiduría que comprende la vacuidad, debemos entender las negaciones no afirmativas (*prasajya-pratishedha*) y en qué se diferencian de las negaciones afirmativas (*paryudasa-pratishedha*). Una negación afirmativa niega una cosa al tiempo que afirma otra. En la expresión "Un acontecimiento infeliz", se niega la felicidad, pero se afirma un acontecimiento. La negación no afirmativa, en cambio, es una mera negación: excluye algo sin implicar nada más. Un ejemplo es "Sin azúcar". En este caso, se niega el azúcar y no se implica ni se afirma nada más en su lugar.

Las negaciones no afirmativas son ausencias y, como tales, son fenómenos permanentes. La mayoría de los esencialistas dicen que los fenómenos permanentes no los pueden conocer los percibidores directos, ya sean percibidores directos sensoriales, mentales o yóguicos. Sin embargo, los madhyamikas dicen que la vacuidad de existencia verdadera puede ser percibida directamente por un percibidor directo yóguico.

Según los madhyamikas, el objeto aprehendido de la sabiduría que comprende la vacuidad es una negación no afirmativa. Es simplemente la negación de la existencia inherente. Aparte de esa mera negación, no se aprehende ni se afirma nada más. Aunque estamos acostumbrados a pensar en términos de fenómenos afirmativos o *positivos* que podemos señalar y ver, la vacuidad es la mera refutación de la existencia inherente. En este contexto, *positivo* y *negativo* no se refieren a la virtud y la no virtud: estos términos indican que algo se plantea de forma afirmativa o negativa. Hacer una afirmación positiva como "Hay una gallina" influye en la mente de una manera: empieza a pensar en todos los atributos de la gallina y en lo que hace. Pero decir "Aquí no hay ningún elefante" nos deja con la mera negación de un elefante.

El propósito de desarrollar la visión correcta de la vacuidad es socavar cualquier base objetiva –cualquier fenómeno inherentemente existente– que pueda dar lugar a aflicciones como la codicia, el enfado, etc. Ser capaz de refutar la existencia inherente y enfocarse en esa mera negación tiene un poder liberador.

Por ejemplo, si tienes miedo de que haya una serpiente en tu habitación y tu amigo busca por toda la habitación y, al no encontrar ninguna serpiente, te dice: "Aquí no hay ninguna serpiente", esa mera afirmación tiene el poder de disipar tu miedo. Sin embargo, si tu amigo te dice: "No hay ninguna serpiente, pero he visto un escorpión", tu miedo no se calma. Del mismo modo, la sabiduría que comprende la vacuidad sólo conoce la ausencia de existencia inherente: ha desmontado cualquier base objetiva a la que te pudieras aferrar y no proyecta nada más. Comprender una negación no afirmativa puede tener un fuerte impacto en tu mente. Piensa en las personas que pasaban todos los días por delante de las torres gemelas del World Trade Center de Nueva York y de repente un día las torres ya no están allí. Esas personas conocen la ausencia de las torres.

Como mera negación que no implica nada en su lugar, se dice que la vacuidad se asemeja al espacio vacío. El espacio no producido, que es la mera negación de la obstrucción física, es también una negación no afirmativa. Aunque tanto la vacuidad como el espacio son meras negaciones que no afirman nada en su lugar, no son lo mismo. El espacio es la mera negación de la obstrucción física y la vacuidad es la mera negación de la existencia inherente. Ambas negaciones se deben diferenciar en meditación: comprender la segunda lleva a la Liberación; comprender la primera, no.

El Segundo Dalai Lama explica que sólo la frase "libre de elaboración" o "sin elaboración" es una negación no afirmativa. Estas palabras niegan la elaboración de la existencia inherente, pero no establecen nada positivo en su lugar. Durante la estabilidad meditativa en la vacuidad, en la mente sólo aparece esta negación no afirmativa y esa mente conoce la vacuidad de forma no dual. En ese momento no hay aferramiento a la existencia verdadera de la vacuidad ni tampoco el pensamiento: "Esto es la vacuidad". La percepción de la vacuidad llena de energía la mente, dándole poder y fuerza. Esto es completamente diferente de una mente débil que se enfoca en la nada. Meditar en la nada no hace nada para dañar la ignorancia que se aferra a la identidad esencial, mientras que una mente revitalizada que comprende la vacuidad contradice la ignorancia.

En mi propio caso, aunque carezco de una comprensión directa de la vacuidad y ni siquiera he tenido una comprensión derivada de la meditación[66], al analizar repetidamente si los fenómenos exis-

---

66 De los tres modos de comprender la vacuidad, es decir, escuchando, contemplando y meditando, Su Santidad se refiere al último. Al meditar

ten del modo en que aparecen y al reflexionar sobre las razones que refutan la existencia inherente, a veces se produce una experiencia inusual. Aunque estas experiencias pueden ser breves, en ese estado de meditación no hay aferramiento.

Como ocurre con un percibidor directo de la vacuidad, el objeto aprehendido de una inferencia que comprende la vacuidad también es una negación no afirmativa: la vacuidad de existencia inherente, la verdad última. Mientras que el objeto que aparece a una mente que percibe directamente la vacuidad es la propia vacuidad, el objeto que aparece a una comprensión inferencial de la vacuidad es la apariencia conceptual de la vacuidad en la que la vacuidad aparece mezclada con la apariencia conceptual de la vacuidad. Hay debate acerca de si el objeto que es la base de la vacuidad –la persona, el cuerpo, la mente, etc.– también aparece en el caso de una comprensión inferencial de la vacuidad. La mayoría de los eruditos piensan que no[67]. Desde luego no aparece para un percibidor directo de la vacuidad.

Comprender la ausencia de identidad esencial de la persona y los fenómenos

Puesto que hay una multiplicidad de fenómenos, hay una multiplicidad de fenómenos para aferrarse a ellos como inherentemente existentes. Se pueden resumir en dos: el aferramiento a la persona como inherentemente existente y el aferramiento a los demás fenómenos como inherentemente existentes. El significado de esta división es enfatizar la distinción entre el sujeto –la persona que está atada al samsara y alcanza la Liberación– y el objeto –los agregados que son la base de designación de la persona y otros fenómenos que una persona usa o disfruta–. Dado que el aferramiento es doble, la ausencia de identidad esencial también lo es: la ausencia de identidad esencial de la persona y la ausencia de identidad esencial de los fenómenos. Tsongkhapa aclara (FEW 40):

---

repetidamente en una comprensión correcta de la vacuidad, surgirá naturalmente una experiencia de vacuidad.

67 Algunos eruditos dicen que cuando se medita en la naturaleza última del yo, el yo y la vacuidad aparecen a la comprensión inferencial, pero sólo se aprehende la vacuidad, mientras que otros dicen que el yo no aparece a esta mente.

[...] el modo de aferramiento de la existencia inherente –el objeto de negación– es aferrarse [a que los objetos] no se establecen debido a la fuerza de la conceptualidad sin principio, sino que se establecen objetivamente, por su propia entidad. El objeto concebido de ese aferramiento se llama existencia propia o inherente. La inexistencia de eso con una persona como base se llama ausencia de identidad esencial de la persona, y la inexistencia de eso con respecto a [otros] fenómenos –como un ojo, un oído, etc.– como base se llama ausencia de identidad esencial de los fenómenos. Por lo tanto, podemos entender implícitamente que el aferramiento a la existencia inherente con respecto a la persona y a [los demás] fenómenos es el aferramiento a la identidad esencial de las dos identidades.

Los vaibhashika y los sautrantika se limitan a refutar sólo la identidad esencial de las personas, que dicen que es una persona autosuficiente y sustancialmente existente. Sin embargo, al refutar esto, un practicante disminuye el aferramiento hacia sí mismo, pero no hacia los agregados y otros objetos. En los sistemas yogachara y madhyamaka, la ausencia de identidad esencial se aplica tanto a la persona como a los demás fenómenos. Comprender la ausencia de identidad esencial de ambos tiene un impacto más fuerte porque desmantela el aferramiento tanto al sujeto que experimenta las aflicciones como al objeto de las mismas como inherentemente existentes. Cuando surge el apego por un objeto –digamos un nuevo dispositivo– existe el componente del sujeto –"Quiero esto"– y del objeto –"¡Este dispositivo es maravilloso!"–. Tanto el sujeto de la aflicción –yo– como el objeto de la aflicción –el dispositivo– aparecen existiendo en y por sí mismos y la ignorancia se aferra a ellos como si existieran de esta manera. La comprensión de la vacuidad obtenida mediante la deconstrucción de la apariencia falsa tanto del sujeto como del objeto tiene un poderoso efecto sobre la mente.

Para alcanzar el estado de arhat o la Budeidad, es necesaria la comprensión de ambas ausencias de identidad esencial. Un yogui empieza por centrarse en el problema más grave, la visión errónea de una identidad personal en su propio continuo –el aferramiento a un *yo* y *lo mío* inherentemente existentes– e investiga si el yo existe de esta manera. Si así fuera, debería ser o bien idéntico a los agregados o bien totalmente distinto y sin relación con ellos. Mediante el análisis comprendemos que ambas opciones son imposibles y concluimos que no existe un yo inherentemente existente. Si el yo no existe inherentemente, tampoco pueden existir de ese modo los agregados, que son la base de designación de ese yo. Por ejemplo, si un carro se quema, sus partes –las ruedas, el eje, etc.– se queman. Si se refuta la existencia inherente del *yo*, también se refuta de *lo mío* –lo que posee el yo, como por ejemplo los cinco agregados–.

El yo convencional que existe es meramente designado sobre la base de los agregados, que son su base de designación. Este yo convencional o *mero yo* es la base sobre la que los seres ordinarios proyectan y se aferran a la existencia inherente. El yo y los agregados tienen la relación de "quien se apropia" y "lo apropiado", o de "quien se aferra" y "lo aferrado". Es decir, el yo "toma" los agregados mentales y físicos, "se apropia" de ellos o "se aferra" a ellos, y los agregados es lo que el yo "toma", "de lo que se apropia" o "a lo que se aferra". Aunque este lenguaje puede darnos la idea de que hay un yo real que existe por sí mismo y que luego se apropia de los agregados, esto no es así. Más bien, los términos "quien se apropia" y "lo apropiado" indican una relación de dependencia mutua. No podemos plantear un yo que sea "quien se apropia" sin plantear unos agregados que sean "lo apropiados", y viceversa.

Debido a que los vaibhashika y los sautrantika no afirman la ausencia de identidad esencial de los fenómenos y creen que los agregados existen inherentemente, no tienen el logro espiritual ni de la ausencia de identidad esencial de los fenómenos ni de la ausencia de identidad esencial sutil de la persona. Puesto que creen que los agregados existen de forma inherente, seguirán sosteniendo que el yo designado sobre la base de los agregados también existe de forma inherente. Esto ocurre porque el modo de aprehender del aferramiento a la identidad esencial de los fenómenos y del aferramiento a la identidad esencial de la persona es el mismo: ambos se aferran a la existencia inherente.

Los yoguis comprenden primero la ausencia de identidad esencial de la persona y después la ausencia de identidad esencial de los fenómenos. Dado que el yo es un compuesto abstracto imputado dependiendo de los agregados, comprender que no existe independientemente o por su propio poder es más fácil que comprender que los agregados son vacíos de dicha existencia. Sin embargo, para comprender la vacuidad de la persona, no se puede manifestar en nuestra mente un fuerte aferramiento a la identidad esencial de los agregados. Si alguien se aferra con fuerza a los agregados como inherentemente existentes, no cuestionará si la persona, que se imputa dependiendo de esos agregados, existe inherentemente.

La consciencia que comprende inferencialmente la vacuidad de la persona y la consciencia que comprende inferencialmente la vacuidad de los fenómenos no son la misma consciencia, porque estas consciencias conceptuales tienen objetos diferentes. Aunque la consciencia que comprende la ausencia de identidad esencial de la persona no comprende la ausencia de identidad esencial de los fenómenos ni explícita ni implícitamente, debido a su fuerza puede inducir una consciencia que sí comprende la vacuidad de los fenómenos, como los agregados. Es decir, aunque la mente que comprende la vacuidad de la persona no piense: "Los agregados son vacíos", puede inducir una mente que lo comprenda cuando la atención se dirige a los agregados. Tsongkhapa dice (CTB 175):

> Si un conocedor válido establece la ausencia de identidad esencial de los fenómenos en términos de un fenómeno, entonces cuando analizas si existe o no la existencia inherente de otro fenómeno, puedes comprender su existencia no inherente sobre la base de tu razonamiento anterior.

Esto se aplica a los conocedores válidos inferenciales de la vacuidad que surgen a través del razonamiento, no a los conocedores válidos directos. Cuando tienes un conocedor válido inferencial de la vacuidad de un fenómeno, con sólo dirigir tu mente a otro fenómeno y preguntarte cómo existe, puedes comprender también su vacuidad porque ya has comprendido el razonamiento. Esto no significa que en el preciso momento en que comprendes la vacuidad de la persona también comprendas la vacuidad de los agregados, sino que después de comprender la vacuidad de la persona, cuando examinas los agregados, inmediatamente comprendes su vacuidad. Por ejemplo, cuando comprendes que no hay un elefante en esta habitación, no comprendes simultáneamente que no hay una trompa de elefante aquí. Pero cuando piensas en la trompa del elefante, inmediatamente comprendes que no existe, porque no existe un elefante en esta habitación. Del mismo modo, comprendes que no hay agregados inherentemente existentes de la persona porque, para empezar, no hay una persona inherentemente existente.

El *Sutra del rey de la concentración* dice (YDB 194):

> A través de uno se conocen todos y a través de uno se ven todos.

Aryadeva está de acuerdo (CS 191):

> Se dice que [quien ve] la vacuidad de un fenómeno [ve] la vacuidad de todos. Lo que es la vacuidad de un [fenómeno] es la vacuidad de todos.

Aryadeva afirma que un conocedor inferencial de la vacuidad del yo genera inmediatamente un conocedor inferencial de la vacuidad de los demás fenómenos con sólo dirigir la mente a esas cosas mientras sostiene la pregunta: "¿Es esto inherentemente existente o no?". No es necesario refutar la existencia inherente de todos y cada uno de los fenómenos individualmente. Si ese fuera el caso, sería imposible comprender la vacuidad de todos los innumerables fenómenos.

Si probamos una gota de agua del océano, sabemos que el resto es salado. La vacuidad de existencia inherente es el modo último de existencia de todos los fenómenos. No aparece de diferentes maneras, como lo hacen el azul y el rojo. La vacuidad es como el espacio en diferentes recipientes: hablamos por separado del espacio dentro de una olla y del espacio dentro de una taza, pero cuando aprehendemos el espacio dentro de la olla, sabemos cómo es el espacio dentro de la taza. Del mismo modo, al conocer la vacuidad de existencia inherente de Susan, conoceremos la vacuidad de Trinley con sólo dirigir la mente hacia él. No es necesario repetir el proceso de razonamiento que indujo la cognición inicial de la vacuidad de Susan. El *Sutra solicitado por Gaganagañja* (*Gaganagañjapariprccha Sutra*) dice (YDB 194):

> Quien a través de un fenómeno conoce por medio de la meditación que todos los fenómenos son inaprehensibles, como ilusiones y espejismos —huecos, engañosos y efímeros— alcanzará en poco tiempo la esencia de la Iluminación.

Este verso corrobora el mismo principio cuando se trata de saber que todos los fenómenos son como ilusiones en el tiempo entre sesiones de meditación. Al probar una gota de miel en un frasco, se sabe que el resto de la miel es dulce. A diferencia de la comprensión inferencial de la vacuidad, cuando los meditadores perciben directamente la vacuidad de un fenómeno, comprenden simultáneamente la vacuidad de todos los fenómenos. Al ser la naturaleza última de todos los fenómenos, la vacuidad de cada cosa aparece igual a la mente de la estabilidad meditativa que percibe directamente la vacuidad.

REFLEXIONES

1. ¿Qué es una negación no afirmativa? ¿Por qué los maestros insisten en que la verdad última es una negación no afirmativa?
2. ¿Qué es la identidad esencial de la persona según los cuatro sistemas de principios filosóficos? ¿Qué es la identidad esencial de los fenómenos?
3. ¿Qué son la ausencia de identidad esencial de la persona y la ausencia de identidad esencial de los fenómenos? ¿Son la vacuidad?

Características de la realidad

Aunque la experiencia completa de la talidad –la forma en que son las cosas realmente– está más allá de las palabras y los conceptos, se puede expresar mediante el lenguaje y el pensamiento. Esta descripción no imputa características falsas en la realidad, simplemente utiliza términos convencionales para describirla. Nagarjuna menciona cinco características del modo en que realmente son las cosas (MMK 18.9):

> No comprensible desde otra [persona], vacía y no captada por fantasmas verbales, no conceptualizada, sin distinciones, esa es la característica de las cosas como realmente son.

1. La forma en que son las cosas en realidad no se puede comprender completamente dependiendo de las enseñanzas o de la descripción de otra persona. La realidad se tiene que comprender por medio de nuestra propia sabiduría purificada. Una persona con el impedimento visual de cuerpos flotantes vítreos ve que caen pelos sin que esto sea real. Alguien que no tiene esta apariencia le puede decir que no hay pelos cayendo y, con ello, la persona con cuerpos flotantes vítreos sabe que los pelos no son reales. Sin embargo, no conoce su ausencia de la misma manera que la persona que no tiene esta alteración visual. Cuando la deficiencia visual se resuelva, sabrá por su propia experiencia que no hay pelos cayendo.

   Del mismo modo, los seres ordinarios pueden escuchar una explicación correcta de cómo son las cosas en realidad y, de ese modo, comprender lo último por medio de una apariencia conceptual. Sin embargo, no lo comprenden como lo hacen los aryas que perciben directamente la vacuidad. Cuando su sabiduría destruye su ignorancia, los seres ordinarios se convierten en aryas y comprenden la vacuidad directamente por sí mismos.

2. El modo en que son las cosas en realidad está desprovisto de falsas apariencias. Igual que los cuerpos volantes vítreos no existen en los ojos de alguien sin esa discapacidad visual, del mismo modo la realidad está desprovista de existencia inherente.
3. La realidad no se expresa con fabulaciones verbales, no se puede captar totalmente por medio de las palabras.
4. Es sin la distracción de las conceptualizaciones y el pensamiento.
5. Es sin distinciones: todos los fenómenos carecen igualmente de existencia inherente. En última instancia, no hay individualidad: la realidad no se puede diferenciar en objetos separados.

Las palabras y los conceptos pueden darnos una idea de cómo son realmente las cosas, y así podemos comprender intelectualmente la naturaleza última. Sin embargo, nunca debemos confundir las palabras y los conceptos con la experiencia real de la vacuidad. Tampoco debemos descartar los beneficios que se derivan del análisis conceptual de la naturaleza última para ayudarnos a obtener una experiencia directa.

El objeto del logro

Entre nuestra mente actual y nuestra futura Budeidad se encuentran dos oscurecimientos: los oscurecimientos aflictivos (*kleshavarana*) y los oscurecimientos cognitivos. Los oscurecimientos aflictivos son las aflicciones –visiones erróneas y emociones perturbadoras que producen el samsara y sus semillas–. Los oscurecimientos cognitivos (*jñeyavarana*) son tanto el aspecto de la mente que sigue percibiendo erróneamente todos los fenómenos internos y externos de forma dual (T. *gnyis snang 'khrul pa'i cha*) –es decir, como inherentemente existentes–, como las semillas que causan este aspecto dual[68] (T. *gnyis snang 'khrul pa'i bag chags*). Los oscurecimientos cognitivos no son

---

68 La palabra tibetana snang ba se puede traducir tanto como aparecer (apariencia) como percibir (percepción). Los oscurecimientos cognitivos son cualidades del sujeto, la mente que está oscurecida. No son el objeto que la mente percibe. La "apariencia" de existencia inherente es el obje-to o contenido de la mente que sigue percibiendo los fenómenos como inherentemente existentes.

consciencias. El aspecto que sigue percibiendo la existencia inherente es una cualidad concomitante con la consciencia, mientras que las semillas son la causa de estas percepciones o apariencias duales

El Nirvana es ir más allá del dolor –la extinción de duhkha y sus orígenes, los oscurecimientos aflictivos–. Esto es la Liberación, el objeto del logro para los sravakas y los realizadores solitarios. Para los bodhisatvas, el objeto de logro es el Nirvana que No Mora (*apratistha-nirvana*), la eliminación de los oscurecimientos aflictivos y cognitivos. La vacuidad purificada, o talidad de la mente en la que se han extinguido todos los engaños, es a la vez el objeto del logro –el *dharmakaya* (Cuerpo de la Naturaleza de la Verdad) de un buda– y el objeto de meditación. Esto se llama *Nirvana que No Mora* porque habiendo eliminado los oscurecimientos aflictivos, un buda no mora en el samsara, y habiendo eliminado además la actitud egoísta y los oscurecimientos cognitivos, un buda no mora en la paz personal.

Las aflicciones que producen el samsara, las acciones que impulsan, los agregados que tomamos como resultado de esas acciones, la persona que realiza las acciones y experimenta sus resultados y los resultados que esa persona experimenta, todo ello les aparece a los seres ordinarios como si tuviera su propia naturaleza inherente. Sin embargo, no existen de esta manera: son falsos, como un holograma que aparece como una persona, pero que no lo es.

Puesto que estas cosas no tienen su propia naturaleza o esencia inherente, ¿cuál es la naturaleza real de los fenómenos que buscamos comprender? Esto es el Nirvana que No Mora, la extinción del aferramiento al *yo* y *lo mío* con respecto a todos los fenómenos internos –las facultades sensoriales, el cuerpo, la mente y los factores mentales– y externos –formas, sonidos y otros objetos sensoriales– que tiene su origen en el aferramiento a la existencia inherente y en sus semillas. Esto se logra eliminando todas las apariencias erróneas de los fenómenos como si fueran inherentemente existentes mediante la familiaridad con su vacuidad de existencia inherente. El Nirvana que No Mora es la vacuidad de la mente de un buda, el estado purificado de la naturaleza búdica natural, el dharmakaya natural. El Nirvana que No Mora posee dos purezas: la pureza natural, que es la vacuidad primordial de existencia inherente de la mente, y la pureza de los engaños adventicios –su cese verdadero último–, que se alcanza practicando el sendero.

¿Qué ocurre con las semillas del karma contaminado cuando alguien se convierte en arhat o en buda? Según los sistemas de principios filosóficos superiores –los sistemas de principios filosóficos inferiores tienen una idea diferente– las semillas del karma no virtuoso en el continuo mental de alguien que se ha convertido en un sravaka o en un arhat realizador solitario o en un bodhisatva del octavo nivel han perdido su poder y ya no existen, no queda nada no virtuoso en su continuo mental. Las semillas del karma virtuoso creado previamente se convierten en semillas no contaminadas de karma virtuoso.

8 | Objetos de negación

Identificar correctamente el objeto de negación –el modo falso de existencia al que la ignorancia se aferra como real– es el paso más importante cuando se medita en la vacuidad. Si no identificamos correctamente el objeto de negación, podemos meditar en la ausencia de identidad esencial y pensar que hemos comprendido la vacuidad, pero en realidad podemos comprender sólo la ausencia de una persona autosuficiente y sustancialmente existente, y no la vacuidad completa de la persona. También podemos tener una experiencia de una especie de vacío y confundirla con la vacuidad de existencia inherente.

Lo más inteligente es desterrar toda idea romántica de que la naturaleza última de todos los fenómenos se te aparecerá automáticamente en un instante como una experiencia asombrosa que te liberará en un momento de todo el duhkha para siempre. En lugar de ello, profundicemos en nuestra comprensión de la ignorancia y de a lo que ésta se aferra como verdadero, para que nuestra meditación sobre la vacuidad dé sus frutos.

Objetos negados por el sendero y objetos negados por el razonamiento

Los objetos de negación son de dos tipos: los que niega el sendero y los que niega el razonamiento. *Negado* tiene diferentes significados en estas dos frases. En cuanto a los objetos que niega el sendero, *negado* significa *eliminado* o *erradicado*; pero cuando se habla de objetos que niega el razonamiento, *negado* significa *desmentido* o *refutado*.

Los objetos que niega el sendero son los oscurecimientos mentales, que pueden resumirse en oscurecimientos aflictivos y oscurecimientos cognitivos. Los oscurecimientos aflictivos interfieren principalmente en el logro de la Liberación y los oscurecimientos cognitivos impiden básicamente alcanzar la Omnisciencia de un buda. Los objetos que niega el sendero son fenómenos existentes. Si no lo fueran, los seres conscientes no tendrían que trabajar para eliminarlos[69].

Los objetos que niega el razonamiento son inexistentes, pero creemos erróneamente que existen. El principal de ellos es la existencia inherente. Aunque la ignorancia que se aferra a la existencia inherente —que es un factor mental— existe, el objeto que concibe y aprehende —la existencia inherente— nunca ha existido. El aferramiento a la existencia inherente es una consciencia y es un objeto que niega el sendero, mientras que su objeto concebido —la existencia inherente— es un objeto que niega el razonamiento. Cuando se niega la existencia inherente, la consciencia que se aferra a ella se debilita gradualmente y cesa.

Si la existencia inherente existiera, el razonamiento no la podría refutar. No podemos afirmar como inexistentes cosas que de hecho existen. A pesar de que la existencia inherente no existe en absoluto, refutarla es esencial porque para eliminar la consciencia errónea que se aferra a ella, primero debemos refutar el objeto que aprehende dicha consciencia.

¿Por qué la ignorancia que se aferra a la identidad esencial es una consciencia errónea? ¿Por qué el objeto que aprehende es inexistente? Si las cosas existieran inherentemente, como las aprehende la ignorancia, cuando buscáramos lo que realmente son deberíamos encontrar algo. Cuando analizamos a qué hace referencia el nombre *manzana* —cuál es la naturaleza inherente o la verdadera esencia de la manzana—, debería hacerse más claro. Entre las partes de la manzana —la piel, la pulpa y el corazón—, deberíamos poder señalar algo que efectivamente fuera la manzana. Sin embargo, en lugar de hacerse más clara para nuestra mente cuando la analizamos, la manzana parece desvanecerse.

La ignorancia percibe los fenómenos como si existieran independientemente de todos los demás factores. Si la ignorancia aprehendiera las cosas correctamente, entonces todo existiría encerrado en sí mismo, sin relación con lo demás. Sin embargo, cuando examinamos cómo existen las cosas, resulta evidente que dependen de sus causas y condiciones, de sus partes e incluso de la mente que las concibe y les otorgue un nombre. Algo que es dependiente no puede ser indepen-

---

[69] Por favor, consulta *Samsara, Nirvana, y naturaleza de buda*, 319-323, para más explicaciones sobre los dos oscurecimientos, y el capítulo 5 para obtener más información sobre las aflicciones, sus semillas y sus predisposiciones.

diente: ambos hechos son contradictorios. Por lo tanto, la ignorancia es una consciencia errónea.

Refutar la existencia inherente no es como borrar lo escrito en una pizarra, no estamos haciendo que algo que existe no exista. Al contrario, es como demostrar que el hombre del saco –una criatura mítica inventada por los adultos para asustar a los niños para que se porten bien– no existe; comprendemos que algo que creíamos que existía, de hecho, nunca ha existido. Cuando comprendemos que el hombre del saco no existe, dejamos de tenerle miedo: vemos que nunca ha existido en absoluto y que nuestra ignorancia siempre nos había cegado y estábamos aterrorizados por un monstruo que no existía. Del mismo modo, cuando comprendemos que la existencia inherente no existe, gradualmente dejamos de estar bajo el control de nuestra ignorancia, que se aferra a que sí existe.

Refutar la existencia inherente y establecer la vacuidad de la existencia inherente no es destruir algo que existe. Todo ha carecido siempre de existencia inherente. Nadie hizo que los fenómenos fueran vacíos de existencia inherente, esa ha sido siempre su naturaleza última. Comprendemos esta verdad por primera vez al refutar la existencia inherente. Además, comprender la vacuidad no crea algo nuevo que no existía antes, como cuando se fabrica una bicicleta. Más bien, es como eliminar las cataratas de oscurecimiento mental para poder ver con claridad.

Podemos preguntarnos: "¿Por qué se necesitan tantas palabras para demostrar que algo inexistente no existe? Si existe, no podemos refutarlo, y si no existe, no necesitamos refutarlo. Entonces, ¿de qué sirven todas estas refutaciones y pruebas?". Volvamos al ejemplo del hombre del saco. Aunque el hombre del saco no existe, un niño que cree que existe tiembla de miedo. Si cogemos al niño de la mano y lo llevamos por la casa para buscar al hombre del saco, cuando no lo encontremos por ninguna parte, el niño entenderá que no existe el hombre del saco y su miedo desaparecerá.

La mente es muy poderosa y los conceptos erróneos nos pueden aterrorizar, cuando no hay nada que temer. La ignorancia nos ha cegado para que creamos que el yo y todos los demás fenómenos existen de forma inherente y, como resultado, nuestro apego y nuestro enfado, que han surgido de la ignorancia, nos han causado eones de duhkha en el samsara. Cuando refutamos el objeto de este aferramiento y nos familiarizamos con su inexistencia, la ignorancia cesa gradualmente, las aflicciones que surgen de ella cesan gradualmente, el karma contaminado ya no se crea y nuestro samsara llega a su fin.

Las palabras por sí solas no eliminan el verdadero aferramiento, pero pueden enseñarnos cómo hacerlo. Aunque las palabras de las enseñanzas también carecen de existencia inherente, pueden funcionar para generar la comprensión en nuestra mente de que la existencia inherente no existe. De este modo se hace evidente que alcanzar la Liberación o la Iluminación no implica ir a otro lugar: es una cuestión de cambiar nuestra mente.

Además de nuestro aferramiento innato, la mente alberga una plétora de visiones erróneas adquiridas. Algunas de estas opiniones erróneas son sostenidas por los no budistas, otras por los seguidores de los sistemas de principios budistas inferiores. Todas ellas están arraigadas en el aferramiento a la existencia inherente. Por ejemplo, al afirmar la existencia de un yo permanente, unitario e independiente, los no budistas no empiezan por aprehender el yo como permanente o por percibirlo como un todo monolítico. Más bien, se aferran al yo como si existiera por su propio lado. Al no reconocer que la existencia inherente aprehendida por este aferramiento innato no existe, inventan creencias para explicar cómo las semillas kármicas pueden ir de una vida a otra. La noción de un yo permanente que es un todo sin partes y es independiente de causas y condiciones es una de esas creencias fabricadas.

Los proponentes de los sistemas de principios budistas inferiores reconocen las falacias de esa creencia, por lo que en su lugar afirman que una consciencia base de todo o la consciencia mental es el yo. De este modo, el aferramiento a la identidad esencial busca constantemente una forma de hacerse prevalecer y sentirse seguro.

Debido a nuestra arraigada creencia en la existencia inherente, nos aferramos a las personas y las cosas que aparecen como atractivas por su propio lado, tenemos aversión a las personas desagradables que aparecen como odiosas en sí mismas, somos arrogantes acerca de nuestros talentos aparentemente innatos y tenemos celos de aquellos que tienen oportunidades que nosotros no tenemos. Si identificáramos correctamente la consciencia del aferramiento, que es la raíz de todas estas emociones perturbadoras, y refutáramos el objeto que concibe, todas las demás visiones erróneas se destruirían gradualmente. El antídoto para cada aflicción individual –por ejemplo, meditar en los aspectos feos de un objeto para contrarrestar el apego y en la paciencia para subyugar el enfado– anula temporalmente sólo esa emoción perturbadora y no daña las demás. Utilizar estos antídotos es comparable a cortar una rama molesta y luego otra, mientras que otras nuevas crecen desde el tronco. Comprender la vacuidad de existencia inherente y familiarizar nuestra mente con ella a lo largo del tiempo es como arrancar de raíz un árbol venenoso: nada más puede crecer de su tronco.

La importancia de identificar correctamente el objeto de negación

Identificar correctamente el objeto de negación mediante el razonamiento es esencial para que nuestra meditación en la vacuidad sea eficaz. Shantideva afirma (BCA 9.139ab):

> Sin haber identificado el objeto [de negación] que se imputa, la ausencia de ese objeto no puede ser aprehendida.

La palabra *vacuidad* en el budismo designa algo completamente diferente del significado ordinario de la palabra. La vacuidad no es como el vacío de nuestro estómago o el vacío de nuestra cuenta bancaria. Es un modo de existencia que es la ausencia de las formas de existencia incorrectas que la ignorancia proyecta en las personas y los fenómenos; en el contexto prasangika la forma de existencia incorrecta es la existencia inherente, que es sinónimo de existencia por sus propias características, existencia por su propio lado, etc.

El primer paso para refutar la existencia inherente es hacerse una idea de cómo sería si de hecho existiera. Este proceso se denomina *identificar el objeto de negación*. Por ejemplo, para echar a un ladrón de tu casa, primero debes saber cómo es.

Incluso grandes maestros como Tsongkhapa tuvieron dificultades al principio para identificar el objeto de negación más sutil. Sus primeros escritos –*Rosario de oro* (*Legs bshad gser phreng*)– muestran que, igual que muchos de los primeros budistas tibetanos, creía que, puesto que no se puede encontrar nada cuando se analiza con el razonamiento, nada existe de forma convencional. Pensaba que los sabios afirmaban el surgimiento dependiente y las convencionalidades sólo cuando hablaban con otros, es decir, la explicación de las convencionalidades se llevaría a cabo para beneficiar a los demás, no porque uno mismo afirmase su existencia.

Al preguntar posteriormente a Manjushri, el Buda de la sabiduría, Tsongkhapa vio el error de esa visión. En *Los tres aspectos principales del sendero*, subrayó que si pensamos que la vacuidad es una verdad independiente y absoluta, de modo que el surgimiento dependiente y la vacuidad son incompatibles, entonces no hemos comprendido correctamente la vacuidad. Mientras el surgimiento dependiente y la vacuidad se vean como realidades alternas que no convergen, careceremos de la visión correcta.

Identificar el objeto de negación –la existencia inherente– es un proceso sutil que lleva tiempo, sobre todo porque los fenómenos convencionalmente existentes y la existencia inherente nos aparecen completamente mezclados. Separarlos es delicado; Es fácil caer hacia dos extremos: negar demasiado o no negar lo suficiente. Tsongkhapa nos lo recuerda (LC 3:126):

> Igual que, por ejemplo, para constatar que una determinada persona no está aquí hay que conocer a la persona que no está aquí, para constatar el significado de *ausencia de identidad esencial* y *ausencia de naturaleza* [*inherente*] también hay que identificar bien ese yo y esa naturaleza que no existen. Esto se debe a que si la apariencia conceptual de aquello que se debe negar no aparece con claridad, tampoco se podrá establecer correctamente su negación.

Para detener a un terrorista, tenemos que saber cómo es. Si no tenemos ni idea de si es alto o bajo, gordo o delgado, nuestros esfuerzos por localizarlo no darán ningún resultado. Del mismo modo, si no tenemos una imagen conceptual de cómo sería la existencia inherente, será difícil decir que no existe. Por supuesto, podríamos pronunciar las palabras: "No hay existencia inherente", pero sería como decir: "Aquí no hay ningún terrorista" cuando el terrorista está a nuestro lado pero no lo reconocemos. Si refutamos demasiado o no refutamos lo suficiente, si negamos el objeto equivocado o si nos quedamos en una meditación para dejar la mente en blanco, nuestros esfuerzos no traerán el resultado deseado de la Liberación o la Iluminación. Por esta razón, es crucial identificar correctamente el objeto de negación.

Changkya Rolpai Dorje (1717-86), un sabio del Tíbet oriental, dice que algunos dialécticos –personas expertas en el debate filosófico– insisten en la coherencia y se obsesionan con dar una explicación racional de todo. Afirman ser eruditos inteligentes y buenos practicantes, pero dejan intacta la solidez de lo que perciben frente a ellos. Piensan que el objeto de negación es algo externo que se puede identificar sin cuestionar la forma en que aparece el yo en el funcionamiento cotidiano de la mente ignorante. Parece como si negaran algo con cuernos que no tiene ninguna relación con su propia aprehensión del yo. Esto se debe a que no han identificado correctamente como el objeto de negación la existencia inherente que se les aparece en sus percepciones y pensamientos cotidianos. Changkya dice[70]:

> Entre los pensadores actuales, parece que hay algunos atrapados en la red de palabras: *autosustancial, ontológicamente real*, etc. Sólo inventan monstruos con cuernos para negar, dejando intacto nuestro vívido, burdo y aparente mundo.

Es crucial reconocer que la realidad sólida, concreta y objetiva de un objeto que nos aparece es el objeto mismo de negación. Hacer esto puede ser desconcertante porque implica desafiar nuestras percepciones cotidianas y habituales. El objeto de negación debe estar vinculado a la forma en que nos vemos a nosotros mismos. Si no lo está, negar un yo inherentemente existente no tendrá ningún efecto sobre nosotros. Cuando nuestra meditación en la vacuidad tiene éxito, descubrimos que la forma en que hemos estado pensando en nosotros mismos y en todos los demás fenómenos desde tiempos sin principio hasta ahora ha sido completamente errónea. No existimos del modo en que creíamos que lo hacíamos. En ese momento, es casi como si ya no pudiéramos postular el yo. Parece como si las cosas apenas existieran: no tienen su propia esencia, sino que existen de forma dependiente, como ilusiones.

Nagarjuna identifica la vacuidad como el significado del surgimiento dependiente, señalando así la necesidad no sólo de negar la existencia inherente, sino también de establecer verdades convencionales que surgen de modo dependiente. En otras palabras, el objeto de negación no es la totalidad de la existencia, sino sólo la existencia inherente. En el caso de las personas, el yo existe dependiendo del cuerpo y la mente. Este yo medita, come, crea karma y experimenta sus resultados, practica el sendero y alcanza la Iluminación, y hace todo esto sin existir por su propio poder. Este sentido del yo es una

---

[70] De "*Recognizing My Mother*", de Changkya Rolpai Dorje en *Songs of Spiritual Experience*, traducido por Thupten Jinpa y Jas Elsner (Boston: Shambhala Publications, 2000), 109.

concepción innata válida; sobre su base buscamos la felicidad y no el sufrimiento. Este sentido válido del yo no es el objeto de negación y negarlo llevaría al extremo del nihilismo. El aferramiento al yo cosificado es el causante de los problemas y el objeto que concibe es el objeto de negación. Identificarlo requiere tiempo y delicadeza.

REFLEXIONES ─────────────────────────────

1. ¿Cuáles son los objetos que niega el sendero y los objetos que niega el razonamiento?

2. ¿Por qué es importante identificar correctamente el objeto de negación para comprender la vacuidad?

Lo que no es el objeto de negación

En *Cuatrocientos versos,* Aryadeva dice (CS 398):

Si las cosas existen inherentemente, ¿de qué sirve percibir el vacío?
Ver por medio de concepciones ata; esto se refuta aquí.

Las dos primeras líneas advierten que si los fenómenos existieran de forma inherente, la existencia inherente sería la naturaleza de los fenómenos y no se podría refutar. En ese caso, la vacuidad no se podría comprender. Las *concepciones* se refieren a las concepciones de existencia inherente que superponen la existencia por su propio lado en las personas y los fenómenos.

De los tres tipos de fenómenos –evidentes, ocultos y muy ocultos– la vacuidad es un fenómeno oculto[71]. Al principio, los seres ordinarios no pueden aprehender directamente los fenómenos ocultos con sus consciencias sensoriales. Inicialmente sólo los pueden conocer a través del razonamiento, por medio de una inferencia. Sólo después de establecer correctamente la vacuidad de existencia verdadera conceptualmente y luego meditando repetidamente en ella hasta que la apariencia conceptual de la vacuidad se desvanece, pueden los seres ordinarios comprender la vacuidad directamente y convertirse en aryas. Si todas las consciencias conceptuales –incluso las inferencias que son concepciones correctas de la vacuidad– fueran erróneas, entonces los maestros y los estudiantes no podrían utilizar las cons-

───────────
71 Para más información sobre estos tres tipos de fenómenos, véase *Fundamentos de la práctica budista,* págs. 40 y 41.

ciencias conceptuales para enseñar y escuchar las explicaciones sobre la vacuidad. Entonces, sería imposible desarrollar la visión correcta de la vacuidad.

No todas las consciencias conceptuales se aferran a la existencia verdadera. Una consciencia mental que concibe la disposición de un edificio y la mente que diseña un experimento científico no necesariamente se aferran a la existencia verdadera y sus objetos aprehendidos no son objetos de negación. Si no tenemos claro este punto –que el objeto de negación es el objeto concebido por la ignorancia que se aferra a la identidad esencial y no los objetos de todas las consciencias conceptuales– podemos pasar mucho tiempo haciendo meditación para dejar la mente en blanco, una meditación no conceptual que no se implica con ningún objeto en absoluto, creyendo erróneamente que eso nos llevará a la Liberación.

El objeto de negación que se analiza aquí no son objetos erróneos aprendidos estudiando filosofías erróneas. Las consciencias conceptuales que sostienen esos objetos son aflicciones adquiridas y no son la raíz del samsara. Aunque refutar las partículas sin partes, el autoconocedor, un creador permanente, una sustancia primordial, una mente universal, etc., son peldaños para obtener la visión correcta de la vacuidad, refutarlos no rebate el objeto que concibe la ignorancia innata. Sin embargo, cuando negamos correctamente el objeto que concibe la ignorancia, se niegan todos los objetos falsos propuestos por los no budistas y los sistemas de principios budistas inferiores y empieza el proceso de desarraigar gradualmente todas las concepciones incorrectas. Igual que al arrancar de raíz una hierba nociva se diezman sus tallos, hojas y flores, al arrancar de raíz el samsara se dañan todas las concepciones erróneas y aflicciones que crecen a partir de la ignorancia innata que se aferra a la identidad esencial.

Además, el objeto de negación no es el objeto de las consciencias sensoriales o de los percibidores mentales directos. Adiestrarnos para pensar que las cosas inherentemente existentes que aparecen a nuestros sentidos no existen es un método hábil para ayudarnos a reconocer la cualidad errónea de nuestras percepciones sensoriales. Sin embargo, esto no refuta directamente el objeto de negación. Los objetos aprehendidos por las cinco consciencias sensoriales no son el objeto de negación porque el objeto de negación es aprehendido, concebido y aferrado por una consciencia mental conceptual que se aferra a la existencia inherente. El objeto concebido por esta consciencia mental errónea que se aferra a la existencia verdadera es el que se debe refutar mediante el razonamiento. Esta consciencia que razona es una consciencia mental especial, una sabiduría inmaculada (*jñana*) que es una inferencia o un conocedor mental directo válido. La vacuidad no es perceptible por las consciencias sensoriales. Sólo un tipo especial de consciencia mental –la sabiduría inmaculada de la estabilidad meditativa– puede percibir la vacuidad directamente. Tsongkhapa dijo (LC 3:212):

> Por lo tanto, las consciencias cuyo modo de aprehensión ha de ser erradicado por el razonamiento son sólo conciencias mentales conceptuales y, además, son los dos aferramientos a la identidad esencial [de la persona y los fenómenos] o aquellas consciencias conceptuales que erróneamente superponen más atributos a los objetos imputados por dichos aferramientos a la identidad esencial.

El sentido válido del yo

Antes de refutar la existencia inherente del yo, es importante distinguir el sentido válido del yo de la visión errónea de una identidad personal y sus objetos. Esto aclarará cómo la visión errónea de una identidad personal cosifica el yo válido al superponerle la existencia inherente. También nos ayudará a discernir el objeto de negación y el yo válido que sí existe[72].

Los agregados psicofísicos son la base de designación del yo, son la base de nuestro sentido innato del yo. La noción "yo" surge como resultado de alguna experiencia: surge en relación con uno de nuestros agregados. Decimos "Estoy enfermo" cuando tenemos los pulmones oprimidos y "Estoy lleno" cuando tenemos el estómago lleno. Comentamos "Estoy contento" o "Estoy triste" en relación con el agregado de la sensación. "Soy inteligente" y "Sé lo que pasa" se dice refiriéndose a nuestro agregado del discernimiento y "Estoy enfadado" o "Tengo compasión" vienen en referencia al agregado de los factores composicionales. Decimos "Estoy pensando" dependiendo de la consciencia mental y "Estoy oyendo" dependiendo de la consciencia auditiva. En resumen, el pensamiento "yo" surge sólo en relación con nuestro cuerpo y nuestra mente.

En esos momentos, no pensamos "Yo soy mi cuerpo", "Yo soy mis sensaciones" o "Yo soy el que está pensando". Más bien, sólo existe el

---

[72] Para más información sobre el sentido válido del yo, véase *Una mirada al vacío*, de Lama Khensur Jampa Tegchok, 128-138 (Ediciones Amara).

sentido de un yo convencionalmente existente. Se trata de una mente válida que aprehende el mero yo, el yo que se designa meramente dependiendo de los agregados. El yo aparece de modo inherente a esta mente válida que aprehende el yo; sin embargo, esa mente no se aferra a que el yo exista de modo inherente.

El aferramiento a la identidad esencial surge a continuación. Puede ocurrir algo en nuestro entorno que lo desencadene o internamente podemos pensar en una situación problemática o deseable. En ese momento, la apariencia de un yo inherentemente existente se hace más vívida: el yo parece tener su propia esencia y existir por su propio poder, independientemente de todos los demás factores. Parece que hay un yo real que se ve amenazado o que desea algo con urgencia. Este yo es el objeto aprehendido y concebido de la visión errónea de una identidad personal. En ese preciso momento ha surgido la visión errónea de una identidad personal, que es una forma de ignorancia que se aferra a la identidad esencial, y se aferra a ese yo independiente.

Es en este punto donde empiezan los problemas, porque debido a este aferramiento a la identidad esencial surgen aflicciones como el ansia, la beligerancia, el engreimiento, etc. A veces surge una mente virtuosa sobre la base de la visión errónea de una identidad personal, por ejemplo cuando tenemos fe en las Tres Joyas o experimentamos compasión por una persona sin hogar. En cualquier caso, se crea un karma contaminado y la maduración de las semillas kármicas perpetuará el samsara. Sin embargo, la experiencia en el samsara será feliz o de sufrimiento dependiendo de si el karma causal fue virtuoso o no virtuoso.

Existencia inherente, intrínseca

La ignorancia superpone la existencia inherente tanto a la persona como a los demás fenómenos. ¿Qué es la existencia inherente? No podemos definir lo que es porque no existe. Sin embargo, podemos hablar de cómo sería si existiera. A medida que examinemos de cerca nuestras propias percepciones y pensamientos, podremos identificar gradualmente cómo aparece la existencia inherente a nuestra mente y cómo la ignorancia se aferra a esta apariencia como verdadera. A continuación, se presentan varias formas de describir el objeto de negación. Al reflexionar sobre ellas, verás que giran en torno a un tema común. En su *Comentario a los "Cuatrocientos"*, Chandrakirti dice (LC 3:213):

> La *identidad esencial* es una esencia de las cosas que no depende de otras, es una naturaleza inherente o intrínseca.

Comentando la afirmación de que todos los fenómenos carecen de su propio poder –es decir, no pueden establecerse por sí mismos– y, por tanto, no existe la identidad esencial, Chandrakirti señala cuatro términos equivalentes a la identidad esencial (LC 3:212):

> Se refiere a existir esencialmente (T. *rang gi ngo bo*), inherentemente o de modo intrínseco (T. *rang bzhin*), de forma autónoma (T. *rang dbang*) y sin depender de otros (T. *gzhan la rag ma las pa*).

Estos términos tienen distintas traducciones en español, pero sus significados llegan al mismo punto:

- Existencia inherente, intrínseca o esencial (*svabhavasiddhi*, T. *rang bzhin gyis grub pa*): existencia capaz de establecerse por sí misma (T. *tshugs thub tu grub pa*).
- Existencia por su propia entidad (*svarupasiddhi*, T. *rang gi ngo bo nas grub pa*): que tiene su propia naturaleza inherente.
- Existencia por su propio poder, existencia autónoma (T. *rang dbang du grub pa*): un fenómeno aparece a la consciencia que lo aprehende como no dependiente de otros –es decir, que no depende de ser meramente postulado por la conceptualidad– y se considera que existe de esa manera. Un fenómeno tiene un modo de permanencia que es capaz de establecerse por su propia entidad junto al objeto. Su naturaleza tiene una esencia, su propio y único modo de existencia.
- Existencia sin depender de otros (T. *gzhan la rag ma las pa*): existencia sin depender del mero hecho de ser postulado por la conceptualidad.

La ignorancia aprehende la persona y los fenómenos como si existieran como fenómenos encerrados en sí mismos, sin ser postulados por una consciencia convencional. Tsongkhapa dice (LC 3:212-13):

> Lo que existe objetivamente en términos de su propia esencia sin ser planteado a través del poder de una mente subjetiva se denomina *identidad esencial* o *naturaleza inherente* . . .

En el caso de la cosificación por la ignorancia, hay, con respecto a los objetos –ya sean personas u otros fenómenos–, un aferramiento (T. *bzung*) a que esos fenómenos tienen un estatus ontológico –un modo de existir– por su propio lado (T. *rang gi ngos nas*), sin ser postulados por el poder de una consciencia. El objeto concebido que es aprehendido de ese modo por ese aferramiento ignorante –el estatus ontológico independiente de los fenómenos– se identifica como una hipotética identidad esencial o naturaleza inherente.

Si los objetos concebidos y aprehendidos por la ignorancia innata que se aferra a la identidad esencial existieran, lo harían por su propio lado, en y por sí mismos, por su propio poder y sin ser postulados por una consciencia convencional. La identidad esencial es algo que tiene su propia esencia y es capaz de establecerse por sí mismo, está encerrado en sí mismo y no depende de nada más. Existe por su propia entidad: verdadera, última e independientemente. La identidad esencial se refiere a cualquier naturaleza o estado que puedan tener los objetos en el que no dependan de nada.

La ignorancia que se aferra a dicha identidad esencial es errónea porque nada puede establecerse como algo independiente del poder del pensamiento. Aunque las cosas aparecen como si existieran "ahí fuera" objetivamente y nosotros asentimos ante esa apariencia y nos aferramos a ellas como verdaderamente existentes, esa visión es incorrecta porque los fenómenos no existen de esa manera.

Mi gurú, Kyabje Ling Rimpoché, describió el objeto de negación como la base de designación y el objeto designado apareciendo de forma indiferenciada. En otras palabras, el objeto de negación es el objeto designado mezclado con la base de designación o dentro de la base de designación. En el caso de la visión errónea de una identidad personal, se trata de un yo que aparece como algo independiente, pero que sigue mezclado con los agregados.

El objeto de negación también se ha descrito como lo que existe más allá de lo meramente designado por concepto y término. Es decir, el objeto convencional –por ejemplo, el yo– existe al estar meramente designado por concepto y término, pero la ignorancia se aferra a algo existente que va más allá de eso, a un yo que tiene su propio modo de ser, su propia esencia independiente.

Otra descripción del objeto de negación en términos del yo es la siguiente: el meditador ya ha negado que los agregados son el yo, pero un yo que aparece como algo independiente de los agregados todavía parece existir en los agregados. Tsongkhapa dice (FEW 40):

> [...] el modo de aprehender la existencia verdadera –el objeto de negación– es concebir [que los objetos] no se postulan por la fuerza de la conceptualidad sin principio, sino que se establecen objetivamente mediante su propia entidad.

En *Setenta estrofas sobre la vacuidad* (*Shunyatasaptati*), Nagarjuna dice que la ignorancia se aferra a los fenómenos que surgen de forma dependiente como si tuvieran una realidad última propia. Nagarjuna utiliza el surgimiento dependiente causal para refutar el objeto de negación, las cosas dotadas de una realidad última propia (SS 64-65):

> El Buda dijo: "Aferrarse a que las cosas surgen verdaderamente de las causas y condiciones es ignorancia, y de ahí surgen los doce vínculos [de la originación dependiente].
>
> Cuando comprendes que las cosas son vacías, ves correctamente y no estás confundido. Eso detiene la ignorancia y, a partir de ahí, los doce vínculos cesan".

Todos los fenómenos condicionados son vacíos porque surgen por el poder de causas y condiciones. La forma burda de la dependencia causal no es difícil de entender: recibimos una educación para poder trabajar y ganarnos la vida; ahorramos para el futuro con el fin de tener lo suficiente para vivir cuando no podamos trabajar... Incluso los animales entienden este nivel de causalidad: ¡saben que si comen no tendrán hambre!

¿Qué hace posible que una causa produzca un resultado? Todo lo que es una causa es impermanente por su propia naturaleza, cambiando a cada instante. Por lo tanto, el hecho de que surja es suficiente para que se desintegre. Al cesar, surge algo nuevo: su resultado. Si las causas o los resultados existieran por su propio lado, tendrían su propia esencia inmutable, no se verían afectados por otros factores y no podrían cambiar. Si las cosas existieran intrínsecamente estarían congeladas, incapaces de ser influidas por causas y condiciones. Si el medio ambiente fuera una entidad objetiva, no se vería afectado por los niveles de dióxido de carbono, los terremotos y el aumento de la población humana.

En el capítulo "Preguntas de Upali", del *Ratnakuta Sutra*, el Buda afirma claramente que las causas no se vacían por medio de la vacuidad, es decir, las causas no son negadas o hechas inexistentes por la vacuidad. Más bien, las propias causas son vacías. Mientras asumamos que los fenómenos tienen algún tipo de realidad objetiva propia y pensemos que no encontrar el fenómeno convencional cuando buscamos su verdadera esencia es el significado de la vacuidad, no hemos llegado a la comprensión plena de la vacuidad. En realidad, la base de designación de un término no tiene existencia inherente. Por ejemplo, la base de designación que ha sido designada como *camión* –las ruedas, el eje, el capó, etc.– está totalmente desprovista de realidad inherente. No hay ningún camión inherentemente existente que se pueda encontrar en ese conjunto de partes. Sin embargo, podemos conducir el camión meramente designado. Aryadeva explica la ignorancia y el objeto al que se aferra explicando su antídoto (CS 136):

> Cuando el surgimiento dependiente sea visto, la ignorancia no ocurrirá. Por ello, se ha hecho todo lo posible para explicar con precisión este tema.

Al identificar la sabiduría del surgimiento dependiente como el antídoto a la ignorancia, Aryadeva señala que la ignorancia se aferra a los fenómenos como desprovistos de dependencia y como si tuvieran una realidad independiente propia. Esta es otra forma de expresar el objeto de negación.

En resumen, una identidad esencial de la persona o de los fenómenos sería algo que existiese objetivamente, independientemente de ser postulado por la mente. Aunque las cosas son designadas dependiendo de su base de designación, no son su base de designación. No hay nada en ninguno de los cinco agregados o en el conjunto de los agregados que sea la persona. Sin embargo, la persona existe: lo sabemos por nuestra propia experiencia. La única manera en que una persona puede existir es siendo meramente designada dependiendo de los agregados que son su base de designación.

Mientras contemplamos esto, tenemos la sensación de que la persona no existe por su propio poder o por su propio lado. Sin embargo, cuando observamos cómo nos aparecen las cosas éstas no aparecen dependientes de la conceptualidad; parecen existir por su propio lado, objetivamente. Este es el objeto de negación: que aparte de nuestra concepción y nombre de un objeto, haya algo en la base de designación que sea ese objeto.

Puesto que la existencia inherente no existe en absoluto, sólo se pueden dar definiciones y descripciones hipotéticas de ella. Una cuerda enrollada parece ser una serpiente y podemos pensar que lo es. Pero cuando hacemos un análisis para encontrar la serpiente en esa base, no encontramos ninguna serpiente. Del mismo modo, la persona aparece como una entidad inherentemente existente e independiente, pero cuando hacemos un análisis para encontrar a esta persona real, no se encuentra.

REFLEXIONES

1. Describe el yo que es el objeto de negación en la meditación en la vacuidad de la persona.
2. Describe el yo convencional que sí existe.
3. ¿Por qué es importante diferenciarlos?

La identidad esencial de la persona

Después de haber visto cómo surge un sentido válido del yo y cómo el aferramiento a la identidad esencial lo solidifica rápidamente, haciendo que parezca que existe de forma inherente, veamos los distintos niveles de concepciones erróneas y aferramientos relativos al yo. Comprender los distintos niveles de concepciones erróneas y sus objetos erróneos nos ayuda a identificar la ignorancia que es la raíz del samsara y el objeto de negación al que se aferra.

Con respecto al yo, las concepciones erróneas que se aferran a él, desde las más burdas a las más sutiles, son (1) la concepción errónea de que la persona es permanente, unitaria y que es independiente de causas; (2) el aferramiento a que el yo es autosuficiente y sustancialmente existente, y (3) el aferramiento a que el yo existe inherentemente.

Cada uno de ellos se equivoca en la forma de ver la relación del yo y los agregados y superpone un falso modo de existencia en el yo. Aunque lo superpuesto no existe, hay diferentes niveles de superposiciones; algunas son más sutiles y difíciles de identificar que otras. Son como las capas de una cebolla que se van quitando hasta que no queda nada. Empezaremos examinando la más burda, ya que es la más fácil de reconocer y de negar.

Un yo permanente, unitario e independiente

El primero, el aferramiento a un yo permanente, unitario e independiente (*atman*), es una visión errónea adquirida que sostiene que el yo y los agregados están totalmente separados y sin relación alguna entre sí, ya que tienen características contradictorias: el yo es visto como algo permanente, mientras que los agregados son impermanentes; el yo es uno, mientras que los agregados son muchos, etc. *Permanente* significa que el yo es no cambiante, no surge ni desaparece. *Unitario* significa que el yo no depende de partes, es un objeto monolítico. *Independiente* significa que no depende de causas y condiciones. El yo es como un porteador y los agregados son la carga que lleva: los dos son entidades completamente diferentes. Esta visión no surge en nuestra mente de forma innata, se adquiere estudiando visiones filosóficas erróneas. Todas las escuelas budistas refutan la existencia de un yo con esas características.

¿Cómo surgió la visión de ese yo? Observamos que, desde que nacimos hasta hoy, nuestro cuerpo ha crecido y nuestra mente ha madurado, pero nuestro sentido del yo se siente constante. Si decimos: "Cuando estaba en el vientre de mi madre", tenemos la sensación de que somos la misma persona ahora que entonces. Como los habitantes de la antigua India aceptaban la reencarnación, decían que debía haber algo que pasara de una vida a la siguiente y que transportara las semillas kármicas. Llegaron a la conclusión de que un yo permanente mantiene la continuidad de la persona. Aunque el cuerpo y la mente constan de partes, el yo debe ser un todo unitario. Además, mientras que el cuerpo y la mente están sujetos a causas y condiciones, el yo que transmigra está más allá de eso: es independiente.

La mayoría de las religiones no budistas tienen una idea similar de un alma permanente, unitaria e independiente. Algunos creen que el alma –la esencia no cambiante de una persona– va al cielo o al infierno después de la muerte. Otros creen que el alma permanece en un estado indeterminado hasta el día del juicio final, cuando se reunirá con el cuerpo. Otros piensan que este yo es inmutable y no experimenta el nacimiento y la muerte, aunque los agregados cambien. Este yo permanente está atrapado en los agregados, donde sufre al crear el karma y experimentar su resultado. La Liberación se alcanza cuando el yo trasciende la existencia condicionada y se reúne con su creador o habita en el gozo eterno.

Puede que te hayan enseñado una visión similar del yo o del alma cuando eras niño, o puede que hayas absorbido esa visión simplemente debido al condicionamiento cultural. Como este condicionamiento es profundo, partes de él pueden permanecer en tu mente y puedes pensar inconscientemente que tienes un alma que es tu esencia no cambiante en esta vida y en el más allá. Es útil identificar esta creencia en la mente y luego investigar si es posible que exista dicho yo o alma.

Relacionada con esta concepción de un yo no cambiante está la noción de un creador externo y permanente de los seres conscientes y del universo. Los budistas emplean varios razonamientos para negar la posible existencia de un creador independiente:

- Un creador permanente no puede crear porque la creación implica cambiar de lo que era a algo nuevo, y un creador permanente es fijo.
- Si el creador lograra crear sería impermanente y, como algo impermanente, el creador surgiría de causas y condiciones y produciría resultados. Esto contradice la noción básica de un creador independiente.
- ¿Por qué creó el creador? Debe haber tenido una motivación, en cuyo caso no es independiente de causas y condiciones, sino que está influido por ellas.
- Hay quien dice que el creador es permanente pero que es temporalmente impermanente mientras crea. Pero algo no puede ser a la vez permanente e impermanente, porque son cualidades contradictorias. Además, un creador permanente no puede cambiar para convertirse en impermanente y luego volver a cambiar para convertirse en no cambiante.

Un yo autosuficiente y sustancialmente existente

El siguiente nivel es aferrarse a un yo autosuficiente y sustancialmente existente, del que existen una forma adquirida y una forma innata. En este caso el yo parece valerse por sí mismo, como si se pudiera identificar sin que uno o más de los agregados tuvieran que ser identificados por la mente. La relación entre una persona autosuficiente y sustancialmente existente y los agregados es como la de un controlador y lo controlado —la persona es el controlador y los agregados son lo que la persona controla—.

En este tipo de enfoque, los agregados se ven como algo diferente a la persona, pero a la vez con características concordantes con ella. Esto lo notamos cuando pensamos: "Mi cuerpo se enferma tan a menudo… Me gustaría tener el cuerpo de un deva". Parece como si el yo pudiera cambiar su cuerpo por otro más preferible, como si el cuerpo fuera una mercancía diferente de la persona que lo posee. Un ejemplo de ver la persona y la mente como diferentes ocurre cuando pensamos: "Mi mente está llena de aflicciones. Ojalá tuviera la mente de un buda". El yo parece ser el poseedor de la mente, y la mente es como una mercancía que se puede intercambiar. Sostener que el yo y los agregados son diferentes de esta manera es aferrarse a una persona autosuficiente y sustancialmente existente. Este es el yo que afirman las escuelas inferiores como objeto de negación cuando comprenden la ausencia de identidad esencial de la persona.

El aferramiento a una persona autosuficiente y sustancialmente existente está presente cuando decimos: "Puedo perder peso cuando quiera", como si el yo fuera el jefe del cuerpo que tiene sobrepeso y de la mente que le gusta picar. A veces podemos pensar: "Puedo dejar de beber sin problema", o: "Podré permanecer centrado en el objeto de meditación una vez que me decida a hacerlo". En estos casos, parece que el yo es la consciencia mental que gobierna el cuerpo y la mente, que son sus subordinados.

¿Cuál es la diferencia entre aferrarse a un yo permanente, unitario e independiente y aferrarse a un yo autosuficiente y sustancialmente existente? Los no budistas que afirman la existencia de un yo permanente, unitario e independiente afirman que el yo y los agregados son naturalezas diferentes y tienen características discordantes. *Naturalezas diferentes* significa que dos cosas pueden existir en tiempos y lugares diferentes. *Características discordantes* significa que algunas de sus características son distintas. Por ejemplo, los no budistas creen que el yo es permanente, sin partes e independiente, mientras que los budistas que refutan una persona autosuficiente y sustancialmente existente consideran que la persona es impermanente, está compuesta por los agregados que son sus partes y depende de causas y condiciones. En resumen, ver el yo como una persona autosuficiente y sustancialmente existente no implica ver a la persona y a los agregados con características discordantes, mientras que la concepción de un yo permanente, unitario e independiente sí lo hace.

Aunque las escuelas inferiores –de la svatantrika hacia abajo– creen que están refutando el aferramiento sutil a la identidad esencial de la persona, según los prasangika no es así. Los prasangika distinguen dos niveles innatos de aferramiento a la identidad esencial de la persona: el aferramiento innato a la identidad esencial de una persona autosuficiente y sustancialmente existente y el aferramiento innato a la identidad esencial de una persona inherentemente existente. Dicen que los sistemas inferiores sólo refutan la persona autosuficiente y sustancialmente existente y dejan intacto el aferramiento a un yo inherentemente existente[73].

Tsongkhapa afirma que el aferramiento a la existencia autosuficiente y sustancial del yo existe tanto en la mente de aquellos cuya consciencia ha sido afectada por principios filosóficos como en la de los que no; esto significa que tiene una forma adquirida que se aprende en esta vida y una forma innata que proviene de vidas anteriores. Sin embargo, aferrarse a que la persona y los agregados tienen características discordantes –como concebir que el yo es permanente, unitario e independiente– sólo existe en la mente de quienes han aprendido filosofías incorrectas. Esto indica que es una aflicción adquirida, no innata (FEW 245):

> La aprehensión de que las personas son sustancialmente existentes en el sentido de ser autosuficientes también existe entre aquellos cuya consciencia no está afectada por los principios, pero la aprehensión de que las personas existen como algo distinto a los agregados [mentales y físicos] en el sentido de tener un carácter discordante con ellos no existe entre aquellos cuya consciencia no está afectada por los principios.

En *Suplemento*, Chandrakirti dice que en el cuarto nivel los bodhisatvas arya eliminan la ignorancia que es un aferramiento a la

---

73 Jamyang Shepa dice que el aferramiento a una persona autosuficiente y sustancialmente existente tiene dos formas: (1) La forma burda se aferra a la persona y a los agregados como si tuvieran características discordantes. Dice que esto es lo que los svatantrika e inferiores afirman como el objeto concebido del aferramiento innato a la identidad esencial de la persona. (2) La forma sutil se aferra al yo y a los agregados como si tuvieran características concordantes. Dice que el aferramiento a este yo es el aferramiento que Chandrakirti dice que se extingue en el cuarto nivel. Para más información sobre la presentación de Jamyang Shepa de los niveles del objeto de negación para la ausencia de identidad esencial de la persona y el tipo de persona autosuficiente y sustancialmente existente refutada por los sistemas inferiores, véase MP 651-54.

identidad esencial burdo. Esta ignorancia es el aferramiento innato a la identidad esencial de una persona autosuficiente y sustancialmente existente; se considera burda en comparación con la ignorancia que se aferra a una persona inherentemente existente.

Comprender la ausencia de una persona autosuficiente y sustancialmente existente es similar a la meditación que tiene el aspecto de lo burdo y lo pacífico –que es común tanto a los budistas como a los no budistas– en el sentido de que suprime temporalmente las aflicciones manifiestas que se explican en los dos *Conocimientos* (*Tesoro del conocimiento* y *Compendio del conocimiento*). Pero no puede suprimir ni siquiera las aflicciones manifiestas que dependen del aferramiento a la existencia inherente y que son consideradas como oscurecimientos aflictivos por los prasangika, y mucho menos eliminar de raíz cualquier aflicción, ya sea las explicadas en los dos *Conocimientos* o las afirmadas por los prasangika. Puesto que el aferramiento a la existencia inherente de la persona y los fenómenos es la raíz del samsara, los practicantes que han comprendido la ausencia de una persona autosuficiente y sustancialmente existente todavía están lejos de cortar la raíz del samsara y alcanzar la Liberación. Aquí vemos no sólo los beneficios de comprender la ausencia de un yo autosuficiente y sustancialmente existente –la supresión temporal de las aflicciones manifiestas burdas–, sino también sus limitaciones en cuanto a que no nos libera del samsara.

Sin embargo, la meditación que comprende la ausencia de una persona autosuficiente y sustancialmente existente y la meditación que tiene el aspecto de lo burdo y lo pacífico difieren en que la primera es capaz de suprimir las aflicciones manifiestas hasta el cuarto reino sin forma incluido, mientras que la segunda puede suprimir las aflicciones manifiestas sólo hasta el tercer reino sin forma.

Los svatantrika e inferiores afirman que la persona existe de forma imputada en el sentido de que uno de los agregados debe ser conocido para identificar la presencia de una persona. Por ejemplo, vemos el cuerpo de una persona o escuchamos su voz y de esa manera sabemos que una persona está allí. Refutan una persona autosuficiente y sustancialmente existente que pueda ser conocida sin conocer primero uno de los agregados.

A diferencia de los prasangika, las escuelas inferiores afirman algo que es la persona, es decir, algo que se puede encontrar cuando investigamos qué es la persona. Algunas de estas escuelas dicen que se encuentra la consciencia mental y que eso es la persona; otras dicen que el conjunto de los agregados es la persona. En sus sistemas, la consciencia mental y los agregados son sustancialmente existentes, por lo que aunque dicen que la persona autoaislada –es decir, la persona en general– es imputada como existente, la persona aislada de la ilustración (o del ejemplo) –lo que se encuentra cuando se busca la persona (la mente o el conjunto de agregados)– es sustancialmente existente. Cuando refutan la existencia autosuficiente y sustancial de la persona, niegan la existencia sustancial de la persona autoaislada, pero no la de la persona aislada de la ilustración, que es sustancialmente existente.

Mientras que refutar un yo permanente, unitario e independiente y un yo autosuficiente y sustancialmente existente son peldaños para la comprensión de la vacuidad de existencia inherente de la persona y los fenómenos, no son los objetos que concibe la ignorancia innata que es el primer vínculo de originación dependiente. Al aceptar que la consciencia mental, el conjunto de agregados o lo que sea es la persona, los svatantrika e inferiores no aceptan que el yo sea meramente designado dependiendo del conjunto de agregados y así no niegan una persona inherentemente existente.

Para comprender la ausencia de un yo permanente, unitario e independiente y de un yo autosuficiente y sustancialmente existente, no es necesario comprender primero la vacuidad de existencia inherente o la ausencia de identidad esencial de los fenómenos. Sin embargo, la comprensión directa y no conceptual de la vacuidad de existencia inherente supera por completo todos los demás conceptos erróneos y aferramientos.

Un yo inherentemente existente

El tercer nivel de aferramiento erróneo es aferrarse al yo como inherentemente existente. Los prasangika niegan la existencia inherente tanto de la persona como de los demás fenómenos, como los agregados. Podemos aprender una forma adquirida de aferrarse a la existencia inherente de la persona mediante el estudio de principios incorrectos, pero la forma innata es más insidiosa: nos ha mantenido encadenados al samsara desde tiempos sin principio. Existe en los animales, en los bebés y en todos los seres ordinarios, conozcan o no el lenguaje o sostengan o no principios filosóficos.

¿Cómo ve la ignorancia innata que se aferra a la identidad esencial la relación del yo y los agregados? De forma innata, no concebimos que el yo y los agregados no estén relacionados, como se indica, por ejemplo, al decir: "Estoy enfermo", cuando nos duele el estómago, o: "Estoy pensando", cuando la mente está pensando. Ver el yo y los agregados como algo totalmente diferente es una visión adquirida.

Tampoco vemos de forma innata la persona y los agregados como completamente lo mismo, como muestran los ejemplos de estar dispuestos a intercambiar nuestro cuerpo o mente con el de otra persona. Si nuestra mente innata ordinaria viera el yo y los agregados como completamente lo mismo, estos pensamientos no surgirían. Por lo tanto, ver el yo y los agregados como idénticos es también una visión adquirida.

Cuando decimos: "Estoy enfermo", nuestro sentido del yo se identifica con el cuerpo, aunque no exista el pensamiento: "Yo soy mi cuerpo". Del mismo modo, cuando decimos: "No quiero renacer en estados desafortunados", el sentido del yo está estrechamente relacionado con la mente, aunque no estamos pensando: "Yo soy mi mente". Estos no son el aferramiento innato sutil a la identidad esencial. El Quinto Dalai Lama aclara (HSY 133):

> A veces el yo parecerá existir en el contexto del cuerpo. A veces parecerá que existe en el contexto de la mente. A veces parecerá existir en el contexto de las sensaciones, las discriminaciones u otros factores. Después de observar una variedad de modos de aparición, llegarás a identificar un yo que existe por derecho propio, que existe inherentemente, que desde el principio se establece a sí mismo, existiendo indistinguiblemente con la mente y el cuerpo, mezclados como la leche y el agua. Este es el primer paso: establecer el objeto de negación en la visión de la ausencia de identidad esencial. Deberías trabajar en ello hasta que surja una experiencia profunda.

El sentido del yo no surge en un vacío, sino que se basa en el cuerpo y la mente. Una vez que el *yo* ha sido designado válidamente dependiendo del cuerpo y la mente, puede surgir el aferramiento a ese yo como inherentemente existente. El aferramiento sutil a la identidad esencial de la persona toma el mero yo como su objeto observado, no el cuerpo o la mente. Es decir, el objeto observado de la visión errónea de una identidad personal es el yo convencional que existe, y la visión errónea de una identidad personal lo aprehende erróneamente como inherentemente existente.

La visión innata de una identidad personal se aferra al yo como mezclado con los agregados y, aun así, capaz de sostenerse por sí mismo. Como dijo el Quinto Dalai Lama anteriormente, el yo aparece mezclado con los agregados, pero sigue siendo distinto de ellos. Cuando estamos en peligro físico, experimentamos fácilmente un fuerte sentido del yo centrado en el cuerpo: "Me voy a hacer daño". Cuando pensamos en todo el karma destructivo que hemos acumulado, podemos experimentar un fuerte sentido del yo basado en la mente: "Voy a tener un nacimiento desafortunado". La forma en que aparece el yo en ambas situaciones no es el objeto de negación más sutil, porque el yo aparece identificado con uno de los agregados, mientras que el yo que es el objeto de negación más sutil aparece mezclado con los agregados, pero sigue siendo una entidad cerrada en sí misma.

Como se mencionó anteriormente, el mero yo, el yo convencional que existe –no los agregados– es el objeto observado de la visión errónea de una identidad personal. Esta visión piensa "yo" y sostiene que ese yo existe por sus propias características. Su objeto concebido, que es el objeto de negación, es un yo inherentemente existente que no existe en absoluto. Sin embargo, su objeto observado, el mero yo, no se refuta, pues existe convencionalmente. Es el yo que crea karma, renace y llega a ser un buda.

Las nociones de un yo permanente, unitario e independiente, una persona autosuficiente y sustancialmente existente y una persona inherentemente existente difieren en cuanto a cómo ven la relación del yo y los agregados. Los no budistas que se aferran a un yo permanente, unitario e independiente afirman que el yo y los agregados son naturalezas diferentes y no tienen ninguna relación. Los esencialistas budistas –desde los vaibhashika hasta los svatantrika madhyamikas inclusive– refutan un yo permanente, unitario e independiente, así como una persona autosuficiente y sustancialmente existente. En este último caso el yo es el controlador de los agregados, de tal manera que los agregados dependen de la persona, pero la persona no depende de los agregados. Los prasangika madhyamika refutan las dos nociones anteriores de persona, así como la de una persona inherentemente existente. Una persona inherentemente existente es aquella en la que el yo y los agregados no son completamente iguales ni están totalmente desvinculados. El yo está mezclado con el conjunto del cuerpo y la mente, pero existe por derecho propio y es capaz de mantenerse por sí mismo. Los prasangika son los únicos que refutan las tres visiones erróneas del yo.

Sólo los prasangika niegan un yo inherentemente existente; las escuelas budistas inferiores proclaman que el yo debe tener alguna esencia inherente por su propio lado porque, si no fuera así, sería sólo un nombre arbitrario. Debe haber alguna naturaleza o esencia objetiva que nos permita tener un sentido de identidad como el que realiza las acciones y el que experimenta los resultados. Los prasangika, sin embargo, refutan incluso esto, diciendo que el yo existe de modo meramente nominal.

En otras palabras, todos los sistemas budistas están de acuerdo en que el yo depende de los agregados, pero todos, excepto los prasangika, afirman que cuando se busca el yo que viaja de una vida a otra en los agregados, se puede encontrar algo que es la persona. A diferencia de los prasangika, los sistemas inferiores no entienden que debido a que el yo es dependiente, carece de existencia inherente. De hecho, creen que el yo debe existir inherentemente o no existiría en absoluto.

En tu meditación, sé consciente de las diversas formas en que el aferramiento a la identidad esencial puede aferrarse a la persona. Trata de identificar si te aferras a un yo permanente, unitario e independiente; otras veces observa si puedes detectar que te aferras a una persona autosuficiente y sustancialmente existente. Sé consciente además de cuándo te aferras a una persona inherentemente existente. Familiarizarte con las descripciones anteriores de estos tres tipos de aferramiento te ayudará a hacerlo. Sin embargo, lleva tiempo identificar estas visiones erróneas sobre la existencia de la persona, así que ten paciencia.

En la meditación sobre la vacuidad, identificar la apariencia de un yo inherentemente existente es el primer paso y el más difícil. No funciona sentarse y decirse a sí mismo: "¿Cuál es mi concepción del yo?". Eso es como pedirle a un ladrón que se levante y declare sus actividades. No lo hará. Sin embargo, sin tener una idea clara del falso yo que ingenuamente creemos que existe, ¿cómo podemos comprender su vacuidad?

Como principiantes es difícil identificar el yo inherentemente existente que es el objeto de negación. Empieza por observar tu sentido del yo cuando sientas una emoción fuerte. Por ejemplo, un día un grupo al que yo (Chodron) estaba enseñando tuvo una entrevista con Su Santidad. Cuando entramos en la sala, Su Santidad nos saludó a cada uno individualmente y luego un monje nos dirigió a una fila de asientos en semicírculo. Como yo era la primera, me indicó que me moviera hacia abajo en la fila para dejar espacio a los demás. Siguiendo las indicaciones, me dirigí a la última silla y, cuando el monje nos dijo que nos sentáramos, me senté. Su Santidad terminó de saludar a la gente y luego se acercó a mí e, inclinándose, me dijo suavemente: "Creo que esa es mi silla". ¡Qué vergüenza sentí! ¡El objeto de negación estaba mostrándose a todo color!

Para identificar el objeto de negación, un rincón de nuestra mente debe observar discreta y disimuladamente cómo se manifiesta el sentido del yo en nuestra vida. Podemos tener alguna o todas las nociones del yo anteriores en diferentes momentos del día. Por lo tanto, debemos observar con discreción cómo aparece el yo en diversas situaciones –por ejemplo, cuando se nos culpa injustamente o cuando se nos elogia mucho–. ¿Cuál es el sentido del yo cuando ansiamos tener algo? ¿Y cuando nos criticamos a nosotros mismos? ¿Y cuando los demás nos ignoran o nos colman de atenciones? ¿Y cuando alguien dice nuestro nombre?

Cuando observamos el sentido del yo que existe cuando una emoción fuerte está presente, ¿cómo diferenciamos los objetos aprehendidos del aferramiento a la identidad esencial burdo y sutil en nuestra propia experiencia –el aferramiento burdo a la identidad esencial de la persona que se aferra a una persona autosuficiente y sustancialmente existente y el aferramiento sutil a la identidad esencial de la persona que se aferra a una persona inherentemente existente? La mayor parte de nuestro enfado evidente, por ejemplo, probablemente implica aferrarse al yo como autosuficiente y sustancialmente existente, además de aferrarse al yo como inherentemente existente. El aferrarse a la existencia inherente es la fuente de todas las aflicciones. Puede llevar a aferrarse a una persona autosuficiente y sustancialmente existente, lo que da lugar a la aflicción manifiesta. Sin embargo, es extremadamente difícil separar los objetos concebidos de los dos tipos de aferramiento a la identidad esencial en nuestra experiencia real.

En tu práctica, primero identifica y luego refuta un yo permanente, unitario e independiente reflexionando en que es imposible que exista un yo permanente, unitario e independiente. Dado que se trata de una noción burda del yo creada por filosofías incorrectas, en comparación es fácil de refutar. La idea de una persona autosuficiente y sustancialmente existente es más sutil y la idea de una persona inherentemente existente es la más sutil y, por tanto, la más difícil de identificar y refutar. Si refutas la existencia de un yo inherentemente existente, todos los demás aferramientos al yo se superan de manera automática.

Una vez que hayas identificado cómo aparece el falso yo inherentemente existente, investiga si puede existir un yo así. En este punto, el razonamiento y el análisis son fundamentales. Investiga cómo existe el yo hasta que estés convencido de que no puede existir inherentemente. En ese momento, reposa la mente en la ausencia de ese yo inherentemente existente.

REFLEXIONES

1. Cuando eras niño, ¿te enseñaron que hay un alma permanente y un creador permanente?
2. Repasa las razones que las refutan. ¿Las razones tienen sentido para ti? ¿Una parte de tu mente todavía encuentra atractiva o reconfortante la idea de un creador permanente del universo y de un alma permanente que es tu esencia?
3. Repasa las características de un yo permanente, unitario e independiente, de una persona autosuficiente y sustancialmente existente y de una persona inherentemente existente.
4. ¿Puedes identificar en tu experiencia cuándo te estás aferrando a alguna de ellas?

El aferramiento a "lo mío"

La visión errónea de una identidad personal implica aferrarse tanto al yo como a "lo mío" como inherentemente existentes. Así como decir sin más "Estoy andando" no implica aferrarse a la existencia inherente del yo, pensar del mismo modo "Mi cuerpo" o "Mi mente" no es aferrarse a la existencia inherente de "lo mío". Sin embargo, cuando surge una fuerte emoción destructiva, como el apego o el enfado, ya está implicado el aferramiento a la existencia inherente del yo o de "lo mío". En ese momento pensamos: "¡No *me* trates así!". "Esto es *mío*" o "*Mi* hijo fue admitido en una escuela prestigiosa".

Aferrarse a "lo mío" implica aferrase al yo. La visión errónea de una identidad personal que se aferra a lo mío[74] surge en relación con

---

74 En la tradición guelug, hay un debate sobre a qué se refiere *lo mío* en la visión de una identidad personal. Tanto en los textos canónicos como en los comentarios de la tradición pali no parece haber un debate filosófico sobre el significado de *mío*.

las cosas que nos pertenecen –nuestro cuerpo, mente, posesiones, etc.–. Sin embargo, estas cosas no son su objeto de observación: se enfoca sólo en el sentido de lo mío –el sentimiento de "mío" o de propiedad– no en las cosas que son mías. Técnicamente hablando, lo mío no es ni una persona ni un fenómeno en el contexto de la división de personas y fenómenos como base de las dos ausencias de identidad esencial. Es sólo el sentido de "mío". Sin embargo, en el pensamiento "mío" está implícita la noción de persona. Por ello, aferrarse a lo mío como inherentemente existente forma parte del aferramiento a la identidad esencial de la persona y, dentro de éste, a la visión errónea de una identidad personal.

El cuerpo, la mente y las posesiones son ilustraciones de cosas que son mías, pero no son "lo mío" que es el objeto observado de la visión errónea de una identidad personal. Aferrarse al cuerpo y la mente como inherentemente existentes es aferrarse a la identidad esencial de los fenómenos, mientras que aferrarse al cuerpo y la mente como inherentemente *míos* es aferrarse a la identidad esencial de la persona. Aferrarse a lo mío toma nuestro cuerpo, nuestra mente y otras cosas externas y las considera *mías*, al tiempo que sostiene que lo mío existe inherentemente. Pensamos: "Estos son *mis* ojos. Esta es *mi* casa. Estas emociones son *mías*".

En los ejemplos anteriores está implicado el aferramiento a la existencia inherente, mientras que aclarar naturalmente la propiedad –por ejemplo, decir: "¿Este bolígrafo es tuyo o mío? – no implica aferramiento a la identidad esencial.

No todo aferramiento a la identidad esencial de la persona es la visión errónea de una identidad personal. La visión errónea de una identidad personal se refiere sólo al aferramiento al propio yo, mientras que el aferramiento a la identidad esencial de la persona se aplica al aferramiento a cualquier persona como inherentemente existente. Cuando nos aferramos a Tashi, Sally y al gato Fluffy como inherentemente existentes, esto es un aferramiento a la identidad esencial de la persona, pero no es la visión errónea de una identidad personal.

REFLEXIONES ─────────────────

Observa lo que ocurre cuando superpones el *mi* o *lo mío* inherentemente existentes a alguien o algo.

1. Recuerda un objeto en una tienda antes de comprarlo, por ejemplo, un coche en la sala de exposiciones. Si estuviera deteriorado, ¿te molestaría?
2. ¿Cuál sería tu reacción si se deteriorara después de haberlo comprado, una vez que se ha convertido en mío? Aparcas el coche nuevo y haces un recado. Cuando vuelves, tiene un gran golpe en el lateral.
3. Considera tus expectativas cuando piensas en mi hijo (cónyuge, padre o hermano). ¿Tienes esas mismas expectativas y juicios para el hijo de otra persona? Ambos son hijos. ¿Por qué el término mi cambia tan drásticamente tus sentimientos y juicios?
4. ¿Qué pasaría si dejaras de lado la denominación mi y te limitaras a ver a las personas y las cosas sin imputarles la propiedad?

La identidad esencial de los fenómenos

Cuando la existencia inherente se superpone o proyecta sobre la persona, se denomina *identidad esencial de la persona*; cuando se superpone sobre los agregados psicofísicos y otros fenómenos se denomina *identidad esencial de los fenómenos*. Las expresiones *aferramiento a la identidad esencial de la persona*, *aferramiento a la identidad esencial de los fenómenos*, *ausencia de identidad esencial de la persona* y *ausencia de identidad esencial de los fenómenos* se dan en consecuencia.

Los sistemas de principios filosóficos no budistas no suelen hablar de la ausencia de identidad esencial de los fenómenos. Los vaibhashika y los sautrantika hablan de la ausencia de identidad esencial de la persona, pero no de la ausencia de identidad esencial de los fenómenos. Los yogachara y los madhyamika svatantrika hablan de ambos, pero afirman que comprender la ausencia de identidad esencial de la persona es suficiente para alcanzar la Liberación, mientras que comprender tanto la ausencia de identidad de la persona como la de los fenómenos es necesario para alcanzar la completa Iluminación. El modo en que describen la identidad esencial y la ausencia de identidad esencial de los fenómenos difiere del de los prasangika. Comprender sus afirmaciones nos ayuda a llegar a la visión más sutil de los prasangika.

Repasemos: los yogachara hablan de cuatro enfoques para aferrarse a la identidad esencial de los fenómenos: (1) aferrarse a que el sujeto y el objeto de una percepción son entidades sustanciales diferentes; (2) aferrarse a que los fenómenos existen por sus propias características como los referentes de nombres y términos; (3) aferrarse a los objetos externos y (4) aferrarse a que los fenómenos existen por sus propias características como la base a la que se adhieren los pensamientos. Los cuatro llegan al mismo punto, aunque tienen enfoques diferentes. Comprender la ausencia de los cuatro objetos de aferramiento mencionados es comprender la ausencia de identidad esencial de los fenómenos, según los yogachara. Sus ideas se explicarán con mayor profundidad en un próximo volumen.

Los svatantrika hablan del aferramiento a los fenómenos como verdaderamente existentes, existentes de modo último o existentes por su propia realidad. Para ellos, estos tres significan que un fenómeno existe exclusivamente como autoestablecido, sin ser postulado por la fuerza de aparecer a una consciencia no defectuosa. "Consciencia no defectuosa" significa una consciencia que no es errónea con respecto al objeto con el que se implica. Por ejemplo, no tiene causas superficiales de error, como facultades sensoriales defectuosas, estar en un vehículo en movimiento o sostener puntos de vista erróneos. Los svatantrika dicen que los fenómenos existen inherentemente y se postulan por la fuerza de aparecer a una consciencia no defectuosa, pero la ignorancia se aferra a ellos como si existieran sin ser designados por una consciencia no defectuosa.

Los svatantrika niegan la existencia verdadera y la existencia última —según explica esta escuela el significado de estos términos—, pero sostienen que los fenómenos se establecen de hecho por medio de su propio carácter y existen inherentemente a nivel convencional. Para los prasangika, *existencia verdadera, existencia inherente, existencia por su propio lado, existencia última, existencia sustancial*, etc., son sinónimos. Sin embargo, estos términos tienen diferentes significados según los sistemas de principios filosóficos inferiores, por lo que al exponer las afirmaciones de cada sistema, es necesario aclarar el significado de los términos que utilizamos.

Todos los términos anteriores se refieren al objeto de negación de los prasangika. Para ellos, la existencia inherente es todo aquello que se puede establecer por sí mismo y existe sin ser meramente designado por nombre y concepto. Por ejemplo, cuando miramos un edificio, parece existir objetivamente, independientemente de nuestra mente. Cuando pensamos en el director general de una empresa o en el presidente de un país, parece que tienen algún poder o cualidad inherente que les hace ser eso. Olvidamos que *director general* o *presi-*

dente no son más que nombres que se han asignado temporalmente a unas personas como resultado de un consenso social.

Los prasangika dicen que todos los fenómenos existen por el poder de la mente, siendo meramente designados por la mente dependiendo de una base de designación. Sin embargo, las cosas aparecen a las seis consciencias como existentes por su propia naturaleza, como si tuvieran su propia esencia inherente o verdadera realidad. La ignorancia innata acepta estas falsas apariencias y se aferra a los fenómenos como existiendo de modo inherente tal y como aparecen.

Los cuatro sistemas de principios budistas tienen su origen en la palabra del Buda, aunque difieren en lo que se refiere a los sutras que consideran definitivos e interpretables. Siendo un maestro hábil, el Buda expuso diferentes visiones de la vacuidad según las capacidades de su audiencia para conducirnos gradualmente a la visión más sutil y completa. En el próximo volumen, exploraremos las formas que expone para refutar los distintos objetos de negación.

El Sutra del corazón

El *Sutra del corazón* expresa de forma concisa el significado de todos los sutras de la *Perfección de la Sabiduría* en sus cuatro famosas y profundas frases: "La forma es vacuidad. La vacuidad es forma. La vacuidad no es otra que la forma. La forma no es otra que la vacuidad". El significado de estas cuatro frases ilustra que la naturaleza de la vacuidad y la del surgimiento dependiente no son contradictorias. La clave para entender esto es evitar negar demasiado o demasiado poco en la meditación en la vacuidad.

El sutra utiliza *la forma* como ejemplo; su enfoque cuádruple se aplica también a los otros agregados: la sensación, el discernimiento, los factores composicionales y la consciencia son vacíos. La vacuidad es la sensación (y así sucesivamente). La vacuidad no es otra que la sensación (y así sucesivamente). La sensación y demás no son otros que la vacuidad. Estas cuatro frases se refieren a todos los fenómenos impermanentes, que en conjunto constituyen los cinco agregados. También se pueden aplicar a los fenómenos permanentes, incluyendo así todos los fenómenos existentes.

Observar lo que se niega y lo que se afirma en este pasaje del *Sutra del corazón* nos dará una mejor idea de lo que es y no es el objeto de negación. Aunque es fácil decir que se niega la existencia inherente y se afirma el mundo convencional del surgimiento dependiente, los seres ordinarios no somos capaces de verlo realmente.

La forma es vacuidad

Aunque algunos traductores traducen esta primera frase como "la forma es vacuidad", esto es incorrecto. La forma no es la vacuidad porque la forma es una verdad convencional y la vacuidad es una verdad última, y lo que es un tipo de verdad no puede ser la otra. La vacuidad es un atributo de la forma, es la naturaleza última de la forma. Dicho de otro modo, la vacuidad de la forma es la ausencia de existencia inherente de la forma.

"La forma es vacía". Cuando percibimos la forma, parece como si la forma misma constituyera su propia realidad última. Si la forma que percibimos fuese su realidad última —si la forma fuese inherentemente existente—, entonces, cuando sometiésemos la forma a un análisis crítico que busca su realidad verdadera o última, la forma debería soportar ese análisis. El razonamiento que analiza lo último debería poder identificar algo que definitivamente fuera la forma. Sin embargo, no es así. La forma no se puede encontrar a través de ese proceso analítico. Esto no significa que la forma no exista, sino que es vacía de la existencia inherente que nuestra ignorancia proyectó erróneamente sobre ella. La forma no existe por derecho propio, no existe por su propio poder, independiente de otros factores. Esta vacuidad de existencia inherente de la forma es la naturaleza última de la forma.

La forma surge debido a la unión de sus causas y condiciones. Como la forma depende de otros factores, no existe de forma independiente. La existencia dependiente e independiente se excluyen entre sí y como la existencia independiente es sinónimo de existencia inherente, la forma es vacía de existencia inherente. Nunca ha existido ni existirá de forma inherente porque su naturaleza es dependiente.

La vacuidad es forma

¿Qué es entonces la forma? El *Sutra del corazón* dice: "La vacuidad es forma". Esto no significa literalmente que la vacuidad es la forma: indica que lo que llamamos *forma* es un surgimiento dependiente y es completamente vacío de existencia independiente. Debido a que surge dependiendo de otros factores, carece de existencia inherente. Su vacío de existencia inherente permite que la forma surja dependiendo de otros factores que no son ella. Una forma surge de una multiplicidad de causas y condiciones, y a su vez se convierte en una causa o condición para otras cosas. Una forma es parte de un vasto conjunto interconectado de cosas funcionales interdependientes que existen en la vacuidad, en su esencia vacía de existencia verdadera. Cuando el sutra dice "la forma es vacía; la vacuidad es forma", el significado es "vacuidad, por lo tanto forma; forma, por lo tanto vacuidad". En otras palabras, como la forma es vacía, la única manera en que puede existir es de manera dependiente. No es posible que exista algo que no sea vacío. Y debido a que la vacuidad de la forma existe, la forma existe. La forma y la vacuidad de la forma dependen una de otra. Son mutuamente dependientes.

El "*Capítulo de Kashyapa*", del *Sutra del montón de joyas* (*Ratnakuta Sutra*), enumera muchas formas en las que algo puede ser vacío. Una de ellas es la "vacuidad de lo demás", como en el caso de que el templo esté vacío de monjes. Que el templo esté vacío de monjes es un vacío de lo demás porque la base de la vacuidad, el templo, está vacía de alguna otra cosa, los monjes. Pero la manera de ser vacío en "la forma es vacía" es el vacío propio, de sí misma, de su propia naturaleza. La vacuidad de naturaleza propia no significa que la forma esté exenta de forma. La forma es forma y no se rechaza el hecho de que la forma sea forma. Más bien, la forma está exenta de una naturaleza inherente, es vacía de ser una forma inherentemente existente. El vacío no implica la inexistencia. Más bien, el hecho de que las cosas sean vacías de existencia inherente permite que surjan dependiendo de causas y condiciones. La vacuidad y el surgimiento dependiente son compatibles.

Podemos pensar que la forma tiene algún tipo de existencia objetiva o existencia por su propio lado y que ahora está siendo vaciada de existencia objetiva. En el *Sutra de la Perfección de la Sabiduría en 25.000 estrofas*, el Buda afirma: "La forma no se hace vacía por la vacuidad. La forma misma es vacía". En el capítulo *Preguntas de Upali* en el *Ratnakuta Sutra*, el Buda afirma claramente que las causas no se hacen vacías por la vacuidad, ni están siendo negadas por la vacuidad. Más bien, las propias causas son vacías. Eso significa que no hay ninguna base objetivada que sea el referente del término *forma* o *causa*. Todos los fenómenos están totalmente desprovistos de cualquier realidad inherente en y de sí mismos.

"La vacuidad es forma" indica la existencia convencional de la forma. La expresión "el amanecer de la vacuidad como el significado del surgimiento dependiente"[75] es el significado de "la vacuidad es forma". Es decir, el hecho de que los fenómenos carezcan de existencia inherente indica que existen convencionalmente. Por el contrario, la expresión "el amanecer del surgimiento dependiente como significado de la vacuidad" es el significado de "la forma es vacía". Dado que los fenómenos surgen de forma dependiente, carecen de existencia inherente.

La realidad convencional de la forma es que es un surgimiento dependiente. Surge como resultado de causas y condiciones. En un mundo en el que todo surge de modo dependiente, la ley de la causalidad es factible y la causa y el efecto se pueden postular. La naturaleza de la forma como surgimiento dependiente sólo es posible porque es vacía de existencia inherente. "La vacuidad es forma" nos dice que la forma surge desde la vacuidad de existencia inherente: la naturaleza última de todos los fenómenos, la vacuidad, es la base que permite la existencia de la forma y de todo lo demás. El mundo de los diversos objetos es una expresión o manifestación de la vacuidad. Si la vacuidad no fuera la naturaleza última de los fenómenos —si los fenómenos existieran de forma inherente—, estarían congelados en el tiempo y no podrían surgir o funcionar porque serían independientes de todos los demás factores, como las causas y condiciones. El surgimiento dependiente sólo es posible en un mundo vacío de existencia inherente y la vacuidad de existencia inherente sólo es posible en un mundo que exista de modo dependiente.

El vacío no es una realidad absoluta como Brahma, Dios o una energía cósmica o sustancia primordial que es una realidad subyacente en el corazón del universo de la que surge el mundo de la multiplicidad. La vacuidad no es una realidad independiente en algún lugar lejano a partir de la cual surge la diversidad de los fenómenos. El vacío está aquí y ahora. Es nuestra propia naturaleza y la naturaleza de todo lo que nos rodea.

Desde el punto de vista del madhyamaka, la vacuidad es la ausencia de elaboración de existencia inherente. No es una vacuidad totalmente desprovista de toda base, porque la vacuidad sólo se puede entender en relación con los fenómenos individuales. La vacuidad

---

75 El significado de la frase "La vacuidad surge como el significado del surgimiento dependiente", se explorará más a fondo en el volumen 8 de *Biblioteca de sabiduría y compasión*.

depende de un fenómeno convencionalmente existente del que es su naturaleza última.

El vacío es una negación no afirmativa, no es un fenómeno afirmativo que podamos encontrar. No es una realidad independiente y absoluta porque depende de fenómenos cuya naturaleza última es el vacío. Sólo podemos hablar de la vacuidad de objetos concretos: la vacuidad no es una energía externa, independiente y absoluta.

Dado que la vacuidad sólo se puede conocer en relación con los fenómenos individuales, si una cosa individual cesa, su vacuidad también cesa. Aunque esa vacuidad no es producto de causas y condiciones, puesto que la base sobre la que se entiende ya no existe, la vacuidad de esa cosa también deja de existir. Cuando la taza se rompe en pedazos, la vacuidad de la taza ya no existe. Sin embargo, como los trozos existen, el vacío de los trozos existe.

Dependiendo del objeto convencional que elijamos como base de nuestra meditación en la vacuidad, nuestra meditación puede ser más o menos poderosa. Cuando meditamos en la vacuidad en el yoga de la deidad, la base de nuestra meditación es un objeto puro –la forma de una deidad– y meditamos en su vacuidad. En el mahamudra y el dzogchen, la mente es la base de la meditación y nos enfocamos en su vacuidad. Meditar en la vacuidad de la mente, del yo o de la forma de una deidad tendrá un impacto más fuerte en nosotros que meditar en el vacío de una vela.

La vacuidad no es otra que la forma y la forma no es otra que la vacuidad

Todas las enseñanzas de Buda se dieron dentro del contexto de las dos verdades: la convencional (velada) y la última. Estas dos frases indican la relación entre las dos verdades. Aunque la comprensión de la naturaleza de la realidad en términos de las dos verdades era común a muchos sistemas de pensamiento de la antigua India, tanto budistas como no budistas, la explicación más sutil no habla de ellas como dos entidades independientes separadas, sino como dos aspectos de un mismo fenómeno.

Las verdades convencionales –que incluyen la forma y los otros cuatro agregados– son las verdades de las convenciones cotidianas del mundo. Este es el nivel de realidad que se constata por la mera apariencia a nuestras consciencias ordinarias. Las verdades convencionales no son establecidas por el razonamiento que analiza lo último, ni están en el ámbito de esa sabiduría. Constituyen el mundo de los fenómenos múltiples y diversos. Las verdades últimas, en cambio, son aquellas a las que se llega mediante un análisis razonado de lo último. Cuando buscamos el modo de existencia más profundo de los fenómenos, solo encontramos su vacío de existencia inherente. Esto es su *talidad* (*tattva*), es decir, su modo último de existencia, la verdad última.

"La vacuidad no es otra que la forma" indica que la vacuidad de la forma es la naturaleza última de ésta. No está separada ni no relacionada con la forma. La vacuidad no existe aparte de los objetos individuales que son vacíos. La vacuidad no puede ser independiente de la base sobre la que se constata. Del mismo modo, "la forma no es otra que la vacuidad" significa que la forma y otras verdades veladas existen en la realidad de la vacuidad y están en la naturaleza de la vacuidad. La forma –y las verdades veladas en general– y su vacuidad no se pueden separar: si una existe, también lo hace la otra; si una cesa, también lo hace la otra. Las dos verdades son inseparables. Son una sola naturaleza, pero nominalmente distintas.

Debemos contemplar la vacuidad de las sensaciones y demás, así como la vacuidad de la forma. Cuando el *Sutra del corazón* dice "contemplando perfectamente la vacuidad de existencia inherente de los cinco agregados también", la palabra *también* indica la persona que se designa dependiendo de los cinco agregados. Esa persona –*yo*, *mi*– también es vacía de existencia inherente. En tu práctica, es útil pensar: "Yo soy vacío; la vacuidad soy yo. El vacío no es otro que yo; yo no soy otro que el vacío". Esta meditación tendrá un poderoso efecto en tu mente.

REFLEXIONES

1. Piensa en una forma como tu cuerpo. Se siente muy sólido, como si fuera independiente de causas y condiciones y existiera objetivamente por su propio lado.

2. ¿Existe tu cuerpo de la forma en que aparece? ¿Es independiente de causas como el esperma y el óvulo de tus padres?

3. Concéntrate en el pensamiento: "Mi cuerpo existe sólo porque las causas de éste existen. Si esas causas no existieran, mi cuerpo no existiría. Cuando las causas de cada momento del cuerpo cesen, surgirá un nuevo momento del cuerpo: entonces también cesará".

4. Esta comprensión contradice la sensación de que el cuerpo es una entidad independiente que siempre estará ahí. El cuerpo es impermanente y es vacío de existencia inherente.

La tradición procedente del maestro nyingma Mipham (1846-1912) presenta estas cuatro líneas del *Sutra del corazón* como "las cuatro aproximaciones a la comprensión de la vacuidad". Aquí las cuatro líneas están relacionadas con la refutación de las cuatro alternativas:

La forma es vacía indica que todos los fenómenos son vacíos de existencia inherente. Esto contrarresta el extremo de la existencia (el extremo del absolutismo), que sostiene que los fenómenos son su propia realidad última (que existen inherentemente).

La vacuidad es forma indica que en la vacuidad aparecen la forma y otros surgimientos dependientes. Aunque los fenómenos son vacíos, también existen de forma dependiente; la vacuidad se debe entender en términos de surgimiento dependiente. Esto contrarresta el extremo de la inexistencia (el extremo del nihilismo).

La vacuidad no es otra que la forma indica la unión del surgimiento dependiente y la vacuidad, la unión de las apariencias convencionales y su vacuidad. Lejos de no estar relacionados, la vacuidad y los fenómenos que surgen de forma dependiente existen en relación entre sí. Esto anula los extremos de la existencia y la inexistencia, tanto el absolutismo como el nihilismo.

La forma no es otra que la vacuidad muestra que el surgimiento dependiente y la vacuidad –apariencias y vacuidad– son compatibles y complementarias. Esta línea presenta la eliminación total de todas las elaboraciones conceptuales y nos permite trascender el extremo de "ni existencia ni no existencia".

La tradición Sakya del Lamdre (Sendero y Resultado) tiene un enfoque cuádruple similar de la vacuidad: las apariencias se establecen como vacías; la vacuidad es surgimiento dependiente; la vacuidad y la apariencia son una unidad; esta unión de la vacuidad y la apariencia está más allá de la expresión o el lenguaje.

Por lo general, la sabiduría que comprende la vacuidad se presenta como el antídoto tanto para el aferramiento a la existencia inherente como para el extremo del absolutismo, y la comprensión del surgimiento dependiente como la fuerza contraria tanto a la inexistencia absoluta como al extremo del nihilismo. Sin embargo, si nuestra comprensión de la vacuidad y del surgimiento dependiente ha penetrado correctamente en lo más profundo, estas dos comprensiones funcionarán también en el orden inverso. La comprensión de la vacuidad nos ayudará a trascender el extremo del nihilismo. El hecho de que los fenómenos sean vacíos indica que no son totalmente inexistentes: son vacíos sólo de existencia inherente. La comprensión de las apariencias de los fenómenos que surgen de forma dependiente nos permite trascender el extremo del absolutismo: como los fenómenos existen de forma dependiente, no pueden existir de forma inherente. Esta forma inversa de oponerse a los dos extremos es profunda y es exclusiva del enfoque prasangika.

9 | La visión del camino medio

COMO UN MAESTRO HÁBIL, EL Buda enseñó a las personas según sus diferentes aptitudes y disposiciones para conducirlas a la correcta comprensión de la naturaleza última. Estas enseñanzas evolucionaron hasta convertirse en las escuelas de principios filosóficos de la antigua India. Algunos de los puntos clave que analizaron los defensores de estos sistemas fueron el objeto de negación y la visión de la ausencia de identidad esencial. Comenzaremos este capítulo con un repaso y una visión general de las posiciones de las diversas escuelas filosóficas budistas sobre estos y otros temas y, a continuación, mostraremos las afirmaciones únicas de los madhyamaka y –dentro de ellos– de los prasangika sobre el camino medio.

Para algunos lectores, comprender el significado de tantos términos puede resultar desalentador al principio. Pero, al igual que un joven estudiante de ciencias se familiariza gradualmente con los términos científicos hasta que le resultan muy naturales, tú también te familiarizarás con estos términos filosóficos.

Establecer el objeto de negación y la visión de la ausencia de identidad esencial

La meditación en la vacuidad implica asegurarse de que el objeto aprehendido es una negación no afirmativa que es la negación de la existencia inherente. Los sistemas inferiores de principios budistas meditan en la ausencia de identidad esencial que es la refutación de una persona autosuficiente y sustancialmente existente. Aunque no se puede afirmar nada más después de negar una persona autosuficiente y sustancialmente existente, ese no es el objeto de negación más profundo. Es como una persona que quiere tener el suelo limpio pensando: "No hay piedrecitas en el suelo", pero no ve la suciedad que hay en él.

Entre los diversos sistemas filosóficos, existen diferentes afirmaciones sobre los objetos observados y concebidos del aferramiento a la identidad esencial de la persona. El objeto observado –el yo convencional– es la base sobre la que el aferramiento a la identidad esencial de la persona superpone una forma falsa de existencia y, por lo tanto, la aprehende erróneamente. Los sistemas de principios filosóficos también tienen diferentes definiciones del aferramiento a la identidad esencial de la persona y del aferramiento a la identidad esencial de los fenómenos, así como de aquello que constituye los oscurecimientos que hay que eliminar para alcanzar la Liberación y la Iluminación.

Los sammitiya vaibhashika dicen que el *objeto observado* del aferramiento a la identidad esencial de la persona son los cinco agregados, los yogachara afirman que es la consciencia base de todo y los sautrantika y svatantrika madhyamaka dicen que es la consciencia mental. Según los prasangika, es el *mero yo* –el yo que existe siendo meramente designado–.

La mayoría de los sistemas dicen que el *objeto concebido* de la visión errónea de una identidad personal y del aferramiento a la identidad esencial de la persona es un yo autosuficiente y sustancialmente existente. Los prasangika explican que eso es el objeto de negación burdo, mientras que un yo inherentemente existente es el objeto concebido real que se debe negar.

Los vaibhashika y los sautrantika no hablan del aferramiento a la identidad esencial de los fenómenos. Los yogachara presentan cuatro enfoques relacionados con el aferramiento a la identidad esencial de los fenómenos: (1) aferramiento al sujeto y al objeto de una percepción como entidades sustanciales diferentes, (2) aferramiento a que los fenómenos existen por sus propias características como los referentes de los nombres y los términos, (3) aferramiento a los objetos externos, y (4) aferramiento a que los fenómenos existen por sus propias características como la base a la que se adhieren los pensamientos. En consecuencia, afirman cuatro formulaciones de la ausencia de identidad esencial de los fenómenos: (1) la ausencia de dualidad entre sujeto y objeto, (2) la ausencia de fenómenos que existan por sus propias características como referentes de nombres y términos, (3) la ausencia de existencia externa y (4) la ausencia de fenómenos que existan por sus propias características como la base a la que se adhieren los pensamientos.

Los svatantrika madhyamika dicen que el aferramiento a la identidad esencial de los fenómenos se aferra a los fenómenos como si existieran de modo último. Para ellos la existencia última y la existencia inherente son diferentes y niegan la existencia inherente sólo a nivel último. Además, para los svatantrika, la ausencia de existencia última o verdadera de la persona es una ausencia de identidad esencial de los fenómenos, no de la persona. Esto se debe a que, a diferencia de los prasangika, los svatantrika diferencian la ausencia de identidad esencial de la persona y la ausencia de identidad esencial de los fenómenos no tanto por la base de la negación –la persona u otro fenómeno–, sino por el objeto de negación. La identidad esencial de la persona es una persona autosuficiente y sustancialmente existente, mientras que la identidad esencial de los fenómenos es la existencia última y verdadera de todos los fenómenos, incluida la persona. Por su parte, los prasangika madhyamika distinguen la ausencia de identidad esencial de la persona y la ausencia de identidad esencial de los fenómenos en cuanto a la base: la persona o los demás fenómenos que no sean la persona. Afirman que la existencia última y la existencia inherente son sinónimos y dicen que el objeto de negación para ambas ausencias de identidad esencial es la existencia última, verdadera e inherente.

Estas dos ramas de la madhyamaka también difieren en sus afirmaciones sobre la ausencia de identidad esencial de los fenómenos: los svatantrika afirman que es su ausencia de existencia última, mientras que los prasangika proponen una ausencia de identidad esencial de la persona y los fenómenos que son la ausencia de existencia inherente de la persona y los fenómenos, respectivamente. En el capítulo 5, véase el gráfico del objeto de negación, la ausencia de identidad esencial de la persona y los fenómenos que refuta cada sistema de principios filosóficos: su ausencia de identidad esencial burda y sutil de la persona y los fenómenos es la inexistencia de su correspondiente objeto de negación.

A continuación se presenta una tabla acerca de lo que cada sistema de principios filosóficos afirma como oscurecimientos aflictivos y cognitivos burdos y sutiles. Al explorar las afirmaciones de los sistemas de principios respecto a muchos temas, verás cómo sus afirmaciones respecto al objeto de negación influyen en gran medida en sus otras afirmaciones.

OSCURECIMIENTOS AFLICTIVOS Y COGNITIVOS

	Oscurecimientos aflictivos burdos	Oscurecimientos Aflictivos sutiles	Oscurecimientos Cognitivos burdos	Oscurecimientos Cognitivos sutiles
Vaibhashika y Sautrantika	Concepto de un yo permanente, unitario e independiente.	Aferrarse a una persona autosuficiente y sustancialmente existente, a las aflicciones que produce y sus semillas.	Ninguno	Ninguno
Yogachara	Concepto de un yo permanente, unitario e independiente.	Aferrarse a una persona autosuficiente y sustancialmente existente, a las aflicciones que produce y sus semillas.	Ninguno	Aferramiento a la identidad de los fenómenos y sus predisposiciones (aferramiento a la existencia de los fenómenos por sus propias características como referentes de los nombres; aferramiento a la existencia de los fenómenos por sus propias características como base a la que se adhieren los pensamientos; aferramiento al sujeto y al objeto como entidades diferentes; aferramiento a la existencia externa)
Yogachara-svatantrika Madhyamaka	Concepto de un yo permanente, unitario e independiente.	Aferrarse a una persona autosuficiente y sustancialmente existente, a las aflicciones que produce y sus semillas.	Aferrarse al sujeto y al objeto como entidades diferentes, aferramiento a los objetos externos.	Aferrarse a la identidad esencial de los fenómenos como verdaderamente existente y sus predisposiciones.

Oscurecimientos aflictivos y cognitivos (Continuación pág. anterior)

	Oscurecimientos Aflictivos burdos	Oscurecimientos Aflictivos sutiles	Oscurecimientos Cognitivos burdos	Oscurecimientos Cognitivos sutiles
Sautrantika-svatantrika Madhyamaka	Concepto de un yo permanente, unitario e independiente.	Aferrarse a una persona autosuficiente y sustancialmente existente, a las aflicciones que produce y sus semillas.	Ninguno	Aferrarse a los fenómenos como verdaderamente existentes y sus predisposiciones.
Prasangika Madhyamaka	Aferrarse a una persona autosuficiente y sustancialmente existente, las aflicciones que produce y sus semillas.	Aferrarse a la existencia inherente de la persona y de los fenómenos, las aflicciones que produce y sus semillas.	Ninguno	Predisposiciones de la ignorancia, apariencia dual sutil, predisposiciones para el aferramiento a las dos verdades como entidades diferentes.

Todos los sistemas budistas están de acuerdo en que es necesario eliminar los oscurecimientos aflictivos para alcanzar la Liberación y todos los sistemas de principios mahayana están de acuerdo en que erradicar los oscurecimientos cognitivos produce la completa Iluminación. Sin embargo, difieren en lo que afirman que son los oscurecimientos aflictivos y cognitivos. Esto depende de cómo definen la ausencia de identidad esencial, lo que a su vez concuerda con sus diferentes afirmaciones sobre el objeto de negación en la meditación de la ausencia de identidad esencial.

Todas las escuelas, excepto la prasangika, dicen que para alcanzar la Liberación es necesario comprender sólo la ausencia de identidad esencial de la persona, que para ellos es la ausencia de una persona autosuficiente y sustancialmente existente. Los yogachara y los svatantrika afirman que para alcanzar la completa Iluminación, también es necesario comprender la ausencia de identidad esencial de los fenómenos, tal como ellos la definen. Los prasangika no están de acuerdo y afirman que los logros de la Liberación y de la completa Iluminación implican ambos la comprensión de la ausencia de identidad esencial de la persona y de los fenómenos, que son la ausencia de existencia inherente. Para ellos, los dos aferramientos a la identidad esencial no difieren en cuanto a la forma en que se aferran a la persona o a los fenómenos, porque ambos se aferran a la existencia inherente.

Los vaibhashika y los sautrantika no hablan de oscurecimientos cognitivos, sino que diferencian la Iluminación de un buda de la de un arhat diciendo que, además de la ignorancia aflictiva, los budas también eliminan la ignorancia no aflictiva. La ignorancia aflictiva impide principalmente la Liberación y consiste en aferrarse a una persona autosuficiente y sustancialmente existente, las tres mentes venenosas de la confusión, el apego y el enfado y sus semillas. La ignorancia no aflictiva impide principalmente el logro del conocimiento absoluto de un buda. Esta ignorancia tiene cuatro aspectos: la ignorancia de las cualidades profundas y sutiles de un buda; la ignorancia debida a que el objeto está lejos; la ignorancia debida a la distancia en el tiempo y la ignorancia debida a la naturaleza del objeto, como el resultado de un karma específico que un determinado individuo ha creado.

¿Cómo podemos determinar qué sistema de principios tiene la visión más profunda y precisa? El razonamiento es la clave. Debemos determinar qué visiones se sostienen cuando se examinan con la lógica y cuáles se desmoronan. Algo que "parece correcto" no es suficiente, porque para nuestra ignorancia, ¡aferrarse a la existencia inherente parece correcto! Tomar como referencia los sutras, así como los tratados y comentarios de los grandes eruditos indios y tibetanos, es extremadamente útil, pero basarse únicamente en ellos no es suficiente. Debemos aplicar el razonamiento como la auténtica prueba de su veracidad. Tenemos que ser capaces de negar lo que no existe y al mismo tiempo establecer lo que sí existe.

Identificar correctamente el objeto de negación para evitar los dos extremos

Discernir los objetos de negación sutiles y burdos no es un proceso fácil. Como estamos tan acostumbrados a creer que las personas y los fenómenos existen de la forma en que aparecen, los seres ordinarios por lo general no pensamos que haya nada que cuestionar. Imagina, si puedes, a personas que nacen con gafas de sol: estarían tan acostumbradas a verlo todo oscuro que no se darían cuenta de que hay algo erróneo en sus percepciones. Del mismo modo, los oscurecimientos cognitivos han cubierto nuestra mente desde tiempos sin principio, nunca hemos conocido nada más que la existencia inherente, por lo que naturalmente creemos que todo existe objetivamente, independientemente de nuestra mente. Como resultado, atribuimos todos nuestros problemas y sufrimientos a otras personas o a las condiciones externas y creemos que toda la felicidad proviene de obtener cualquier objeto, persona o circunstancia externa que nos aparezca como deseable y atractiva.

Desde tiempos sin principio, nos hemos esforzado en conseguir todo lo que creemos que nos dará la felicidad y en luchar contra todo lo que amenaza o interfiere con esa felicidad. ¿Ha funcionado esta estrategia? Si lo hubiera hecho, ya no estaríamos experimentando el duhkha del samsara y experimentaríamos el gozo del Nirvana. Pero este no es el caso. Ahora es el momento de probar una estrategia diferente: examinar nuestra mente y ver el modo en que malinterpreta y concibe la existencia del yo, de otras personas y de las cosas de nuestro entorno; refutar los objetos de nuestras conciencias erróneas; desterrar todas las aprehensiones erróneas, el aferramiento erróneo y las falsas apariencias; y establecer visiones realistas y beneficiosas.

El primer paso crucial para obtener una visión correcta de la naturaleza última es identificar con precisión el objeto de negación más sutil: la existencia inherente que aparece a nuestra mente y a la que nos aferramos como verdadera. Si no tenemos una idea clara de cómo sería la existencia inherente si existiera, seremos incapaces de investigarla y percibir su ausencia y no lograremos la comprensión de la ausencia de identidad esencial; así, la negación no afirmativa que es la negación de existencia inherente nos eludirá.

Cualquiera que no identifique adecuadamente el objeto de negación más sutil —la existencia inherente— caerá o bien en *el extremo del absolutismo* (también llamado *el extremo de la existencia*, *el extremo de la permanencia* o *eternalismo*), o bien en *el extremo del nihilismo* (*el extremo de la inexistencia* o *la aniquilación*). Siguiendo una visión absolutista, algunas personas no niegan lo suficiente y, aferrándose a la existencia inherente, continuarán con sus nefastas travesuras en sus vidas. Siguiendo una visión nihilista, otras personas niegan demasiado y pierden la fe en el funcionamiento de la causa y el efecto. Algunos incluso llegan a insistir en que nada existe. Sosteniendo esa visión, se permiten ignorar la conducta ética, lo que conduce a renacimientos desafortunados y a un continuo vagar por el samsara, además de los sufrimientos de esta misma vida.

Al negar demasiado, quienes caen en el extremo del nihilismo descartan la existencia inherente y algo más. Como no han identificado correctamente el objeto de negación, niegan erróneamente los fenómenos surgidos de forma dependiente, además de lo que creen que es la existencia inherente. Como niegan la existencia convencional y el funcionamiento del karma y sus resultados, abandonan la base de la buena conducta ética. Esto es mucho más dañino que caer en el extremo del absolutismo porque lleva a sus proponentes a racionalizar sus acciones destructivas y la degeneración de su conducta ética. Alguien con una visión absolutista puede seguir aferrándose al karma y sus efectos como inherentemente existentes, pero al menos respetará el hecho de que sus acciones tienen una dimensión ética que trae consigo resultados de felicidad y sufrimiento y tratará de vivir de forma ética.

Alguien que sostiene una visión absolutista, aunque piense que tiene la visión correcta, tampoco ha identificado correctamente el objeto de negación. En lugar de negar la existencia inherente, la deja intacta y refuta otra cosa. Como resultado, su samsara continúa sin que nada se le oponga.

Aunque el absolutismo y el nihilismo se postulan como dos extremos opuestos, en realidad se basan en premisas similares. Los defensores de ambos extremos creen que si algo existe, debe existir inherentemente, y si algo es vacío de existencia inherente, no debe existir en absoluto. Los que caen en el extremo del absolutismo no se atreven a negar la existencia inherente porque temen que eso signifique que no existe nada en absoluto. Por lo tanto, afirman la existencia inherente. Los que caen en el extremo del nihilismo piensan que han negado la existencia inherente aunque no lo hayan hecho y al ser incapaces de aceptar el surgimiento dependiente como algo complementario a la vacuidad, lo niegan y, por lo tanto, afirman que no existe nada.

Aunque en casi todas las sociedades hay personas que caen en cualquiera de los dos extremos, en la época de Nagarjuna, en el siglo II, muchos filósofos indios tendían al absolutismo. Algunos de ellos negaban algo que no tenía relación con la causa real de duhkha y en su lugar afirmaban un sendero que no desafiaba en absoluto la ignorancia que se aferra a la identidad esencial. Otros aceptaban la existencia inherente, aunque refutaban algo más burdo, como un yo permanente, unitario e independiente o una persona autosuficiente y sustancialmente existente. Para llevar a estas personas por el sendero correcto, los textos de Nagarjuna se centraron en refutar las visiones absolutistas de la existencia inherente.

Varios siglos después, muchos filósofos tibetanos creían sostener el punto de vista madhyamaka, pero estos supuestos madhyamikas de hecho habían adoptado visiones nihilistas. Algunos decían que la verdad última no se podía percibir y no era un objeto conocible; otros pensaban que las verdades convencionales no existían, que sólo se hablaba de ellas para ayudar a los demás. Por esta razón, las enseñanzas de Rendawa, Tsongkhapa y otros hicieron hincapié en refutar tanto el nihilismo como el absolutismo y establecieron el camino medio. Rechazaron tanto la inexistencia total como la existencia inherente. Sin embargo, es interesante observar que tanto los nihilistas como los absolutistas cometen el mismo error de pensar que si las cosas carecen de existencia inherente no existen en absoluto y que si existen, deben existir inherentemente. Esto demuestra que tanto unos como otros no están identificando correctamente el objeto de negación.

Al exponer estas visiones, recordemos que no nos limitamos a refutar las concepciones erróneas de otras personas: debemos examinar nuestra propia mente y descubrir nuestras propias visiones erróneas y refutarlas. Si nos dedicamos a señalar los defectos de las visiones de los demás sin reconocer los errores de las nuestras permaneceremos en el samsara, lejos de la Liberación y la completa Iluminación.

Confundir la existencia con la existencia inherente y la vacuidad con la no existencia

Tanto los supuestos madhyamikas, que niegan demasiado, como los absolutistas, que no niegan lo suficiente, no ven el surgimiento dependiente y la vacuidad como complementarios. Confundiendo la existencia con la existencia inherente y confundiendo la vacuidad con la inexistencia total, caen en los dos extremos del absolutismo y el nihilismo. Piensan que si algo es vacío de existencia inherente es totalmente inexistente y que si algo existe debe existir inherentemente. Como resultado, ni los supuestos madhyamikas ni los absolutistas pueden establecer la causa y el efecto dentro de la vacuidad. Tampoco pueden ver la causa y el efecto como ilusiones porque no entienden que las cosas aparecen erróneamente como inherentemente existentes. En cambio, creen que si las cosas aparecen como inherentemente existentes deben existir inherentemente.

La gente se enfrenta a este dilema de diferentes maneras. Los nihilistas niegan la existencia de las verdades veladas que surgen de forma dependiente, mientras que los absolutistas rechazan la vacuidad de existencia inherente y afirman otra cosa como la verdad última, cayendo en el extremo del absolutismo. Hasta que la gente no abandone los sistemas de principios que tienen esas visiones, seguirán confundiendo la existencia con la existencia inherente y la vacuidad con la inexistencia total.

El surgimiento dependiente contrarresta el extremo del nihilismo, pues aunque las cosas sean vacías, siguen existiendo de forma dependiente. La vacuidad se opone al extremo del absolutismo porque, al ser vacíos, los fenómenos no existen inherentemente. En el sistema prasangika también funciona a la inversa: el surgimiento dependiente contrarresta el extremo del absolutismo y la vacuidad contrarresta el extremo del nihilismo. Esto se explica con más detalle en el siguiente volumen de *Biblioteca de sabiduría y compasión* (Ediciones Amara). Los fenómenos sólo existen nominalmente, al ser meramente designados por término y concepto.

Decir que las cosas funcionales son irreales no significa que carezcan de la capacidad de realizar funciones. *Irreal* significa que carecen de existencia inherente. Son irreales en el sentido de que el reflejo de una cara en un espejo es irreal: parece existir de una manera, pero existe de otra. Un reflejo parece ser un rostro real, pero es *vacío de rostro*[76]. A pesar de ser falso, un reflejo sigue funcionando: al percibirlo, nos lavamos la cara. Del mismo modo, aunque los fenómenos aparezcan falsamente como inherentemente existentes, surgen de causas y condiciones y realizan sus funciones específicas

REFLEXIONES

1. ¿Cómo influye la afirmación de una escuela de principios filosóficos sobre el objeto de negación en la forma de definir los oscurecimientos aflictivos y los oscurecimientos cognitivos?

---

76 Hay un nivel más sutil de disparidad en el que el propio reflejo aparece erróneamente como existiendo por su propio lado. Esto se explica con más detalle en el volumen 9 de *Biblioteca de sabiduría y compasión* (Ediciones Amara). Sin embargo, ahora estamos utilizando el reflejo de una cara como una analogía.

2. ¿En qué se parecen los absolutistas y los nihilistas?
3. ¿Qué ocurre en la mente cuando se confunde la existencia con la existencia inherente y cuando se confunde la vacuidad con la no existencia?

La cualidad única de la madhyamaka

Madhyamaka significa *camino medio*. Esta visión del camino medio, que evita tanto el absolutismo como el nihilismo, es difícil de detectar. Tsongkhapa dice en *Exposición media del sendero gradual* (FEW 80):

> El punto difícil es que uno debe, desde lo más profundo, ser capaz de inducir la certeza con respecto a la negación de una naturaleza inherente, sin residuo –establecimiento por medio de la naturaleza propia [del objeto]– y poder plantear esas mismas personas y demás que carecen de existencia inherente como quienes acumulan las acciones, experimentan los efectos, etc. Difícilmente se produce una combinación de estas dos cosas, de ahí que la visión madhyamaka sea muy difícil de encontrar.

Tanto los supuestos madhyamikas como los esencialistas no ven la cualidad única de los madhyamikas: que el hecho de ser vacío y surgir de forma dependiente no son contradictorios y se apoyan mutuamente.

El Budadharma habla de la base, el sendero y el resultado. La base es aquello con lo que comenzamos; en este contexto son las dos verdades, que abarcan todo lo que existe.

Los senderos son los logros que se desarrollan en nuestra mente. El resultado es el Nirvana. Para los practicantes del mahayana, el resultado es la completa Iluminación, el estado en el que se tienen los dos cuerpos búdicos: el Cuerpo de la Verdad (*dharmakaya*) y el Cuerpo de la Forma (*rupakaya*).

Obtener los dos cuerpos de un buda depende de la práctica de un sendero de método y sabiduría inseparables. El método se refiere a la acumulación de mérito mediante la práctica de las cinco primeras perfecciones. Las prácticas del método implican trabajar con las verdades convencionales, como los seres conscientes y las acciones virtuosas. El aspecto del método conduce principalmente, pero no exclusivamente, a la consecución del Cuerpo de la Forma. La sabiduría se refiere sobre todo a la acumulación de sabiduría, específicamente la sabiduría que comprende la vacuidad. Las prácticas de sabiduría implican comprender la verdad última, la forma en que las cosas son realmente. La acumulación de sabiduría conduce principalmente al Cuerpo de la Verdad de un buda.

Comprender correctamente las verdades convencionales implica constatar la funcionalidad de causa y efecto. Esto conlleva convencerse desde lo más profundo de nuestro corazón, no sólo intelectualmente, de que los efectos deseados —desde los renacimientos afortunados hasta la Iluminación— provienen de causas virtuosas y los efectos no deseados —desde los renacimientos desafortunados hasta los obstáculos en el sendero— surgen de causas destructivas.

La comprensión correcta de las verdades últimas se deriva del estudio de los textos definitivos y de la certeza, mediante el razonamiento y el análisis, de que todos y cada uno de los fenómenos carecen de la más mínima existencia inherente. Esta convicción debe ser profunda, no simples palabras que se pronuncian.

Además, comprender que las dos verdades no son contradictorias y que se apoyan mutuamente es un aspecto esencial de la visión del camino medio. Dado que los fenómenos surgen de forma dependiente y existen sólo nominalmente, no existen por su propio poder o por su propio lado. Son vacíos de existencia inherente. Al ser vacíos de existencia inherente, surgen dependiendo de otros factores —causas y condiciones, partes y la mente que los concibe y los nombra—.

Sólo la visión madhyamaka puede explicar en su totalidad las dos verdades de manera complementaria. Los que niegan demasiado o demasiado poco confunden la existencia inherente con la existencia, y confunden la existencia no inherente con la no existencia total. Por lo tanto, creen erróneamente que si los fenómenos existen, deben existir de forma inherente, ya que de lo contrario no existirían en absoluto, y que si los fenómenos careciesen de existencia inherente, serían totalmente inexistentes. Sin embargo, para alguien que ha comprendido la visión del camino medio, la vacuidad se revela como el significado del surgimiento dependiente, y el surgimiento dependiente se revela como el significado de la vacuidad. Debido a esta comprensión, aprecian el Budadharma y respetan al Buda como el maestro de tan maravillosa doctrina. Nagarjuna concluye la *Refutación de las objeciones* diciendo (VV 71-72):

> Para los que el vacío es posible, todo es posible. Para quienes la vacuidad no es posible, nada es posible.

Me postro ante el Buda, el inigualable y supremo maestro, que enseñó que la vacuidad y el surgimiento dependiente tienen un único significado en el camino medio.

Los madhyamikas son únicos en poder aceptar la compatibilidad de samsara y Nirvana, el surgimiento y la cesación, la esclavitud y la Liberación, etc., y todo ello siendo vacío de existencia inherente. De hecho, dicen que si estas cosas no fueran vacías de existencia inherente, no podrían existir o funcionar en absoluto. Nagarjuna afirma (MMK 36):

> Aquellos que niegan la vacuidad, que es el surgimiento dependiente, socavan todas las convenciones mundanas.

Alguien que niega que los fenómenos son vacíos también rechaza el surgimiento dependiente, porque la vacuidad y el surgimiento dependiente son una sola naturaleza. Son complementarios y se apoyan mutuamente. Al socavar el surgimiento dependiente, esa persona también rechaza todas las convenciones mundanas que surgen de forma dependiente, como por ejemplo cuando decimos: "Pon esto en la mesa" o "¿Quién ha llamado?".

Una persona que menosprecia la vacuidad y busca establecer la existencia inherente se encuentra con la dificultad de cómo establecer la causa y el efecto, y la tríada de sujeto, objeto y acción. Si éstos existieran de forma inherente, ninguno de ellos podría funcionar porque las cosas inherentemente existentes no dependen de otros factores: los efectos no pueden surgir de sus causas sin depender de ellas; un sujeto no podría cometer una acción con un objeto sin que los tres elementos implicados dependieran el uno del otro.

Además, si los fenómenos no fueran vacíos y, por lo tanto, no fueran dependientes, entonces los seres conscientes no podrían nacer ni morir porque el nacimiento y la muerte dependen de causas, o una vez nacidos nunca morirían porque no habría ninguna causa de muerte.

Las cosas se producen dependiendo de causas concordantes –causas que tienen el potencial de producir esos resultados–. No se producen de forma confusa por causas no relacionadas o sin ninguna causa. Una causa inherentemente existente no puede producir un resultado, necesita condiciones para que el resultado surja. Una semilla por sí sola no puede dar lugar a un brote: depende del agua, el abono y la temperatura adecuada. Si existiera como una entidad cerrada en sí misma y tuviera su propia esencia inherente, nunca podría producir un brote, aunque las otras tres condiciones estuvieran presentes. Este es el tipo de enigmas lógicos que surgen si decimos que los fenómenos surgidos de forma dependiente no son vacíos.

Si las cosas existieran de forma inherente, por su propio lado y por su propio poder, tendrían una esencia que se podría encontrar mediante el análisis. Después de buscar esta esencia examinando todas las partes del objeto, seríamos capaces de identificarla. Por ejemplo, si examináramos todas las partes de un coche para encontrar el coche real, encontraríamos algo que fuera la esencia del coche. Pero tanto si las piezas del coche estuvieran apiladas en un montón desordenado como si estuvieran dispuestas para que tuvieran la forma del coche, seguiríamos sin poder identificar una pieza o el conjunto de piezas como la esencia del coche. Y aunque pudiéramos, un objeto tan independiente no podría ser afectado por otros factores, como sus causas y condiciones, y por tanto no podría funcionar ni cambiar. En resumen, para que algo exista y funcione debe depender de otros factores, lo que significa que debe carecer de una esencia independiente.

REFLEXIONES

1. La gente se suele preocupar por la economía, pero ¿qué es la economía? ¿Puedes identificar una cosa que sea la verdadera economía o la esencia de lo que realmente es la economía?

2. La economía tiene muchos factores: los bancos, los seres humanos, la bolsa, los hábitos de gasto de los individuos, los tipos de interés, la producción de bienes, la oferta y la demanda, las normas gubernamentales, el comercio internacional, etc. Está sometida a multitud de condiciones, como los virus, las guerras, las catástrofes naturales, el cambio climático, la política, etc.

3. Ninguno de esos factores por sí solo es la economía real y si fueran un conjunto de partes no relacionadas, no sería la economía.

4. Además, cada aspecto de la economía no podría funcionar sin que la mayoría de ellos estuvieran presentes y funcionaran juntos. Todos estos aspectos dependen unos de otros.

5. ¿Se puede cambiar la economía? ¿Quién la ha inventado?

Al ver que la dependencia y la vacuidad llegan al mismo punto evitamos los extremos del absolutismo y el nihilismo, así como los extremos de la permanencia y la aniquilación y los extremos de lo real y lo irreal. En este caso, la permanencia significa que una causa sigue existiendo en su efecto y la aniquilación significa que la continuidad de la causa se corta por completo cuando cesa. Las personas que sostienen el punto de vista de la permanencia dicen que cada persona tiene un alma permanente que no se produce y no cesa. Pasa de una vida a otra sin cambiar. Los que sostienen el punto de vista de la aniquilación temen que en el momento de la muerte se destruya la continuidad de la persona: la persona deja de existir y se convierte en nada. El argumento a favor de las creencias de permanencia y aniquilación es el siguiente: si el yo existiera intrínsecamente, sería independiente de las causas y condiciones y, por tanto, sería permanente; en ese caso, deberíamos poder ver el yo antes de que se produjera y después de que cesara, y como no es así y no se puede encontrar dicho yo, el yo se volvería inexistente al morir.

Otro grupo de extremos es pensar que las cosas o bien tienen una esencia real y existen con su propia naturaleza independiente, o bien carecen de una esencia real y, por tanto, son incapaces de realizar funciones. Comprender la inseparabilidad del surgimiento dependiente y la vacuidad niega estos dos extremos, porque las cosas existen y realizan funciones precisamente porque carecen de una naturaleza independiente propia. Esta es la belleza del sistema madhyamaka.

REFLEXIONES

1. Observa tu estado de ánimo actual. ¿Lo sientes muy sólido y real? Intenta identificar exactamente de qué se trata.

2. ¿Ha surgido sin una causa o ha habido acontecimientos, recuerdos u otros pensamientos que lo han provocado?

3. ¿Es un estado de ánimo permanente e inmutable? ¿Es exactamente el mismo que cuando empezaste esta reflexión?

4. ¿Tiene una esencia propia e inmutable, o es como una nube que se forma y luego se disuelve?

El samsara y el Nirvana son vacíos y dependientes

Volvamos a los versos iniciales del capítulo 24 del *Tratado sobre el Camino medio*, de Nagarjuna, del que hablamos en el primer capítulo.

Comienza con los budistas esencialistas planteando una objeción a las enseñanzas de Nagarjuna, en particular a su punto principal de que ningún fenómeno existe de forma inherente o por sus propias características (*svalaksana*). Los esencialistas plantean un largo desafío: si nada tiene sus propias características específicas, entonces nada tiene una realidad propia. En ese caso, hacer distinciones entre las características específicas que son únicas para cada objeto y las características generales que son compartidas por varios objetos sería imposible porque no habría ninguna base para esa distinción. Al hablar de características debemos suponer una entidad, una cosa que posee esas características. Si nada tuviera existencia inherente, no habría ninguna entidad que tuviera alguna de estas características. En ese caso, no podríamos hablar de ninguna función, como la de surgir y cesar, de las cosas funcionales. Los esencialistas continúan presentando un largo argumento que empieza diciendo que si el surgimiento y la desintegración no son sostenibles, entonces la existencia de las cuatro verdades, las Tres Joyas y todas las convenciones mundanas son rechazadas.

Nagarjuna empieza su refutación a esta seria objeción diciendo que los esencialistas no entienden la vacuidad, su propósito y su significado. El propósito de enseñar la vacuidad es eliminar las aflicciones. Esto se hace eliminando cualquier base objetiva que pueda servir de base para el aferramiento, es decir, no hay esencia inherente posible en los fenómenos que permita aferrarse a ellos como existentes por sus propias características. En ese caso, no hay nada en los fenómenos a lo que podamos aferrarnos como inherentemente atractivo o repugnante. Cuando uno ve esta realidad, ya no hay soporte para que surjan el apego, el enfado u otras aflicciones.

Partiendo del hecho de que todos los fenómenos del samsara y del Nirvana son vacíos de existencia inherente, todavía se puede establecer su existencia y funcionamiento. Duhkha surge dependiendo de la reunión de causas y condiciones específicas. Debido a que el surgimiento dependiente existe, la producción de causas y condiciones existe, y por lo tanto duhkha puede surgir. Si el surgimiento dependiente no existiera, duhkha sería independiente de causas y condiciones y, al ser permanente, no podría surgir ni cesar. En ese caso, nunca nos resfriaríamos aunque estuviéramos rodeados de gente tosiendo y estornudando, o si estuviéramos resfriados, nunca podríamos recuperarnos. Sin embargo, como fenómeno creado de forma dependiente, un resfriado, como cualquier otro duhkha, no existe por su propio poder y es vacío de existencia inherente. Así, cuando las causas de duhkha cesan, duhkha también cesa.

Debido a que duhkha existe, sus causas existen, su cesación existe y los senderos que conducen a esa cesación de duhkha existen. Así se establecen las cuatro verdades. Puesto que las cuatro verdades existen, también existen el conocimiento del duhkha verdadero, la eliminación de los orígenes verdaderos, la actualización de las cesaciones verdaderas y el desarrollo de los senderos verdaderos. Como estos existen, los frutos del sendero existen. Estos frutos, que son niveles sucesivos de comprensión, son *el que ha entrado en la corriente, el que retorna una vez, el no retornante* y *el arhat*[77]. Puesto que estos existen, existen los practicantes que los han alcanzado (los que moran), así como las personas que se acercan a esos logros (los que se acercan). Los que se acercan y los que moran forman parte de la Sangha. Por lo tanto, la joya de la Sangha existe.

Puesto que las cuatro verdades existen, la doctrina del Buda –la Joya del Dharma, que consiste en las cesaciones verdaderas y los senderos verdaderos– existe. Puesto que la Joya Sangha y la Joya del Dharma existen, el Buda que ha completado el sendero también existe. Así pues, las Tres Joyas existen como objetos válidos de refugio para quienes vagan en el samsara.

Reflexionar profundamente sobre el argumento anterior nos llevará a una profunda comprensión del dharma enseñado por el Buda basada en el razonamiento de que todos los fenómenos carecen de existencia inherente y existen de forma dependiente. Podemos establecer así la existencia de acciones virtuosas y no virtuosas y sus resultados: la felicidad y el sufrimiento, respectivamente. Se pueden establecer los dos tipos de fenómenos: los que son completamente aflictivos (los que tienen que ver con el samsara) y los que son completamente puros (los que conducen al Nirvana o son el Nirva-

---

77 Los que han entrado en la corriente tienen la comprensión inicial de la ausencia de identidad esencial y se convertirán en arhats en siete vidas como máximo. Los que regresan una vez renacerán en el reino del deseo una vez más antes de alcanzar el estado de arhat, mientras que los no retornantes no lo harán. Los arhats (destructores del enemigo) han alcanzado la Liberación. Véase el capítulo 1 de *Tras las huellas del Buda* y los capítulos 6 y 7 de *Compasión valerosa* (Ediciones Amara) para saber más sobre estos cuatro pares de Sangha del vehículo fundamental.

na). Estos 108 grupos de fenómenos aflictivos y fenómenos puros[78] son verdades convencionales o verdades últimas. Por lo tanto, las dos verdades existen. De este modo, vemos que el hecho de que las cosas sean vacías es lo que les permite existir convencionalmente y funcionar. Esta comprensión hace que nuestro refugio en las Tres Joyas sea irrefutable y aumenta nuestro esfuerzo gozoso en la práctica del Dharma.

Nagarjuna, en el homenaje del *Tratado sobre el camino medio*, afirma que los surgimientos dependientes son vacíos de existencia inherente y carecen de ocho características: en cuanto a las características, carecen de cesación y surgimiento; en cuanto al tiempo, carecen de aniquilación y permanencia; en términos de movilidad, carecen de ir y venir; en términos de número, carecen de ser distintos (múltiples) e idénticos (uno y el mismo). Aunque estas ocho características existen a nivel convencional, no son inherentes a las cosas como su naturaleza última. Los fenómenos tienen características a nivel convencional, pero no existen por sus propias características intrínsecas en cuanto a su naturaleza última. Desde la perspectiva de la comprensión directa

---

78 De los 108 fenómenos, cincuenta y tres son aflictivos y cincuenta y cinco puros. Los cincuenta y tres fenómenos aflictivos son: 1-5 cinco agregados; 6-11 seis facultades sensoriales (ojo, oído, nariz, lengua, cuerpo, mental); 12-17 seis consciencias que dependen de las seis facultades sensoriales; 18-23 seis objetos de esas seis consciencias; 24-29 seis contactos que surgen debido a la unión de una facultad sensorial, una consciencia y un objeto; 30-35 seis sensaciones que surgen dependiendo de los seis contactos; 36-41 seis elementos (tierra, agua, fuego, aire, espacio, consciencia); 42-53 doce vínculos de la originación dependiente.

Los cincuenta y cinco fenómenos puros son: 1-6 seis perfecciones; 7-24 dieciocho vacuidades; 25 cuatro fundamentos de la atención; 26 cuatro esfuerzos supremos; 27 cuatro bases del poder espiritual; 28 cinco facultades; 29 cinco poderes; 30 siete factores de la Iluminación; 31 óctuple sendero de los aryas (nótese que 25-31 son las treinta y siete armonías con la Iluminación); 32 cuatro verdades de los aryas; 33 cuatro dhyanas; 34 cuatro inconmensurables; 35 cuatro absorciones sin forma; 36 ocho liberaciones; 37 nueve absorciones en serie; 38 senderos de la visión superior (concentraciones en las tres puertas de la Liberación); 39 cinco superconocimientos; 40 cuatro concentraciones (ir como héroe, tesoro del cielo, inmaculado y león de mirada altiva); 41 cuatro puertas de retención (de la paciencia, de la palabra secreta, de las palabras, del significado); 42 diez poderes de un buda; 43 cuatro tipos de autoconfianza (cuatro confianzas); 44 cuatro ciencias; 45 gran amor; 46 gran compasión; 47 dieciocho cualidades no compartidas de un buda; 48-52 cinco seres que actualizan los senderos –el que ha entrado en la corriente, retornante, no retornante, arhat, realizador solitario–; 53-55 tres conocedores (conocedor de la base, conocedor de los senderos, conocedor sublime de todos los aspectos).

de la vacuidad, estas características no existen y no aparecen en la mente de los aryas que perciben la vacuidad de forma unipuntualizada y directa. Debido a que las cosas surgen dependiendo de otros factores como sus causas, partes y la mente que las concibe y designa, no existen por su propio poder y no se pueden establecer por sí mismas. Al carecer de una esencia o naturaleza independiente, son vacías de existencia inherente. Algo que surge de forma dependiente no puede existir de forma inherente. Si algo fuera inherentemente existente no podría ser un surgimiento dependiente, no podría surgir debido a causas y condiciones y, por lo tanto, no podría funcionar. En vista de que nuestra experiencia diaria confirma que las cosas funcionales surgen y se transforman en otra cosa, es evidente que son dependientes y, por lo tanto, carecen de existencia por su propio lado.

Las personas y las cosas nos aparecen como si tuvieran una esencia real en sí mismas. Una persona a la que tenemos cariño parece ser una persona real, que existe justo ahí delante de nosotros. No pensamos que existan simplemente porque existan las causas para ello. Más bien, parecen tener una esencia real, una personalidad concreta que las hace tan apreciables. Del mismo modo, alguien que nos ha hecho daño parece tener su propia personalidad intrínseca que lo hace despreciable. Ellos tampoco parecen depender de causas y condiciones. No tenemos en cuenta la dinámica de su familia, la influencia de la sociedad que los rodea o las semillas kármicas que los acompañan en esta vida.

Esto explica nuestra reacción de perplejidad cuando alguien actúa "al margen de su carácter". Pensamos que tienen un carácter fijo e independiente, y este nuevo comportamiento o rasgo no encaja con él. No pensamos que una persona se compone de muchas actitudes, visiones y emociones diferentes, y que muchas de ellas se contradicen entre sí. Las actitudes de la sociedad hacia aquellos que han sido condenados por realizar actos dañinos lo demuestran. Una persona es ahora un criminal inherente: es por naturaleza corrupta e irredimible. No queremos tener nada que ver con ellos aunque hablemos de tener compasión por ellos. No consideramos que las causas y las condiciones de su familia y de la sociedad hayan contribuido a crear la persona que son ahora, o si admitimos las influencias perjudiciales cuando eran niños, pensamos que son individuos inherentemente defectuosos.

A veces incluso nos consideramos a nosotros mismos desde esa dura perspectiva, especialmente cuando sentimos vergüenza o culpa. La vergüenza surge desde el momento en que nos vemos a nosotros mismos como intrínsecamente dañados e incapaces, como si esa fuera nuestra naturaleza permanente y hubiéramos llegado a esta vida de esa manera, independientes de causas y condiciones. No sólo parece que nosotros existimos de forma inherente, sino que también lo hace la vergüenza. No consideramos que esta imagen creada por nosotros mismos surgió debido a causas y condiciones, que es una proyección de nuestra mente basada en la ignorancia. Al familiarizarnos con la doctrina del surgimiento dependiente, podemos superar estas ideas erróneas sobre nosotros mismos y los demás. Esto nos proporciona el espacio para comprender que todos y cada uno de los seres vivos tienen la naturaleza de buda y deben ser respetados y apreciados.

REFLEXIONES ———————————————————————

1. En tu vida diaria, observa cómo piensas en ti mismo y en los demás.
2. ¿Te ves a ti mismo y a los demás como individuos cambiantes a cada instante, o te ves a ti mismo y a los demás como si tuvierais personalidades fijas que son lo que realmente sois?
3. ¿Qué visión es la correcta?
4. ¿Cómo cambian tus sentimientos hacia ti y hacia los demás cuando modificas tu visión?

———————————————————————————————————

Los fenómenos son simultáneamente vacíos de existencia inherente y existentes de forma dependiente. El hecho de que estas dos maneras de existir se apoyen mutuamente no significa que las cosas cambien de ser vacías de existencia inherente a existir de forma dependiente. Un jersey surge dependiendo de su causa sustancial –la lana– y de condiciones como las personas que lo hicieron y los utensilios que utilizaron para ello. Al ser creado de este modo, el jersey no existe por su propio poder. Tampoco tiene una naturaleza independiente de "jersey" –no hay un jersey en la lana, las personas o los utensilios–. El jersey surgió gracias al funcionamiento de muchas cosas que no son jerséis. Debido a que surgió dependiendo de otros factores, es vacío de tener su propia naturaleza independiente. Puesto que un fenómeno condicionado como el jersey es vacío, se desintegrará y un día se convertirá en harapos. Si no fuera vacío, sería estático y nada podría influir en él, en cuyo caso no podría surgir, ni cesar, ni de hecho existir.

Si pusiéramos esto en forma de silogismo como se explica en el capítulo 6, sería así[79]:

Considera el jersey; es vacío de existencia inherente porque es un surgimiento dependiente. *El jersey* es el sujeto; *vacío de existencia inherente* es el predicado; *que el jersey sea vacío de existencia inherente* es la tesis que hay que demostrar, y *el surgimiento dependiente* es la razón. *La aplicación de la razón*: la razón (surgimiento dependiente) se aplica al sujeto (jersey) –es decir, el jersey es un surgimiento dependiente–. *La implicación positiva o directa* consiste en lo siguiente: lo que es la razón (un surgimiento dependiente) es necesariamente el predicado (vacío de existencia inherente). Es decir, lo que es un surgimiento dependiente es necesariamente vacío de existencia inherente. *La implicación negativa o inversa* consiste en lo siguiente: lo que es lo contrario del predicado (vacío de existencia inherente) es necesariamente lo contrario de la razón (surgimiento dependiente). Es decir, lo que no es vacío de existencia inherente necesariamente no es un surgimiento dependiente. Se deben comprobar los tres criterios –la aplicación de la razón al sujeto, la implicación positiva o directa y la implicación negativa o inversa– para comprender que el jersey es vacío de existencia inherente.

El asunto –ya sea que lo expliquemos como un silogismo o en lenguaje ordinario– es que la vacuidad y el surgimiento dependiente son mutuamente incluyentes. Todo lo que surge de forma dependiente es vacío; todo lo que es vacío surge de forma dependiente. Ejemplos como un jersey o un balón de fútbol son útiles para entenderlo, pero nuestra reflexión se vuelve más interesante cuando aplicamos este razonamiento a un problema, como nuestro enfado ante las críticas de alguien, y lo vemos como algo vacío y que surge de forma dependiente.

Ni los supuestos madhyamikas que niegan demasiado ni los esencialistas que niegan demasiado poco pueden conciliar el surgimiento dependiente y la vacuidad, aunque tratan esta dificultad de forma distinta. Los que niegan demasiado sacrifican las verdades convencionales y el surgimiento dependiente para mantener su opinión de que

---

79 Ver el capítulo 2 de *Fundamentos de la práctica budista* (Ediciones Amara) para saber más sobre la importancia de los silogismos y los tres criterios.

la vacuidad significa la inexistencia total. Los esencialistas renuncian a la vacuidad para afirmar la existencia inherente de los surgimientos dependientes.

Los esencialistas utilizan la razón del surgimiento dependiente para refutar la vacuidad diciendo que todo lo que es un surgimiento dependiente debe existir inherentemente; por lo tanto, no puede ser vacío de existencia inherente. Los que niegan demasiado, por otro lado, dicen que puesto que las cosas son vacías carecen de cualquier existencia, por tanto, los surgimientos dependientes no existen. De este modo, ni los unos ni los otros comprenden la profunda visión del camino medio que expuso el Buda.

Las concepciones erróneas, la ignorancia y las semillas de la ignorancia nos impiden comprender la vacuidad. Por ejemplo, si observamos detenidamente nuestro cuerpo es evidente que está compuesto de sustancias sucias. Puede que no nos guste oírlo, pero nuestra experiencia lo valida. Nadie piensa que los excrementos que produce nuestro cuerpo sean encantadores y nadie se enamora de los intestinos de otra persona. Sin embargo, en nuestra visión ordinaria, consideramos que nuestro cuerpo y el de los demás son deseables y nos apegamos a ellos. Si nuestra mente está tan oscurecida que existe tal disparidad entre la realidad y nuestros pensamientos en un ejemplo comparativamente simple como éste, no hace falta decir que nuestros oscurecimientos mentales hacen muy difícil la comprensión de la visión del camino medio.

Evita ser orgulloso pensando que eres más sabio que la gente ignorante que niega demasiado o demasiado poco. Muchas de estas personas son expertas, tienen una fuerte fe en las Tres Joyas y practican muy bien. Los maestros no budistas, así como los sabios budistas como Asanga, Dharmakirti, Bhavaviveka, etc., no son estúpidos. Si participaras en un debate con ellos, ¡podrían fácilmente convencerte de sus visiones!

Los madhyamikas no son nihilistas

Tener la visión correcta es esencial si queremos meditar en la vacuidad. Sin una comprensión adecuada, no negaremos lo suficiente o negaremos demasiado, dejando el camino medio fuera de nuestro alcance. Caer en el extremo del nihilismo es especialmente peligroso. Nagarjuna advierte (MMK 24.11):

Debido a una percepción errónea de la vacuidad, una persona de poca inteligencia es destruida, como una serpiente mal agarrada o como un hechizo mal lanzado.

Alguien percibe erróneamente la vacuidad y cae en el extremo del nihilismo al adoptar razonamientos incorrectos. Por ejemplo, para identificar lo que es realmente una olla, investigan con el análisis último para ver si la olla es una o diferente de sus partes. Ven que la olla no se encuentra en o entre sus partes –no es el fondo, los lados, el interior o el exterior– y concluyen que la olla no existe. Entonces investigan: "¿Quién soy yo, el que analiza?". Aquí también ven que no son su cabeza, su corazón, sus piernas, su ombligo o su mente y concluyen que no existen. Finalmente, piensan: "Si no hay una persona que analice, entonces no existe nadie que pueda determinar los fenómenos como existentes o inexistentes. Por lo tanto, los fenómenos no son ni existentes ni no existentes".

Otra forma en que los nihilistas niegan demasiado es descartando los conocedores válidos. *Válido* significa *no engañoso* e implica que estas consciencias aprehenden sus objetos correctamente. Puesto que los fenómenos no se pueden encontrar tras el análisis último, los nihilistas van demasiado lejos y piensan que, puesto que un conocedor válido no aprehende los objetos, estas cosas no existen en realidad. Su confusión surge porque piensan que los conocedores válidos de lo último también perciben las verdades convencionales. Sin embargo, las verdades convencionales están más allá del ámbito de las consciencias que analizan lo último, así que el hecho de que dichas consciencias no las perciban no significa que no existan. Eso sería como decir que como la consciencia visual no oye la música, la música no existe. ¡La música no está dentro del alcance de la consciencia visual! Al rechazar erróneamente los conocedores válidos de las verdades convencionales, estas personas niegan por completo la existencia convencional.

El significado de *nihilismo* varía en diferentes contextos. Al negar la existencia convencional, algunos dicen que la virtud y la no virtud no existen. Pueden decir: "Todo es un sueño, no existe en realidad. Por lo tanto, no existen ni el bien ni el mal". Una persona así es nihilista en el sentido de que no cree que las acciones constructivas conduzcan a la felicidad y las destructivas al sufrimiento. De este modo, niegan el funcionamiento del karma y sus efectos.

Otro tipo de nihilismo es creer que una persona que antes existía de forma inherente se vuelve totalmente inexistente en el momento de la muerte. Los nihilistas creen que una persona inherentemente existente existe mientras está viva, pero la continuidad de la persona cesa por completo después de la muerte. Con la cesación de la persona, todo el karma cesa y no se experimentan los efectos de las acciones.

Una tercera visión nihilista es negar la existencia de vidas pasadas y futuras porque no podemos ver a una persona inherentemente existente que venga de una vida anterior a esta vida o que vaya de esta vida a la siguiente. Los charvakas (materialistas) no budistas de la antigua India eran nihilistas en este sentido porque creían que sólo existen las cosas que se pueden percibir directamente con los sentidos físicos. Hoy en día nos encontramos con algunas personas con puntos de vista nihilistas parecidos.

Afirmar que el renacimiento no existe porque no podemos verlo con nuestros sentidos no refuta su existencia. Hay una diferencia entre no percibir algo con nuestros sentidos y percibir su inexistencia. Como seres ordinarios, nuestros sentidos son incapaces de percibir todo lo que existe: las águilas y los gatos ven cosas que nosotros no vemos; los perros detectan olores que nosotros no percibimos. Si nuestros sentidos o la inferencia pudieran demostrar la inexistencia del renacimiento, tendríamos que aceptarlo. Sin embargo, no pueden. Decir que no percibimos algo no establece su inexistencia. Existen muchas razones que apoyan el renacimiento. Hemos analizado algunas de ellas en volúmenes anteriores[80].

Otra creencia nihilista es que como la mente depende del cuerpo no es posible transformarla porque siempre está atada a este cuerpo humano material. El impulso de autoconservación y autoprotección está grabado en nuestro cerebro. No tenemos más remedio que ser hostiles y agresivos o huir atemorizados cuando estamos en peligro. Estas cualidades, así como la actitud egoísta, están en nuestra composición biológica, así que lo mejor que podemos hacer es mitigar sus formas extremas, pero no es deseable ni posible liberarnos de ellas por completo. Me pregunto cómo podría alguien demostrar que la mente es el cerebro o que la mente es una propiedad que emerge del cuerpo.

En el contexto de la exposición del *Camino medio*, el nihilismo se refiere específicamente a la creencia de que, puesto que los fenómenos son vacíos, los objetos convencionales o bien no existen o bien

---

80 Véase el capítulo 2 de *Un acercamiento al sendero budista* y el capítulo 7 de *Fundamentos de la práctica budista* (Ediciones Amara) para saber más sobre la continuidad de la consciencia.

no producen los resultados que producen. A partir de esta visión, proliferan más visiones nihilistas.

Las visiones nihilistas impiden plantear adecuadamente tanto las verdades convencionales como las últimas y, como resultado, se desprecian ambas verdades. Si no ponemos las palabras *de modo último* al hacer el análisis último, podemos pensar: "Una olla no existe porque no es ni una con sus partes ni diferente de ellas". La forma correcta de investigar es pensar: "Una olla no existe de modo último porque no es ni una con sus partes ni diferente de ellas". El análisis último no examina la existencia convencional de algo: determina si ese algo existe a nivel último.

Los esencialistas piensan erróneamente que porque los madhyamika niegan la existencia inherente, son nihilistas, ya que, según los esencialistas, si los fenómenos no existen inherentemente, no existen en absoluto. Los madhyamikas no están de acuerdo y dicen que los fenómenos son vacíos de existencia inherente, pero no son vacíos de toda existencia. Existen de forma dependiente. Si existieran por su propio lado, no podrían funcionar en absoluto porque serían independientes de todos los demás factores. Pero las cosas funcionales que existen meramente a nivel nominal pueden producir resultados porque dependen de causas y condiciones. Las cuatro verdades y todos los fenómenos aflictivos del samsara y los fenómenos puros del Nirvana existen porque son vacíos de existencia inherente y existen de forma dependiente. De esta manera los madhyamikas afirman la existencia convencional al tiempo que niegan la existencia inherente.

Las tesis y los razonamientos que los madhyamika y los nihilistas exponen para demostrar sus afirmaciones difieren considerablemente. Los madhyamika no afirman la inexistencia total, como hacen los nihilistas: afirman la existencia no inherente. Mientras que los madhyamika afirman que las vidas pasadas y futuras no existen de modo inherente porque surgen dependiendo de causas y condiciones, los nihilistas charvakas declaran que las vidas pasadas y futuras no existen porque no podemos ver a nadie viniendo de una vida pasada a esta vida o yendo de ésta a la siguiente. Además, los madhyamika dicen que las vidas pasadas y futuras son verdades convencionales, mientras que los nihilistas dicen que no son ni verdades convencionales ni últimas porque no existen en absoluto.

A veces las palabras que utilizan los madhyamika y los nihilistas suenan parecidas. Por ejemplo, ambos dicen que "los fenómenos no existen inherentemente". Pero lo que quieren decir con estas palabras es diferente, pues los nihilistas equiparan la existencia no inherente con la inexistencia total, mientras que los madhyamika la equiparan con la existencia que surge de forma dependiente.

En respuesta a la pregunta de los esencialistas "Si nada existe inherentemente, ¿qué hay?", Budapalita responde en su *Comentario al "Tratado sobre el camino medio"* (DAE 399):

> [...] el tiempo y demás se establecen como meras entidades que son designaciones mutuamente dependientes, convenciones de esto y aquello con respecto a las apariencias individuales de las cosas.

Las personas que se inclinan hacia el nihilismo se beneficiarán del estudio del surgimiento dependiente, que reafirma la existencia convencional de los fenómenos. Además, deberían entender que la vacuidad es un fenómeno —es algo existente, no es la nada—. La vacuidad es una propiedad de los fenómenos que existen a nivel convencional. Todas las propiedades de un fenómeno son de una sola naturaleza con ese fenómeno y cuando ese fenómeno existe, también lo hacen sus propiedades. Para las personas que entienden esto, decir que la mesa existe implica que su vacuidad también existe, porque ambas son inseparables. Cuando los meditadores comprenden directamente la vacuidad no caen en el nihilismo porque saben que la vacuidad es una propiedad de un fenómeno existente.

Alguien que malinterpreta el significado de la vacuidad y la niega crea el poderoso karma destructivo de abandonar la vacuidad, lo que conduce a un renacimiento desafortunado. Un karma así se puede crear al pensar: "La vacuidad significa la inexistencia total. Como todo es vacío, nada existe". Este es el extremo del nihilismo. El karma de abandonar la vacuidad también se puede crear pensando: "Todas estas cosas aparecen muy reales, así que deben existir inherentemente. Por lo tanto, la vacuidad no puede significar la ausencia de existencia inherente". Este es el extremo del absolutismo.

Las desventajas de sostener tales visiones son claras. Si pensamos que nuestro duhkha existe de forma inherente, no vemos la forma de salir de él. Nos deprimimos y renunciamos a la esperanza porque la situación actual parece abrumadoramente real e inmutable. Por otro lado, si vemos nuestras dificultades como vacías de existencia inherente, vemos que surgen dependiendo de otros factores. Si se eliminan esas causas, se puede detener el duhkha resultante, y si se crean las causas de la felicidad, ésta surgirá. Con esta visión, nos sentimos optimistas y nos esforzamos por hacer que cesen las causas de nuestro dolor y por crear causas para la felicidad.

REFLEXIONES ─────────────────────────────

1. Nombra algunas visiones nihilistas.
2. ¿Cómo influye el hecho de sostener una de estas visiones en el comportamiento y en el karma que crea esa persona?
3. Refuta cada una de las visiones nihilistas que has enumerado.

La vacuidad existe y en sí misma es vacía

Muchos de los primeros madhyamika del Tíbet –los que vivieron durante la primera fase de la segunda transmisión del Dharma en el Tíbet, en el siglo XI– decían que la vacuidad era inefable y no se podía percibir con la mente. Al pensar que la vacuidad no se puede percibir con la mente, pensaban que no existía. No entendieron los sutras de la Perfección de la Sabiduría, que aclaran que la vacuidad existe (NT 42):

> Tanto si aparecen los tathagatas como si no, la realidad de los fenómenos simplemente permanece.

Citando un sutra, Chandrakirti afirma en su *Autocomentario sobre el Suplemento* (*Madhyamakavatarabhasya*, NT 43):

> ¿Quién podría decir que [el vacío] no existe? Si no existiera, ¿con qué propósito desarrollarían los bodhisatvas el sendero de las perfecciones? ¿Con qué propósito iniciarían los bodhisatvas cientos de esfuerzos en aras de comprender tal realidad?

En *Palabras claras*, Chandrakirti dice (NT 44):

> ¿Qué es esta talidad? La entidad de la talidad no cambia y siempre permanece, pues aquello que no se produce de ninguna manera por no ser fabricado y por no depender de otro se llama "la naturaleza [última] del fuego", etc.

Estas citas demuestran que la vacuidad es un fenómeno existente. En *Palabras claras*, Chandrakirti afirma que la vacuidad existe convencionalmente aunque sea la naturaleza última de todos los fenómenos. Al principio, puede sonar extraño oír que la vacuidad existe de manera convencional aunque sea la naturaleza última. La existencia convencional es el único tipo de existencia que hay. La existencia última se refuta porque nada puede soportar el análisis último. Puesto que la vacuidad no es fabricada y es la naturaleza última de todos los fenómenos, siempre existe, aparezcan o no los tathagatas en nuestro mundo.

Si la vacuidad fuera inexistente, entonces nadie podría conocerla y, por lo tanto, sería inútil que los bodhisatvas desarrollaran las perfecciones –especialmente las perfecciones de la estabilidad meditativa y la sabiduría– en un esfuerzo por comprenderla.

Puesto que la vacuidad existe, ¿cuál es su modo último de existencia? ¿Está relacionada con nosotros y nuestro mundo o existe separada de todos los fenómenos como una realidad inherentemente existente? El vacío no es la nada, ni es una mera convención lingüística. Es un fenómeno permanente que es conocido por un conocedor válido –en este caso, la estabilidad meditativa de un arya que percibe directamente y sin conceptos la vacuidad–. Es nuestra naturaleza última y la naturaleza última de todas las personas y fenómenos que nos rodean.

La vacuidad existe de forma dependiente. Depende del conocedor válido que la conoce directamente. También depende de sus partes. La vacuidad no es una realidad absoluta sin partes que existió primero y de la que surgieron el universo y los seres conscientes. La vacuidad tiene partes en el sentido de que hay muchas vacuidades –la vacuidad de la luna, la vacuidad de la mesa, la vacuidad de las partes de la mesa, etc.–. Cada cosa tiene su propia vacuidad que surge cuando esa cosa surge y deja de existir cuando esa cosa cesa. La vacuidad de la manzana empieza a existir simultáneamente con la manzana y deja de existir cuando la manzana cesa.

El *Sutra del capítulo de Kashyapa* deja claro que la vacuidad no se debe cosificar ni ver como verdaderamente existente (OR 300):

> Aquello que es la vacuidad no hace que los fenómenos sean vacíos, porque los propios fenómenos son vacíos. Lo que es la ausencia de signos no hace que los fenómenos carezcan de ellos, porque los propios fenómenos carecen de ellos. Aquello que es ausencia de deseo no hace que los fenómenos carezcan de deseo, porque los propios fenómenos mismos carecen de deseo. Analizar así, Kasyapa, es lo que se llama el camino medio –en el análisis correcto de los fenómenos–.

Oh, Kasyapa, digo que quien analiza la vacuidad objetivando la vacuidad ha caído, ha caído lejos de mis enseñanzas.

Decir que la vacuidad no hace que los fenómenos, etc., sean vacíos indica que la naturaleza última de los propios fenómenos es la vacuidad. No es el caso de que los fenómenos que no son en sí mismos vacíos sean hechos vacíos por alguna otra cosa. Quien objetiviza la vacuidad y la considera inherentemente existente como una realidad separada de los fenómenos, que son de hecho vacíos, carece de la visión correcta. Del mismo modo, cosificar la visión de la vacuidad y aferrarse a ella también es un error. Esto no significa que no podamos pensar o hablar de la vacuidad. Después de todo, los maestros hablan de la vacuidad cuando instruyen a sus alumnos. Significa sostener la opinión de que la vacuidad existe inherentemente. Nagarjuna dice (MMK 13.8):

Los victoriosos han dicho que la vacuidad es la eliminación de todas las visiones. Aquel para quien la vacuidad es una visión es incorregible.

Si alguien niega la existencia verdadera y luego se aferra a la vacuidad de existencia verdadera como verdaderamente existente, será difícil corregir su visión. Esto es como una persona enferma que tomó una medicina que curó su enfermedad, pero que como no digirió completamente la medicina, ésta permaneció en su estómago y la hizo enfermar de nuevo. Del mismo modo, refutar la existencia verdadera de los fenómenos resuelve una serie de problemas al disminuir las aflicciones, pero darle la vuelta al asunto y aferrarse a la vacuidad como verdaderamente existente hace que uno vuelva a enfermar de aflicciones.

Otras personas no sostienen que la vacuidad sea verdaderamente existente, pero después de negar la existencia verdadera de la vacuidad, dicen que la vacuidad no existe. Estas personas confunden la vacuidad con la inexistencia total y caen en el extremo del nihilismo, mientras que las que sostienen que la vacuidad es verdaderamente existente caen en el extremo del absolutismo.

¿Tienen tesis los madhyamika?

Algunos eruditos cuestionan si los madhyamika tienen tesis o no. Debido a que los madhyamika niegan completamente la existencia inherente y a que la vacuidad no afirma nada tras esa negación, estos eruditos piensan que los madhyamika no afirman ninguna tesis en un debate y que se centran únicamente en refutar las visiones de los demás. Estos estudiosos creen que incluso si los madhyamika establecieran alguna afirmación sobre la vacuidad —como "la vacuidad es la naturaleza de todos los fenómenos"— eso significaría que la vacuidad es verdaderamente existente, lo que contradice las propias creencias de los madhyamika de que nada existe verdaderamente. En el pasado, esta forma radical de pensar se convirtió en un problema en los círculos madhyamaka tanto en el Tíbet como en China. Surgió de interpretar erróneamente algunas de las afirmaciones de Nagarjuna, como por ejemplo —de *Refutación de las objeciones* (VV 29)—:

> Si tuviera alguna tesis, entonces sufriría esa falta. Pero como no tengo tesis, estoy puramente sin faltas.

Cuando Nagarjuna dice que no tiene tesis, lo dice desde la perspectiva última, donde nada puede resistir el análisis último. Desde esta perspectiva no hay silogismo, ni sujeto, ni predicado, ni razón, ni tesis, ni nada. Pero eso no significa que no exista nada. Desde la perspectiva convencional todas estas cosas existen y Nagarjuna emplea silogismos y consecuencias que existen de manera convencional para demostrar sus afirmaciones. De este modo, no se le puede reprochar nada. Las palabras no existentes a nivel último tienen el poder de refutar la existencia última porque esas palabras existen y funcionan precisamente porque son vacías de existencia última. Al no comprender que Nagarjuna hablaba desde la perspectiva de lo último, estos eruditos malinterpretaron sus palabras y pensaron que estaba diciendo que los madhyamika no tenían ninguna tesis.

Imagina a Nagarjuna debatiendo con uno de estos eruditos que veían todo como inherentemente existente sobre el tema de si los fenómenos existían inherentemente o no. Como respuesta a todo lo que el erudito dijera, Nagarjuna probablemente diría: "No", indicando que el tema, la tesis y la razón del argumento del erudito no existían por su propio lado. Al no comprender que Nagarjuna estaba hablando desde la perspectiva de lo último, el erudito lo entendería mal y pensaría que Nagarjuna era un nihilista que refutaba cualquier tipo de existencia.

Utilizamos el reflejo de nuestra cara en un espejo para comprobar nuestra apariencia, aunque la apariencia de la cara sea falsa y no exista ninguna cara en el espejo. Del mismo modo, podemos comprender el significado de un silogismo en el que cada parte carece de existencia última y, sin embargo, existe falsa o convencionalmente. El reflejo de un rostro no es totalmente inexistente ni existe a nivel último. Surge debido a causas y condiciones y es dependiente, aunque es falso en el sentido de que parece haber un rostro en el espejo cuando no lo hay. Del mismo modo, las palabras de una tesis existen y funcionan, aunque no existan a nivel último. Cuando se dice que los madhyamika no tienen posiciones, significa que no tienen afirmaciones en las que acepten fenómenos que existan de modo último.

Los esencialistas dicen que Nagarjuna desprecia la existencia y que es nihilista. No comprenden que Nagarjuna no dijo que las cosas fueran vacías de existencia verdadera porque no pudieran realizar una función. No negó la capacidad de las mesas, los diplomas y las emociones para realizar sus respectivas funciones. Más bien, honró la funcionalidad y la causalidad diciendo que las cosas son vacías de existencia verdadera porque surgen de forma dependiente.

Algunas personas dicen que los madhyamika afirman la existencia de las cosas sólo desde la perspectiva de los demás –que hablan de los objetos convencionales sólo porque los demás piensan que existen, pero no afirman nada al hablar de las cosas convencionales–. Esto es incorrecto porque los madhyamika establecen tesis para sí mismos.

Si los madhyamika no tuvieran tesis, no podrían exponer consecuencias al refutar los sistemas de los demás. Esto se debe a que las consecuencias muestran la falacia de las tesis de los oponentes y, al hacerlo, están implicando la visión correcta. Al negar la existencia verdadera, los madhyamika demuestran automáticamente la no existencia verdadera.

Las personas que creen erróneamente que los madhyamika no tienen afirmaciones ni siquiera convencionales no han identificado correctamente el objeto de negación. Estas personas refutan las aserciones verdaderamente existentes de sus oponentes[81] y luego, cuando aplican esos mismos argumentos a sus propias tesis, piensan erróneamente que también las han refutado. Como no han podido diferenciar la existencia verdadera de la existencia, piensan erróneamente que refutar las afirmaciones verdaderamente existentes es lo mismo que refutar absolutamente todas las afirmaciones. Los madhyamika,

---

81 Las afirmaciones verdaderamente existentes son afirmaciones que el oponente afirma que existen verdaderamente.

sin embargo, dicen que las afirmaciones, como todos los demás fenómenos, existen convencionalmente pero no a nivel último.

Dado que el madhyamaka es el sistema del camino medio, debe afirmar algo. Su principal afirmación es que nada es verdaderamente existente, aunque convencionalmente todo existe como ilusiones. Puesto que los madhyamika llegan a esta conclusión refutando visiones erróneas, debe haber conocedores válidos que conozcan las tesis que se demuestran y la inexistencia de las que se refutan. Puesto que los madhyamika también enseñan a los demás, deben tener tesis.

Evitar los dos extremos

¿Cómo evitan los madhyamika los dos extremos? Refutan el absolutismo diciendo que las cosas son vacías de existencia inherente y refutan el nihilismo afirmando que existen de modo dependiente. También se puede decir que evitan el absolutismo aceptando el surgimiento dependiente y evitan el nihilismo afirmando que los fenómenos son vacíos. En este caso, en lugar de ir al extremo de la existencia inherente, afirman la existencia dependiente, y en lugar de ir al extremo de la inexistencia total, afirman la no existencia inherente.

Sólo las palabras *surgimiento dependiente* refutan los dos extremos. *Dependiente* refuta la existencia inherente o independiente, el extremo del absolutismo, y *surgimiento* refuta la inexistencia total y el extremo del nihilismo. *Dependiente* indica que los fenómenos son vacíos; *surgimiento* indica que existen. *Surgimiento dependiente* significa que no hay existencia inherente porque los fenómenos surgen dependiendo de muchos factores que no son ellos. Una pera existe dependiendo de muchos factores que no son la pera –la semilla de pera, el agua, el fertilizante, el sol y el agricultor– y una persona existe dependiendo de una gran diversidad de factores que no son la persona, como sus padres.

Surgimiento dependiente también significa *existir falsamente*. *Existir falsamente* no es no existir: significa que, igual que las ilusiones, los sueños y los hologramas, las cosas aparecen de una manera pero existen de otra, es decir, existen nominalmente, sólo en el nivel de las apariencias, porque, como las nubes al viento, carecen de toda esencia. Aparecen y existen dependiendo de causas y condiciones, de partes y de la mente que las concibe y designa. De este modo, el surgimiento dependiente refuta el extremo de la inexistencia.

Las cosas pueden ser inherentemente existentes o no inherentemente existentes. No hay una tercera opción, estas dos son una dicotomía y si algo no es una, debe ser la otra. Al refutar la existencia inherente se establece automáticamente la existencia no inherente o la vacuidad de existencia inherente.

La existencia inherente nunca ha existido. Comprender la vacuidad no implica destruir un objeto inherentemente existente haciéndolo vacío. Puesto que el objeto nunca ha existido inherentemente, su existencia inherente no se puede destruir. Más bien, simplemente comprendemos que, ya desde el principio, nunca existió. La vacuidad está aquí, en cada persona y objeto que nos rodea. Es nuestra propia naturaleza, pero también es vacía de existencia inherente.

Aferrarse a algo como inherentemente existente es el extremo del absolutismo y pensar que ese algo fue una vez inherentemente existente y ahora se ha vuelto totalmente inexistente es el extremo del nihilismo. Un ejemplo de esto último es pensar que en el presente existe una persona verdaderamente existente –la vemos y hablamos con ella– pero que después de la muerte no sigue su continuo mental y se vuelve totalmente inexistente.

En la actualidad, como el aferramiento a la existencia inherente está firmemente arraigado en nuestra mente, solemos mantener el extremo del absolutismo, que está detrás del apego, el enfado y otras aflicciones que nos asedian. Aun así, el peligro de caer en el nihilismo es real. A veces nos encontramos con personas que afirman que todo es ilusorio y no tiene existencia real, por lo que no es necesario observar la ley del karma y sus resultados. Otros afirman que, puesto que la virtud y la no virtud son meramente designadas, son completamente fabricadas por la mente ignorante y, por tanto, las normas éticas no tienen ningún peso.

Si deseamos desarrollar la visión del camino medio, el Buda nos aconsejó desarrollar sus causas mediante una conducta ética pura, confiando en un excelente maestro espiritual, purificando nuestras negatividades y acumulando mérito y sabiduría. Para ello, debemos seguir las escrituras definitivas y las obras de grandes sabios como Nagarjuna, Aryadeva y Chandrakirti para comprender esas escrituras. Luego el Buda nos indicó que estudiáramos, contempláramos y meditáramos sobre la vacuidad y su compatibilidad con el surgimiento dependiente.

REFLEXIONES

1. ¿Ves la vacuidad como algo absoluto que existe de forma independiente?
2. ¿Por qué es incorrecta esa visión?
3. Intenta pensar en la vacuidad como una cualidad de todas las personas y fenómenos que está aquí ahora mismo.
4. Reflexiona sobre que aunque las verdades convencionales y las verdades últimas son contradictorias existen juntas y son inseparables.

10 | El extremo del absolutismo

DE TODAS LAS ENSEÑANZAS QUE dio el Buda, la del surgimiento dependiente es la más profunda. Es lo que caracteriza al Buda como un maestro sin parangón. Aunque se puede alabar al Buda por muchos motivos y por muchas de sus espectaculares cualidades, Nagarjuna, Tsongkhapa y muchos otros eruditos lo alaban por revelar el profundo mensaje del surgimiento dependiente. Yo también he encontrado que el impacto de sus enseñanzas sobre la compatibilidad de la vacuidad y el surgimiento dependiente es profundo y siento la misma reverencia por el Buda en su calidad de maestro insuperable. Todos los días recito el homenaje al Buda del *Tratado sobre el camino medio* para reafirmar mi profunda conexión espiritual con él y sus enseñanzas, especialmente con la enseñanza sobre el surgimiento dependiente.

Como las cosas son dependientes, no pueden surgir de una entidad o sustancia independiente y no cambiante. Si así fuera, nunca podríamos alcanzar estados espirituales superiores porque eso implica un cambio y el cambio depende de causas y condiciones. Las nociones absolutistas no pueden resistir el escrutinio del razonamiento porque son antitéticas al hecho de que todo existe dependiendo de otros factores.

Durante el periodo clásico de la India[82], en las grandes universidades monásticas como la de Nalanda –en la India– los sabios no budistas y los budistas debatían entre sí. Esto dio lugar a un rico intercambio, ya que estos sabios exploraron una amplia variedad de visiones, poniéndolas a prueba con el rigor del razonamiento y la lógica. Los escritos de muchos de los grandes eruditos indios consistían en analizar las incoherencias de muchos de los sistemas no budistas, así como de los sistemas budistas inferiores. En este capítulo veremos algunos de ellos y esperamos abrirte el apetito para estudiar tratados

---

82 El periodo clásico de la India fue aproximadamente del 320 al 543, durante el Imperio Gupta.

como *Comentario a "Compendio de la cognición válida"* (*Pramanavarttika*), de Dharmakirti, y los *Cuatrocientos* (*Chatuhshataka*), de Aryadeva, mientras descubrimos estas creencias en nuestra propia mente y utilizamos el razonamiento para superarlas.

En este capítulo examinaremos algunas ideas que sostienen quienes adoptan una posición absolutista, empezando por algunos principios de los sistemas budistas inferiores y analizando después algunas creencias no budistas. Algunas de estas afirmaciones pueden ser similares a las que hayas aprendido en tu familia, en la escuela o en otra religión. Esta es una oportunidad para reevaluarlas a la luz de lo que ahora sabes sobre el surgimiento dependiente y, al hacerlo, aclarar y refinar tus creencias.

Budistas esencialistas que no refutan lo suficiente

Igual que los nihilistas, los budistas esencialistas tampoco identifican correctamente el objeto de negación. Aunque niegan algo, no han dado en el clavo —por ejemplo, negando una visión superficial distorsionada y dejando intacta la existencia inherente—. Muchas filosofías caen en el extremo del absolutismo porque asentir a la existencia inherente concuerda con nuestro aferramiento a la identidad esencial. Afirmar una esencia real y no cambiante como la persona y una entidad divina permanente que controla el universo es mucho más satisfactorio emocionalmente para algunas personas. Tales visiones son reconfortantes y protegen del miedo que surge de tener un control limitado sobre nuestro cuerpo, nuestra mente, otras personas y nuestro entorno. Todos estos factores nos condicionan a vacilar cuando tenemos que cuestionar nuestros puntos de vista y suposiciones habituales.

Para ayudarnos a superar estos obstáculos, los grandes maestros recomiendan que, antes de profundizar en la vacuidad, realicemos prácticas para purificar las negatividades y acumular mérito. También hacen hincapié en la importancia de contemplar las cuatro verdades —especialmente los defectos del samsara y las aflicciones que lo causan— para generar la renuncia a duhkha y la aspiración a alcanzar la Liberación. Esa fuerte aspiración a la libertad, así como la bodhichita, nos da la determinación y la fuerza internas para desafiar la ignorancia que se aferra a la identidad esencial que nos tiene prisioneros desde tiempos sin principio.

Un ejemplo de no negar lo suficiente es refutar sólo un yo permanente, unitario e independiente y no ir más allá. Aunque refutar ese yo o alma es un comienzo necesario, sólo toca la superficie del objeto de negación. El concepto de un alma o un yo permanente y eterno que existe después de la muerte y es la esencia de una persona es un oscurecimiento adquirido, fabricado por filosofías incorrectas, como las que proponen las escuelas no budistas. Refutar sólo eso no elimina al culpable de todos nuestros problemas. Todavía estamos lejos de comprender la vacuidad de la existencia inherente.

Las escuelas budistas inferiores niegan una persona autosuficiente y sustancialmente existente, pero eso tampoco llega a la raíz del problema del aferramiento a la existencia inherente. Tampoco han identificado el objeto de negación completamente, que es más sutil. Merece la pena dedicar tiempo a intentar identificar el objeto de negación, la existencia inherente.

Para refutar la existencia inherente, contemplamos las consecuencias improcedentes que se producirían si las personas y los fenómenos existieran inherentemente. Por ejemplo, el yo sería permanente e inmutable; no tendría componentes como el cuerpo y la mente y no tendría ninguna relación con el cuerpo y la mente. Aunque estas consecuencias improcedentes surgirían, no son el significado de la existencia inherente. Es decir, ser permanente o independiente de los agregados no es la definición de existencia inherente. La existencia inherente es más sutil. Sin embargo, ver las consecuencias contradictorias que surgirían si las cosas existieran de forma inherente nos permite desmontar esa visión errónea.

Del mismo modo, si algo existiera realmente no debería tener partes, pero las partículas diminutas sin partes que son los bloques de construcción del universo y los momentos sin partes de la mente no existen, son nociones creadas por filosofías incorrectas. Aunque hay que negarlas, hacerlo no destruye la raíz de nuestro duhkha: la ignorancia innata que se aferra a la identidad esencial.

Refutar estos objetos de negación más burdos es un peldaño para comprender la vacuidad, pero lo único que cortará de raíz todas las aflicciones es comprender la vacuidad del objeto concebido de la ignorancia innata que se aferra a la identidad esencial. Por ejemplo, si alguien tiene miedo de que haya una serpiente venenosa en la habitación, decirle que no hay un elefante ahí no calma sus temores. Del mismo modo, si alguien ve claramente la naturaleza nada fiable del samsara y quiere liberarse de él, pero dedica su tiempo a refutar sólo un alma permanente como afirman los no budistas, las partículas sin partes como aceptan los vaibhashika, los fenómenos externos tal y como los refutan los yogachara o la existencia inherente a nivel convencional como aceptan los svatantrika, se está perdiendo.

Aunque algunas filosofías y psicologías pueden ser reconfortantes, debemos perseverar y reconocer la fuente real del duhkha samsárico para eliminarlo. En el supermercado espiritual de la era moderna, existe una gran variedad de creencias. Muchas son bastante más glamurosas que el Budadharma. Prometen resultados rápidos y atraen a muchos seguidores. Aunque algunas de estas creencias pueden aliviar algunos problemas, no identifican la causa profunda del sufrimiento ni presentan el método para eliminarla. Puede que ayuden a las personas que las practican a vivir más tranquilas en esta vida –y eso es maravilloso–, pero los aspirantes espirituales que buscan la Liberación o la completa Iluminación no deben conformarse con remedios superficiales. Deben perseverar e identificar correctamente el objeto de la ignorancia innata y luego refutarlo.

¿Qué comprenden y hacen los sravakas y los realizadores solitarios?

¿Cómo conciliamos que los dos sistemas de principios del vehículo fundamental, el vaibhashika y el sautrantika, afirmen la existencia inherente con el hecho de que los sravakas y los realizadores solitarios que son practicantes del vehículo fundamental alcancen el estado de arhat? No todos los practicantes del vehículo fundamental siguen los sistemas de principios del vehículo fundamental; del mismo modo, no todos los practicantes del mahayana siguen los sistemas de principios del mahayana. Desgranemos el significado de esto.

Los prasangika hablan de las cuatro verdades burdas y sutiles, siendo la burda la presentación de *Tesoro del conocimiento* y *Compendio del conocimiento*, y la sutil la presentación prasangika[83]. Las principales diferencias entre ambas radican en sus afirmaciones sobre el objeto de negación y la raíz del samsara. Los sistemas no prasangika afirman que el objeto de negación es una identidad esencial de la persona –específicamente una persona autosuficiente y sustancialmente

---

83 Para más información sobre las cuatro verdades burdas y sutiles, véase el capítulo 1 de *Samsara, Nirvana y naturaleza de buda* (Ediciones Amara).

existente– y la raíz del samsara es aferrarse a esa identidad esencial de la persona. Además, los yogachara y los svatantrika niegan una identidad esencial de los fenómenos, diciendo que el aferramiento a la identidad esencial de los fenómenos es la raíz *última* de samsara.

Según las cuatro verdades burdas, la primera verdad es el duhkha que surge de aferrarse a una persona autosuficiente y sustancialmente existente. La segunda verdad es aferrarse a una persona autosuficiente y sustancialmente existente, las aflicciones que surgen de ello y el karma que impulsa el renacimiento creado por ellas. La tercera verdad es la cesación, que es el abandono de este aferramiento y de las aflicciones que surgen debido a él. La cuarta verdad es el sendero de la sabiduría que contrarresta este aferramiento y las aflicciones que se derivan de él.

La presentación de las cuatro verdades sutiles concuerda con la visión prasangika, en la que aferrarse a la existencia inherente de la persona y de los fenómenos –no el aferrarse a un yo autosuficiente y sustancialmente existente– es el origen del samsara[84]. El objeto de negación es el aferramiento a la identidad esencial de la persona y de los fenómenos. Las otras tres verdades se afirman en consecuencia.

De los cuatro atributos del duhkha verdadero de la presentación de las cuatro verdades burdas, el atributo de vacuidad se refiere a la ausencia de un yo permanente, unitario e independiente, y el atributo de la ausencia de identidad esencial es la ausencia de una persona autosuficiente y sustancialmente existente. Según los prasangika, el sendero que comprende directamente la vacuidad burda y la ausencia de identidad esencial burda pueden detener temporalmente la manifestación de las aflicciones burdas, pero no pueden erradicarlas. Aunque las aflicciones burdas manifiestas se puedan suprimir temporalmente, esos practicantes seguirán renaciendo en el samsara debido a la fuerza del aferramiento a la existencia inherente y a las aflicciones y el karma que surgen de ella.

Alguien puede haber comprendido directamente la ausencia de identidad esencial de la persona y seguir aferrándose a la persona y a los agregados como inherentemente existentes. Este practicante aún no ha comprendido el modo más profundo de existencia de la perso-

---

84 Chokyi Gyaltsen dice que la impermanencia, la primera de las dieciséis características de las cuatro verdades, es la *momentaneidad*. Como es la misma para todos los sistemas de principios filosóficos, no se puede dividir en burda y sutil, como los otros quince atributos. Jamyang Shepa dice que hay impermanencia burda y sutil.

na y los fenómenos: su vacuidad de existencia inherente. Sólo la sabiduría que comprende directamente esta vacuidad es capaz de abolir el aferramiento a la existencia inherente y las aflicciones que genera. En el *Sutra de las preguntas de Adhyashaya* (*Adhyashayasamshodana Sutra*), el Buda expone este punto en un diálogo con un discípulo (CTB 161):

> "Por ejemplo, durante un espectáculo de magia, un hombre ve a una mujer creada por un mago y el deseo surge en él. Su mente queda atrapada por el deseo, y se asusta y se avergüenza delante de sus compañeros. Levantándose de su asiento, se marcha y más tarde considera que la mujer es fea, impermanente, insatisfactoria y vacía de identidad esencial. Oh, hijo de buen linaje, ¿qué piensas? ¿Se comporta ese hombre de forma correcta o incorrecta?".
>
> "Bendito, quien se esfuerza por considerar fea, impermanente, insatisfactoria y vacía de identidad esencial a una mujer inexistente se comporta incorrectamente".
>
> El Bendito dijo: "Oh, hijo de buen linaje, debes considerar de manera similar a aquellos bhiksus, bhiksunis, laicos y laicas que consideran que los fenómenos no producidos y no existentes son feos, impermanentes, insatisfactorios y vacíos de identidad esencial. No digo que estas personas necias estén cultivando el camino, están practicando de manera incorrecta".

Aquí el Buda enfatiza que si contemplamos los objetos de apego inexistentes como feos, impermanentes, vacíos y carentes de un yo autosuficiente y sustancialmente existente, estamos perdiendo la perspectiva. No sirve de nada contemplar la impermanencia y demás de lo que no existe; si comprendiéramos que de entrada esas cosas no existen, nuestro apego a ellas se desvanecería. Meditar sobre los atributos del duhkha verdadero burdo es como darle vueltas a cómo deshacerse de las flores marchitas en un holograma o cómo afeitar el bigote de una tortuga, cuando ni las flores ni el bigote existen. Para alcanzar la Liberación es esencial comprender el modo último de existencia —la vacuidad de existencia inherente tanto de la persona como de los fenómenos—. Decir que los fenómenos no son producidos y no surgen indica que no son inherentemente producidos y no surgen inherentemente, aunque son producidos y surgen convencionalmente.

En el *Sutra sobre la mezquindad de uno en Dhyana* (*Dhyayitamusti Sutra*), el Buda describe las desventajas de no meditar en la ausencia de identidad esencial sutil hablando de alguien que, aferrándose a la existencia verdadera, medita en las cuatro verdades burdas y piensa: "Conozco duhkha, he abandonado todos los grilletes que son su origen, he hecho realidad la cesación y he practicado el sendero. Ahora soy un arhat". Sin embargo, cuando muere, ve que renacerá en el samsara y duda de las Tres Joyas, lo que le hace renacer como un ser infernal. Aunque esto no les ocurre a todos los que creen erróneamente haber comprendido la vacuidad sutil, sí les ocurre a algunos. En el sutra, el Buda explica entonces cómo se deben conocer las cuatro verdades para alcanzar la Liberación (CTB 163):

> Manjushri, aquel que ve todos los productos como no producidos conoce duhkha en profundidad. Quien ve todos los fenómenos como carentes de origen ha abandonado el origen del sufrimiento. Aquel que los ve como totalmente más allá del sufrimiento ha actualizado la cesación. Quien ve todos los fenómenos como totalmente no producidos ha desarrollado el sendero.

Cuando el Buda habla en un lenguaje tan aparentemente enigmático, quiere decir que quien ve todas las cosas producidas como carentes de surgimiento inherente, todos los fenómenos como carentes de origen verdaderamente existente, etc., sabe cómo existen realmente los fenómenos: son vacíos de existencia verdadera. Sólo alguien que comprende directamente la ausencia de existencia verdadera de la persona y los fenómenos puede eliminar tanto las aflicciones burdas y sutiles como sus semillas y alcanzar la liberación del samsara. Esto se aplica por igual a todos, ya sean budistas o no budistas y ya sigan el sendero del sravaka, del realizador solitario o del bodhisatva.

Como practicantes del vehículo fundamental, ¿los sravakas y los realizadores solitarios comprenden la vacuidad de existencia inherente y alcanzan la Liberación, o meditan en las cuatro verdades burdas, en cuyo caso permanecen lejos de ella? Dado que los arhats del vehículo fundamental han alcanzado la Liberación, deben haber meditado y comprendido experiencialmente la vacuidad de existencia inherente de la persona y los fenómenos. Por esta razón, despreciar los vehículos del sravaka y del realizador solitario diciendo que no conducen a la Liberación es un grave error y es una transgresión de la decimocuarta caída raíz del código ético del bodhisatva. El *Sutra del tallador del diamante* (*Vajracchedika*) coincide en esto[85]:

---

85 http://emahofoundation.org/images/documents/DiamondSutraText.pdf. 4

[Buda]: "Subhuti, el que ha entrado en la corriente ¿piensa que ha alcanzado el fruto del que ha entrado en la corriente?".

Subhuti respondió: "Bhagavan, no, no es así. ¿Por qué? Bhagavan, porque uno no entra en nada en absoluto por eso se le llama el que ha entrado en la corriente . . . Bhagavan, si ese que ha entrado en la corriente piensa: 'He alcanzado el resultado del que ha entrado en la corriente', eso mismo sería aferrarse a un yo, a un ser consciente, a un alma, a una persona".

Subhuti responde de forma similar cuando se hace la misma pregunta sobre el que retorna una vez, el no retornante y el arhat. Puesto que alguien que ha comprendido directamente la vacuidad de existencia inherente no se aferra a la identidad esencial de la persona y de los fenómenos, los aryas del vehículo fundamental han comprendido definitivamente la vacuidad de la persona (ellos mismos como los que han logrado entrar en la corriente, etc.) y la vacuidad de los fenómenos (las cuatro verdades, el fruto del que ha entrado en la corriente, etc.). La vacuidad y las dos ausencias de identidad esencial que comprenden son las mismas que las de los practicantes mahayana.

Además, en su *Autocomentario sobre "Suplemento"* y en *Palabras claras*, Chandrakirti expone más razones para apoyar su afirmación de que los sravakas y los realizadores solitarios meditan en la vacuidad de existencia inherente y la comprenden experiencialmente. El *Sutra de los diez niveles* (*Dashabhumika Sutra*) dice que los bodhisatvas superan a los sravakas y a los aryas realizadores solitarios por el poder de su sabiduría en el séptimo nivel del bodhisatva[86]. Si los aryas del vehículo fundamental no comprendieran la vacuidad de existencia inherente, los bodhisatvas los superarían en el primer nivel. Sin embargo, los del primer nivel sólo eclipsan a los sravaka y a los aryas realizadores solitarios en cuanto a su linaje.

Además, Nagarjuna dice en *Guirnalda preciosa* (RA 35) que mientras haya aferramiento a los agregados como verdaderamente existentes, el aferramiento a la persona como verdaderamente existente permanece. Dado que los practicantes sravaka y los realizadores solitarios alcanzan la Liberación, deben haber comprendido la vacuidad de existencia verdadera de los agregados. El *Sutra de la Perfección de la Sabiduría en ocho mil estrofas* (*Ashtasahasrika Prajñaparamita Sutra*) dice que aquellos que buscan la Iluminación de los sravakas, de los

---

86 Ver el capítulo 9 de *Compasión valerosa* (Ediciones Amara).

realizadores solitarios y de los bodhisatvas deben adiestrarse en la perfección de la sabiduría[87].

En resumen, todos los aryas de los tres vehículos comprenden la misma vacuidad de existencia inherente de la persona y los fenómenos y eliminan la misma ignorancia que se aferra a la identidad esencial y las aflicciones basadas en ella. Todos ellos comprenden las cuatro verdades sutiles.

¿Cómo pueden los practicantes del vehículo fundamental comprender las cuatro verdades sutiles y la ausencia de identidad esencial tanto de la persona como de los fenómenos si sus sistemas de principios filosóficos afirman que la comprensión de la ausencia de identidad esencial de la persona es suficiente para alcanzar la Liberación? Para apoyar su posición de que los practicantes del vehículo fundamental comprenden la misma vacuidad sutil que los sostenedores de los principios mahayana, Chandrakirti explica que es importante distinguir a un proponente de un sistema de principios filosóficos del vehículo fundamental de un practicante del vehículo fundamental. Los proponentes de los sistemas vaibhashika y sautrantika no comprenden la vacuidad de existencia inherente porque aceptan la existencia inherente de todos los fenómenos. Sin embargo, los sravaka y los arhats realizadores solitarios han comprendido necesariamente la vacuidad de existencia inherente como la afirman los prasangika[88]. Esto se debe a que algunos sutras del canon pali hablan de la vacuidad de existencia inherente. Penetrando en el significado de estos pasajes, los sravakas y los realizadores solitarios comprenden la talidad y alcanzan la Liberación. Examinaremos algunos de estos pasajes en *Comprender la visión profunda*, volumen 8 de *Biblioteca de sabiduría y compasión*.

El vehículo fundamental y el vehículo universal

Bhavaviveka dice que si la ausencia de identidad esencial de los fenómenos se enseñara en el vehículo sravaka, las enseñanzas del vehí-

---

87 Ver Shenghai Li, "*Candrakīrti's Āgama: A Study of the Concept and Uses of Scripture in Classical Indian Buddhism*", PhD diss., University of Wisconsin –Madison, 2012, 207–10–.

88 De manera similar, algunos practicantes mahayana pueden sostener los principios del vehículo fundamental y no comprender la vacuidad de existencia inherente, mientras que otros pueden sostener los principios prasangika y comprender la vacuidad sutil.

culo universal serían redundantes y, por tanto, inútiles. Sin embargo, eso no significa que piense que todas las enseñanzas mahayana carecerían de sentido. Como erudito, sabe que las escrituras mahayana incluyen mucho más que la exposición de la ausencia de identidad esencial de los fenómenos. También explican la gran compasión, los métodos para desarrollar la bodhichita, las aspiraciones de los bodhisatvas, los niveles del bodhisatva, las perfecciones, las acumulaciones de mérito y sabiduría, las cualidades del Cuerpo de la Verdad y del Cuerpo de la Forma del Buda y muchos otros temas. Para alcanzar la completa Iluminación de un buda, es indispensable estudiar, practicar y hacer realidad las enseñanzas y prácticas completas del mahayana.

Esto tampoco significa que Bhavaviveka piense que sería inútil que las escrituras mahayana enseñaran la ausencia de identidad esencial de los fenómenos si se enseñara en el vehículo fundamental. ¿Qué quiere decir entonces? Nagarjuna dice en *Alabanza al mundo trascendente* (LS 25):

> Sin entrar en la ausencia de signos no hay Liberación, has declarado; así que presentaste esto [la ausencia de signos] en su totalidad en los [sutras] del vehículo universal.

La ausencia de signos –la vacuidad de existencia inherente, la talidad– se debe comprender para alcanzar la Liberación. Dado que los sravakas y los realizadores solitarios alcanzan la Liberación, deben tener esta comprensión. Pero en las dos últimas líneas, al decir que el Buda presentó la ausencia de signos *en su totalidad* en los sutras mahayana, Nagarjuna implica que se enseña brevemente en las escrituras del vehículo fundamental.

¿Qué quiere decir con esto? Primero, veamos lo que Nagarjuna no quiere decir: Al decir "en su totalidad", no quiere decir que los bodhisatvas comprendan la vacuidad de todos los fenómenos y que los sravakas y los realizadores solitarios sólo comprendan la vacuidad de algunos fenómenos, ya que igual que los bodhisatvas, conocen la vacuidad de todos los fenómenos.

En las escrituras mahayana, el Buda explica la ausencia de identidad esencial de los fenómenos utilizando numerosos razonamientos y enfoques, como los que Nagarjuna expuso en su *Tratado sobre el camino medio*. Sin embargo, debido a las diferentes aptitudes de sus seguidores, el Buda no utilizó razonamientos extensos para explicar la vacuidad en las escrituras del vehículo fundamental. Los bodhisatvas quieren beneficiar a todos los seres conscientes, por lo que deben conocer muchos y variados razonamientos que demuestran la existencia no inherente y meditar sobre ellos, haciendo que su mente se vuelva muy rica con respecto a la vacuidad. La profundidad y la fuerza de la comprensión de la vacuidad de un bodhisatva es mayor debido a la forma en que medita sobre la vacuidad a lo largo del sendero.

Además, debido a la diferencia de sus objetivos espirituales, los bodhisatvas desarrollan plenamente la comprensión de la ausencia de identidad esencial de los fenómenos, mientras que los sravakas y los realizadores solitarios no lo hacen. En este contexto *plenamente* significa que la comprensión de la vacuidad de los bodhisatvas tiene el poder de eliminar tanto los oscurecimientos aflictivos como los oscurecimientos cognitivos, lo que da como resultado su logro de la Budeidad. Dado que los sravakas y los realizadores solitarios buscan eliminar sólo los oscurecimientos aflictivos, la meditación en el significado sucinto de la ausencia de identidad esencial de los fenómenos es suficiente para alcanzar su objetivo de la Liberación.

Examinar nuestras creencias absolutistas

Cuando sometemos las visiones y creencias a un análisis profundo, debemos recordar que nuestro propósito es comprender la naturaleza última, no criticar o degradar a las personas que sostienen esas visiones. Hacerlo sería contradictorio con el gran amor, la gran compasión y la bodhichita que practicamos en el aspecto del método del sendero.

Durante muchos años he estudiado, contemplado y meditado sobre las enseñanzas del Buda. Me considero un budista acérrimo porque mi confianza en las enseñanzas del Buda no proviene de la fe ciega, sino de la razón. Al mismo tiempo, respeto todas las tradiciones espirituales y religiosas, aunque los autores de algunos textos budistas señalen contradicciones en sus filosofías o prácticas. A lo largo de los años he visitado muchas mezquitas, iglesias, sinagogas y templos hindúes y me he hecho amigo de una amplia variedad de líderes y practicantes religiosos. Al hablar con ellos de un ser humano a otro, puedo decir sinceramente que sus enseñanzas los benefician a ellos y a sus seguidores. Me he sentido profundamente conmovido al visitar los lugares sagrados de otras religiones. Por mi propia experiencia, sé que es posible tener una fe fuerte y razonada en la propia tradición espiritual y seguir respetando y apreciando otras tradiciones.

Al analizar la naturaleza de la realidad y debatir sobre ella, nuestro propósito es examinar nuestras propias creencias y suposiciones que tenemos profundamente arraigadas y discernir si son correctas. No sólo ponemos en tela de juicio nuestras creencias personales, sino también la forma innata en que aprehendemos las cosas y nuestro sentimiento innato de quiénes somos. El propósito de hacer esto es liberarnos de duhkha. No tiene nada que ver con proclamar "Yo tengo razón y tú estás equivocado" o "Mi religión es la mejor". ¡De hecho, aferrarnos dogmáticamente a nuestras opiniones indica que nuestro aferramiento a la existencia inherente es bastante fuerte!

El tema fundamental y más importante del budismo es el surgimiento dependiente. Si pretendemos seguir las enseñanzas del Buda, es importante que nuestra visión del mundo se base en el principio del surgimiento dependiente, tanto en lo que se refiere a nuestra propia existencia como al origen del universo. Investigar el origen del mundo y de los seres conscientes que hay en él sin plantear un creador permanente y trascendental ha sido una parte importante de nuestra herencia budista, que se remonta a la antigua India.

En general, la diversidad de religiones del mundo se divide en dos grandes campos. Uno es el de las religiones teístas, en las que la creencia en un creador constituye el fundamento principal. El otro son las religiones no teístas, en las que el concepto de un creador no es la base de la fe. Entre las religiones no teístas están el budismo, el jainismo y una rama de la antigua tradición india, la samkhya.

Dentro de las religiones no teístas, también hay dos categorías. La primera es la de las religiones que niegan el concepto de un creador todopoderoso, pero aceptan la noción de un yo eterno o alma, que es el verdadero yo y es permanente, unitario e independiente de causas. La segunda son las creencias que niegan la existencia de dicho yo o alma. En este sentido, el budismo es el único ejemplo y éste es el factor principal que distingue al budismo de otras religiones y filosofías.

Otra forma de clasificar las tradiciones espirituales es en las que aceptan la Liberación (*moksha*) y las que no. El budismo pertenece al primer grupo. Dentro de las tradiciones espirituales que aceptan la Liberación y la salvación, están las que consideran que la Liberación o la libertad espiritual es la existencia en un cielo externo y dichoso y las que entienden que la Liberación es un estado mental. En este caso, el budismo pertenece al segundo grupo, en el que la Liberación se entiende como la actualización de un estado mental libre de todos los oscurecimientos aflictivos y que ya no renace bajo su control.

Mientras examinamos algunas de las diversas creencias filosóficas y religiosas, por favor, ten en cuenta que no sostengo la inevitable conclusión de que el budismo es la mejor fe o que todo el mundo debería hacerse budista. Como sabes, siempre he sido partidario del diálogo interreligioso, la armonía y la cooperación. Algunas de las creencias que examinaremos existen en múltiples religiones y sistemas de principios filosóficos. Nos centraremos sólo en las creencias absolutistas sin explicar toda la base filosófica, el sendero y el resultado de cada religión o sistema de principios que las propugna.

Al hacer esta investigación, recuerda que *permanente* significa que algo no cambia a cada instante, no significa que algo exista eternamente. Además, en todos los sistemas budistas, excepto el vaibhashika, una cosa funcional –a veces llamada simplemente *cosa*– equivale a *producto* y es producida por causas y condiciones[89].

Algo más a tener en cuenta durante nuestro análisis son los tres principios que Asanga explicó respecto al surgimiento dependiente causal:

1. Los fenómenos condicionados y compuestos deben surgir de causas y condiciones, no pueden surgir sin ellas. Así, el mundo y los seres que lo componen no surgieron como resultado de una inteligencia previa o de un creador externo que exista fuera de la interacción de causas y condiciones. Todo lo que existiese de esa manera no podría interactuar con otros factores para producir algo nuevo. Este razonamiento se explicará más adelante.

2. El mundo y los seres que lo componen no surgieron de una causa permanente. Las cosas condicionadas no sólo dependen de causas y condiciones, sino que las causas y condiciones también deben ser impermanentes. Una causa permanente no puede producir resultados porque las causas deben sufrir cambios para producir sus resultados.

---

89 A diferencia de otros budistas, los vaibhashika afirman que *cosa funcional*, *existente* y *objeto conocible* son equivalentes. Dividen las cosas funcionales en permanentes e impermanentes. Para ellos, una cosa funcional no surge necesariamente de una causa y produce un resultado. El espacio no producido es un objeto funcional permanente porque cumple la función de permitir el movimiento.

3. El mundo y los seres que lo componen no surgieron de una causa discordante. Las causas no sólo son impermanentes, sino que también deben producir resultados concordantes. Un resultado sólo puede ser producido por causas que tienen el potencial de producirlo y una causa sólo puede producir los resultados que tiene la capacidad de producir. Las semillas de espinacas producen espinacas, no margaritas; los tulipanes crecen de los bulbos de tulipán, no de las bombillas. Dado que el potencial para producir un determinado resultado existe en la causa, ésta no puede producir cualquier cosa de forma aleatoria. Del mismo modo, un resultado no puede ser producido por cualquier causa, su producción requiere sus causas y condiciones específicas.

Muchos sabios budistas a lo largo de los siglos han refutado un creador permanente; una inteligencia previa; un yo o alma permanente, unitario e independiente; una sustancia primordial permanente a partir de la cual se crea todo; partículas sin partes direccionales, y otras nociones absolutistas. Todas estas ideas se basan en la premisa de que todos los fenómenos deben tener una base estable y permanente, pues de lo contrario no podrían existir ni funcionar. Los sabios budistas afirman justo lo contrario: que todo lo que es permanente, sin partes e independiente de las causas y condiciones no puede ser funcional, no puede interactuar con otras cosas o ser influido por ellas.

Un creador o inteligencia previa

En la antigua India, así como en la época contemporánea, existían diversas visiones sobre un creador externo e independiente. Desde el punto de vista budista, surgen muchas contradicciones al afirmar la existencia de dicho creador. Sin embargo, desde el punto de vista de quienes aceptan un creador, éste existe aunque los budistas no lo acepten. Del mismo modo, los budistas aceptan el karma y sus resultados aunque otros no lo consideren correcto. Si nos acercamos a una persona no creyente, ¡puede decir que ni el creador ni el karma existen! Diferentes afirmaciones atraen a diferentes personas y, dada esta situación, es importante ser tolerante y aceptar estas diferencias. La creencia en un creador puede beneficiar a los seguidores de las religiones teístas ya que los anima a mantener una buena conducta ética, a desarrollar el amor y la compasión por los demás y a practicar la generosidad y el perdón. Sin embargo, como budistas debemos utilizar la razón a la hora de discernir nuestras propias creencias, no podemos decir que algo existe sólo porque creemos en ello.

Algunos temas, como la impermanencia sutil o la vacuidad, pueden aceptarlos tanto los creyentes como los no creyentes, los científicos y los que pertenecen a otras fes. Sin embargo, a algunas personas les resulta incómodo aplicar las implicaciones de la impermanencia sutil y la vacuidad a sus creencias espirituales. Pero los participantes en los debates sobre estos temas en la antigua India estaban ansiosos y dispuestos a examinar estas cuestiones. Estaban abiertos a cambiar sus afirmaciones y creencias si se refutaban. Los argumentos que se exponen a continuación estaban dirigidos a esas personas, así como a los practicantes budistas. El Buda y sus seguidores refutaron ideas como la de un creador independiente porque contradicen el surgimiento dependiente, la impermanencia y la vacuidad.

El Buda nos anima a responsabilizarnos del estado de nuestra mente y de las acciones que realizamos. El sendero budista no consiste en adorar o propiciar a seres externos, sino en limpiar nuestra mente de creencias erróneas y desarrollar creencias y estados mentales más realistas y beneficiosos.

Los sistemas religiosos que aceptan un creador externo no parecen basarse en un análisis detallado de si existe o no una existencia independiente. Más bien, la idea de un creador es un intento de explicar el origen y el funcionamiento del mundo y las experiencias de los seres conscientes. Como el universo es extenso y las relaciones causales son complejas, la gente piensa que sólo una inteligencia magnífica previa podría haberlo creado. Dharmakirti formuló lo que consideraba las razones por las que algunas tradiciones espirituales de su época afirmaban la existencia de un creador. Si lo expresamos en forma de silogismo: considera el mundo exterior y los seres conscientes que hay en él; fueron creados por una inteligencia precedente porque (1) las cosas funcionan de forma ordenada, (2) tienen formas y (3) producen efectos.

Algunos creen que el universo y los seres conscientes son el efecto de una actuación bien planificada, el producto de un agente externo, creador o inteligencia previa. Se dice que este creador es permanente y no cambia a cada instante, que es autosuficiente y no depende de causas y condiciones, y que es omnipotente (todopoderoso) y omnisciente (que todo lo sabe). Los sabios budistas responden a estas creencias con las siguientes objeciones:

- Un ser permanente no puede crear porque para que se produzca la creación de algo nuevo la causa debe cesar para que surja el resultado.
- Un ser permanente no puede ser omnisciente porque percibe objetos diferentes en cada momento. Si los objetos conocidos cambian a cada instante, también debe hacerlo el ser o la mente que los conoce. Un estado mental no cambiante no puede percibir objetos diferentes.
- Un creador que es autocreado y que ha llegado a existir sin causas no puede existir porque nada puede surgir sin causas. Un creador que no dependa de causas no puede existir porque sería permanente y estaría sujeto a las faltas anteriores.
- Si no existía nada antes de la creación, ¿qué causó la creación?, ¿cómo puede surgir algo de la nada,? La producción sin causa no existe.
- El creador sería tanto la causa de que el arroz creciera en un arrozal como la no causa –aquello que no genera un resultado– de que el arroz creciera en ese mismo arrozal cuando estaba inactivo. Si el arroz creciera, el creador sería su causa; si el arroz no creciera, el creador también sería responsable de ello. Eso significa que el creador pasaría de ser una causa a ser una no causa, lo que contradice la afirmación de que el creador es permanente.
- Una vez que el creador crease algo, ese objeto no podría cambiar o dejar de existir. Como el creador es permanente, sus creaciones también serían permanentes. El creador creó los seres humanos, pero esos seres serían permanentes y no cambiantes.
- Un creador permanente no podría dejar de crear. Crearía el primer instante de la mesa, el segundo instante de la mesa y así sucesivamente. Como un creador permanente no podría dejar de crear el siguiente momento de la mesa, la mesa existiría eternamente.
- Algunas personas pueden decir que desde el principio todo existía en el creador de forma totalmente desarrollada y que el proceso de creación simplemente lo hizo manifiesto. Esto es similar a la creencia de los samkhyas, que afirman que incluso en el momento de una causa (la sustancia primordial y el creador) el resultado (el universo y los seres conscientes) existe, pero no vemos

el resultado en ese momento porque todavía tiene que manifestarse. Esta afirmación lleva a muchas contradicciones, como, por ejemplo, que la causa y el resultado existan al mismo tiempo. Pero los resultados no pueden existir al mismo tiempo que sus causas y las causas deben cesar para que surjan sus resultados.

- Si un creador existiera de forma independiente, por su propio poder, existiría de forma inherente. En ese caso, deberíamos encontrar al creador cuando lo buscamos con el razonamiento que analiza lo último. Pero si tratamos de identificar exactamente qué es ese creador, ¿qué podemos señalar? Nada existe por su propio poder. Todo existe de forma dependiente, al ser meramente designado por la mente.

Para eludir las dificultades anteriores, algunos afirman que el creador o la inteligencia previa es impermanente. Los budistas responden:

- Si el creador es impermanente, debe haber sido creado por causas. ¿Cuáles fueron las causas de dicho creador o inteligencia? ¿Quién o qué lo creó?

- Un creador que depende de causas y condiciones no es todopoderoso porque no puede controlar todas las causas y condiciones, está bajo el control de causas y condiciones.

- Un creador que depende de causas tendría una intención o motivación que le llevaría a crear. ¿Qué intención le impulsó a crear el mundo y los seres conscientes? ¿Qué factor interno o externo provocó que el creador pasara de un estado inactivo a uno que crea activamente el mundo y los seres conscientes?

- Si existe un ser independiente y perfecto, ¿por qué creó el mundo y los seres conscientes que hay en él? ¿Por qué un ser perfecto y todopoderoso crearía un mundo con turbulencias y sufrimiento?

- ¿Qué prueba hay de que el creador era omnisciente desde el principio? Si dices que la complejidad del mundo y del cuerpo humano sólo la pudo haber creado un creador omnisciente y omnipotente, estás asumiendo que tales cosas sólo pudieron surgir debido al esfuerzo consciente e intencionado para crearlas de un creador o de una inteligencia previa. Sin embargo, otros sistemas basados en la causalidad –la biología, la física, la química, el karma y sus efectos, etc.– podrían dar cuenta de ello.

En *Implicarse en las acciones del bodhisatva*, el sabio del siglo VIII Shantideva refutó categóricamente la posibilidad de un creador permanente. Planteó la pregunta que sigue a continuación. Si el creador fuera no cambiante e independiente, ¿qué podría hacerle producir algo? Si nada existía antes de que el creador hiciera el mundo y todos los fenómenos fueron creados por el creador, ¿qué impulsó al creador a crear el mundo? Si hubiera otras causas y condiciones, éstas serían la causa del mundo. Es así porque una vez que esas condiciones se reunieran, la creación se produciría y el creador no tendría poder para detenerla.

Pero si no hubiera otras condiciones que provocaran la creación, el creador no tendría poder para producir efectos. Si el deseo de crear del creador provocó la creación, entonces el creador no es independiente porque está bajo el poder de sus deseos. Shantideva nos lleva repetidamente a los mismos puntos fundamentales: las cosas funcionales surgen debido a causas y condiciones; estas causas y condiciones son impermanentes y tienen que cesar para producir sus efectos; los efectos surgen debido a causas concordantes –cualquier cosa no puede producir cualquier cosa–.

Personalmente, creo que la noción de un creador surgió sobre todo para promover las buenas cualidades de los seres humanos. Como muchas personas se sienten cómodas con la idea de un creador en cuyas manos está su destino y al que pueden pedir ayuda, esa creencia continúa.

Los creyentes ven al creador y su relación con Él de diversas maneras. Algunos dicen que todo está en manos de Dios y que sucede según su voluntad. Simplemente deben rendirse a él. Otros creen que los seres humanos también deben ayudar actuando de forma ética. Así pues, la salvación llegará a quienes sigan correctamente las enseñanzas de Dios.

Algunos judíos me explicaron que Dios es la realidad última, pero que cada individuo tiene también la responsabilidad de comportarse de acuerdo con la ética. Estos judíos y cristianos no creen que absolutamente todo dependa de Dios. Más bien, Dios creó a los seres humanos, pero éstos tienen la responsabilidad de crear un mundo más feliz. Existe una coparticipación entre Dios y los seres humanos. Así que, en ese sentido, pueden decir que el ser humano es un "pequeño creador".

REFLEXIONES ─────────────────────────────

1. Revisa los tres principios de dependencia causal de Asanga.
2. Pon ejemplos de estos tres principios en tu vida.
3. Aplica estos principios a la idea de un creador independiente y contempla los razonamientos que refutan dicho creador.
4. ¿Cómo influye esto en tus ideas sobre ti mismo y el universo?

El origen del universo

Muchas filosofías y culturas han propuesto ideas sobre el origen del universo. Aquí tocaremos brevemente dos: la de los samkhyas, una de las escuelas más antiguas de la filosofía india, y la de los científicos modernos.

El sistema samkhya afirma que el mundo físico es una manifestación de la materia primordial (*pradhana*), que es el total sutil indiferenciado de todos los elementos materiales en su estado no manifiesto. Cuando se manifiesta como diversos objetos, se denomina *principio material* (*prakrti*). Esta naturaleza primigenia tiene seis características: es el agente de las acciones; es no nacido y permanente; es unitario y sin partes; es sólo un objeto y no es consciencia; impregna todos los objetos, ya sean animados o inanimados, y es no manifiesto y es un equilibrio de tres cualidades: la *actividad*, que permite que las cosas surjan; la *ligereza*, que las hace aumentar y perdurar, y la *oscuridad*, que hace que se desintegren y cesen. Algunos samkhyas no son teístas, mientras que otros dicen que cuando la materia primigenia es azuzada por el dios Ishvara, da lugar al mundo.

La noción de materia primordial se asemeja a lo que algunos llaman hoy en día una sustancia cósmica o una radiación cósmica a partir de la cual todo se manifiesta. Dicen que es un fenómeno positivo que existe independientemente de todo lo demás, pero a partir del cual se crea el mundo.

Examinando la idea de la naturaleza primordial sin entrar en los detalles del sistema samkhya, podemos ver inconsistencias lógicas. Algo que es permanente no es una causa y, por tanto, no puede actuar; algo que no tiene partes no puede dar lugar a la diversidad de los fenómenos. En la visión contemporánea de que todo surge de una sustancia cósmica, surgen contradicciones similares: si la sustancia cósmica es permanente, no puede producir todos los fenómenos; si es impermanente, ¿qué la impulsa a manifestar la diversidad de fenómenos? ¿Y qué determina en qué fenómeno se convierte?

Según los tres puntos de Asanga relativos a la dependencia causal, buscar un principio absoluto antes del cual no existiera nada es inútil, y plantear un creador externo y absoluto como origen del universo es insostenible.

Como alternativa, muchos científicos contemporáneos proponen que el origen del universo fue el Big Bang. El budismo comparte con la ciencia el aprecio por las pruebas empíricas y la razón como medios para demostrar las teorías. La mayoría de los budistas están dispuestos a aceptar los descubrimientos científicos válidos sobre el origen del universo. Sin embargo, si se considera el Big Bang como un principio absoluto del universo antes del cual no existía nada, dicha afirmación presenta dificultades lógicas porque la nada no puede actuar como causa de la que surgen las cosas condicionadas.

Del mismo modo, si alguien afirma que existe una sustancia permanente a partir de la cual se creó el universo cuando se produjo el Big Bang, también existen contradicciones lógicas. Los fenómenos permanentes no llegan a la existencia dependiendo de las causas, no se ven afectados por las condiciones y no pueden producir resultados. Si tal sustancia permanente existiera, nada –ni siquiera el Big Bang– podría afectarla, y por tanto no podría producir los elementos de nuestro universo.

Sin embargo, si el Big Bang no se postula como un principio absoluto y si no se postula una sustancia permanente como la causa del universo, entonces existe la oportunidad de investigar lo que podría haber existido antes del Big Bang que actuó como condiciones para que se produjera el Big Bang. La visión de la dependencia causal abre la puerta al surgimiento del universo debido a causas impermanentes que concuerdan con el universo resultante que ha llegado a existir.

Las antiguas escrituras budistas hablan de la existencia de muchos universos. Cada universo pasa por cuatro períodos, cada uno de los cuales dura veinte eones: los períodos de su evolución, permanencia, destrucción y vacuidad. Mientras un universo puede estar evolucionando, otros están permaneciendo, otros están siendo destruidos e incluso algunos se encuentran en un estado inactivo, vacío, antes de que la evolución comience de nuevo. Sería interesante ver si la investigación científica llega a la misma conclusión.

El yo y el alma

Muchas religiones defienden la existencia de un alma indestructible que es la esencia de la persona. Como es permanente, no está hecha de partes y no ha sido creada por causas; este yo o alma no cesa y permanece inmutable para siempre. Es la persona, a la que la palabra *yo* se refiere de modo último: es lo que la persona es en realidad. El alma va de vida en vida o va de esta vida al cielo o al infierno, según las creencias de una determinada religión. Para las religiones no budistas que aceptan la ley del karma y sus efectos, un alma permanente es la base estable que lleva las semillas kármicas de una vida a otra. La idea de un alma eterna aporta una sensación de seguridad y estabilidad a quienes temen que el yo se vuelva inexistente al morir.

En la antigua India, todos los no budistas afirmaban la existencia del atman, mientras que el Buda, al analizar lo que podría ser ese yo si existiera, concluyó que su existencia no era posible. Él investigó:

- Una persona permanente no podría nacer en el samsara. La persona no podría alcanzar el Nirvana o la Iluminación porque eso implicaría que la persona cambiara de ser un ser consciente a ser un ser liberado.

- Si el yo fuera un alma fija y permanente, la persona no podría cambiar; todo en ella permanecería igual. Sin embargo, vemos que la gente cambia. Aprender de nuestras experiencias conlleva un cambio, igual que experimentar dolor y placer.

- Si la persona fuera permanente, el crecimiento mental y emocional no se podría producir, y no nos afectarían las influencias útiles o perjudiciales.

- Una persona permanente no podría actuar porque la acción implica un cambio. Esto haría imposible prepararse para las vidas futuras y la Liberación, porque no podría producirse la creación de sus causas.

- Si el alma no se viera afectada por causas y condiciones, entonces las acciones destructivas no producirían sufrimiento y las acciones constructivas no producirían felicidad. Además, las prácticas de purificación no tendrían ningún efecto.

En cuanto a la segunda cualidad del yo –ser una unidad sin partes–, también se puede negar mediante el razonamiento:

- Si la persona no tuviera partes, no tendríamos dos componentes: un cuerpo y una mente.
- No podríamos decir: "Una parte de mí quiere descargar mi enfado, pero otra parte de mí no quiere hacerme daño a mí mismo ni a los demás".
- Un bebé que creciera hasta convertirse en un niño pequeño, en un niño mayor, en un adolescente, en un adulto y en una persona mayor no podría llamarse por el mismo nombre ni ser considerado la misma persona, porque eso implicaría tener partes.
- En cuanto a la tercera cualidad, ser independiente de causas:
- Alguien experimentaría sufrimiento y felicidad al azar o sin ninguna causa.
- No habría causa alguna para que alguien naciera.
- Una vez nacido, ni la enfermedad ni las enfermedades graves podrían causar la muerte.

Algunos no budistas de la antigua India afirmaban que el yo era algo permanente y funcional, es decir, el yo es permanente pero el cuerpo y la mente son impermanentes. A veces podemos pensar que tenemos una esencia no cambiante, pero superficialmente cambiamos y estamos influidos por causas y condiciones. Es decir, sentimos que tenemos un núcleo sólido y permanente, pero también estamos influidos por las circunstancias que nos rodean. Nuestra mente cambia y el cuerpo envejece, pero en nuestro interior somos un yo permanente. En ese caso:

- Nada puede ser permanente e impermanente al mismo tiempo porque esas dos cualidades son contradictorias.
- Una persona tendría dos naturalezas opuestas o sería dos personas: una que no cambia y otra que sí.
- Si la persona fuera permanente el cuerpo y la mente también tendrían que ser permanentes porque son los componentes de un yo no cambiante.

REFLEXIONES

1. Contempla las distintas afirmaciones que refutan un alma permanente y un origen fijo del universo.
2. ¿Puedes refutar alguna de esas afirmaciones?

Malinterpretar la naturaleza de buda

El mahayana enseña que cada ser consciente tiene la naturaleza de buda (*gotra*), un aspecto de la persona que nunca se puede eliminar y que es el potencial que les permite convertirse en budas completamente iluminados. Algunas personas pueden malinterpretar esto como un alma o un yo –una esencia permanente de la persona o una pureza inherente que existe independientemente de cualquier otro factor–. Pueden pensar en la naturaleza de buda como una esencia realmente existente y ya iluminada y que simplemente se tienen que dar cuenta de que siempre ha estado ahí. Para las personas educadas en una religión teísta, esta idea puede ser especialmente atractiva debido a su familiaridad.

Sin embargo, esta visión de la naturaleza de buda contiene incoherencias lógicas. Afirmar una esencia iluminada realmente existente iría en contra de varios principios budistas: al ser independiente de todos los demás factores, no existiría meramente designada por la mente. Además, las personas podrían pensar erróneamente que, como tienen una esencia intrínsecamente pura, ya son budas pero aún no han despertado a ese hecho. Pero si ese fuera el caso, seríamos budas ignorantes, lo cual es un oxímoron. Un buda ignorante no puede existir porque los budas han eliminado los dos oscurecimientos. Además, si ya fuéramos budas, no necesitaríamos practicar el Dharma para obtener experiencias espirituales porque ya las tendríamos.

¿Por qué, entonces, algunos maestros budistas dicen que ya somos budas? Este puede ser un método hábil para dirigirse a algunas personas con la intención de animarlas en la práctica del Dharma. Da una sensación de confianza en uno mismo y aumenta el entusiasmo en el sendero. Sin embargo, esta afirmación no se debe tomar literalmente.

Según Maitreya, autor de *Continuo sublime* (*Ratnagotravibhaga*, *Uttaratantra*), y Asanga, que compuso un comentario al respecto[90], nuestra naturaleza de buda tiene dos aspectos: (1) La naturaleza de buda natural es la vacuidad de nuestra mente. Esta vacuidad es permanente y es una negación no afirmativa. (2) La naturaleza de buda transformadora incluye todos aquellos aspectos de la mente cuya continuidad irá hacia la completa Iluminación –por ejemplo, nues-

---

90 Ver los capítulos 12-14 de *Samsara, Nirvana y naturaleza de buda* (Ediciones Amara) para una explicación más extensa de la naturaleza de buda.

tra compasión y la naturaleza clara y cognitiva de la mente–. Esto es impermanente y se desarrolla y refina con la práctica del Dharma.

En el mercado espiritual contemporáneo, algunas personas hablan de nuestro "yo superior" o "yo verdadero". La descripción es bastante amorfa, pero parece que este yo superior es una esencia pura que es nuestra verdadera naturaleza. Siempre ha estado en nuestro interior y sólo tenemos que descubrirla. Esta idea es similar a una visión errónea de la naturaleza de buda. Aunque la gente pueda defender esta idea como una forma de animar a otros a sentir que tienen una esencia intrínsecamente buena, dicha esencia personal sería permanente y verdaderamente existente –cualidades que ya han sido refutadas–.

Hay que tener cuidado para no dejarse seducir por palabras que parecen místicas y que nadie entiende ni puede definir. Intenta identificar correctamente la raíz de duhkha –la ignorancia que se aferra a la identidad esencial– y su objeto concebido –la existencia verdadera– basándote en los sutras definitivos, como los sutras de la Perfección de la Sabiduría y los comentarios de Nagarjuna, Chandrakirti y otros. Luego, desarrolla la sabiduría que comprende la vacuidad de existencia verdadera y empléala para contrarrestar la ignorancia que se aferra a la identidad esencial. Al demostrarnos a nosotros mismos que la existencia verdadera no puede existir, nuestra ignorancia y, en consecuencia, nuestro samsara cesarán.

Algunas personas desarrollan todavía más el malentendido anterior sobre la naturaleza de buda, diciendo que un buda que ya está en nuestro interior tiene todos los signos y marcas de un buda. Afirman que la mente sin error de un buda que conoce la realidad ya está en el interior de cada uno de nosotros. Es independiente y no ha sido creada por causas y condiciones; ha existido desde tiempos sin principio y está iluminada de forma natural. Es la verdad última y un fenómeno independiente y positivo que existe de modo verdadero. Concluyen que para cortar la raíz de duhkha no es necesario eliminar las elaboraciones de la existencia verdadera comprendiendo la vacuidad. Comprender y percibir esta verdad última verdaderamente existente es la forma de acabar con el samsara. Esta también es una visión absolutista en la que el aferramiento a la existencia verdadera no se ve afectado en absoluto.

Los prasangika aducen que meditar en un fenómeno positivo y verdaderamente existente no elimina la ignorancia que se aferra a la existencia verdadera. Pensar que esa meditación es la clave para cortar la raíz de duhkha es como una persona que tiene miedo de una serpiente venenosa en el este y se dice a sí misma: "Hay un árbol en el oeste". Esto no hace nada para eliminar su idea falsa o su miedo. Una vez que sepa cómo sería la serpiente si existiera, debe buscar en el este y descubrir que no hay ninguna serpiente allí. Sólo entonces se extinguirá su miedo.

Los prasangika explican que la verdad última, la vacuidad, es una negación no afirmativa: es la ausencia de existencia verdadera. No se afirma nada más. La vacuidad se comprende negando la existencia verdadera en sus bases –los objetos que existen convencionalmente–. La vacuidad tampoco existe por su propio lado. Es un fenómeno dependiente y depende de sus bases, los fenómenos que son vacíos. También existe al ser meramente designada.

Causas y efectos, permanente e impermanente

La filosofía budista apoya firmemente los tres principios de causalidad de Asanga. Sin embargo, algunas escuelas indias antiguas no están de acuerdo. Los vaishesika afirman que las partículas más pequeñas son los bloques de construcción del universo. Estas partículas no son producidas, sino que ellas mismas se unen para producir otros objetos. Esta idea es similar a la de algunos científicos que buscan la partícula subatómica más pequeña que es permanente (lo que significa que no puede ser producida) y forma la base de todos los demás átomos. Además, los vaishesika dicen que estas partículas más pequeñas son permanentes aunque sean causas pero no efectos. Los budistas responden que estas partículas deben sufrir cambios para producir objetos más grandes. Todo lo que cambia debe ser impermanente, y todo lo que es impermanente es el resultado de causas y condiciones.

Los vaishesika también afirman que las partículas más pequeñas carecen de partes direccionales, a lo que los budistas responden: "¿Cómo pueden unirse para formar objetos más grandes? Si no tienen lados, entonces cuando dos partículas se encuentran, se fusionarían entre sí y no podrían producir algo más grande. Si se unieran una al lado de otra, entonces tendrían partes: un lado conectado a la partícula de la izquierda, el otro lado conectado a la partícula de la derecha. Si una partícula no tuviera un lado izquierdo, un lado derecho y un medio sería invisible y no se podría unir a ninguna otra partícula".

Los vaidantikas dicen que el tiempo es una causa pero no un efecto. Es una causa porque dependiendo de la estación (el tiempo), una semilla crecerá o no crecerá hasta convertirse en un brote. El tiempo es el factor clave que permite que la semilla, el agua y el fertilizante produzcan un brote. Los budistas responden que el tiempo también debe ser un efecto porque sin que haya un efecto, no podemos establecer algo como causa. Que algo sea una causa depende de que tenga la posibilidad de producir un efecto. Si no fuera así, las semillas de tomate no serían la causa de las tomateras.

Es posible que cuestionar tus creencias o intuiciones más profundas no sea una actividad a la que estés acostumbrado y al principio puede resultar incómodo. Sin embargo, despejar la confusión y establecer la verdad aporta confianza y paz mental. Cuestionar las visiones incorrectas adquiridas que has aprendido es un primer paso necesario que te prepara para cuestionar las visiones erróneas innatas, que son la verdadera fuente del samsara. Aunque muchos de los argumentos anteriores no se centran en refutar la existencia inherente, sientan las bases para hacerlo. Sin estas comprensiones básicas, los argumentos que refutan la existencia inherente serán difíciles de comprender.

En resumen, contempla repetidamente los tres principios de causalidad de Asanga y observa cómo se aplican a tu vida y a lo que ves a tu alrededor. Contempla también estos puntos: un fenómeno permanente no puede producir nada; las causas deben cesar para que surjan sus resultados; las cosas funcionales permanentes no pueden existir, y cualquier cosa impermanente es tanto un efecto de su causa como la causa de un efecto futuro en el sentido de que tiene el potencial de dar lugar a un efecto. Aryadeva nos recuerda que todo lo que funciona —ya sea una persona, un árbol, una causa o un efecto— no puede ser permanente, unitario e independiente (CS 202):

> No hay nada [funcional] en ningún lugar que exista sin ser dependiente. Por lo tanto, nunca hay nada en ningún lugar que sea permanente.

Los textos filosóficos suelen utilizar el ejemplo de las semillas y los brotes para explicar la causalidad y la ausencia de existencia inherente porque así son fáciles de entender. A medida que aumente tu comprensión aplica estos principios de causalidad a otros temas, como tu cuerpo, tu mente, tus sensaciones, tus emociones, las situaciones que te encuentres, etc. Hacer esto fomentará el hábito de cuestionar las suposiciones. Utilízalos para profundizar en tu comprensión de los doce vínculos de la originación dependiente. Cuando medites en la vacuidad, no dejes de lado tus creencias y sensibilidades habituales para terminar meditando en una nada externa y exótica que no está relacionada con la forma en que te percibes y concibes a ti mismo y a las personas y cosas que te rodean. Al contrario, sé consciente de tus creencias sutiles y arraigadas y, con rigor y honestidad, examina si son correctas o no.

El budismo y otras religiones

En el nivel inicial de la práctica espiritual, las enseñanzas de todas las religiones son similares. Hacen hincapié en reducir el enfado y aumentar el amor, la compasión y el perdón; en abandonar las acciones que perjudican a los demás y en desarrollar la autodisciplina, la conducta ética y el contentamiento. Aunque cada fe tiene un enfoque ligeramente diferente para desarrollar estas cualidades, el objetivo de desarrollarlas es el mismo. Por esta razón, creo que los practicantes primerizos pueden ser mitad cristianos y mitad budistas; o mitad judíos, musulmanes o hindúes y mitad budistas. Pero igual que todos los estudiantes aprenden a leer y escribir al principio de su educación y más tarde se especializan en un campo concreto, también los practicantes espirituales pueden hacer una práctica general al principio, pero más tarde deben aclarar sus creencias para poder profundizar en un sendero. Aunque al principio alguien puede practicar otra religión junto con algunos aspectos del budismo, cuando la visión de la naturaleza última de la realidad se vuelve más importante en su práctica debe investigar y decidir qué visión le parece más razonable.

Cada religión debe conservar sus cualidades distintivas. Dado que los seres humanos tienen una gran variedad de disposiciones, la existencia de muchas religiones sirve a un propósito importante, ya que permite a los individuos encontrar un camino que sea adecuado para ellos. La pregunta no es: "¿Qué religión es la mejor?", sino: "¿Qué religión es la más adecuada para mí?". El valor de una medicina concreta viene determinado por su eficacia para curar la enfermedad particular de cada uno. Un antibiótico es lo mejor para alguien que sufre una infección bacteriana, pero no ayuda a una persona con un pie roto. Por tanto, en lugar de proclamar una u otra religión como la mejor para todos, deberíamos identificar la que más se ajusta a nuestra disposición e intereses. La armonía religiosa no depende ni debe depender de decir que la teoría y el objetivo de todas las religiones son los mismos. Cuando ni siquiera hemos alcanzado el objetivo último de nuestra propia fe, ¿cómo podemos decir que los objetivos de otras religiones son los mismos? Deberíamos explorar la riqueza de las diversas filosofías, observar sus similitudes y diferencias y respetar a los practicantes de todas ellas.

Hace varias décadas visité Montserrat, el hogar de la Virgen Negra, cerca de Barcelona. Allí conocí a un monje católico que hasta entonces había pasado cinco años como ermitaño en las montañas detrás del monasterio. Sólo consumía pan y agua, y cuando le pregunté qué había estado practicando, me respondió: "La meditación sobre el amor". Al decir esto sus ojos brillaban de alegría y cuando lo miré a los ojos se percibía una sensación especial. Lo admiro y lo respeto mucho. Unos años después, yo (Chodron) visité Montserrat y con dos o tres amigos encontramos el camino hacia la morada de este ermitaño. Llegamos de forma totalmente inesperada y él nos recibió. En un altar situado en el centro de la habitación había una kata (un pañuelo ceremonial tibetano) y una imagen de Chenrezig de mil brazos. Meditamos en silencio con él durante un rato antes de irnos. Estaba claro que su práctica de meditación era profunda y que él y Su Santidad tenían una fuerte conexión espiritual.

Hace muchos años, yo (Dalai Lama) estaba con el padre John Main, un sacerdote católico que era mi amigo. Estábamos sentados juntos en una habitación en Canadá el padre John, un músico, otra persona, mi traductor y yo. El padre John rezaba y cantaba mientras el músico tocaba himnos espirituales y las lágrimas empezaron a recorrer sus mejillas. Estaba teniendo una experiencia muy poderosa que surgía de su fe extremadamente fuerte.

Una persona con una fe y una creencia muy fuertes puede tener una visión del ser divino de su fe. Desde una perspectiva budista, este ser divino podría ser una emanación de un bodhisatva o buda altamente realizado. Para beneficiar a determinadas personas, un buda o bodhisatva pueden enseñar acerca de otro ser divino porque esa doctrina es adecuada para las disposiciones de esas personas concretas. Un buda o bodhisatva pueden incluso emanar como una figura religiosa de otra fe y un seguidor de esa fe podría tener una visión de esa figura.

Las escrituras budistas contienen relatos en los que el Buda se manifiesta de diferentes formas para beneficiar a determinados seres conscientes. Para subyugar a un músico arrogante, se manifestó como un violinista que tocaba de forma sublime. Para dar a un practicante la oportunidad de superar los prejuicios derivados del apego a las apariencias, se manifestó como un leproso que necesitaba ayuda para cruzar un río. Puesto que el propósito del Buda es beneficiar a los seres conscientes y conducirlos gradualmente a su completa Iluminación, se puede manifestar como el maestro de un sendero no budista para instruir a una persona que sea un recipiente adecuado para esa enseñanza. A través de estos medios hábiles, el Buda guía a los demás enseñándoles la doctrina que más les conviene en ese momento, incluso aunque no sea el pensamiento último del Buda o su enseñanza definitiva.

La Iluminación y otras tradiciones espirituales

¿Es posible alcanzar la Iluminación siguiendo otras religiones? Esto depende de los principios de esa fe y de cómo establezca la base, el sendero y el resultado. ¿Cómo define el duhkha, sus causas, el objetivo final y el sendero hacia ese objetivo? Según el Budadharma, el logro de la Liberación y la Iluminación dependen de eliminar la causa de duhkha, la ignorancia que se aferra a la existencia inherente, desarrollando la visión correcta de la vacuidad y la sabiduría no conceptual que la experimenta. Si otros senderos espirituales identifican la causa de duhkha como la ignorancia que se aferra a la existencia inherente y tienen la visión correcta de la vacuidad que se enseña como antídoto para ella, entonces ese sendero conducirá a la Liberación y la Iluminación. Pero si una tradición espiritual no identifica correctamente el objeto que concibe la ignorancia que se aferra a la identidad esencial y no puede explicar la visión correcta de la vacuidad que la refuta, será extremadamente difícil alcanzar la Liberación y la Iluminación mediante la práctica de ese sendero.

Los defensores de muchas religiones y filosofías, así como los defensores de muchos sistemas de principios filosóficos budistas, aceptan la existencia inherente. La meditación que se lleva a cabo en esos sistemas no elimina la ignorancia sutil y, por lo tanto, no puede conducir a la Liberación o la Iluminación porque la visión de la ausencia de identidad esencial es incompleta. Del mismo modo, las personas que aceptan un alma independiente y un creador permanente se resistirán a la idea de la vacuidad de existencia inherente. Mientras mantengan sus visiones actuales, serán incapaces de obtener una visión correcta de la vacuidad y mucho menos una experiencia directa de ella.

Tomemos el caso de un yogachara que sostiene la fuerte visión filosófica de que los fenómenos producidos por otros o dependientes y los fenómenos completamente establecidos existen inherentemente. Puede meditar en la ausencia de identidad esencial según esa visión, pero no podrá comprender la vacuidad tal y como la describen los prasangika. Aunque la comprensión de la visión yogachara de la vacuidad puede ser un paso útil en la dirección correcta, esa persona primero necesitará desprenderse de la visión yogachara para obtener la visión correcta de la vacuidad tal como la explican los prasangika. Si esto se aplica a los budistas que sostienen los principios de los sistemas inferiores, no hace falta decir que también será aplicable para aquellos que sostienen las visiones de los senderos no budistas que aceptan un creador permanente y externo o una sustancia inherentemente existente de la que todo surge.

¿Se puede llegar al Cielo, tal y como se describe en las enseñanzas cristianas, mediante la práctica del budismo? No lo creo. Cuando el objetivo de la práctica es diferente, el método para alcanzarlo también será diferente. Sin embargo, ambas religiones fomentan el comportamiento ético y animan a sus seguidores a realizar acciones virtuosas que conduzcan a resultados de felicidad.

Nuestro esquema conceptual y nuestra visión del mundo influyen en gran medida en lo que experimentamos en la meditación. Si creemos en un creador será difícil comprender la vacuidad porque las cualidades de un creador –permanencia, omnipotencia, independencia de causas y condiciones– son la antítesis de la doctrina de la vacuidad. Del mismo modo, practicar una técnica de meditación originada en el budismo mientras se mantienen las creencias de otra religión no aportará comprensiones que concuerden con las enseñanzas del Buda. Yo (Chodron) oí hablar de un rabino que practicaba zazen en un retiro. La principal conclusión a la que llegó en su meditación fue que Dios existía. Aunque eso lo beneficiaba en la práctica de su propia religión, no era la misma conclusión a la que llegaría alguien que practicara el zazen en un contexto budista.

Hoy en día mucha gente se interesa por la meditación budista. Los roshis católicos enseñan zazen y los científicos y terapeutas enseñan meditación mindfulness. Aunque esto beneficia a la gente, es muy poco probable que estas personas obtengan comprensiones del sendero budista haciendo estas prácticas, ya que su visión del mundo incluye nociones de un creador permanente o carece de cualquier concepto de la ausencia de identidad esencial. Además, las propias técnicas de meditación se han modificado para adaptarse a una perspectiva secular. Es maravilloso que los no budistas se beneficien de esas prácticas de meditación, pero los resultados serán diferentes de las técnicas de meditación enseñadas por el Buda y los maestros budistas. Cuando el Buda vivía, hablaba sobre la práctica espiritual y la filosofía con personas muy diversas que tenían una amplia variedad de visiones. Como muestran muchos sutras de los nikayas pali, el Buda se esforzó por señalar las visiones distorsionadas y describir las correctas. En el óctuple sendero de los aryas, la visión correcta es lo primero, seguido de la intención correcta. Este orden enfatiza la importancia de encontrar la visión correcta tanto de la ley del karma y sus efectos como de la ausencia de identidad esencial y de desarrollar la intención correcta para alcanzar los resultados del sendero enseñado por el Buda.

Por ejemplo ¿puede alguien que no está familiarizado con la doctrina de la vacuidad tener una experiencia espiritual de ella rápida y fácilmente? Hay relatos de algunos practicantes excepcionales que tuvieron una experiencia de la naturaleza última durante una enseñanza sobre la vacuidad impartida por un lama elevado y algunas historias de practicantes que alcanzaron la Liberación poco después de comprender la vacuidad, pero esto es extremadamente raro. El rey Indrabhuti (Indrabodhi) de Oddiyana es un ejemplo de ello, tuvo una experiencia de la vacuidad y se liberó simultáneamente. Sin embargo, no era una persona ordinaria: había practicado el sendero y experimentado las sabidurías que surgen de escuchar, contemplar y meditar en muchas vidas anteriores.

REFLEXIONES ───────────────────────────────

1. Todas las religiones están diseñadas para beneficiar a los seres conscientes mediante la enseñanza de la conducta ética, el amor, la compasión, el perdón, etc.; por lo tanto, es importante respetar todas las creencias.
2. Una sola religión no cubrirá las necesidades de todos los seres conscientes. Las personas deben elegir la fe que más les ayude. Por lo tanto, es importante respetar a los practicantes de todas las religiones, así como también a los no creyentes.

3. Aunque respetemos otras religiones y a sus practicantes, podemos discutir y debatir nuestras creencias con una actitud amistosa.

Libre albedrío y predeterminación

La cuestión d el libre albedrío y de la predeterminación ha atormentado a los filósofos occidentales durante siglos. ¿Tenemos elección o los acontecimientos de nuestra vida están predeterminados? Curiosamente, este tema no estaba entre los temas de interés que debatían los sabios budistas indios y tibetanos. Que yo sepa, no se menciona esta cuestión en las escrituras. Tal vez esto se deba a que el tema del surgimiento dependiente impregna las enseñanzas del Buda, alejando tales preguntas desde el principio.

El potencial para tomar decisiones está siempre presente. Que tomemos un renacimiento afortunado o desafortunado está en nuestras manos. Aunque la ignorancia nos impide a los seres ordinarios elegir el cuerpo específico que tomaremos en nuestro próximo renacimiento, tomamos decisiones conscientes durante nuestra vida para realizar acciones constructivas o destructivas, que son las principales causas del tipo de renacimiento que tendremos.

Las acciones realizadas en nuestras vidas anteriores influyen en el tipo de cuerpo con el que renacemos: el de un ser humano, el de un animal, etc. El renacimiento que tomamos nos da algunas opciones, pero limita otras: como seres humanos tenemos el potencial de realizar actividades intelectuales complejas que no están disponibles para alguien nacido como animal. Por otra parte, los pájaros pueden batir sus alas y volar, mientras que los humanos no. Nuestro karma anterior puede hacer que renazcamos con un cuerpo sano o con uno propenso a la enfermedad y estas circunstancias físicas limitarán nuestras opciones en cierta medida. Nuestro karma previo hace que renazcamos en un país y no en otro, entonces el condicionamiento continuo de esta vida se impone a medida que la cultura del país donde crecemos influye en nuestra forma de pensar, en nuestras oportunidades como hombre o mujer y en la religión que encontramos y seguimos.

Los patrones emocionales y de pensamiento habituales desarrollados en vidas anteriores influyen en los que tenemos hoy. También condicionan nuestras inclinaciones, intereses, lo que nos gusta y lo que no nos gusta. Ninguna de estas cosas está predeterminada en el sentido de ser fija e inamovible. Por otra parte, las acciones y los pensamientos del pasado influyen en los del presente. Algunos niños son naturalmente compasivos con sus compañeros de juego y con los animales desde una edad temprana, mientras que otros niños son infelices de manera crónica y están descontentos. Por supuesto, su crianza, educación y condicionamiento social de esta vida pueden alterar estas tendencias, aumentando o disminuyendo su fuerza.

Carecemos de una libertad total para hacer lo que queramos en cualquier momento. Aunque sería útil hablar chino, no puedo elegir hablarlo con fluidez dentro de cinco minutos porque no he creado las causas para poder hacerlo.

Aunque las condiciones en las que nacemos pueden limitar nuestras opciones, la clave está en cómo respondemos a esas condiciones. Ahí radica nuestra elección. Aunque una situación difícil puede ser el resultado de la maduración de un karma destructivo anterior, seguimos teniendo la opción de responder a ella con miedo, indignación y enfado, o con aceptación, compasión y sabiduría. A medida que practiquemos las enseñanzas del adiestramiento mental y las meditaciones sobre las etapas del sendero, nuestra visión del mundo se ampliará y veremos que nuestros estados emocionales y respuestas físicas y verbales a las situaciones no están predeterminados. No tenemos que reaccionar a cada crítica poniéndonos a la defensiva. No es obligatorio que sintamos celos cada vez que alguien tiene algo que nosotros queremos. Tomemos, por ejemplo, una situación descrita en Las *Treinta y siete prácticas de los bodhisatvas* (VV 14):

> Incluso si alguien difunde todo tipo de comentarios desagradables sobre mí a través de los tres mil mundos, como respuesta, con una mente amorosa, hablaré de sus buenas cualidades –ésta es la práctica de los bodhisatvas–.

Podemos tener una respuesta habitual a las críticas –que viene de vidas anteriores y que se fomenta en esta vida– inclinándonos a tomar represalias cuando alguien difunde comentarios desagradables sobre nosotros entre muchas personas. Pero hay opciones. ¿Criticamos, humillamos o arruinamos la reputación de la otra persona, o contemplamos que ser criticado no es el fin del mundo y podría tener algunos beneficios que ahora no vemos? ¿Comprendemos que la otra persona está sufriendo y nos comportamos de forma amable con ella? Dependiendo de la elección que tomemos, experimentaremos felicidad o sufrimiento ahora y en vidas futuras.

El punto crítico es si comprendemos que tenemos elección y decidimos ejercerla. La atención y la vigilancia nos ayudan a ir mentalmente más despacio y a observar mejor nuestros pensamientos y sensaciones, así como a desarrollar nuevos hábitos para elegir nuestras respuestas emocionales, verbales y físicas ante las situaciones.

El Buda sabe que el resultado de hablar con dureza será desagradable. También sabe que la semilla kármica de insultar o ridiculizar a otros se puede purificar y nos instruye en los cuatro poderes oponentes para ello. La posibilidad de elegir si nos implicamos en estos cuatro y purificamos la semilla kármica depende de nosotros.

Se dice que el Buda ve el futuro. ¿Debe estar predeterminado el futuro para que lo haga? No, no es así. El futuro es lo que tiene el potencial de surgir pero aún no ha surgido. Las circunstancias presentes influyen en las posibilidades futuras. Pero si las causas y condiciones presentes cambian, lo que ocurra en el futuro también cambiará. Puede parecer, según nuestro limitado conocimiento, que todas las condiciones apuntan a un resultado futuro concreto, pero pueden surgir condiciones que ahora desconocemos. En resumen, no conocemos el futuro hasta que ocurre.

Que el Buda tenga la claridad mental para ver la compleja interacción de causas y condiciones en el futuro no significa que los acontecimientos futuros estén predeterminados o sean independientes de otros factores. Sabemos que el sol traerá la luz del día a la Tierra mañana, pero eso no significa que esté predeterminado. Depende de la rotación de la Tierra, de la nubosidad, de los patrones climáticos y otros factores.

11 | Tradición pali: Abandonar los dos extremos

Sabiduría

El adiestramiento superior en la sabiduría es el tercero de los tres adiestramientos superiores, siendo los dos primeros la conducta ética (*shila*) y la concentración (*samadhi*). Aunque hay muchos tipos de sabiduría (*prajña, pañña*), en este caso lo que nos interesa es la sabiduría que lleva directamente al Nirvana[91]. La tradición de los comentarios pali distingue dos tipos de sabiduría implicados en el logro del Nirvana: la sabiduría del conocimiento profundo (P. *vipassana-pañña*) y la sabiduría del sendero (P. *magga-pañña*). La sabiduría del conocimiento profundo comprende las tres características. Se desarrolla gradualmente y conduce a la sabiduría del sendero. La sabiduría del sendero comprende el Nirvana y aparece con una comprensión clara viendo lo inmortal, el Nirvana[92]. La sabiduría del conocimiento profundo se considera mundana porque tiene que ver con el análisis de las tres características de los fenómenos condicionados que están contaminados, mientras que la sabiduría del sendero es supramundana porque se centra en lo no condicionado, el Nirvana.

En el contexto del óctuple sendero, la sabiduría es la visión correcta. Dado que hay dos tipos de visión correcta –la visión correcta que se basa puramente en la comprensión intelectual y la visión correcta basada en la experiencia directa de las cuatro nobles verdades–, también hay dos formas correspondientes de sabiduría. La sabiduría intelectual se desarrolla escuchando las enseñanzas y reflexionando profundamente sobre ellas para llegar a comprenderlas correctamente. Aunque esta sabiduría es conceptual, es muy poderosa. La sabiduría experiencial es la penetración directa de la verdad –el Nirvana y las cuatro verdades– en nuestra propia experiencia. Ambas formas

---

91 Ver el capítulo 11 de *Samsara, Nirvana y naturaleza de buda* para una explicación del Nirvana y su relación con la vacuidad.

92 El Nirvana se denomina "lo inmortal" en el sentido de que una vez alcanzado el Nirvana no hay más nacimiento en samsara y, sin nacimiento, no hay muerte.

de sabiduría son importantes porque la sabiduría experiencial surge sobre la base de una correcta comprensión conceptual. Antes de que pueda surgir la sabiduría experiencial que conoce la verdad, debemos desarrollar y emplear el discernimiento, la investigación y el análisis correctos a nivel conceptual para destruir las falsas concepciones. Algunas de estas falsas concepciones están tan presentes en nuestra visión ordinaria que no las reconocemos como falsas y simplemente las aceptamos sin rechistar. Estudiando y reflexionando sobre las enseñanzas del Buda, debemos aprender a identificar estas falsas concepciones y desarrollar las correctas.

Este punto es importante porque algunas personas creen erróneamente que todos los procesos conceptuales son inútiles y que la sabiduría es una experiencia intuitiva que surge de repente, aparentemente sin causas. Sin embargo, esto no es así. El trabajo y la práctica son necesarios. Se pueden producir muchas intuiciones y experiencias en la meditación, pero carecemos de medios fiables para comprobar si son fidedignas. Esto subraya la importancia de practicar bajo la guía de un maestro sabio y experimentado y de tener una comprensión conceptual del sendero derivada del estudio de los sutras y otras escrituras.

Una cosa es la experiencia en la meditación y otra lo que pensamos que era después de salir de la meditación. Después de la sesión de meditación, nuestra mente conceptual está funcionando: interpreta e imputa el significado de la experiencia. Si esto se hace de forma incorrecta, se pueden producir consecuencias perjudiciales. Podemos volvernos arrogantes, pensando que hemos logrado algo que no tenemos. O podemos sentirnos decepcionados, preguntándonos por qué la maravillosa experiencia no se puede repetir en futuras meditaciones. Quizá nos sentimos frustrados porque pensábamos que esta experiencia debería haber eliminado ciertas aflicciones y problemas en nuestra vida y descubrimos posteriormente que siguen existiendo. Estas dificultades no surgen a causa de la experiencia de meditación, sino de nuestra interpretación errónea de la misma a posteriori. Por estas razones, es importante tener concepciones correctas y una guía adecuada de maestros experimentados para evitar extraviarse.

Penetrar el sentido de las cuatro verdades

Penetrar en su sentido y ver las cuatro verdades se produce mediante el desarrollo de la sabiduría que se basa en la concentración.

En primer lugar, hay que enfocar la mente y llevarla a un estado de unificación mediante la concentración unipuntualizada. Esta concentración transforma la mente en una poderosa herramienta para investigar la naturaleza de nuestras experiencias y de la existencia.

Los maestros theravada tienen diversas ideas sobre el grado de concentración necesario para llevar a cabo la meditación de la visión superior. Algunos dicen que no es necesario alcanzar el samadhi completo, que incluso un practicante relativamente nuevo puede empezar a practicar la meditación de la visión superior[93]. Otros dicen que es necesario uno de los dhyanas y otros dicen que se debe desarrollar algo de concentración, aunque no sea un dhyana completo. Dirigen a sus estudiantes para que empiecen a practicar la atención para hacer que la mente esté más centrada hasta que finalmente pueda permanecer sin distracción en la serie de momentos constantemente cambiantes del cuerpo y la mente. Aunque no desarrollen la atención que conduce a la aparición del signo (P. *nimitta*) –una imagen mental que surge en la estabilidad meditativa y que luego se utiliza como objeto de meditación para alcanzar la concentración unipuntualizada–, su concentración es suficiente para comenzar la meditación de la visión superior[94].

La sabiduría de la visión superior practicada con la mente del samadhi examina los cinco agregados que componen la persona: el cuerpo, las sensaciones, el discernimiento, los factores composicionales y la consciencia[95]. Esta sabiduría llega a ver y experimentar que

---

93 Para consultar las instrucciones sobre el desarrollo de la concentración, la permanencia apacible y el dhyana, véanse los capítulos 4-10 de *Tras las huellas del Buda* (Ediciones Amara).

94 Puesto que el nivel de concentración con el que uno se embarca en la meditación de la visión superior puede variar, el nivel de concentración en el momento del avance a lo no condicionado también lo hace. Según el *Visuddhimagga* y el Abhidhamma, un meditador practica la visión superior en un estado de concentración que no es un dhyana. Otros comentarios llaman a este estado *vipasana-samadhi*. Entonces, cuando el meditador hace el avance hacia el sendero supramundano, la mente entra naturalmente en un estado dhyánico. Para un meditador que procede por el sendero de la "visión seca" (la visión superior sin el logro previo de un dhyana), el sendero y el fruto ocurrirán al nivel del primer dhyana, pero si el meditador ha alcanzado previamente un dhyana, el sendero y el fruto ocurrirán al nivel del dhyana alcanzado (ver Vism 21.112 y ss.).

95 Esto se basa en la meditación en los cuatro fundamentos de la atención. Para obtener instrucciones sobre esta práctica, ver los capítulos 12-14 de *Tras las huellas del Buda* (Ediciones Amara).

este cuerpo aparentemente sólido y monolítico es en realidad una corriente de acontecimientos materiales que surgen y cesan a cada instante. La sabiduría de la visión superior se dirige a las sensaciones, discernimientos y factores composicionales y los experimenta como algo que surge y desaparece continuamente. Conforme se profundiza en la percepción, la experiencia de que todo en los primeros cuatro agregados surge y desaparece es sustituida por la percepción de que todo en el cuerpo y la mente se desintegra y disuelve a cada instante.

La visión superior procede entonces a investigar la consciencia, que es donde se esconde la ignorancia en sus formas más sutiles. Cuando la sabiduría investiga la consciencia, ésta también se manifiesta como meros instantes impersonales de la mente que surgen y se desvanecen continuamente. A medida que la mente se sintoniza más con la impermanencia, los cinco agregados se ven como desintegrándose, disolviéndose y desapareciendo a cada instante. No queda nada sustancial en el conjunto de agregados.

Dado que los cinco agregados cesan continuamente, se sabe que son incapaces de proporcionar una felicidad duradera y, por lo tanto, son insatisfactorios. Al ser impermanentes e insatisfactorios, no son válidos para ser un yo gozoso e imperecedero. No hay nada en ellos que pueda ser considerado como un yo, lo mío o uno mismo.

En el *Sutta de la atención a la respiración* (*Anapanasati Sutta*, MN 118), los cuatro últimos aspectos ilustran el sendero que precede y conduce al avance hacia lo no condicionado. Estos cuatro son contemplar la impermanencia, contemplar el desvanecimiento, contemplar la cesación y contemplar la renuncia. Al contemplar la impermanencia, los meditadores observan los cambios en el ritmo, la frecuencia y la textura de la respiración. Cuando profundizan, ven que cada fase de la respiración –el principio, el medio y el final de la inspiración y la espiración– cambia continuamente. La sabiduría examina entonces el resto del cuerpo, viendo que también es un constante e imparable flujo. Del mismo modo, las sensaciones, los discernimientos, las consciencias primarias y los factores mentales surgen y desaparecen a cada instante. A medida que la sabiduría y la concentración se vuelven más refinadas, el proceso de surgir y desaparecer se ve de forma directa, más sutil y más rápida.

A medida que la meditación continúa, la fase de surgimiento pasa a un segundo plano y la fase de desintegración se vuelve más prominente. En microsegundos cada vez más diminutos, los cinco agregados se ven desintegrándose. Esto progresa hasta ser simplemente consciente de su cesación, el flujo continuo de cesaciones del complejo cuerpo-mente en todos sus aspectos. La última etapa, la renuncia, consiste en abandonar el apego y dejar la identificación con los cinco agregados como un yo. Aquello a lo que nos aferramos como yo y mío es sólo un conjunto de factores impermanentes e impersonales que cesan continuamente. No hay nada en ellos, ni entre ellos, a lo que aferrarse como yo o "lo mío".

El meditador continúa contemplando los cinco agregados como impermanentes, insatisfactorios y carentes de identidad esencial, haciendo que la mente se familiarice cada vez más con estas verdades. A medida que la visión superior se hace más profunda, se llega a un punto en el que la sabiduría presiona contra los límites de lo condicionado y entonces rompe la fachada de los fenómenos condicionados. En este momento, el meditador alcanza el logro de lo no condicionado: el Nirvana. La penetración en las cuatro verdades en los momentos del sendero se produce en un destello repentino, una única irrupción en las cuatro verdades simultáneamente. Sin embargo, esto no significa que se perciban las cuatro verdades simultáneamente. Según los comentarios, el sendero supramundano y el fruto toman como objeto el Nirvana (Cesación Verdadera), no las otras tres verdades. Sin embargo, se dice que la consciencia del sendero penetra en las cuatro verdades simultáneamente. Aunque sólo percibe directamente su objeto, la tercera verdad, penetra en las otras tres verdades desde el punto de vista de su función.

Después de surgir de la experiencia del sendero y el fruto, los meditadores experimentan los cinco agregados de una manera totalmente diferente. Al no aferrarse a los agregados como si fueran el yo y "lo mío", comprenden completamente la primera noble verdad: que los cinco agregados son insatisfactorios por naturaleza. Han disminuido la ignorancia y el ansia hasta cierto punto, eliminando así una parte del origen verdadero de duhkha. Debido a que los ocho factores del sendero arya estaban presentes al comprender la tercera verdad, conocen el sendero verdadero, la cuarta verdad.

Sólo por un momento las nubes de la ignorancia se dispersan, la sabiduría supramundana brilla y la tercera verdad –la Cesación Verdadera de duhkha y sus orígenes– se ve claramente. Simultáneamente con la visión de la Cesación Verdadera, las otras tres nobles verdades también se ven y se comprenden como meros fenómenos vacíos, insustanciales e impermanentes. La sabiduría comprende que la ignorancia y el ansia nos mantienen atados en el samsara y que la sabiduría del sendero conduce a la cesación de duhkha y su origen —es decir, a lo no condicionado, al Nirvana—. Este avance, que dura poco tiempo, en el que las cuatro verdades se conocen directa y simultáneamente como realmente son, establece a uno como un *entrante en la corriente*. Los meditadores continúan entonces practicando, erradicando gradualmente los engaños y van experimentando el Nirvana más profundamente, pasando por las etapas de el *que retorna una vez* y del *no retornante* hasta que alcanzan el estado de arhat.

Subyugar los engaños

Las aflicciones nos han acosado y nos han causado sufrimiento desde tiempos sin principio. Aunque sería maravilloso que desaparecieran por sí solas, esto no es posible. Como un enemigo astuto, se esconden donde no las esperamos y aparecen en momentos en los que pensábamos que no lo harían. Para vencerlas, debemos ser más inteligentes que ellas. Para ello debemos estudiarlas bien, conocer sus hábitos, detectar sus puntos débiles y luego, con sabiduría, destruirlas.

Los engaños —aflicciones, obstáculos, grilletes, etc.— tienen diferentes grados de fuerza e intensidad en diferentes momentos. Por esta razón, ciertos antídotos son más apropiados según la fuerza del engaño y estos antídotos provocan diferentes grados de eliminación. Siendo conscientes de esto, entenderemos por qué los tres adiestramientos superiores y la sabiduría de la visión superior y la sabiduría del sendero que éstos desarrollan son esenciales para la Liberación. Los tres grados o etapas generales de los engaños, que van de burdo a sutil, son los siguientes:

(1) Los *engaños expresados* son las fuerzas que impulsan nuestro comportamiento físico y verbal y se expresan a través de las acciones de nuestro cuerpo y de nuestra palabra. El nivel más burdo de los engaños, los engaños expresados, suelen ser fuertes y contribuyen a la creación de un karma no virtuoso. Vivir con una conducta ética —específicamente tomar y cumplir los preceptos—, refrenar los sentidos y practicar las siete acciones virtuosas del cuerpo y la palabra son formas eficaces de contrarrestar estos engaños. Por ejemplo, para impresionar a los demás, Sam miente sobre sus habilidades. El apego a la reputación es la motivación engañosa que se expresa a través de su

acción verbal destructiva. Reconociendo las desventajas de la palabra descontrolada y queriendo prevenirla en el futuro, Sam toma el precepto de no mentir. En caso de que se produzca una situación similar en el futuro, mantener este precepto le disuadirá de mentir. Observar los preceptos es la *eliminación del factor específico*.

Otra posibilidad es que Sam recuerde que mentir no es virtuoso y deje de hacerlo porque aspira a un buen renacimiento. También podría practicar el control de los sentidos no prestando tanta atención a los chismes de la oficina. Este nivel de abandono es útil, pero no es estable porque las aflicciones surgen fácilmente y abruman la mente, motivándonos a expresar las impurezas en nuestra mente a través de la palabra y la acción.

(2) Los *engaños manifiestos y activos* son aquellos que están en la mente pero que aún no han estallado en acciones físicas o verbales no virtuosas. Estos son los engaños que estaban presentes cuando Sam se preocupaba por su reputación y buscaba impresionar a los demás. Reflexionar sobre uno de los antídotos del apego, como la atención a la muerte, relajará temporalmente el apego. Esta es una forma rudimentaria de eliminación denominada *sustitución de factores*. La eliminación real por sustitución de factores es la sustitución del engaño por el conocimiento de vipasana que se opone directamente al engaño. Esto se compara con eliminar la oscuridad encendiendo una luz. El aferramiento a la permanencia se elimina mediante la comprensión de la impermanencia; las visiones erróneas sobre el karma y sus efectos se eliminan mediante la meditación de la condicionalidad.

Otra forma de evitar que el apego se manifieste y esté activo en la mente es desarrollando estados profundos de concentración, como la concentración de acceso o uno de los dhyanas. Esta concentración profunda suprime temporalmente los obstáculos, pero no los erradica. Las tendencias subyacentes aún permanecen y, una vez que la persona sale de la meditación, pueden surgir aflicciones manifiestas. No necesariamente surgen de nuevo en la misma vida. Los yoguis expertos pueden suprimir los engaños para que no surjan, pero siguen operando como tendencias subyacentes (*anushaya, anusaya*). No obstante, la *eliminación por supresión* da a la mente cierto sosiego y evita que las emociones aflictivas burdas alteren la mente.

(3) Los *engaños latentes* son tendencias subyacentes (P. *anusaya*) que están arraigadas y son innatas. Sólo la sabiduría puede cortar la continuidad de las tendencias subyacentes de las aflicciones. Esta

sabiduría es de dos tipos. La primera es la sabiduría de la visión superior, que se desarrolla mientras se medita en las tres características. Debilita, pero no elimina, las tendencias subyacentes. Sin embargo, cuando se reúnen todas las condiciones y las facultades del practicante están maduras[96], surge la sabiduría de la comprensión clara y erradica los engaños de tal manera que ya no quedan ni siquiera sus rastros. La *erradicación de la eliminación* es eliminar los engaños que son el verdadero origen de duhkha, destruyéndolos completamente para que no se puedan volver a producir. Esto se logra mediante los cuatro senderos supramundanos y ocurre en el continuo mental de los cuatro tipos de aryas[97].

Igual que un niño no empieza su escolarización en la universidad, nosotros no empezamos el sendero generando la sabiduría de la visión superior o la sabiduría del sendero. Empezar por el principio observando los preceptos y los valores éticos es un método práctico y eficaz para detener la expresión física y verbal de los engaños. A partir de ahí, progresamos incrementando la concentración como la manera de suprimir los engaños manifiestos. Mediante la práctica continuada, generamos la sabiduría del sendero que es capaz de desarraigarlos por completo. En la medida en que seamos capaces de eliminar los engaños, nuestra mente será más pacífica.

---

96 La expresión *facultades maduras o desarrolladas* aparece tanto en la tradición sánscrita como en la pali, así como la distinción de los practicantes según sus facultades sean agudas o modestas. En la tradición pali, las facultades se refieren generalmente a las cinco facultades de la fe, el esfuerzo, la atención, la concentración y la sabiduría. En la tradición meditativa viva theravada, *facultades maduras* tiene a menudo el significado más amplio de estar preparado para obtener la visión o la comprensión o tener suficientes paramis para alcanzar el logro. En este contexto, *paramis* se refiere al mérito creado a través de la práctica de los diez paramis del sendero theravada, que todo el mundo, no sólo los que están en el sendero del bodhisatva, debe cumplir para alcanzar la comprensión clara del Nirvana.

97 Además de los tres tipos de eliminación anteriores, hay dos más. Uno es la *eliminación por disolución*, que es la disolución de los engaños en los cuatro momentos de fructificación que siguen a los cuatro senderos supramundanos; esta eliminación se produce en el momento de convertirse en el que ha entrado en la corriente, en el que retorna una vez, en un no retornante y en un arhat. El segundo es la *eliminación por evasión*, que es el Nirvana en el que todos los fenómenos condicionados se han eliminado.

ENGAÑOS, ANTÍDOTOS Y TIPOS DE ELIMINACIÓN

Nivel o grado de engaños	Antídoto mínimo	Eliminación
Los engaños expresados se manifiestan mediante acciones corporales o verbales.	Conducta ética: preceptos, control de los sentidos, práctica de la virtud, etc.	Factor específico: observar un precepto detiene la expresión de un engaño en nuestros actos.
Los engaños activos o manifiestos están activos en la mente como pensamientos y emociones.	1. Sustitución de factores 2. Concentración: concentración de acceso o concentración completa del dhyana.	1. Factor específico: uso de un antídoto particular para hacer frente a un obstáculo concreto 2. Eliminación por supresión: utilizar la concentración del dhyana para suprimir todos los obstáculos.
Los engaños latentes o tendencias subyacentes son impurezas que yacen latentes en lo más profundo de la mente, listas para manifestarse cuando se las estimule.	La sabiduría: 1. La sabiduría de la visión superior debilita las tendencias latentes. 2. La sabiduría de la comprensión clara (sabiduría del sendero) las erradica.	1. La eliminación del factor específico se produce a través de la sabiduría de la visión superior. 2. La erradicación por la eliminación se produce a través de la sabiduría de la comprensión clara.

REFLEXIONES

1. Pon ejemplos de tu propia vida de los engaños expresados. ¿Cuál es el antídoto mínimo para aplicarles? Imagina que aplicas esos antídotos para calmar tu mente.

2. Haz lo mismo con los engaños activos (manifiestos) y los engaños latentes (tendencias subyacentes).

3. ¿Cuáles son las tres eliminaciones? ¿Cómo puedes desarrollarlas?.

La importancia de comprender la ausencia de identidad esencial

La importancia de comprender la ausencia de identidad esencial para alcanzar el Nirvana se hace evidente cuando examinamos las cuatro verdades. Cuando se nos pregunta qué constituye la verdad de duhkha, señalamos los cinco agregados[98] que se llaman *sakkaya* (S. *satkaya*), el conjunto de agregados sujetos al aferramiento. Nuestros

---

98 En tibetano se denominan los *agregados apropiados*. Yo (Chodron) encuentro el término pali más convincente.

agregados psicofísicos no están libres del aferramiento y están bajo su control. *Sakkaya* se traduce a menudo como *personalidad* o *identidad personal*. En el término tibetano '*jig tshogs*, '*jig* significa *perecer* o *decaer*, y *tshogs* significa *conjunto* y se refiere al conjunto de agregados perecederos.

Nuestra vida es una interacción de los cinco agregados. Cuando las facultades sensoriales del cuerpo se encuentran con los objetos sensoriales, surge la consciencia del mundo junto con el contacto, el discernimiento, la sensación, la intención y otros factores mentales, todos ellos duhkha verdadero. ¿Cómo surgen estos cinco agregados que constituyen la persona? ¿Cuál es su origen? El ansia es la fuente principal. Normalmente pensamos que primero existimos y luego ansiamos. Aunque desde un punto de vista es cierto, visto desde otro lado el proceso sería el siguiente: como el deseo existe, los cinco agregados surgen y nosotros existimos. En *Discurso sobre los seis grupos de seis*, el Buda dice que el origen de los cinco agregados es considerar cualquiera de los agregados como "Esto es mío, esto soy yo, esto es mi yo" –tres frases que aparecen con frecuencia en los sutras–. El concepto de que cualquier parte de este complejo cuerpo-mente es mía, soy yo o mi yo, o el aferramiento a ello, es una causa decisiva que perpetúa el samsara. Normalmente no pensamos que los pensamientos tengan semejante poder, pero lo tienen. Los pensamientos se aferran a las ideas de *mío*, *yo* y *mi yo* y tienen la capacidad de impulsar este ciclo de renacimientos.

Tres aferramientos (*graha*, *gaha*) están detrás de estos tres pensamientos aflictivos: el ansia, el engreimiento y las visiones erróneas. En particular, el ansia está detrás del pensamiento "Esto es mío" porque el ansia quiere poseer los agregados o cualquier otra cosa que considere deseable. El engreimiento está detrás del pensamiento "Esto soy yo" porque el engreimiento sostiene que el yo es una entidad sólida e independiente[99]. Las visiones erróneas subyacen a la idea "Esto

---

99 La diferencia entre el engreimiento "Yo soy" y la visión del yo es sutil. La visión del yo toma uno u otro de los cinco agregados o el conjunto de los agregados y lo considera el yo. La visión sutil del yo surge en todos los seres, conozcan o no la filosofía. Algunas personas especulan sobre lo que es realmente el yo y desarrollan una variedad de explicaciones complejas a las que se aferran como verdaderas. Desarrollar posturas filosóficas es una forma más burda de la visión del yo. La forma más burda de engreimiento es el orgullo, que se puede basar en los cinco agregados, aunque no se aferra a ellos como "Mi yo". Por ejemplo, el orgullo de pensar "Soy atractivo" se basa en el cuerpo, pero no se aferra al cuerpo como si fuera el yo, y el

es mi yo" porque las visiones formulan posturas filosóficas sobre lo que realmente soy y cuál es mi verdadera naturaleza, construyendo así una visión del yo. Los tres aferramientos impulsan esta ronda de existencia de vida en vida. Los agregados perecederos son el duhkha verdadero y estos tres aferramientos son los orígenes verdaderos.

Como no entendemos los cinco agregados tal y como son –impermanentes, insatisfactorios y vacíos de identidad esencial–, la ignorancia y el ansia continúan y se experimenta mucho sufrimiento. Cuando no comprendemos los seis objetos sensoriales (las fuentes externas), las seis facultades sensoriales (las fuentes internas), la consciencia, el contacto y la sensación, nos vemos envueltos en el ansia debido a todos estos factores que juegan un papel en la cognición y la experiencia. Por ejemplo, conocemos a una persona y experimentamos placer estando con ella. Inmediatamente la mente se apega a las imágenes, los sonidos, las fragancias, los sabores, las sensaciones táctiles y las imágenes mentales de esa persona. El apego surge también con respecto a nuestras facultades sensoriales –el ojo, el oído, la nariz, la lengua, las facultades táctiles y mentales– que permiten a la consciencia percibir a esa persona después de que se haya producido el contacto. El apego surge no sólo por esas consciencias y contactos, sino también por las sensaciones agradables. No ver la sensación como realmente es se convierte en algo particularmente perturbador para nuestro bienestar porque el ansia y otras aflicciones surgen como respuesta directa a las sensaciones. Al experimentar el placer, queremos más y mejor. Este deseo nos impulsa a hacer esto y aquello, a ir aquí y allá, a buscar continuamente la felicidad en personas y objetos externos. En *Gran sutra de los seis niveles*, el Buda advierte (MN 149.4):

> Cuando uno permanece inflamado por el deseo sensual, encadenado, encaprichado, contemplando la gratificación [que esperamos recibir de las personas y cosas externas], entonces los cinco agregados suje-

---

orgullo de pensar "He sacado una buena puntuación en este examen porque soy inteligente" se basa en la mente, pero no se aferra a la mente como si fuera el yo. El engreimiento "Yo soy" es mucho más sutil, es la idea espontánea de que existo. Esta idea de "Yo existo" no se aferra a uno u otro agregado como si fuera el yo, es simplemente el pensamiento de que existe un yo verdadero que, además, se puede encontrar. Esta idea surge incluso en el que ha entrado en la corriente, en el que retorna una vez y en el no retornante, que han eliminado la visión de una identidad personal. Estos aryas saben que el pensamiento "Yo soy" es falso, mientras que cuando una persona ordinaria piensa "Yo soy" lo sostiene como verdadero y deja que influya en su forma de pensar y actuar.

tos al aferramiento se construyen para uno mismo en el futuro y la propia ansia –que produce la renovación del ser (el renacimiento en el samsara), que va acompañada del deleite y el deseo sensual y que se deleita en esto y aquello– aumenta. Los propios problemas físicos y mentales aumentan, los tormentos físicos y mentales aumentan, las fiebres físicas y mentales (anhelos) aumentan y se experimenta el sufrimiento físico y mental.

El ansia se fija a todos los factores implicados en la producción de la sensación y nos encontramos en las garras del apego, atados por el apego, confundidos en nuestro enamoramiento y pensando continuamente en el placer gratificante que esperamos recibir de los objetos de los sentidos. Cuando no recibimos el placer que ansiamos, aparecen la infelicidad y el enfado. Un estado mental inquieto, perturbado por el anhelo o la animosidad, puede afectar a nuestra salud física. Este es el sufrimiento que experimentamos aquí y ahora como resultado del ansia. Además, el ansia perpetúa el samsara al impulsar un nuevo conjunto de agregados que surgen en el nacimiento futuro. Ese nacimiento futuro, a su vez, es la base para que surjan nuevas ansias por los objetos de los sentidos, las facultades sensoriales, las conciencias, los contactos y las sensaciones que se manifiestan en esa vida.

La meditación sobre la explicación anterior es eficaz para dinamizar nuestra práctica del Dharma. Hazlo considerando muchos ejemplos de este proceso tal y como ocurren en tu propia vida. Cuanto más clara veas la realidad de tu situación en el samsara, mayor será tu determinación de liberarte de ella. Además, comprender el surgimiento dependiente de los objetos, las facultades de los sentidos, la consciencia, el contacto y la sensación de tus experiencias cotidianas prepara el terreno para la meditación de la visión superior.

Para desmantelar estos cinco agregados y alcanzar la Liberación, debemos desafiar los tres pensamientos aflictivos "Esto es mío; esto soy yo; esto es mi yo". Esto se hace viendo todos los factores del complejo cuerpo-mente como realmente son –es decir, considerándolos como "Esto no es mío; esto no soy; esto no es mi yo"–. El óctuple sendero converge en esta meditación en la que la visión correcta se aplica a todos los factores de nuestra existencia samsárica, que están englobados en los cinco agregados y las doce fuentes[100]. Cuando sabe-

---

100 Las doce fuentes se componen de seis fuentes sensoriales externas (formas, sonidos, olores, sabores, objetos tangibles y otros fenómenos) y seis fuentes sensoriales internas (ojo, oído, nariz, lengua, cuerpo y facultades sensoriales mentales).

mos con la visión superior correcta que "No son míos; esto no soy yo; esto no es mi yo", se hace posible impedir que surjan ciertos engaños de forma activa. Ver la impermanencia, la naturaleza insatisfactoria, la existencia dependiente y la ausencia de identidad esencial de estos factores impide que cedamos ante el ansia por el placer, el ansia por liberarse del dolor y el ansia por las sensaciones neutras[101].

La meditación sobre las diferentes partes de los agregados como "Esto no es mío; esto no soy; esto no es mi yo" es otra forma de formular el sendero verdadero. Ver las tres características implica desarrollar la sabiduría de la visión superior. A medida que la sabiduría de la visión superior se hace gradualmente más fuerte y penetrante, surge la sabiduría del sendero de un arya y se vislumbra el Nirvana. A través de la sabiduría del sendero y el conocimiento directo, se eliminan paso a paso los grilletes y contaminantes en el sendero del arya, hasta que la ignorancia se erradica en su totalidad y las cuatro verdades se ven completamente tal y como son. El hecho de erradicar estas tres concepciones distorsionadas, los tres aferramientos que hay detrás de ellas y los cinco agregados que son su resultado es la Cesación Verdadera. La meditación que produce esta cesación es el sendero verdadero.

REFLEXIONES

Observa los tres aferramientos en tu propia experiencia.

1. El ansia está detrás del pensamiento "Esto es mío". Observa cómo el apego quiere poseer los agregados, las posesiones, las personas, la reputación, etc. Divide el mundo en lo que es deseable y lo que no lo es. ¿Cómo influye el ansia en tu vida?.
2. El engreimiento está detrás del pensamiento "Esto soy yo". Fíjate en que hay engreimiento incluso cuando pensamos "Yo": hay orgullo por el mero hecho de existir.
3. Las visiones erróneas subyacen al pensamiento "Esto es mi yo". ¿Te enredas en una proliferación de pensamientos sobre lo que eres y cuál es tu verdadera naturaleza?

---

101 Los seres conscientes ansían especialmente la sensación neutra en la absorción meditativa del cuarto dhyana y las cuatro absorciones sin forma. Esta sensación neutra es tan pacífica y satisfactoria que puede surgir un apego sutil por ella, atando a los seres conscientes al samsara.

Desarrollar la sabiduría y lograr la comprensión

La sabiduría se desarrolla por etapas. Primero restringiendo las tendencias naturales a reaccionar con apego ante las sensaciones agradables, a responder con aversión ante las dolorosas y a permanecer ignorantes sobre la naturaleza de las sensaciones neutras. Con este trasfondo, los practicantes observan la naturaleza de las sensaciones y, tras hacerlo a lo largo del tiempo, podrán penetrar en su naturaleza de forma más profunda y clara. A través de este proceso, las tendencias subyacentes –disposiciones latentes que permiten que surjan aflicciones manifiestas cuando las causas y las condiciones están presentes– se debilitan gradualmente, hasta que se llega al punto en que la percepción es lo suficientemente fuerte y profunda como para cortar esas tendencias por completo.

¿Qué significa penetrar o comprender la naturaleza de las sensaciones? En este contexto se utilizan las sensaciones como ejemplo de las muchas cosas que hay que penetrar y comprender, como los cinco agregados, las seis fuentes, los constituyentes, etc.

Primero desarrollamos la atención y nos adiestramos para identificar las sensaciones en nuestra propia experiencia. Mediante el ejercicio de la atención, llegamos a identificar incluso las sensaciones sutiles de felicidad e infelicidad cuando surgen. El siguiente esquema de *gratificación*, *peligro* y *escape* se suele aplicar también a la atención a los cinco agregados, las seis fuentes y los elementos. Primero somos conscientes de la gratificación o el placer que recibimos del contacto con los objetos sensoriales. Luego contemplamos el peligro de estar apegados a estas sensaciones y cómo eso perpetúa nuestro samsara. Al comprender cómo este proceso nos atrapa en el samsara, generamos el deseo de escapar del apego a las sensaciones.

El *origen* (P. *samudaya*) de las sensaciones son sus causas y condiciones. Esto se entiende rastreando el proceso causal del contacto que ocurre cuando se encuentran la consciencia y el objeto mediante la facultad sensorial y el contacto, que luego hace que se generen las sensaciones. La *desaparición* (P. *atthangama*) de las sensaciones es su cese cuando cesan sus factores condicionantes. Cuando el contacto no se produce, las sensaciones no surgen.

La gratificación (P. *assada*) se refiere al placer y la alegría que obtenemos de las sensaciones, incluso cuando esto implica que se genere el sufrimiento. Por ejemplo, a veces nos complacemos en las sensaciones infelices porque eso nos proporciona el "placer" de compadecernos de nosotros mismos. Nos deleitamos en las sensaciones placenteras porque anestesian nuestra profunda insatisfacción, del mismo modo que un alcohólico se deleita con el siguiente trago que enmascara –y perpetúa– su infelicidad.

El peligro o los inconvenientes (P. *adinava*) de las sensaciones es que son impermanentes, insatisfactorias y están sujetas al cambio. Las sensaciones son peligrosas cuando reaccionamos ignorantemente a ellas, perpetuando la esclavitud en el samsara. Las sensaciones agradables producen apego, las desagradables engendran enfado y las neutras conducen a la apatía y la confusión. Estas emociones perturbadoras continúan dirigiendo nuestra vida, crean el karma destructivo y nos aseguran el renacimiento en el samsara.

Escapar (P. *nissarana*) implica renunciar al apego y al deseo de estas sensaciones, lo que se consigue mediante la atención y la sabiduría. Escapar es el antídoto que remedia el peligro y en su máxima expresión es el Nirvana.

Cuando conocemos las facultades sensoriales, los objetos, las consciencias, los contactos y las sensaciones tal y como son en realidad, no nos sentimos inflamados por el deseo sensual. Eso permite que haya espacio para contemplar su peligro y sus desventajas, en particular su carácter impermanente, insatisfactorio y sujeto al cambio. Esta contemplación conduce a la desaparición de los problemas físicos y mentales y que surja la felicidad física y mental. Conocer y ver las cosas como realmente son es la práctica de la sabiduría y conlleva el fin del ansia, la cesación de los cinco agregados sujetos al aferramiento y la liberación del samsara.

Esta práctica encarna el óctuple sendero completo. Un practicante que ha contemplado las tres características y conoce y ve las cosas tal como son, tiene una visión correcta. Su intención –su motivación y propósito– es la intención correcta. El esfuerzo que realiza en esa contemplación es un esfuerzo correcto. Su atención al objeto sensorial, a la facultad sensorial, a la consciencia, al contacto y a la sensación que surge del contacto tal y como son realmente –como impermanentes, insatisfactorios y vacíos de identidad esencial– es una atención correcta. La absorción de la mente en esa contemplación es la concentración correcta. En el nivel más alto de la sabiduría de la visión superior, justo antes de alcanzar el sendero arya, estos cinco factores del óctuple sendero están activos. Los otros tres factores —la palabra correcta, la acción correcta y los medios de vida correctos— se han purificado antes de entrar en la meditación de la visión superior y no necesitan un mayor desarrollo en este momento. Cuando el practicante se abre paso hacia el sendero supramundano y se convierte en un arya, los ocho factores del sendero están presentes simultáneamente, desempeñando cada uno su propio papel para erradicar los engaños. A medida que el practicante continúa desarrollando el óctuple sendero de los aryas, todos los demás factores de las treinta y siete armonías con la Iluminación se completan simultáneamente.

Calmar la reactividad ante las sensaciones

La reactividad a las sensaciones físicas y mentales de placer, dolor y neutralidad crea perturbaciones en nuestra vida aquí y ahora e interfiere en el desarrollo de la permanencia apacible y la visión superior. No podemos soportar la incomodidad, y mucho menos el dolor, y buscamos constantemente el placer y la comodidad. Ese apego y aversión dominan nuestra vida. Aprender a calmar estas reacciones y mantener la ecuanimidad hacia cualquier sensación que surja en nuestra mente es un paso necesario para desarrollar la permanencia apacible y la visión superior.

Para conseguirlo, se anima a los seguidores de muchas religiones a adoptar alguna forma de práctica ascética. Pero, ¿hasta qué punto son útiles estas prácticas para purificar la mente y progresar en el sendero? El Buda observó que cuando alguien que no está desarrollado respecto al cuerpo experimenta una sensación placentera, disfruta del placer con apego y anhela más. Cuando alguien que no está desarrollado mentalmente experimenta una sensación dolorosa, ésta invade la mente y persiste, y la mente se ve abrumada por la aversión hacia esa sensación. Sin embargo, cuando alguien que está desarrollado corporalmente experimenta una sensación placentera, la mente no se obsesiona con ella y no anhela más, y cuando alguien que está desarrollado mentalmente experimenta una sensación dolorosa, la mente no se abruma y no produce aversión hacia esa sensación.

El desarrollo del cuerpo significa que la persona ha desarrollado la visión superior. Con la visión superior, entiende que cualquier sensación placentera es impermanente, insatisfactoria y carece de identidad esencial. Con esta sabiduría, la persona pierde el interés por esas sensaciones. *El desarrollo de la mente* indica la presencia del samadhi: cuando hay una concentración profunda, las sensaciones dolorosas no pueden invadir y abrumar la mente porque el practicante puede retirar la mente de esas sensaciones.

La historia de la vida de Buda nos dice que, tras su renuncia, se dedicó a las prácticas ascéticas durante seis años. *Discurso mayor a Saccaka* (MN 36) relata que durante ese tiempo se le ocurrieron tres símiles. En primer lugar, el fuego no puede producirse en un palo metido en el agua. Del mismo modo, los practicantes que no viven retirados físicamente de los placeres sensoriales no pueden suprimir internamente su apego por ellos. Cuando experimentan dolor, tampoco pueden lograr comprensiones porque el propio dolor y la aversión que surge hacia él abruman la mente, lo que les impide concentrarse o reflexionar sobre el Dharma. Incluso cuando no experimentan dolor, siguen sin poder alcanzar el conocimiento y la visión superior porque están abrumados por la distracción.

El palo metido en el agua simboliza el disfrute de los placeres sensoriales mientras se busca la Iluminación. El palo mojado y lleno de savia por dentro es análogo al deseo sensorial que no ha sido sometido internamente por el samadhi. Estos practicantes no pueden alcanzar la Iluminación, independientemente de que realicen o no prácticas ascéticas. Sufren de dos obstrucciones: físicamente están inmersos en los placeres sensoriales e internamente su deseo no ha sido aplacado. Por lo tanto, para ellos, las prácticas ascéticas son inútiles.

En el segundo símil, la madera húmeda y llena de savia está en la tierra seca; sin embargo no puede arder. Esto es análogo a los practicantes que viven retirados físicamente de los placeres sensoriales, pero que no han abandonado ni suprimido internamente el deseo por estos placeres. Cuando experimentan sensaciones dolorosas al realizar prácticas ascéticas, son incapaces de alcanzar el conocimiento y la visión y la Iluminación suprema. Incluso cuando no experimentan sensaciones dolorosas, son incapaces de hacerlo. Estas personas han cumplido una condición al vivir físicamente retiradas de los placeres sensoriales, pero su deseo sensorial no se apacigua porque no saben cómo adiestrar la mente o, si lo saben, no lo practican. También en este caso, hagan o no prácticas ascéticas, no pueden alcanzar la Iluminación.

El tercer símil es un palo seco sin savia en tierra firme; este palo puede arder. Del mismo modo, los practicantes que se retiran físicamente de los placeres sensoriales y han suprimido internamente el deseo sensual son capaces de alcanzar la Iluminación, experimenten o no sensaciones dolorosas. Han cumplido ambas condiciones: se han retirado físicamente de los objetos sensoriales y su mente se ha aquietado. En consecuencia, tanto si se dedican a las prácticas ascéticas como si no, podrán alcanzar la Iluminación.

De esto podemos deducir que realizar prácticas ascéticas no es la clave para alcanzar la Iluminación. Alejarnos físicamente de los placeres sensoriales llevando un estilo de vida modesto y alejar mentalmente nuestra mente del deseo sensorial cultivando el samadhi nos beneficiará. El samadhi es la base para que surja la visión, y la visión desarraiga las tendencias profundas de nuestra mente hacia el deseo sensual. El samadhi permite al practicante abandonar o suprimir temporalmente las aflicciones al entrar en estados profundos de concentración. La visión superior proporciona la capacidad de abandonar las aflicciones para que nunca vuelvan.

Los no budistas que realizan prácticas ascéticas dolorosas buscan someter su apego y aversión. Sin embargo, el método que emplean no funciona. Otros no budistas son instruidos por sus maestros para no ver formas con los ojos, ni oír sonidos con los oídos, etc. (MN 152). El Buda comentó que si no ver, no oír, etc. fuera la forma de evitar responder a los objetos sensoriales con apego, aversión y apatía, entonces los ciegos y los sordos habrían sido excelentes en el desarrollo de sus facultades mentales.

En este punto del sutra, Ananda pide al Buda que explique el desarrollo supremo de las facultades –el desarrollo de la mente– en la disciplina de los aryas. En su respuesta, el Buda asume que los practicantes ya están practicando la restricción de las facultades sensoriales (P. *indriyasamvara*) limitando el contacto con los objetos sensoriales para que la mente no se deje llevar por sus reacciones ante ellos. El siguiente paso en el desarrollo de las facultades es establecer la visión mientras se percibe el objeto. Esto se hace mediante la comprensión (MN 152.4):

> Ha surgido en mí lo que es agradable, ha surgido lo que es desagradable, ha surgido lo que es tanto agradable como desagradable. Pero eso es condicionado, burdo, surgido de forma dependiente; esto es pacífico, es sublime, concretamente la ecuanimidad.

Aquí los practicantes se dan cuenta de que ha surgido el agrado, la aversión o la apatía hacia el objeto percibido y lo contrarrestan enfocándose en otros atributos del objeto –el hecho de que es condicionado, burdo y surgido de forma dependiente–. De esta manera, se establece la ecuanimidad de la percepción y, al morar en ella, se liberan la atracción, la aversión y la apatía. Este es el desarrollo supremo de las facultades en la disciplina de los aryas.

Cuando se ve una forma, se oye un sonido, etc. (hasta conocer un objeto mental), ¿cómo practica un discípulo en el adiestramiento superior (alguien que ha entrado en el sendero)? Si surge en su mente agrado, desagrado o apatía, lo reconoce como un obstáculo y, apartando su mente de estas reacciones, restablece la ecuanimidad de la visión superior.

El Buda procede a explicar cómo practican los arhats cuando surgen sensaciones agradables, desagradables o neutras al entrar en contacto con los objetos sensoriales. Nótese que aquí habla de arhats que han perfeccionado estos métodos. En otros casos, el Buda los enseña a los practicantes ordinarios como métodos para eliminar el apego, el enfado y la ignorancia en el adiestramiento. Estos son:

1. Percibir lo no repulsivo en lo repulsivo es meditar en el amor hacia una persona que nos resulta desagradable o contemplar a una persona u objeto como un mero conjunto de partes o elementos impersonales. Hacer esto lleva a la mente a un estado neutro que es abierto, receptivo, y que ha surgido a través de la aplicación de un método virtuoso del Dharma.
2. Percibir lo repulsivo en lo no repulsivo es contemplar el cuerpo de una persona atractiva como algo sucio o comprender un objeto atractivo como algo impermanente.
3. Percibir lo no repulsivo tanto en lo repulsivo como en lo no repulsivo es aplicar los dos primeros métodos tanto a los objetos repulsivos como a los no repulsivos.
4. Percibir lo repulsivo tanto en lo no repulsivo como en lo repulsivo es aplicar los dos primeros métodos tanto a los objetos repulsivos como a los no repulsivos.
5. Evitando tanto lo repulsivo como lo no repulsivo, permanece en ecuanimidad, atento y plenamente consciente. Esto elimina

la alegría y la tristeza en la reacción ante los objetos de los seis sentidos y nos permite permanecer en la ecuanimidad.

El Buda cierra este sutra con un sincero estímulo (MN 152.18):

> Lo que debe hacer por sus discípulos desde la compasión un Maestro que busca su bienestar y tiene compasión por ellos, eso he hecho por ti, Ananda. Hay estas raíces de árboles, estas cabañas vacías. Medita, Ananda, no te demores, o lo lamentarás después. Esta es mi instrucción para ti.

Al enseñarnos con compasión, el Buda ha hecho lo posible por sacarnos del samsara y llevarnos al Nirvana. Ahora debemos practicar. Puesto que no sabemos cuándo llegará la muerte, no debemos retrasar la práctica, porque entretenerse en el sendero sólo nos traerá arrepentimiento y dolor más adelante.

Cualidades únicas de la enseñanza del Buda

Las enseñanzas sobre la condicionalidad (dependencia causal) y la ausencia de identidad esencial son aspectos únicos de la doctrina del Buda. En el *Sutta más corto sobre el Rugido del León* (MN 11), el Buda enfatiza la necesidad de eliminar de raíz todas las visiones erróneas del yo, especialmente las visiones de la existencia (absolutismo, P. *bhavaditthi*) y de la no existencia (nihilismo, P. *vibhavaditthi*). Sólo mediante el desarrollo exhaustivo del verdadero conocimiento (*vijja*) se eliminan la ignorancia (*avijja*) y todas las formas de aferramiento, lo que da lugar al logro del Nirvana.

El *Sutra de las visiones sostenidas* analiza las visiones de la existencia y la no existencia (Iti 2.22).

> Sostenidos por dos tipos de visiones, algunos devas y seres humanos se reprimen y otros se extralimitan; sólo los que tienen visión ven.
>
> ¿Y cómo, monjes, se reprimen algunos? Los devas y los seres humanos disfrutan de la existencia, se deleitan en la existencia, están satisfechos con la existencia. Cuando se les enseña el Dhamma para liberarse de la existencia, su mente no entra en él, ni adquiere confianza en él, ni se asienta en él, ni se determina en él. Es de esta manera, monjes, que algunos se reprimen.
>
> ¿Cómo, monjes, se extralimitan algunos? Ahora bien, algunos se sienten perturbados, avergonzados y disgustados por esta misma existencia y se regocijan en [la idea de] la inexistencia, afirmando:

"Puesto que este yo, buenos señores, cuando el cuerpo perece en la muerte, es aniquilado y destruido, no existe después de la muerte, ¡esto es pacífico, esto es excelente, esto es lo real!" Es de esta manera, monjes, que algunos se extralimitan.

¿Cómo, monjes, ven los que tienen la visión? En este caso, un monje ve lo que ha llegado a ser como que ha llegado a ser. Habiéndolo visto así, practica el sendero para el desencanto, para el desapasionamiento, para el cese de lo que ha llegado a ser. Es de esta manera, monjes, que los que tienen la visión ven.

Aquí el Buda habla de tres tipos de personas. La primera, la que se reprime, está confinada y limitada por sus visiones erróneas. Al no conocer ningún otro tipo de existencia, disfruta del samsara y se deleita en sus placeres. Algunas personas que anhelan la existencia samsárica desarrollan una visión de la misma que da soporte intelectual a su ansia. Otras personas simplemente asumen que hay un alma permanente o un yo sustancial que continúa después de la muerte, quieren seguir existiendo para siempre. Algunos buscan renacer específicamente como un deva o un ser humano con gran riqueza, reputación, familia y poder.

Los segundos son personas que se extralimitan. Algunos están disgustados con la vida, experimentan un gran dolor o se desesperan por el estado del mundo. En el momento de la muerte, anhelan la inexistencia para acabar con su sufrimiento. Otros disfrutan de la vida, pero piensan que la mente es sólo una función del cerebro y que el ser cesa en el momento de la muerte. Ambas ideas asumen que cuando el cuerpo muere la consciencia y la persona se vuelven inexistentes. Consideran que el cese de toda existencia en el momento de la muerte es pacífico y no tienen en cuenta ni se preparan para las vidas futuras.

La tercera alternativa es la que presenta el Buda. Estas personas ven con la visión correcta de la sabiduría y la visión superior. Ven "lo que ha llegado a ser como que ha llegado a ser": ven que los cinco agregados han surgido debido a condiciones. Como los cinco agregados están controlados por la ignorancia y el karma, se desengañan de ellos, dejan de desearlos y se liberan de ellos eliminando sus causas. Esta cesación no es el absolutismo de los que se reprimen ni el nihilismo de los que se extralimitan, sino que es el camino medio del Buda, que sostiene la originación dependiente del samsara y su cesación.

REFLEXIONES ─────────────────────────────

1. Algunas personas se alejan del Dharma porque están completamente enfrascadas y encaprichadas con esta vida y el mundo externo con sus personas deseables y experiencias atractivas. Encuentran el Dharma poco interesante.

2. Otras se extralimitan porque no pueden encontrar la armonía con las personas y el mundo. Están deprimidas y desanimadas y ven la muerte o la inexistencia como la paz que buscan. Son incapaces de esforzarse en el Dharma o les disgusta hacerlo..

3. Los que ven con la visión ven el mundo y los seres que hay en él con sabiduría, tal y como son, y buscan la Liberación.

Renunciar a las visiones erróneas

Hay que renunciar a las visiones erróneas para generar visiones correctas. Muchas visiones erróneas se basan en maquinaciones filosóficas, y aferrarse a ellas trae sufrimiento aquí y ahora e impide que se pueda pensar con claridad. En el *Sutra de la red de Brahma* (DN 1), el Buda expone sesenta y dos visiones erróneas a las que hay que renunciar. En *la Serie más corta de preguntas y respuestas* (MN 44), Bhikkhuni Dhammadinna describe veinte visiones erróneas del yo a las que hay que renunciar. En *Discurso sobre el símil de la serpiente*, el Buda habla de varias visiones sobre la permanencia, señalando sus desventajas; por ejemplo (MN 22.18):

> [...] alguien piensa así: "¡Ay, lo tenía! ¡Ay, ya no lo tengo! ¡Ay, que lo tenga! ¡Ay, no lo tengo!". Entonces se apena, se aflige y se lamenta; llora, se golpea el pecho y se angustia.

Con esta visión, pensamos que nuestras posesiones son permanentes, eternas y no están sujetas al cambio. Cuando más tarde perdemos una posesión o una relación apreciada, exclamamos angustiados: "¡Ay, lo tenía! ¡Ay, ya no lo tengo!", y nos sentimos angustiados por la pena y, a menudo, también por el enfado o la depresión. La mente oscila, apegándose a esas cosas cuando las tenemos y lamentándose cuando las perdemos. O, como se indica al pensar: "¡Ay, que lo tenga! ¡Ay, no lo tengo!", ansiamos cosas deseables que no tenemos y cuando nuestros deseos o anhelos se ven reprimidos, nos lamentamos angustiados. Por otro lado, alguien que no tiene una visión de posesiones, estatus o relaciones permanentes no está sujeto a estas oscilaciones emocionales que tienen su origen en el ansia.

Se puede tener una visión absolutista extrema pensando que al morir nuestro ser individual continuará sin cambios y existirá eternamente, o pensando que nuestra alma se fundirá con el universo y de esa manera será permanente y eterna. Cuando las personas que se aferran a estas visiones se encuentran con las enseñanzas del Buda, fácilmente las malinterpretan, pensando que el Buda está diciendo que al morir serán aniquilados y dejarán de existir por completo. Entonces se aterrorizan, se inquietan y rechazan el Dharma. El aferramiento a esta visión errónea ha oscurecido su sabiduría.

¿Es posible sostener cualquier doctrina del yo sin experimentar repercusiones desafortunadas? El Buda desafía a los monjes (MN 22.23):

> Monjes, bien podéis aferraros a aquella doctrina del yo que no suscite pena, lamentaciones, dolor, aflicción y desesperación en quien se aferra a ella. Pero, ¿veis alguna doctrina del yo que sea así?

Después de que los monjes respondieran que no, el Buda les dio la razón. Aunque no lo dice directamente, la implicación es que sostener cualquier visión errónea lleva a aferrarse a esa visión, y cuando uno se aferra a una visión errónea y la atesora, la desgracia acabará llegando. Esa desgracia puede no surgir inmediatamente o de forma obvia. De hecho, algunas personas pueden obtener satisfacción y seguridad de sus visiones erróneas y otras personas pueden refrenar el comportamiento destructivo debido a ellas. Sin embargo, a largo plazo estas visiones conducirán a la decepción, a la justificación de acciones dañinas, al rechazo de las visiones correctas y a la existencia continuada en el samsara.

Varios sutras del *Suttanipata* contienen pasajes sobre la necesidad de abandonar incluso el aferramiento más sutil a las visiones:

> Aquellos que consideran que las reglas (preceptos) son lo más elevado, pensando que la pureza viene de [la práctica de] la autocontención, adoptan ritos y los observan [obedientemente], [pensando] "Si aprendemos esto, entonces aprenderemos la pureza", [estos] autoproclamados expertos están abocados al renacimiento.

> Cuando alguien es deficiente en reglas y prácticas, habiendo fallado en la realización de algún acto, tiembla, anhela la pureza aquí, como quien ha dejado su casa [pero] ha perdido la caravana.

Así que renuncia a las reglas y las prácticas, a todas las acciones que traen alabanza y culpa, sin anhelar "¡Pureza, impureza!", [una persona] debe vivir libre, sin aferrarse a la paz.

Cuando una persona en el mundo, que se aferra a visiones, estima algo especialmente "Lo más elevado", entonces dice que todos los demás son inferiores; de esta manera no está más allá de las disputas.

La persona que mantiene opiniones, definiendo [las cosas] para sí misma, llega a tener más disputas en el mundo; [sólo] cuando una persona renuncia a todas las opiniones no tiene ninguna disputa con el mundo[102].

Aferrarse a las visiones —ya sean visiones relativas a los preceptos, las prácticas o los temas filosóficos— nos aleja del propósito del Dharma y nos lleva a un pensamiento egoísta. La arrogancia se dispara y nos perdemos en compararnos con los demás, pensando que somos los mejores porque tenemos las visiones correctas y que los demás son inferiores porque tienen visiones estúpidas. Nos encontramos en disputas con los demás, esforzándonos desesperadamente por salir victoriosos en los debates en un intento frenético de apuntalar nuestra autoestima. Este no es el sendero hacia el Nirvana.

Abandonar el aferramiento a las visiones no significa que no creamos en nada, que tengamos miedo de participar en una discusión o que vacilemos ignorantemente entre las visiones. Tenemos que aprender a pensar con claridad, sin apego ni confusión. Las visiones correctas del óctuple sendero pueden basarse en la razón.

El *Sutta para Pasura* habla de las desventajas de aferrarse a las visiones y desaconseja hacerlo. También aconseja cómo responder a alguien que se empeña en discutir sobre las visiones en aras de la alabanza y el reconocimiento (Sn 4.8):

> "Sólo aquí existe la pureza" —eso dicen—. "Ninguna otra doctrina es pura"-eso dicen—. Insistiendo en que lo que depende de ellos es bueno, se atrincheran profundamente en sus verdades personales.
>
> Buscando la controversia, se sumergen en una asamblea, considerándose necios unos a otros. Confiando en la autoridad de otros, hablan en el debate. Deseando elogios, afirman ser hábiles...
>
> A los que, aferrándose a las visiones, discuten y dicen: "Sólo esto es verdad", a ellos deberías decirles cuando se empieza a hablar: "No hay nadie aquí que te responda en la disputa".

---

102 Steven Collins, *Selfless Persons* (Cambridge: Cambridge University Press, 1982), 129-30.

Entre aquellos que viven por encima de la confrontación, sin enfrentar visión contra visión, ¿a quién ganarías como oponente, Pasura, entre aquellos de aquí que ya no se aferran?

El *Atthakavagga* y el *Parayanavagga*, pequeñas colecciones de algunos de los primeros sutras, se encuentran en el *Suttanipata*. Estos sutras parecen anticipar el énfasis de Nagarjuna en no aferrarse a los preceptos y las prácticas, ni siquiera a las visiones filosóficas más apreciadas que estamos seguros de que nos llevarán a la Iluminación. La instrucción de Nagarjuna no es simplemente abandonar el aferramiento a las visiones en el sentido de no pretender "Mi visión es correcta, la tuya es incorrecta", sino soltar el aferramiento a la visión del aferramiento a la existencia inherente. Nos advierte contra el extremo cosificado del absolutismo, que se aferra a la existencia inherente, así como contra la visión aniquiladora del nihilismo, que niega lo que de hecho existe.

Al no estar dispuesto a asentir a ninguna visión de existencia inherente, Nagarjuna dice que la vacuidad de existencia inherente en sí misma también es vacía. En lugar de las visiones erróneas del absolutismo y el nihilismo, afirma que aunque todos los fenómenos –incluso la propia vacuidad y sus propias visiones– carecen de existencia inherente, siguen existiendo y funcionando y, por lo tanto, es importante adoptar la visión correcta. En el verso final de *Tratado sobre el camino medio*, dice (MMK 27.30):

> Me postro ante Gautama, quien, por medio de una gran compasión, enseñó el excelso Dharma que conduce a renunciar a todas las visiones.

Algunas personas han malinterpretado las palabras de Nagarjuna, pensando que los madhyamikas sólo refutan las visiones de los demás pero no tienen ninguna propia. Esto no es correcto, los madhyamikas tienen posiciones y hacen afirmaciones. Nagarjuna explica que las afirmaciones de los madhyamikas, así como su refutación de visiones erróneas, son vacías de existencia inherente, pero existen de forma dependiente.

Aunque hay algunas similitudes entre el madhyamaka y algunos pasajes del *Suttanipata*, no son lo mismo. Nagarjuna explica en detalle cómo comprender la vacuidad, que es el antídoto para todas las visiones, mientras que el *Suttanipāta* no lo hace. Sin embargo, como colección de sutras cortos nos brinda puntos para contemplar y algunos de estos sutras hablan de la vacuidad o del no aferramiento. En el *Sutta sobre la violencia*, el Buda instruye (Sn 4.15.949-51):

> Seca lo que es pasado, que no haya nada para ti en el futuro. Si no te aferras a nada en el presente, irás en paz.
>
> Aquel que con respecto a todo este complejo mente-cuerpo no lo aprecia como "mío", que no se aflige por lo que no existe, realmente no sufre ninguna pérdida en el mundo.
>
> Para él no existe el pensamiento de algo como "esto es mío" o "esto es de otro". Al no encontrar ningún estado de propiedad y comprender que "nada es mío", no se aflige.

En resumen, no aferrarse a nada en el samsara, ya sean objetos sensoriales, personas o visiones, es la clave de la Liberación. Ya sea que alguien afirme el aferramiento a una persona autosuficiente y sustancialmente existente o el aferramiento a los fenómenos inherentemente existentes como el aferramiento último al que hay que renunciar, todos están de acuerdo en que embellecer la realidad con nuestras concepciones erróneas nos conduce a duhkha.

12 | Tradición pali: Desarrollar la sabiduría de vipasana

Las tradiciones pali y sánscrita comparten muchos de los métodos analíticos para comprender la ausencia de identidad esencial. También existen algunas diferencias en la manera de abordar la cuestión. Según la tradición pali, comprender las tres características de los fenómenos condicionados –impermanencia, duhkha y ausencia de identidad esencial o un yo permanente y sólido– es una sabiduría de vipasana mundana porque estas tres son características del duhkha verdadero, los fenómenos del samsara. Comprender las tres características es un prerrequisito para penetrar en el nirvana, lo no condicionado, lo último. La sabiduría supramundana que conoce el nirvana se emplea en las etapas aryas del que ha entrado en la corriente, del que regresa una vez y del no retornante y culmina en el estado de arhat.

En la tradición sánscrita, la comprensión de la impermanencia y el duhkha se logra mediante conocedores convencionales válidos. Los diversos sistemas de principios tienen diferentes visiones de lo que es la ausencia de identidad esencial, según la forma en que describen el objeto de negación. En el sistema prasangika, la ausencia de identidad esencial es equivalente a la vacuidad; se aplica a todas las personas y fenómenos, y la comprensión directa y no conceptual de la ausencia de identidad esencial es un sendero arya que, cuando se desarrolla plenamente, conduce a la Liberación o a la completa Iluminación.

En ambas tradiciones, la sabiduría es alabada porque abre la puerta al Nirvana, el estado de paz verdadera. Por lo tanto, el Buda y los sabios budistas nos animan a atesorar la sabiduría y a hacer todo lo posible para desarrollarla. El Buda aconseja (AN 1.77-81):

> Insignificante, monjes, es la pérdida de parientes, riqueza y fama; la pérdida de sabiduría es la mayor pérdida. Insignificante, monjes, es el incremento de parientes, riqueza y fama; el incremento de la sabiduría es lo más grande. Por lo tanto, monjes, debéis adiestraros así: "Creceremos en sabiduría".

Desarrollar la sabiduría de vipasana implica entender nuestras experiencias y a nosotros mismos, la persona que las experimenta. Para entendernos a nosotros mismos, es necesario que comprendamos los cinco agregados que componen la persona y esto se hace comprendiendo sus características comunes –impermanencia (*anitya, anicca*), insatisfacción (*duhkhata, dukkhata*) y la ausencia de identidad esencial o de un yo permanente y sólido (*anatman, anatta*)– y comprendiendo cómo los agregados se relacionan con el yo que los experimenta y se aferra a ellos. Observar con atención los agregados establece las bases para la comprensión que analiza su naturaleza y la de la persona.

Esquemas que utilizar y fenómenos que examinar

En los sutras, el Buda utiliza de manera repetida ciertos esquemas acerca de los fenómenos como objetos sobre los que desarrollar la sabiduría de vipasana y la sabiduría del sendero. Dichos esquemas incluyen las tres características, sin limitarse a ellas; las cuatro verdades; la originación dependiente; la gratificación, el peligro y el escape, y el desencanto (*nibbida*), el desapasionamiento (*viraga*) y la Liberación (*vimutti*).

El esquema principal para desarrollar la sabiduría de vipasana son las tres características de los fenómenos condicionados del samsara: impermanencia, duhkha y ausencia de identidad esencial. El Buda utiliza a menudo estas tres características para ayudar a los discípulos a llegar a tres conclusiones sobre los fenómenos condicionados: no son míos, no son yo y no son mi yo.

El esquema de las cuatro verdades se emplea para examinar cada fenómeno en términos de su naturaleza específica, su surgimiento, su cesación y el sendero para su cesación. Este es también el esquema utilizado para contemplar la originación dependiente. En un sutra, Shariputra describe cada uno de los doce vínculos de originación dependiente, las condiciones para que surjan y las condiciones para que cesen, y prescribe el óctuple sendero como medio para cesar el samsara. Este esquema pone de manifiesto la naturaleza condicionada de las cosas: que nada es un hecho aislado, separado de otras cosas. Más bien, nuestra vida forma parte de una compleja red interconectada en la que una cosa condiciona a otra, que, a su vez, condiciona a otra. Comprender esto se opone a la idea errónea de la existencia independiente y repercute en la forma en que nos vemos a nosotros mismos y en nuestra relación con las personas y las cosas[103].

Al analizar el surgimiento y el cese de cada vínculo, se pone de manifiesto que el proceso de renacimiento continúa sin un yo sustancial que renazca. La condicionalidad misma es lo que hace que se produzca la continuidad de una vida a la siguiente: no se necesita un alma, un yo independiente o un yo controlador. Por ejemplo, la ciudad de Nueva York existe, y tanto si pensamos en ella como si la experimentamos directamente, nos aparece como una ciudad. Sin embargo, al examinarla, encontramos muchos barrios, edificios, personas y actividades. De un día para otro, cada uno de estos elementos diferentes continúa, convirtiéndose en algo nuevo cada día que pasa. ¿Algunos de estos elementos en constante cambio que constituyen la ciudad necesitan una ciudad de Nueva York real que se pueda encontrar para que continúen? No. ¿Hay algo localizable que sea Nueva York en cualquiera de estos elementos individualmente o en su conjunto? No. Si se eliminara el nombre "Nueva York", ¿se desmoronaría todo? No. Del mismo modo, el curso de los agregados continúa sin que haya un ser que se pueda encontrar que haga que todas estas partes se cohesionen.

Otro esquema que emplea el Buda es el de la gratificación, el peligro y el escape. La gratificación se refiere a la atracción que los seres conscientes sienten por los objetos contaminados y el disfrute que obtienen de ellos; el peligro se refiere a las consecuencias desagradables que se derivan de la implicación aflictiva con ellos, y el escape se refiere a la paz del Nirvana, que está libre de ellos. Además, el Buda emplea el esquema del desencanto, el desapasionamiento y la Liberación con respecto a cada cosa condicionada del samsara.

El desencanto es la sensación de repugnancia hacia el samsara; el desapasionamiento es el desvanecimiento del deseo por los objetos contaminados, y la Liberación es alcanzar el sendero y experimentar el Nirvana. Otra posibilidad es que el desencanto sea la última etapa de la visión superior, el desapasionamiento sea el logro del sendero supramundano y la Liberación sea el fruto del sendero.

Se pueden utilizar otros esquemas para examinar los fenómenos que componen los cinco agregados. Estos incluyen las doce fuentes y

---

103 Véanse los capítulos 7 y 8 de *Samsara, Nirvana y naturaleza de buda* (Ediciones Amara) para una explicación de los doce vínculos de la originación –o relación– dependiente.

los dieciocho constituyentes[104], así como los seis tipos de consciencia, los seis contactos, las seis sensaciones y las seis ansias en su conjunto. Los seis elementos –tierra, agua, fuego, viento (aire), espacio y consciencia– son otra manera de formular los fenómenos incluidos en los cinco agregados.

¿Por qué hay tantas formas de clasificar los fenómenos y tantos esquemas para examinarlos? Nuestra ignorancia es profunda y abordar una misma cosa desde distintos ángulos aporta una comprensión más sólida. Además, como las personas tienen diferentes disposiciones, un individuo puede encontrar uno u otro esquema o una u otra forma de agrupar los fenómenos más útil para su meditación. En el próximo volumen de *Biblioteca de sabiduría y compasión* verás diferentes esquemas aplicados a diversos temas y objetos. Aquí empezaremos con las tres características.

Las tres características

Desarrollar la comprensión de las tres características nos permite observar los componentes de nuestro ser de forma realista y, por tanto, es un elemento central del sendero a la Liberación. Se recomienda meditar en ellas sobre la base de una comprensión general de algunos de los temas más destacados de las enseñanzas del Buda: la condicionalidad, la dependencia y su relación con los doce vínculos de la originación dependiente. Este trasfondo nos prepara para investigar cada factor condicionado y dependiente de nuestra existencia samsárica y para comprender que todos ellos comparten tres características: son impermanentes, insatisfactorios y carecen de identidad esencial. Aunque tienen estas características, la ignorancia nubla nuestra mente y vemos las cosas condicionadas como permanentes, satisfactorias y con una identidad esencial.

La ignorancia funciona de dos maneras. Primero, como oscuridad mental, oculta y oscurece la verdadera naturaleza de los fenómenos. En segundo lugar, crea apariencias falsas o distorsiones en la mente, de modo que vemos las cosas del modo contrario a como realmente son. Las distorsiones operan en tres niveles: en nuestras percepciones, en nuestros pensamientos y en nuestra comprensión o visiones.

---

104 Los dieciocho constituyentes abarcan todo cuanto existe, ya sea permanente o impermanente, y son los seis objetos, las seis facultades sensoriales y las seis consciencias.

En primer lugar, *percibimos* las cosas de forma incorrecta. Basándonos en estas percepciones incorrectas, *pensamos* en ellas de forma equivocada. Si unimos a esto nuestras ideas, creamos un discurso que interpreta y *comprende* nuestra experiencia de forma incorrecta. El resultado es que construimos una filosofía a la que nos aferramos, con la que nos identificamos y que defendemos. No hace falta decir que esto ha traído un sufrimiento increíble a los seres conscientes a lo largo de la historia. Por ejemplo, Alfred se percibe a sí mismo como un ser sustancial. Cuando un colega le da una opinión sobre su trabajo, cree que le está criticando. Reflexionando sobre esto, comprende que su trabajo puede estar en peligro si su jefe se entera de esta crítica. También se da cuenta de que ese compañero es de un país concreto. Como recuerda la información incorrecta sobre ese país que escuchó de niño, crea una filosofía de "nosotros contra ellos" en la que su país parece estar en peligro por los inmigrantes del otro país. Entonces, Alfred se compromete a impedir que los inmigrantes entren en su país uniéndose a un grupo de vigilancia que supervisa la frontera. Mientras tanto, otros que escucharon el comentario que el compañero hizo a Alfred lo vieron como un consejo útil, no como una crítica.

El Buda habló de cuatro distorsiones, cada una de las cuales ocurre en los tres niveles anteriores. Estas cuatro son: (1) considerar lo que es sucio como atractivo; (2) considerar lo que es impermanente como permanente; (3) considerar lo que es insatisfactorio como fuente de verdadera felicidad, y (4) considerar lo que no tiene identidad esencial como que la tiene.

En una mente oscurecida por la ignorancia y confundida por estas cuatro distorsiones, operan continuamente el aferramiento, el apego y otras aflicciones. La ignorancia da lugar al ansia, que busca ampliar el territorio de este supuesto yo para poder controlarlo todo. Queremos que este yo imaginado continúe en el futuro y sea inmortal. Las cuatro distorsiones son las que alimentan el samsara, distrayéndonos con el señuelo de la felicidad en el mundo. La mente queda atrapada en las ilusiones, que dan lugar al ansia, al engreimiento y a las visiones erróneas. Mientras tanto, buscamos frenéticamente la confirmación de nuestra identidad sintiéndonos perpetuamente frustrados, ya que ésta nos esquiva. Sólo volviendo la mente hacia el interior para investigar nuestra experiencia con atención y sabiduría se puede poner fin a estas actividades corrosivas y al duhkha que provocan.

El sendero de la Liberación radica en ver que las tres características son la naturaleza de todos los fenómenos que constituyen nuestro cuerpo y nuestra mente. Esto nos lleva a dejar de identificar los agregados como un yo sustancial para ver que no son míos, ni yo, ni mi yo. Al conocer la ausencia de identidad esencial de estos fenómenos con la sabiduría correcta y soltar la identificación de los cinco agregados como un yo, el ansia y el aferramiento cesan a medida que la mente se vuelve desencantada, desapasionada y liberada.

La primera distorsión –ver lo que es sucio como atractivo y puro– se aplica especialmente al cuerpo. A pesar de que el cuerpo es un conjunto de elementos y órganos sucios, proyectamos en él la cualidad de ser atractivo. El antídoto para esto es la meditación en las treinta y dos partes del cuerpo.

El antídoto para las tres distorsiones siguientes es comprender las tres características de impermanencia, duhkha y ausencia de identidad esencial. El Buda nos anima a comprender las tres características explicando seis ventajas de comprender cada una de ellas (AN 6:102-4):

> Cuando un monje ve las seis ventajas, le basta con establecer una percepción ilimitada de la impermanencia en todas las cosas condicionadas. ¿Qué seis? Todas las cosas condicionadas me aparecerán como transitorias. Mi mente no se deleitará en nada mundano. Mi mente emergerá del mundo entero. Mi mente se inclinará hacia el nibbana. Mis grilletes serán abandonados. Y llegaré a poseer el ascetismo supremo…

> Cuando un monje ve las seis ventajas, le basta con establecer una percepción ilimitada de dukkha en todas las cosas condicionadas. ¿Qué seis? Se establecerá en mí una percepción de desencanto hacia todas las cosas condicionadas, igual que hacia un asesino con la daga levantada. Mi mente emergerá del mundo entero, veré el nibbana como algo pacífico. Las tendencias subyacentes serán desarraigadas. Seré uno que ha completado su tarea. Y habré servido al Maestro con amorosa bondad.

> Cuando un monje ve las seis ventajas, debería ser suficiente para él establecer una percepción ilimitada de la ausencia de un yo permanente en todas las cosas condicionadas. ¿Qué seis? Estaré sin identificación (ansia y visiones) en el mundo entero. Las nociones de "yo" cesarán en mí. Las nociones de "lo mío" cesarán en mí. Poseeré un conocimiento no compartido [con los mundanos]. Comprenderé claramente las causas y los fenómenos que surgen de ellas. Y habré visto claramente que los fenómenos surgen de forma causal.

Cuando las personas que aspiran sinceramente a liberarse del samsara contemplan estas ventajas, se sentirán inspiradas y vigorizadas para contemplar las tres características. Pero para aquellos que aún no están convencidos de que la felicidad duradera no se encuentra en el samsara, estas ventajas parecerán poco interesantes. Para desarrollar su mente, deben reflexionar de nuevo sobre las desventajas del samsara en cuanto a su propia experiencia. De ese modo, surgirá y aumentará el deseo de liberarse del samsara.

Las tres características están intrínsecamente relacionadas entre sí y comprenderlas conduce a la comprensión clara de el que ha entrado en la corriente y conoce directamente el nirvana. El Buda preguntó a sus discípulos sobre las tres características en el *Sutra del símil de la serpiente* (MN 22.26):

"Monjes, ¿qué pensáis? ¿La forma material es permanente o impermanente?". "Impermanente, Venerable Señor". "¿Lo que es impermanente es insatisfactorio o felicidad?". "Insatisfactorio, Venerable Señor". "¿Lo que es impermanente, insatisfactorio y está sujeto al cambio es adecuado para ser considerado así: 'Esto es mío, esto soy yo, esto es mi yo'?". "No, Venerable Señor".

El Buda continuó entonces haciendo la misma serie de preguntas sobre la sensación, el discernimiento, los factores composicionales y la consciencia, a las que los monjes dieron la misma respuesta. Entonces dijo que cualquier tipo de forma material, sensación, discernimiento, factor composicional o consciencia – "pasada, presente o futura; burda o sutil; inferior o superior; lejana o cercana"– se debe ver tal y como es en realidad con la debida sabiduría: 'Esto no es mío, esto no soy, esto no es mi yo'". El mismo argumento aparece muchas veces en los sutras, especialmente en el *'Libro de los agregados',* en *Discursos conectados* (SN 22-24). Aunque a menudo se utiliza el cuerpo como ejemplo porque es el primero en la lista de los cinco agregados, se deberían aplicar los mismos argumentos a la sensación, el discernimiento, los factores composicionales –como las emociones y las actitudes– y la consciencia.

REFLEXIONES ———————————————————

1. Contempla las seis ventajas de comprender la impermanencia: todas las cosas condicionadas aparecerán como transitorias; tu mente no se deleitará en nada mundano; tu mente se liberará de las preocupaciones

mundanas; tu mente se inclinará hacia el Nirvana; abandonarás todos los grilletes y llegarás a poseer el ascetismo supremo.

2. Contempla las seis ventajas de comprender duhkha: no te engancharás ni serás arrastrado por las cosas condicionadas; tu mente emergerá del mundo y verá el Nirvana como algo pacífico; las tendencias subyacentes serán desarraigadas; completarás la tarea de alcanzar la Liberación y habrás servido al Maestro con bondad amorosa.

3. Contempla las seis ventajas de comprender el no-yo: estarás sin ansias ni visiones; las nociones de "yo" cesarán; las nociones de "mío" cesarán; poseerás un conocimiento no compartido con la gente mundana; comprenderás claramente las causas y los fenómenos que surgen de ellas, y verás claramente que los fenómenos surgen de forma causal.

Impermanencia

El Buda describe la impermanencia sutil como "surgimiento y desaparición" o como "origen y desintegración". Comprender el surgimiento u originación disipa el concepto erróneo del nihilismo, que cree que o bien las cosas no existen en absoluto o bien la persona se interrumpe por completo después de la muerte, de modo que no hay continuidad del karma y sus efectos. Comprender la desaparición o desintegración disipa el concepto erróneo del absolutismo, que considera que las personas y las cosas tienen una realidad sustancial, permanente y eterna.

Ocasionalmente, los sutras hablan de conocer las sensaciones, discernimientos y pensamientos "a medida que surgen, a medida que están presentes, a medida que desaparecen" (MN 123.23), esbozando tres características de lo condicionado: surgir, cambiar mientras permanece y desaparecer. El abhidharma formaliza esto en la teoría de que a nivel microscópico cualquier fenómeno condicionado tiene tres fases: la fase de surgir, la de presencia y la de disolución. Estos tres puntos no tienen duración temporal. El cambio no se produce por el cambio real de una cosa persistente, sino por el surgimiento sucesivo de fenómenos específicos en una secuencia ininterrumpida con una rapidez imperceptible.

En meditación, es más útil centrarse en la presentación del sutra sobre el surgimiento y la desaparición, y dentro de estos dos, especialmente en la disolución o la desaparición, ya que eso pone de manifiesto la impermanencia de una manera muy contundente.

Al empezar con el análisis de la impermanencia de la forma, el Buda apela a la experiencia directa de nuestro cuerpo. Sabemos que nuestro cuerpo cambia constantemente, sabemos que envejece y que finalmente dejará de existir. Esta es una forma comparativamente burda de impermanencia, mientras que la comprensión de la impermanencia sutil nos libera de la ilusión de que el cuerpo es permanente.

La impermanencia sutil es más difícil de entender. Los científicos nos hablan de los cambios constantes en las partículas subatómicas, pero como éstas no son visibles para nuestras percepciones ordinarias y los objetos físicos que nos rodean parecen ser estables, suponemos que nuestros cinco agregados y el mundo que nos rodea son inmutables y fijos. En realidad, nuestro cuerpo, nuestras sensaciones y demás son procesos dinámicos en los que cada aspecto de ellos surge y desaparece a cada instante. Nada es estático, aunque parezca firme y no cambiante porque nuestra percepción no es lo suficientemente aguda como para detectar los cambios sutiles que ocurren en cada momento. La mente oscurecida une estos instantes únicos de existencia siempre cambiantes y los ve como objetos sólidos de modo que la mente ignorante puede lidiar con el mundo. Un cuerpo estable y sólido es una imagen mental superpuesta sobre una corriente de acontecimientos, como cuando vemos como un círculo una hélice girando. La sucesión constante de actos específicos de cognición o sensación aparece como un acontecimiento monolítico, igual que el rapidísimo cambio de los fotogramas de una película aparece como un suave continuo.

Practicando la atención y prestando cuidadosa atención al cuerpo y a los procesos mentales, veremos gradualmente que lo que aparece como objetos o acontecimientos unificados son fenómenos momentáneos que surgen y desaparecen en una fracción de nanosegundo. Este cambio constante se produce debido a causas y condiciones, que en sí mismas están en un fluir constante. Del mismo modo, los elementos que componen el cuerpo son en realidad procesos dinámicos que surgen y cesan a cada instante. A medida que se profundiza en la atención, la impermanencia sutil se ve con claridad, no de forma intelectual o conceptual, sino como una experiencia directa.

Para acercarte a la impermanencia sutil, empieza por examinar tu cuerpo. ¿Es el mismo de un año a otro? ¿Es el mismo de un mes, semana, día, hora, minuto y segundo al siguiente? ¿Es el mismo de una fracción de segundo a otra? Si nos lo planteamos de este modo, queda claro que nuestro cuerpo cambia de una fracción de segundo a otra. Del mismo modo, cada parte de nuestro cuerpo y cada átomo de nuestro cuerpo cambia de una fracción de segundo a la siguiente. Las sensaciones, discernimientos, factores composicionales y consciencias tampoco permanecen iguales de un nanosegundo a otro. Todo llega a la existencia, persiste durante la más pequeña fracción de un instante y luego cesa; de hecho, incluso en esa fracción de segundo mientras persiste, está cambiando. A esto le sigue algo nuevo que surge, persiste durante una fracción de instante cambiante y se desintegra. No hay forma de detener este proceso: el cambio está en la propia naturaleza de las cosas condicionadas.

La experiencia de una sensación placentera depende de un objeto, de la facultad sensorial, de la consciencia y del contacto, pero una vez que surge la sensación, ¿puede ser permanente durante el tiempo que dura? Bhikkhu Nandaka, al instruir a un grupo de quinientas bhiksunis, preguntó (MN 146.9):

> Monjas, suponed que una lámpara de aceite está ardiendo: el aceite es impermanente y está sujeto al cambio; la mecha es impermanente y está sujeta al cambio; la llama es impermanente y está sujeta al cambio, y el resplandor es impermanente y está sujeto al cambio. Ahora bien, ¿hablaría bien quien dijera esto?: "Mientras esta lámpara de aceite está encendida, el aceite, la mecha y la llama son impermanentes y están sujetos al cambio, pero el resplandor es permanente, imperecedero, eterno, no está sujeto al cambio".

A esto las bhiksunis respondieron que dicha permanencia no es posible. Cualquier cosa que surja dependiendo de causas y condiciones –aunque perdure durante un período de tiempo– no puede ser en sí misma permanente y no cambiante. También perece y algo nuevo surge a cada fracción de segundo de su continuidad.

Nuestra consciencia ordinaria ve las sensaciones como algo sólido y sustancial, pero al volver la atención hacia dentro, hacia nuestra experiencia instante tras instante, es posible comprender el surgimiento y el cese del contacto –la causa de la sensación– en cada fracción de segundo. Así como se ve el contacto –que también es momentáneo y transitorio– también se ve el cese de cada instante de la sensación que ha surgido en función de ese contacto. Al no comprender que las sensaciones agradables son impermanentes, se enciende el deseo sensual; al no comprender que las sensaciones desagradables son impermanentes, estalla el enfado, y al no comprender que las sensaciones neutras son impermanentes, se activa la confusión. Por esta razón, el Buda hace hincapié en la comprensión de las sensaciones con la sabiduría correcta, porque al comprenderlas así se evita que surjan las aflicciones y finalmente se consigue su erradicación total.

Al aumentar nuestra atención a cada uno de los cinco agregados, surgirá la sabiduría de vipasana que conoce directamente la impermanencia sutil. Cuando esto ocurre, casi parece que no hay nada porque todo lo que surge desaparece en el siguiente instante. El presente no se puede detener.

Insatisfacción

Sendero de purificación dice que *duhkha* tiene el significado de *opresión por surgir y desaparecer*. En el pasaje anterior del *Sutra del símil de la serpiente*, el Buda señala la conexión entre la impermanencia y duhkha al preguntar: "¿Lo que es impermanente es sufrimiento o felicidad?". Dado que los cinco agregados son transitorios y no permanecen en el instante siguiente, son insatisfactorios por naturaleza; no son seguros, predecibles ni fiables. El cuerpo puede experimentar algún placer temporal, pero es incapaz de proporcionarnos una felicidad duradera y estable que sea invulnerable a los cambios de las circunstancias. Puesto que nuestra salud y energía física disminuyen a medida que envejecemos, el cuerpo no puede ser fuente de verdadera felicidad.

Del mismo modo, las sensaciones son insatisfactorias por naturaleza. Las sensaciones son inestables: son agradables, luego desagradables; de felicidad, luego de infelicidad. La misma insatisfacción se encuentra en el discernimiento, los factores composicionales y las consciencias. En resumen, como los agregados están bajo el control de las aflicciones y el karma, no están más allá de duhkha. Al liberarnos de las suposiciones falsas sobre cada uno de los cinco agregados, vemos que tienen la naturaleza de duhkha y cesan nuestras expectativas falsas y el aferramiento por ellos.

Ausencia de identidad esencial

La ausencia de identidad esencial (la ausencia de un yo permanente y sólido) es la más difícil de entender de las tres características. Para entenderla, hay que volver a las dos primeras características y preguntarse: ¿lo que es impermanente e insatisfactorio es adecuado para considerarse como "Esto es mío, esto soy yo, esto es mi yo"?

En la respuesta subyace la antigua idea india de lo que cabe considerar como *yo*, *mío* y *mi yo*, así como nuestra noción humana básica de lo que suponemos que es nuestro verdadero yo. La antigua concepción india del yo es un yo permanente, eterno e intrínsecamente dichoso. El yo es el dueño de los agregados, capaz de lograr lo que desea sin depender de nada más. Es evidente que un yo transitorio y bajo la influencia de las aflicciones y el karma contaminado no se ajusta a esta descripción.

En cuanto a lo que consideramos como nuestro verdadero yo, las cosas impermanentes como nuestros cinco agregados contaminados que están unidos al duhkha no se ajustan a este criterio porque el yo no tiene el dominio último sobre ellos. Ciertamente no queremos identificar los agregados contaminados como verdaderamente nuestros, verdaderamente lo que somos o nuestro verdadero yo. No encontrar algo que podamos señalar como nuestro verdadero yo pone en tela de juicio toda noción de que ese verdadero yo exista.

El Buda no niega la existencia convencional del yo. Utilizó la palabra *yo* cuando se comunicaba con la gente. Convencionalmente y de forma apropiada, las palabras *yo*, *tú*, *ellos*, etc., se utilizan para distinguir las diferentes personas. La doctrina de la ausencia de un yo permanente no niega la existencia de la persona ni de las designaciones utilizadas para referirse a ella. Lo que se refuta es un ego que sea una entidad sustancial, un sujeto permanente que exista en el núcleo de los agregados psicofísicos. La doctrina de la ausencia de un yo permanente y sólido no niega la existencia de una persona designada en función del complejo cuerpo-mente. Niega que la persona exista como un yo, como una entidad duradera, sustancial e independiente. Decir que la persona existe es decir que los cinco agregados están presentes. Decir que la persona es vacía de identidad esencial o que no hay un yo permanente significa que los agregados no se pueden identificar como un yo y no contienen un yo. No se puede encontrar un núcleo interno de identidad en o tras la persona convencional compuesta por los cinco agregados.

Esto es contrario a nuestra forma ordinaria de pensar en nosotros mismos. Pensamos y sentimos que somos un yo. Identificamos el cuerpo o la mente como el yo o pensamos que un yo está detrás de los agregados. Según nuestra noción arraigada del "yo", el yo tiene ciertas cualidades. En primer lugar, parece ser una entidad que perdura en el tiempo. Puede perdurar temporalmente, llegando a existir al nacer y dejando de existir al morir. O puede perdurar eternamente, sin dejar de existir después de la muerte. En segundo lugar, el yo se concibe como un todo unitario e indivisible que no tiene partes. En tercer lugar, el yo parece ser autosuficiente y no depender de causas y condiciones. En cuarto lugar, controla los agregados. El yo que se ve como nuestra esencia es el dueño de sí mismo. No debe haber conflicto entre lo que queremos ser y lo que somos.

Examinemos los cinco agregados y veamos si alguno de ellos se ajusta a esta descripción del yo. Si dicho yo existe, deberíamos poder aplicar el análisis para precisarlo y encontrar lo que es. Concebir un yo sólo se puede hacer en relación con lo que se experimenta, los cinco agregados. Aunque son posibles varias relaciones diferentes entre el yo y los agregados, se pueden resumir en dos. Un yo verdadero debería ser (1) lo mismo que los agregados –el yo se debería identificar con algún aspecto del complejo cuerpo-mente– o (2) diferente de los agregados –el yo estaría separado de los agregados y se podría encontrar como una entidad distinta, ya fuese en el seno del conjunto de los agregados, detrás de ellos o como su propietario invisible–.

En la primera opción, los agregados serían el yo. Pero, ¿tiene alguno de los agregados los cuatro atributos que corresponden a un yo verdadero?

- Pensamos que el yo debería ser permanente, pero los agregados son impermanentes. El cuerpo es un cúmulo de procesos físicos que surgen y desaparecen. La mente es una serie de acontecimientos momentáneos de consciencia.
- Pensamos que el yo es un todo indivisible, pero hay cinco agregados. Cada uno de estos agregados consta, a su vez, de una multiplicidad de elementos y acontecimientos. ¿Cuál de las partes del cuerpo sería el yo? ¿Cuál de los momentos de cualquiera de los cuatro agregados mentales podría ser un solo yo unitario?
- Pensamos que el yo es autosuficiente e independiente de causas y condiciones, pero los agregados están condicionados por y dependen de causas y condiciones. El cuerpo surge del esperma y el óvulo de nuestros padres y se mantiene dependiendo de la nutrición proporcionada por los alimentos. Los procesos mentales surgen de sus propios instantes previos, se ven influidos por el estado del cuerpo y surgen dependiendo de las facultades de los sentidos.

- Esperamos que el yo tenga el control, pero los agregados son simplemente procesos sin ningún supervisor que los supervise. No hay nadie detrás de los procesos mentales que los controle o los haga ser de una determinada manera. Si hubiera una esencia verdadera, podría dominar los agregados. Pero los cinco agregados no están bajo el control de un yo que se puede encontrar. Si así fuera, como el yo no quiere sufrir, podría impedir que el cuerpo envejeciera y muriera y que la mente experimentara sensaciones dolorosas o tuviera intenciones no virtuosas.

Aunque un yo verdadero debería tener estos cuatro atributos, los agregados no tienen ninguno de ellos; de hecho, tienen cuatro atributos opuestos. Los agregados son insustanciales. El cuerpo es como una bola de espuma, carente de toda sustancia. Las sensaciones son como burbujas, que surgen y estallan rápidamente. El discernimiento es como un espejismo, que aparece pero no se puede encontrar cuando se busca. Los factores composicionales son huecos como el tronco de un platanero. La consciencia es como una ilusión mágica, que aparece pero carece de toda sustancia. No hay un núcleo en ninguno de los agregados. Son vacíos de cualquier esencia independiente, sustancial o que se pueda encontrar.

Del mismo modo, el conjunto de los agregados no puede ser un yo. Si no se puede encontrar un yo en ningún agregado individualmente, ¿cómo se va a encontrar en el conjunto de agregados? Por ejemplo, si una casa tiene cinco habitaciones y no hay una mesa en ninguna de ellas, es imposible encontrar una mesa en el conjunto de las cinco habitaciones.

No se puede identificar nada como el yo. Todo lo que consideramos como nuestro yo –cualquiera de los agregados que consideramos como yo o lo mío– no es el yo. Este hecho contradice nuestro arraigado pensamiento que se centra alrededor de las nociones de "yo", "lo mío" y "mi yo". Estas nociones son la fuente de duhkha; desarrollar la sabiduría de vipasana nos permite liberarnos del aferramiento a las ideas del yo.

Con arreglo a la segunda opción, el yo se podría encontrar aparte de los agregados, pero estaría contenido en ellos o se encontraría detrás de ellos. Pero cuando tratamos de identificar cualquier cosa que el yo haga, como andar o pensar, sólo podemos ver que los agregados realizan esas acciones. No hay un yo separado y sustancial que se pueda encontrar.

En resumen, cuando analizamos cada agregado encontramos que es impermanente, cambiando a cada instante; que es de la naturaleza de duhkha, incapaz de traer felicidad o seguridad estables; no es un yo sustancial, independiente de causas y condiciones, y no es un yo controlador ni algo controlado por dicho yo. Por lo tanto, ninguno de los agregados es apto para ser considerado "Esto es mío, esto soy yo, este es mi yo". La aparente presencia de un yo es una ilusión.

El hecho de que cada agregado no sea mío, no sea yo y no sea mi yo contrarresta tres obsesiones o aferramientos —ansia, engreimiento y visiones erróneas— respectivamente. Comprender que los agregados *no son míos* elimina la obsesión del ansia, porque el ansia piensa "Esto es mío" o "Quiero hacer esto mío". El cuerpo, las sensaciones, los discernimientos, los factores composicionales y las consciencias no son propiedad de un yo sustancial. Son factores impersonales, cada uno realizando su propia función sin la intervención de un yo supervisor. Puesto que dicho yo no existe, pensar que algo le pertenece es una tontería. Así se relaja el ansia.

Ver que los agregados *no son yo* contrarresta el engreimiento fundamental, el engreimiento "Yo soy". A partir del pensamiento "Yo soy", se manifiestan otros tipos de engreimiento y comparación: "Soy superior a esta persona, soy igual a aquella, soy inferior a ésta…"; "Soy alguien con tal o cual posición, por lo tanto los demás deben tratarme con respeto". "Mi raza, sexo, nacionalidad, clase socioeconómica, etc., es superior a la de los demás". Puesto que los agregados no se pueden identificar como "yo", ¿cómo podemos justificar el engreimiento "Yo soy"? Así se desinfla el engreimiento.

Muchas visiones erróneas se basan en los cinco agregados: pensar que los agregados son el yo, como en los pensamientos "Mi cuerpo soy yo", "Mis sensaciones son yo"; o pensar "Yo soy los agregados", como en "Yo soy mis emociones", "Yo soy mis pensamientos" o "Yo soy el pensador, el percibidor, el conocedor". El Buda describió veinte tipos de visión errónea de una identidad personal que establecen diferentes relaciones entre el yo y los agregados que la mente confusa interpola. Pero ver que los cinco agregados no son nuestro yo neutraliza la multitud de visiones erróneas. Al comprender la ausencia de identidad esencial, vemos que los agregados no son ni un yo independiente ni las posesiones de ese yo. De hecho, los agregados en sí mismos no son cosas independientes.

Conocer los agregados de este modo, tal como son en realidad – no como "yo", "lo mío" o "mi yo"– es verlos con la sabiduría correcta. El Buda dice (MN 22.28-29):

> Viendo así, monjes, un discípulo ariya bien instruido se desencanta de la forma material, se desencanta de las sensaciones, se desencanta de los discernimientos, se desencanta de los factores composicionales, se desencanta de la consciencia.
>
> Estando desencantado, se vuelve desapasionado. A través del desapasionamiento [su mente] se libera. Cuando se libera llega el conocimiento: "Está liberada". Comprende: "El nacimiento ha sido destruido, la vida santa (*brahmacharya, brahmachariya*) ha sido vivida, lo que tenía que hacerse se ha hecho, ya no hay más llegar a ningún estado de existencia".

El conocimiento y la visión de las cosas como realmente son incluye conocer los cinco agregados en términos de las tres características. Quien ha hecho eso ha alcanzado las etapas finales de la meditación de la visión superior o vipasana y se *desencanta* de los agregados. Ve a través de su apariencia de ser estable, de producir felicidad y de ser un yo y por lo tanto pierde la fascinación por ellos. Entonces alcanza el sendero supramundano y se *desapasiona* con respecto a los agregados, liberándose del profundo apego a ellos. Mediante la liberación del aferramiento a los agregados, el yogui alcanza el fruto de la *Liberación* y ahora está libre para siempre de los contaminantes –los engaños primordiales del deseo sensorial, el apego a la existencia samsárica y la ignorancia, que le han mantenido atrapado en el samsara desde tiempos sin principio–. Al emerger de la meditación, el conocimiento revisor (*paccavekkhanañana*) le confirma que ha completado su misión y ahora está libre del ciclo de renacimientos. Este es el conocimiento y la visión de la Liberación, la seguridad de que se ha hecho lo que se tenía que hacer.

REFLEXIONES

1. Contempla cada uno de los cinco agregados uno por uno como impermanentes, duhkha y carentes de un yo permanente, como se ha descrito anteriormente. Desencántate de ellos. Abandona la fascinación por ellos y dirige tu mente hacia el Dharma.

2. Imagina que alcanzas el sendero supramundano y te desapasionas de los agregados. Pon tu energía y atención hacia la percepción del Nirvana.

3. Imagina que escapas del samsara y alcanzas la Liberación, la liberación del renacimiento bajo el control de las aflicciones y el karma.

Eliminar lo que no es tuyo

Después de instruir a sus discípulos para que analicen las tres características y refuten un yo y lo mío verdaderos, el Buda enseña un método rápido para liberarse del aferramiento. En el *Discurso sobre el símil de la serpiente*, aconseja (MN 22.40-41):

> Por lo tanto, monjes, lo que no sea vuestro, eliminadlo; cuando lo hayáis eliminado, eso os conducirá al bienestar y a la felicidad durante mucho tiempo. ¿Qué es lo que no es vuestro? La forma material no es vuestra. Eliminadla... durante mucho tiempo. Las sensaciones no son vuestras. Eliminadlas... durante mucho tiempo. El discernimiento no es vuestro. Eliminadlo... durante mucho tiempo. Los factores composicionales no son vuestros. Eliminadlos... durante mucho tiempo. La consciencia no es vuestra. Eliminadla. Cuando la hayas eliminado, eso os llevará al bienestar y a la felicidad durante mucho tiempo.
>
> Monjes, ¿qué pensáis? Si la gente se llevara la hierba, los palos, las ramas y las hojas de esta Arboleda de Jeta, o los quemara, o hiciera lo que quisiera con ellos, ¿pensarías: "La gente nos lleva o nos quema o hace lo que quiere con nosotros?".
>
> (Monjes): No, venerable señor. ¿Por qué no? Porque eso no es ni nuestro yo ni lo que pertenece a nuestro yo.
>
> (Buda): Así también, monjes, todo lo que no sea vuestro, eliminadlo. Cuando lo hayáis eliminado, eso os conducirá al bienestar y a la felicidad durante mucho tiempo.

El ansia y el aferramiento quieren convertir casi todo en yo o lo mío, queremos controlar y poseer todo lo que sea posible. Aquí el Buda recomienda eliminar el aferramiento a lo que no es nuestro. Puesto que no hay un yo que se pueda encontrar, ¿cómo se podría establecer un lo mío que posea las cosas? No hay un yo [sustancial] que sea los agregados o que posea los agregados. Cuando se ha renunciado al ansia y al aferramiento por lo que no es nuestro –nuestro cuerpo, sensaciones, discernimientos, opiniones, ideas, emociones, actitudes, planes, consciencias y fuentes más profundas de consciencia–, la mente permanece en paz. Esta es una poderosa enseñanza para recordar en los momentos en que el aferramiento al yo y lo mío nos aflige. Aplicarla produce un alivio instantáneo.

REFLEXIONES ─────────────────────────

1. Piensa en un momento en el que el apego a tu cuerpo haya surgido con fuerza. Por ejemplo, cuando estabas enfermo y tenías miedo de morir, o tumbado bajo el cálido sol en la playa, o herido y temeroso del dolor o disfrutando de un masaje en un spa.
2. Pregúntate: "¿Este cuerpo al que estoy tan apegado es mío? ¿Soy yo? ¿Es mi yo?". ¿Quién posee este cuerpo?
3. Cuando no puedas identificar un yo que posea el cuerpo, un yo que sea el cuerpo y una identidad esencial que sea el cuerpo, renuncia al apego al cuerpo y siente la liberación del ansia.
4. Si tu mente se resiste a hacerlo o se atasca mientras investigas, examina esa actitud defensiva de la mente.
5. Haz esta reflexión con respecto a tus sensaciones, discernimientos, emociones diversas y tipos de consciencia para ver si puedes localizar lo mío, el yo o mi yo.

El conocimiento de vipasana

El conocimiento de vipasana (P. *vipassana-ñana*), que equivale a la sabiduría de vipasana (P. *vipassana-pañña*), es un paso esencial hacia la Liberación, que se debe desarrollar cuidadosa y correctamente. El procedimiento general para la meditación en las tres características que conduce a la visión superior se ha descrito anteriormente en este capítulo. La visión directa de las tres características es el conocimiento y la visión de las cosas como realmente son (*yatha-bhuta-ñana-dassana*), una mente concentrada que conoce la realidad de las cosas y que conduce al desencanto, el desapasionamiento y la Liberación[105].

Se pueden investigar muchos objetos diferentes de diversas maneras con la visión superior, pero se pueden sintetizar en examinar los fenómenos como surgidos de forma dependiente y condicionados y, por tanto, verlos como impermanentes, duhkha y vacíos de un yo permanente y sólido. Dado que la naturaleza de los agregados y otros fenómenos es impermanente, insatisfactoria e insustancial,

---

105 El conocimiento y la visión de las cosas como realmente son es uno de los dieciocho tipos del conocimiento de vipasana.

no pueden ser un yo sustancial. En este caso, el meditador no sólo niega la existencia de un yo, sino que también cambia su forma de considerar los agregados y los fenómenos en general. No es que abandone su percepción ordinaria de los fenómenos y acepte ésta como verdadera. Más bien, descubre que es errónea –lo que parece ser permanente o ser un todo unitario o existir independiente de causas y condiciones, no existe de esa manera–. Al ver que los agregados no existen del modo en que pensaba, niega que haya una persona que esté realmente allí.

Ahora veremos algunos de los métodos que el Buda esbozó en los sutras que incorporan el análisis de las tres características y el desarrollo de la visión superior. El primero es el método descrito en *Discurso de los seis conjuntos de seis*, en el que se analizan con la visión superior las seis fuentes internas, las seis fuentes externas, las seis clases de consciencia, los seis tipos de contacto, las seis clases de sensaciones y las seis clases de ansia. Puesto que éstos surgen y cesan, el yo que depende de ellos también debe surgir y cesar, y como esto es discordante con nuestra concepción de un yo sustancial, queda refutada la existencia de dicho yo.

Desarrollar la visión superior a través del análisis de los cuatro grandes elementos y las formas derivadas de ellos, como se enseña en *Discurso mayor sobre el símil de la huella del elefante* (MN 28), es otro método que corta poderosamente nuestra identificación con el cuerpo. El análisis de las formas derivadas es especialmente interesante porque Shariputra conecta los cinco agregados con el proceso de cognición, diseccionando un momento de cognición en los cinco agregados para mostrar su naturaleza dependiente, condicionada y carente de identidad esencial.

En *Discurso mayor a Malunkyaputta* (MN 64), el Buda analiza las absorciones meditativas en términos de los cinco agregados, demostrando cómo también son impermanentes, insatisfactorias y carentes de identidad esencial. En *Discurso al hombre de Atthakanagara* (MN 52), Ananda investiga las absorciones meditativas de los reinos de la forma y sin forma, demostrando que son mentalmente condicionadas y producidas intencionadamente, y que, por tanto, no son el yo.

Los seis grupos de seis

En *Discurso sobre los seis grupos de seis* (MN 148), el Buda examina los componentes de la persona para determinar si son un yo y para desarrollar la sabiduría de vipasana que conduce a la comprensión completa[106]. Empieza estableciendo los fenómenos que se deben analizar –los seis grupos de seis fenómenos o los treinta y seis factores: las seis fuentes internas (seis facultades sensoriales), las seis fuentes externas (seis objetos), las seis clases de consciencia, los seis tipos de contacto, las seis clases de sensaciones y las seis clases de ansia–.

Las *seis fuentes internas* son las facultades sensoriales –ojo, oído, nariz, lengua, cuerpo y mente–, que son la fuente o base para que surja la consciencia. Al Buda no le preocupaba observar las facultades sensoriales desde el punto de vista anatómico o fisiológico: su interés se centraba en la experiencia consciente de los seres y en cómo se relacionan las facultades con el objeto y funcionan para producir la consciencia.

Según el Abhidharma, las cinco facultades sensoriales físicas son materia sutil alojada en los órganos burdos del ojo, el oído, la nariz, la lengua y el cuerpo. Esta materia sutil es sensible y reacciona ante su objeto respectivo –el ojo ante las formas visibles, el oído ante los sonidos, etc.–. La fuente mental es la mente como facultad sensorial; aquí actúa el bhavanga o consciencia subliminal[107]. La facultad mental no es un órgano físico como el cerebro. En la época del Buda no se pensaba en la existencia de una base física para la mente, sólo en los tiempos modernos se considera que la actividad cerebral está relacionada con la actividad mental. Se dice que estas seis fuentes son internas porque pertenecen al continuo de la persona. Como parte

---

106 Basándose en los primeros sutras del canon pali y sus comentarios, Buddhagosha, en *Sendero de purificación*, expone detalladamente las etapas del conocimiento de vipasana (*vipassana-ñana*). Empezando por las primeras escuelas del abhidhamma y continuando con la aparición del mahayana, cada tradición budista elaboró el proceso de desarrollo de la visión superior a su manera.

107 Mencionado en los comentarios y en el abhidhamma, pero no en los sutras, el bhavanga es un flujo de consciencia pasivo y subyacente del que surge la consciencia activa. Ocurre en ausencia de cualquier proceso cognitivo y sirve para conectar todos los estados activos de consciencia; no es una consciencia o un yo permanente. Se incluye en la fuente mental porque debido a ella surge la consciencia mental activa. En el nivel microscópico de los instantes mentales individuales en el estado de vigilia, la mente podría estar entrando y saliendo del bhavanga tan rápidamente que no lo notamos. Durante el sueño, la mente está en el bhavanga durante más tiempo, emergiendo para soñar y luego volviendo al sueño sin actividad onírica en el bhavanga. El bhavanga también está presente al desmayarse.

del organismo psicofísico, son las puertas a través de las cuales se conectan los objetos y la consciencia[108].

Las seis fuentes externas son objetos externos como las formas visibles, sonidos, olores, sabores, sensaciones táctiles y fenómenos mentales, que son conocidos por las seis consciencias a través de las seis fuentes internas.

Las seis clases de consciencia son la consciencia visual, auditiva, olfativa, gustativa, táctil y mental. Cada consciencia surge en función de sus respectivas fuentes externas e internas. Los cinco primeros tipos de consciencia conocen los datos sensoriales en bruto, sin comprender necesariamente su significado. Por ejemplo, la fuente sensorial visual permite a la consciencia visual percibir el rojo y el blanco, pero no sabe que el objeto es una señal de stop. La facultad mental transmite los datos sensoriales a la consciencia mental, que sintetiza los distintos momentos de ver las formas rojas y blancas y, basándose en experiencias pasadas, se crea la idea y el significado de una señal de stop. Las actividades de identificar objetos, etiquetarlos y conocer su significado las realiza la consciencia mental.

Nuestra experiencia parece ser un todo sin interrupción, pero con una atención refinada veremos gradualmente que está hecha de instantes individuales de consciencia. A veces una de las seis conciencias es más prominente y un momento después lo es otra. A veces una consciencia percibe un objeto y al instante siguiente percibe otro. Incluso cuando una consciencia parece estar viendo el mismo objeto durante un período de tiempo, en realidad hay instantes mentales fugaces que surgen y desaparecen. La facultad sensorial y su objeto también surgen y desaparecen a cada instante, aunque también parezcan ser una sola cosa.

A medida que la atención se hace más refinada, es posible distinguir los momentos sucesivos de oír un sonido seguido de la cognición mental del mismo. La atención refinada permite distinguir entre el momento de experimentar el sabor a nivel sensorial y la consciencia mental que reconoce el sabor como dulce. Los momentos precisos en los que se disfruta del sabor y en los que se desea más también

---

108 A veces se dice que la consciencia "sale hacia el objeto". Esto es hablar metafóricamente e indica que la consciencia es receptiva y conoce el objeto. No significa que la consciencia deje el cuerpo y vaya al lugar donde está el objeto visual o el sonido. Otras veces se dice que el objeto entra en la consciencia a través de las puertas de los sentidos. Esto también es metafórico e indica que tiene lugar la cognición del objeto por la consciencia.

aparecen con claridad en una mente atenta y concentrada. De este modo, se sabe que el flujo de la experiencia es una serie de instantes que surgen y desaparecen.

Esta consciencia nos ayuda a distinguir la información que realmente nos llega a través de los sentidos de nuestras elaboraciones mentales de esos datos en bruto. Esta atención se da cuenta de lo que nos gusta y lo que no nos gusta; lo que preferimos y lo que rechazamos; el aferramiento al yo, lo mío y mi yo –múltiples elaboraciones de la mente conceptual que están distorsionadas por tendencias subyacentes como el apego, la hostilidad y la ignorancia–.

Los seis tipos de contacto son el encuentro de las seis consciencias con sus respectivos objetos por medio de sus respectivas facultades sensoriales. El contacto es simplemente la unión de la facultad de la nariz, un olor y la consciencia olfativa, por ejemplo. Su encuentro no significa que se mezclen, sino que el objeto es conocido por la consciencia debido al funcionamiento de la facultad sensorial. El contacto es muy breve y da paso instantáneamente a sensaciones, discernimiento, etcétera. Entonces aparecen en la mente pensamientos sobre el objeto, así como diversas emociones que desencadenan acciones kármicas.

Cada uno de los seis contactos puede ser de tres tipos: el contacto produce sensaciones agradables, desagradables o neutras. Aunque el contacto en sí no experimenta el objeto como agradable, desagradable o neutro –esa es la función de la sensación–, se diferencia en términos de la sensación que producirá.

Las seis clases de sensaciones surgen de los seis tipos de contacto que se producen cuando las seis consciencias se encuentran con los seis objetos por medio de las seis fuentes. En cada instante de consciencia, la sensación es la experiencia del objeto como placentero, doloroso o neutro. La transición del contacto a la sensación ocurre tan rápidamente que los seres ordinarios no la percibimos.

Los seis tipos de ansia son la sed por el objeto sensorial que ha surgido de las seis sensaciones que provienen de los seis tipos de contacto de las seis consciencias con los seis objetos por medio de las seis fuentes internas. El Buda expuso la secuencia (MN 148.9):

> Dependiendo del ojo y de las formas, surge la consciencia visual; la reunión de los tres es el contacto. Con el contacto como condición, hay sensaciones; con las sensaciones como condición, hay ansia.

Luego explicó los otros cinco tipos de ansia de forma similar, mostrando que los seis grupos de seis culminan en el ansia.

Para romper esta cadena, primero debemos comprender cómo se origina el ansia. En este contexto, el Buda lo explica de forma ligeramente diferente que en la presentación de los doce vínculos de la originación dependiente, aunque los factores de ambas presentaciones se solapan. La originación dependiente no es una fórmula fija que progresa siempre en un orden predeterminado. Es un proceso complejo con corrientes de causalidad que trabajan en diferentes direcciones, cruzándose unas con otras. Los doce vínculos muestran la cadena progresiva de vínculos a través de los cuales se produce el renacimiento en el samsara a lo largo de una serie de vidas. La presentación de los seis grupos de seis muestra el origen dependiente del ansia tal como ocurre en la vida cotidiana, desde que una vida ya está en curso. A través de esto, empezamos a ver que las experiencias diarias que damos por sentadas son el combustible del ansia. Al darle la bienvenida repetidamente al ansia en nuestra mente y ceder a su poder seductor, sufrimos aquí y ahora y perpetuamos también nuestra existencia en el samsara.

Bill se despierta por la mañana y huele unas magdalenas recién horneadas en la cocina. La facultad olfativa conecta el aroma de las magdalenas con la consciencia olfativa y, con el contacto, huele la dulce fragancia. Surge una sensación agradable y la consciencia mental discierne: "¡Qué delicia, hay magdalenas recién horneadas!". El ansia asoma la cabeza y surge instantáneamente el pensamiento: "¡Hace siglos que no como magdalenas recién horneadas y quiero comérmelas!". Con una imagen mental de lo deliciosas que sabrán las magdalenas, va a la cocina y cuando va a empezar a comer su pareja le dice que las magdalenas son para los invitados que vienen esa noche. Decepcionado porque su deseo se ha visto frustrado, Bill se entrega al mal humor y eso le lleva a pelearse con su pareja.

En el proceso que conduce al surgimiento del ansia, algunos vínculos se producen sin elección: dependiendo del poder sensorial del olfato y de los olores, surge la consciencia olfativa; la reunión de estos tres es el contacto. Todo esto ocurre en un flujo continuo. Cuando la fuente sensorial, el objeto y la consciencia se unen, no podemos detener el contacto. Con el contacto como condición, surgen automáticamente las sensaciones. La elección está presente ahora: decidimos cómo responder a la sensación. Cuando falta la atención, el deseo fluye fácilmente a partir de la sensación. Pero cuando la atención, la vigilancia, la concentración y la sabiduría funcionan, aunque sea en un grado mínimo, es posible interrumpir este proceso y evitar que surjan el ansia y sus acompañantes: el enfado, la arrogancia, los celos, etc.

En esta vida, el ansia nos deja insatisfechos, frustrados y anhelando algo que llene el vacío psicológico interior. El deseo también impulsa las acciones, que a su vez conducen al renacimiento. Tras el renacimiento viene la inevitabilidad del envejecimiento y la muerte, así como la tristeza, las lamentaciones, el dolor, la pena, la desesperación y toda la variedad de duhkha.

Impulsada por el ansia, la mente busca continuamente la excitación mediante el contacto con los objetos a través de los seis sentidos. El ansia opera en la mente para fijar las facultades sensoriales a los objetos externos, produciendo más contacto. Al analizar si las facultades sensoriales son los grilletes para sus respectivos objetos o los objetos son los grilletes para sus respectivas facultades sensoriales, Shariputra pregunta a Kotthita (SN 35.232):

> Supongamos, amigo, que un buey negro y un buey blanco estuvieran unidos por un mismo arnés o yugo. ¿Hablaríamos correctamente si dijéramos: "El buey negro es el yugo del buey blanco, el buey blanco es el yugo del buey negro?".
>
> (Kotthita): No, amigo. El buey negro no es el yugo del buey blanco, ni el buey blanco es el yugo del buey negro. Más bien el arnés o el yugo al cual los dos están enganchados es el yugo en este caso.
>
> (Shariputra): Así también amigo, el ojo no es el grillete de las formas ni las formas son el grillete del ojo. Más bien el deseo y el apego sensual que surgen aquí dependiendo de ambos es el grillete en este caso.

Shariputra dice lo mismo con respecto a cada fuente sensorial y su objeto. En otras palabras, el grillete, el yugo y la cuerda que une la facultad sensorial y el objeto es el ansia. La sabiduría arya, que es un producto de los siete factores de la Iluminación, es la herramienta principal para cortar esta ansia. Cuando lo hace, las facultades sensoriales y sus objetos siguen ahí, la cognición y las sensaciones tienen lugar, pero el ansia ya no existe. Los arhats siguen teniendo ojos, oídos, etc., y los objetos siguen existiendo. Los arhats conocen estos objetos, pero el deleite y el deseo sensorial que atan la mente a ellos a través de las facultades sensoriales no surgen.

Sin embargo, cuando no se le opone resistencia, el ansia induce el apego y el aferramiento. El aferramiento sostiene los cinco agregados como "Esto es mío; esto soy yo; esto es mi yo". ¿Qué es lo que sostiene al ansia y le permite causar estragos en nuestra vida? La ignorancia. La sabiduría es el antídoto contra la ignorancia, y la naturaleza vacía de identidad esencial de todos los fenómenos que normalmente identificamos como "mío", "yo" o "mi yo" es el objeto que la sabiduría debe comprender. Al ver los agregados como "Esto no es mío; esto no soy yo; esto no es mi yo", la sabiduría detiene el ansia.

En el sutra, el Buda procede a demostrar cómo ninguno de los treinta y seis factores es "mío", "yo" o "mi yo". Al hacerlo, no está afirmando que no exista el yo en absoluto, como podría dar a entender la traducción "vacío de un yo permanente y sólido". Ni tampoco, al decir que estos treinta y seis factores no son el yo, está indicando que otra cosa sea el yo o que exista un yo sutil detrás de los agregados o en ellos. Su objetivo es más bien acabar con el hecho de identificar cualquiera de los agregados o cualquier parte de un agregado como el yo.

El Buda utiliza la palabra *yo* como una noción convencional válida cuando se refiere a la persona como la que crea el karma y experimenta su resultado. Anima a las personas a purificar y a ser responsables de sus propios actos. Hablar del yo de este modo no es problemático y sólo cuando el yo se convierte en un objeto de aferramiento o de especulación metafísica debemos preguntarnos: "¿Qué es el yo?".

Análisis de los 36 factores como la ausencia de un yo permanente y sólido

A lo largo de la historia se han inventado elaboradas teorías y filosofías sobre el yo. Algunas personas afirman que "el yo es inefable y gozoso", "el yo es amor" o "un yo unitario eterno renace y alcanza la Liberación". Otras personas, que no examinan ni desarrollan teorías sobre el yo, simplemente tienen un aferramiento natural –"Esto es mío; esto soy yo; esto es mi yo"– basado en los agregados. Cuando alguien se acercaba al Buda con una teoría sobre el verdadero yo y decía que tenía un yo, el Buda le preguntaba qué identificaba como ese yo. A continuación, el Buda le preguntaba si aquello que consideraba el yo era permanente o impermanente. Una vez que la persona veía que era impermanente, el Buda la llevaba a comprender que lo que es impermanente es duhkha por naturaleza y no puede ser un yo.

Partiendo del primero de los treinta y seis factores y utilizando luego el mismo argumento para cada uno de los demás, el Buda dice (MN 148.10):

> Si alguien dice "El ojo es el yo", eso no se sostiene. El surgimiento y la desaparición del ojo son discernibles y, puesto que su surgimiento y desaparición son discernibles, habría que seguir: "Mi yo surge y desaparece". Por eso no es sostenible que alguien diga: "El ojo es el yo". Así pues, el ojo no es el yo.

Muy poca gente pensaría realmente que la fuente del ojo es el yo. Sin embargo, es probable que consideremos que el conjunto de los agregados o la consciencia mental son el yo. En cualquier caso, la estructura del argumento presentado para el ojo es la misma para todos los demás factores.

A modo de repaso, antes de entender por qué el ojo y demás no son el yo, tenemos que saber qué se entiende por "yo". ¿Qué tipo de yo buscamos? Según el pensamiento indio de la época del Buda, el yo era algo eterno, con una existencia estable y continua; era lo que iba de una vida a la siguiente, llevando consigo las semillas kármicas. Dejando a un lado la metafísica india, la gente ordinaria tiene la sensación de un yo que es continuo e imperecedero, un yo que conserva la misma identidad a lo largo del tiempo; un yo seguro, fiable y continuo, algo que sea verdaderamente yo.

No pensamos en nuestro yo como algo que entra en la existencia y sale de ella a cada fracción de segundo, pero eso es exactamente lo que un yo sustancial tendría que hacer si el ojo o cualquier otro factor de los cinco agregados fuera el yo. ¿Por qué? Si el ojo fuera el yo, el ojo y el yo tendrían las mismas características. Una característica del ojo es que está compuesto de instantes individuales del ojo que constantemente entran y salen de la existencia. En cada fracción de segundo, breves instantes del ojo surgen y desaparecen muchas veces, produciendo nuevos instantes del ojo que surgen y desaparecen de forma similar. Si el ojo surgiera y desapareciera miles de millones de veces en cada fracción de segundo, el yo también tendría que cambiar con la misma rapidez. Sin embargo, un yo tan transitorio no encaja con nuestra sensación de un yo estable, imperecedero y eterno. Por lo tanto, el ojo no puede ser el yo. Haz esta misma investigación con la consciencia mental o el conjunto de agregados para comprobar si son el yo, ya que estas nociones son las que aparecen más en nuestra mente.

Si insistimos en que la consciencia mental es el yo, ¿qué instante de la consciencia mental es el yo? La consciencia mental que existe a las 6:00 no es la misma que la consciencia mental que existe a las 6:01, que a su vez es diferente de la consciencia mental a las 6:02 y a las 6:03. ¿Cuál de estas consciencias mentales sería el yo? Si un instante de la consciencia mental fuera el yo, entonces cuando cese en la siguiente fracción de segundo, el yo también cesaría. Y del mismo modo que surge una nueva consciencia mental en el siguiente instante, también surgiría un nuevo yo a cada instante. En cada instante fugaz existiría un yo diferente. Ninguna de estas opciones es posible si el yo fuera permanente, eterno y mantuviera la misma identidad a lo largo del tiempo.

En resumen, para identificar algo que fuera el yo tendría que ser permanente y no cambiante. La visión superior percibe directamente que cada uno de los treinta y seis factores es impermanente. Por lo tanto, ninguno de ellos es el yo. En otras palabras, los treinta y seis factores no son el yo porque su característica es la impermanencia sutil, mientras que el yo debe ser permanente.

En la meditación, un practicante examina cada uno de los treinta y seis factores viendo si podría ser un yo continuo que conservase su identidad de un instante a otro. Es importante examinar cada factor individualmente. Comprender simplemente el argumento en un factor y luego concluir que ninguno de los factores puede ser un yo no aportará una verdadera comprensión. Necesitamos analizar e investigar con atención cuidadosa y precisa, examinando profundamente si algo se puede identificar como el yo que tan profundamente creemos que existe.

Ver directamente la impermanencia sutil de cualquiera de los treinta y seis factores requiere atención, concentración y vipasana. Por supuesto, podemos hacernos una idea de la impermanencia del ojo o de la consciencia mental reflexionando sobre su impermanencia burda. También podemos utilizar el razonamiento para familiarizarnos con su naturaleza transitoria o reflexionar sobre la naturaleza constantemente cambiante de las partículas subatómicas basándonos en pruebas científicas. Según algunos físicos, muchas partículas subatómicas son destellos de energía que aparecen y desaparecen. Sin embargo, para llegar a un nivel de comprensión más profundo, se necesitan una atención y una concentración profundas para observar cómo surgen y desaparecen los agregados y todas sus partes en periodos de tiempo cada vez más cortos. Los meditadores con una atención fuerte y un samadhi profundo perciben esto tan claramente como vemos una perla en la palma de la mano.

Si una persona identifica su cuerpo como el yo, debe diseccionarlo mentalmente e investigar: "¿Es el color del cuerpo mi yo?, ¿es el sonido, el olor, el sabor, la sensación táctil o la imagen mental del cuerpo lo que soy?". Examinar los objetos externos es una forma de investigar el concepto de "mío". Podemos pensar que un objeto es mío y querer mantener una posesión continua y permanente de él. Pero estos objetos externos también surgen y se desintegran a cada instante y finalmente incluso su continuidad cesará. En ese caso, ¿cómo podría algo ser mío de modo último? Todo aquello a lo que nos aferramos y consideramos mío no sólo perece a cada fracción de segundo, sino que finalmente se verá afectado por la impermanencia. Una fotografía que atesoramos cambia a cada instante y un día se desmoronará en pedazos o será destruida por el fuego, el agua u otros medios. ¿Qué puede ser verdaderamente mío de un fenómeno tan fugaz?

Del mismo modo, si alguien dice que la consciencia del ojo es el yo, eso tampoco es sostenible porque esa consciencia surge y desaparece a cada instante. El contacto visual también se produce tan rápidamente que es poco probable que alguien piense que ese es su yo permanente. ¿La sensación generada por el contacto visual es el yo? Esto no es posible, porque como todos los factores anteriores, una sensación no se mantiene siendo exactamente lo mismo en el segundo instante. Todas y cada una de las sensaciones de placer, dolor o neutralidad surgen dependiendo de sus condiciones. Puesto que la fuente sensorial, el objeto, la consciencia y el contacto que fueron las causas de una sensación concreta también cambian a cada instante, también lo hace la sensación que depende de ellos.

¿El ansia podría ser el yo? En la medida en que disfrutamos del deseo y lo consideramos la fuente de nuestro placer, podríamos pensar que el deseo es nuestro verdadero yo. Algunos filósofos piensan que la voluntad de vivir es nuestra verdadera identidad, es el yo. Pero esa voluntad de vivir no es más que otro nombre para el ansia, porque ansiamos la encarnación samsárica. Pero el ansia surge y desaparece en cada breve instante, lo que la hace inadecuada para ser un yo estable y seguro.

Mientras observas en meditación el surgimiento y el cese de las fuentes internas y externas, la consciencia, el contacto, la sensación y el ansia, dirige tu atención a la consciencia que medita, la consciencia que está observando estos fenómenos momentáneos. ¿Es ese tu yo? Surge y desaparece en el más breve de los instantes, no hay nada ahí que pueda ser un yo o identidad verdaderos. Cuando analizas lo que normalmente identificas como *yo* –los cinco agregados o alguna parte de ellos–, descubres que surge y cesa a cada fracción de segundo. Como es transitorio, no es una base para la felicidad segura y verdadera: es insatisfactorio por naturaleza. Algo que es impermanente e insatisfactorio no es adecuado para considerarlo una base verdadera, sustancial y duradera de la identidad individual. La única conclusión posible de este análisis es que ninguno de los agregados es el yo y que dicho yo permanente, sin partes, sustancial, que sea el que controla, no existe.

El Buda preguntó repetidamente si alguno de estos fenómenos es el yo para animarnos a investigar los fenómenos y a examinar nuestra noción del yo. No se limitó a decir: "No existe el yo". Una afirmación así presenta una conclusión preconcebida e impide que la persona que pregunta investigue la cuestión por sí misma y llegue a su propia conclusión. El Buda no presentó la ausencia de identidad esencial como una posición metafísica que no se puede comprobar. En lugar de ello, explicó el campo del aferramiento –los cinco agregados– y dijo que éstos son aquello a lo que la ignorancia se aferra como el yo. A continuación, nos animó a buscar e intentar encontrar cualquier cosa que pudiera ser plausiblemente un yo sustancial y eterno.

A través de la investigación anterior, vemos que la impermanencia es la base para comprender la ausencia de identidad esencial. Con una meditación refinada, los meditadores de facultades agudas pueden ver la impermanencia sutil y pasar directamente a la comprensión de la ausencia de identidad esencial. Para otras personas, el Buda utilizó el hecho de duhkha para ayudarlas a liberarse de su aferramiento a lo mío, yo y mi yo y a comprender la ausencia de identidad esencial. Al ver que los agregados tienen la característica de la impermanencia sutil y que todo lo que es impermanente es insatisfactorio, impredecible y está unido a duhkha, reflexionan: ¿merece la pena seguir aferrándose a algo que es duhkha por naturaleza y está vinculado al sufrimiento como "lo mío, yo o mi yo" o hay que renunciar a este aferramiento para alcanzar la felicidad definitiva?

Comprender la ausencia de identidad esencial mediante los elementos

En el *Discurso mayor sobre el símil de la huella del elefante* (MN 28), Shariputra, el discípulo más sabio del Buda, explica la ausencia de un yo permanente y sólido con respecto a la forma material. Al hacerlo, basa su análisis en la perspectiva aceptada en su época según la cual la forma material está compuesta por los cuatro grandes elementos o primarios (tierra, agua, fuego y aire) y las formas derivadas de ellos (las seis facultades sensoriales y sus objetos). Comprender cómo se relaciona la forma con el surgimiento de la consciencia, la sensación, el aferramiento, la esclavitud y la liberación es conducente a la comprensión del Nirvana.

En general, *forma* se refiere a cualquier forma material, pero en muchos contextos se refiere al cuerpo. El cuerpo es uno de los cinco agregados sujetos al aferramiento. Es el objeto del aferramiento y su existencia es el resultado del aferramiento. El agregado de la forma, así como los cuatro agregados restantes, está incluido en la primera verdad, el duhkha verdadero. El agregado de la forma es de dos tipos: los cuatro elementos primarios y la forma material derivada de ellos. Aunque los sutras hablan de los cuatro elementos primarios, mencionan las formas derivadas pero no las explican en profundidad. Es en el Abhidharma donde se encuentra dicha explicación, donde las formas derivadas incluyen las cinco facultades sensoriales y los cuatro objetos –color, sonido, olor y sabor–. Los objetos tangibles son los cuatro elementos primarios propiamente dichos.

Los cuatro elementos burdos no se deben considerar como la tierra, el océano, una hoguera y la brisa en un día ventoso, sino como cuatro propiedades o aspectos de la forma material. El elemento tierra es el aspecto de la dureza, la resistencia y la masa. El elemento agua es el aspecto de la fluidez y la cohesión, porque las cosas húmedas se pegan fácilmente. El elemento fuego es la propiedad del calor y la maduración porque el calor hace crecer las plantas y madurar los frutos, y el elemento aire es el aspecto de la expansión, la contracción, la presión y el movimiento. Los cuatro elementos se condicionan mutuamente y están inseparablemente unidos. Existen dependiendo unos de otros.

Aunque todas las cosas materiales son una combinación de los cuatro elementos, uno de ellos suele predominar en un objeto concreto. En el espacio que nos rodea predomina el elemento aire, pero también hay partículas de polvo en el aire. El elemento tierra es más fuerte en el polvo; sin embargo, también hay cierta cantidad de agua en él. El agua hace que las partículas más pequeñas se unan y formen una mota de polvo. La sangre es principalmente el elemento agua, pero sus células contienen los elementos tierra y fuego; la sangre se mueve, lo que indica la presencia del elemento aire.

Comprender la ausencia de identidad esencial mediante los cuatro elementos implica reflexionar sobre cada uno de ellos en detalle, analizando los elementos internos y externos para determinar si son "lo mío, yo o mi yo" y viendo su impermanencia sutil.

Utilicemos como ejemplo el elemento tierra. El elemento tierra puede ser interno o externo. El elemento tierra interno incluye partes del cuerpo en las que la dureza y la resistencia son las cualidades dominantes. En la lista de treinta y dos partes del cuerpo que se encuentra en el fundamento de la atención al cuerpo, el pelo, las uñas, los dientes, la piel, los músculos, los huesos, el bazo, los pulmones, los intestinos, el hígado y las heces se encuentran entre las partes del cuerpo en las que predomina el elemento tierra. El elemento tierra externo se encuentra en las cosas del cuerpo de los demás y en el entorno que se caracterizan por su dureza y resistencia: verduras, frutas, árboles, edificios, el cuerpo de un insecto, etcétera.

Tanto los elementos tierra internos como los externos son sólo elemento tierra. Si pensamos en ello, no hay mucha diferencia entre ambos. Solemos pensar: "Este cuerpo es mío"; o cuando tenemos dolor o necesitamos operarnos, pensamos: "Este cuerpo soy yo". En nuestra mente hay una clara delimitación entre lo que está fuera y, por tanto, no soy yo, y lo que está dentro y, por tanto, soy yo o lo mío. Pero la cualidad de dureza y resistencia es la misma en ambos lugares.

La distinción entre los elementos tierra internos y externos no está tan clara. Nuestro pelo está formado principalmente por el elemento tierra interno y lo consideramos parte de nosotros. Pero después de cortarlo, lo tiramos y se convierte en el elemento tierra externo. Ya no lo consideramos "mío". Los vegetales son el elemento tierra externo, no son nosotros ni forman parte de nosotros. Pero después de comerlos, se convierten en parte del elemento tierra interno de nuestro cuerpo y los vemos como "lo mío" o como parte de mí. Cuando algunas partes de las verduras se eliminan en forma de heces, volvemos a considerarlas como el elemento tierra externo que es distinto de nosotros.

De este modo se produce continuamente una interacción entre los elementos tierra internos y externos. Todo lo que en nuestro cuerpo es duro y resistente empezó siendo el elemento tierra externo y más tarde se convirtió en el elemento tierra interno de nuestro cuerpo, que apreciamos y al que nos aferramos. Después, cuando el cuerpo muere y se entierra o se incinera, el elemento tierra interno se recicla en la naturaleza, convirtiéndose en el elemento tierra externo. Lo que comemos se compone del elemento tierra que formaba parte de los cuerpos de los seres conscientes que vivieron en el planeta millones de años antes que nosotros.

Debido al fuerte hábito, a las fabricaciones mentales y al aferramiento, el sentido del yo, mí, lo mío y mi yo se centran en el cuerpo. Juzgamos a las personas en función de su cuerpo –su color de piel, la forma de sus ojos, su sexo…– y por eso unas personas son oprimidas y otras privilegiadas; unas reciben educación y otras no. Los seres humanos luchan, torturan, violan y matan a otros debido a que se aferran al cuerpo como mío, yo y mi yo y consideran los cuerpos de los demás como los otros, diferentes y, por tanto, extraños. De hecho, todos los cuerpos están hechos del mismo elemento tierra, igual que muchas cosas de nuestro entorno. ¿Qué elemento tierra soy yo y mío? ¿Cuál es el de otra persona? ¿Cuál es de naturaleza impersonal? Mediante un análisis profundo, llegamos a la conclusión de que no hay nada en el cuerpo a lo que aferrarse que sea la persona; no hay nada en el cuerpo que sea yo, mío, mi yo, o tú, tuyo, tu yo. La sabiduría adecuada comprende esto claramente. Shariputra lo aclara (MN 28.6):

> Ahora bien, tanto el elemento tierra interno como el externo son simplemente el elemento tierra. Y eso se debería ver como realmente es con la sabiduría apropiada así: "Esto no es mío, esto no soy, esto no es mi yo". Cuando uno lo ve así como realmente es con la sabiduría apropiada, uno se desencanta del elemento tierra y hace que la mente se desapasione respecto al elemento tierra.

Existe una distinción útil entre lo que convencionalmente se considera uno mismo y lo que es externo a uno mismo. No es lo mismo un brazo que una piedra. Sin embargo, esto no implica la existencia de un yo sustancial. El cuerpo no es propiedad de un yo sustancial.

Una vez que vemos los elementos tierra internos y externos por lo que son y comprendemos que el elemento tierra no es "mío, ni yo, ni mi yo", surge el desencanto respecto al elemento tierra y al cuerpo. No hay nada espectacular en el elemento tierra, ¿verdad? No hay nada a lo que apegarse en las cualidades de dureza y resistencia. Nada en el elemento tierra es yo, mío o mi yo. Al estar desencantados, nos volvemos desapasionados y renunciamos a aferrarnos al elemento tierra y al cuerpo: dejamos de identificar el cuerpo con el yo.

REFLEXIONES

1. Toma conciencia y experimenta el elemento tierra interno: los huesos, los músculos, los órganos internos, etc., de tu cuerpo.

2. Sé consciente del elemento tierra externo: el suelo, los edificios, los animales y la vegetación que te rodean.

3. Considera que el mismo elemento tierra compone tanto tu cuerpo como los cuerpos de los demás y las cosas de tu entorno.

4. Observa que, cuando comes, lo que era el elemento tierra externo se convierte en el elemento tierra interno a medida que se asimila y forma tu cuerpo. Observa cómo la mente empieza a considerar que lo que era el elemento tierra externo y ahora es el elemento tierra interno es mío, yo o mi yo. ¿Es razonable considerarlo de esta manera?

5. Observa que cuando tienes un movimiento intestinal, algún elemento tierra interno se convierte en elemento tierra externo que consideras ajeno a ti e incluso repugnante, ¿pero no se trata del mismo elemento tierra? ¿Es ahora "yo, mío o mi yo"?

6. ¿Qué es "yo, lo mío y mi yo"?

Una segunda forma de acabar con la identificación con el cuerpo y con la idea de que el cuerpo es mío y yo es reflexionar sobre la naturaleza impermanente del elemento tierra. Según la antigua cosmología india, el universo evoluciona, existe, se disuelve y se convierte en nada. Esto ocurre debido al desequilibrio de los cuatro elementos. Por ejemplo, habrá un momento al final de un eón en el que el agua engulla al elemento tierra externo, que se desvanecerá bajo ella. Puesto que el gran elemento tierra, que parece tan fiable, estable y permanente, terminará un día, ¿qué se puede decir de este cuerpo, que sólo existe durante un tiempo comparativamente corto? Este cuerpo siempre se está desintegrando y es muy poco fiable. ¿Qué hay en él que pueda ser yo, mío o mi yo? Recuerda: al hacer estas preguntas, estamos comprobando si el cuerpo puede ser un yo sustancial que sea permanente, placentero, independiente de causas y condiciones, y el controlador de los agregados.

Las dos meditaciones anteriores –ver el elemento tierra interno y externo tal y como son en realidad con la sabiduría adecuada y ver su impermanencia sutil– se deben aplicar a los otros tres elementos: agua, fuego y aire. En el cuerpo, el elemento agua es prominente en la bilis, la flema, el pus, la sangre, el sudor, las lágrimas, la saliva, el moco, la orina y otros fluidos corporales. El elemento agua también se encuentra en los líquidos del entorno: estanques, ríos, lluvia, acuíferos y océanos. Cuando bebemos estos líquidos, pasan a formar parte de nuestro cuerpo, y cuando los expulsamos, el elemento agua interno de nuestro cuerpo se recicla y pasa a formar parte del elemento agua externo.

Según la cosmología india, al final de un eón el elemento agua externo se evapora por completo. Si esto es así, ¿cuánto más efímero y poco fiable es el elemento agua interno de nuestro cuerpo? Ya sea externo o interno, el elemento agua es impersonal, sin nada en él que se pueda considerar mío, yo o mi yo.

El elemento fuego es el calor del cuerpo. Activo en la digestión y el metabolismo, el elemento fuego favorece el envejecimiento del cuerpo. El elemento fuego externo calienta nuestras casas y las incendia. El elemento aire interno se manifiesta en la respiración y en los aires sutiles o Qi que recorren las extremidades y las mueven. Según la fisiología india, el pensamiento y la intención activan el elemento aire, que se transmite a las extremidades, provocando su movimiento (el equivalente contemporáneo pueden ser los impulsos nerviosos). El elemento aire externo hace posible todo el movimiento de las nubes, las olas del mar y los terremotos. Los elementos fuego y aire internos y externos implican el elemento fuego impersonal y el elemento aire impersonal. No son adecuados para considerarlos como yo, mío o mi yo.

Shariputra cierra el argumento concerniente a la naturaleza vacía de identidad esencial del cuerpo diciendo (MN 28.26):

> Amigos, del mismo modo que cuando un espacio está rodeado de madera y enredaderas, hierba y barro, se le llama *casa*, cuando un espacio está rodeado de huesos y tendones, carne y piel, se le llama *cuerpo*.

Lo que vemos como nuestro cuerpo no es más que un espacio con huesos como estructura; músculos, órganos internos y tejidos que lo rellenan, y piel que lo mantiene unido. No hay nada en este conjunto de elementos ni en ninguna de sus partes que sea un cuerpo verdadero. Siendo así, no hay nada en él que pueda ser un yo o una persona[109].

Al meditar en el fundamento de la atención al cuerpo, además de examinar todas las partes y aspectos del cuerpo con sabiduría, ten presente que está compuesto meramente de elementos impersonales. Incluir la explicación anterior en tu meditación fortalecerá tu comprensión del cuerpo y de la ausencia de un yo permanente y sólido.

Comprender la ausencia de identidad esencial mediante las formas derivadas

Además de la meditación sobre los cuatro elementos primarios para comprender la ausencia de identidad esencial, Shariputra enseñó una meditación sobre la naturaleza condicionada y dependiente de las formas derivadas de estos elementos. Esta meditación también tiene el propósito de comprender las cuatro verdades y el Nirvana. La facultad del ojo se utiliza como un ejemplo, el argumento es aplicable a los otros sentidos también.

Para que surja una cognición visual completa, deben estar intactos varios factores: debe existir la facultad del ojo, una forma visual al alcance del ojo y la mente debe prestar atención a ese objeto e implicarse con él. Si falta alguno de estos factores, no se producirá una cognición visual plenamente consciente. Los diversos aspectos de una cognición visual completa se pueden incluir en los cinco agregados. La forma visual (el color rojo de una flor), la facultad del ojo y el cuerpo de la persona que alberga esa facultad sensorial están incluidos en el agregado de la forma. El aspecto de la sensación que surge de esa cognición (probablemente una sensación agradable) está incluido en el agregado de la sensación. Identificar la flor es el aspecto del discernimiento en esa cognición, forma parte del agregado del discernimiento. Los factores mentales como la intención, la atención

---

109 Aplicando la filosofía madhyamaka la cita anterior enfatiza la naturaleza dependiente del cuerpo, y su designación dependiendo de la base de designación: el conjunto de elementos. Este párrafo habla tanto de la ausencia de identidad esencial de los fenómenos (el cuerpo) como de la ausencia de identidad esencial de la persona.

básica, el contacto, la atención y la concentración que surgen con esa cognición visual completa están incluidos en el agregado de los factores composicionales. La consciencia visual (la entidad básica que ve la flor) está incluida en el agregado de la consciencia. De este modo, los cinco agregados están presentes, funcionando y entrelazados en este único acto de cognición del color rojo de una flor[110]. Una vez explicado esto, Shariputra hace una de las afirmaciones más famosas de los primeros sutras (MN 28.38)[111]:

> Esto es lo que ha dicho el Bendito (el Buda): "Quien ve el surgimiento dependiente, ve el Dhamma; quien ve el Dhamma, ve el surgimiento dependiente".

Esta afirmación subraya que comprender el surgimiento dependiente es la clave para comprender toda la doctrina budista, es el punto cardinal para comprender la realidad y las cuatro verdades, es el factor más importante para alcanzar el Nirvana. Estos cinco agregados sujetos al aferramiento surgen de forma dependiente: surgen repetidamente dependiendo de que las facultades sensoriales estén intactas, de que haya una forma al alcance de las facultades y de que la mente preste atención a esa forma. Dependiendo de esas condiciones, surge una cognición y, junto con ella, surgen los factores de los cinco agregados[112].

Estos cinco agregados sujetos al aferramiento son la primera verdad, el duhkha verdadero. El significado más profundo de duhkha es el hecho de que los cinco agregados surgen a través de condiciones contaminadas derivadas de la ignorancia. Nuestro mundo interno de experiencia y el mundo externo que aprehendemos y con el que nos

---

110 Este es uno de los pocos lugares en los que se muestra cómo los cinco agregados surgen a través de las seis fuentes de los sentidos. Normalmente estos dos conjuntos –los agregados y las fuentes sensoriales– se exponen por separado. En este caso, Shariputra los reúne de tal manera que demuestra sus naturalezas interdependientes y relacionadas.

111 Curiosamente, esta afirmación no parece que la dijera el Buda en ninguno de los sutras pali. Pero no todo lo que dijo el Buda fue necesariamente registrado y transmitido de forma completa a lo largo de los siglos debido a errores humanos.

112 Esta es una forma de describir el surgimiento dependiente de los cinco agregados. La secuencia directa de los doce vínculos de la originación dependiente es otra forma de explicar el surgimiento dependiente de los cinco agregados. También hay otras maneras.

relacionamos se originan debido a dichas condiciones contaminadas. No son fiables ni estables; además, no son lo mío, yo o mi yo. El ansia es uno de los principales factores que hacen que existan los cinco agregados. Los seres ordinarios ansían experiencias a través de los cinco agregados. El ansia y los elementos de aferramiento, que forman parte de los cinco agregados, perpetúan el surgimiento de los cinco agregados en un nacimiento tras otro. En una vida tras otra, surge un nuevo conjunto de agregados que, a su vez, tiene todos los elementos necesarios para crear más conjuntos de agregados en vidas futuras.

¿Cómo poner fin a este proceso? Puesto que los agregados dependen de condiciones, cuando esas condiciones cesan, también cesa el renacimiento compulsivo. Dado que el origen de duhkha es impermanente y condicionado, cuando estas condiciones se destruyen, el duhkha que resulta de ellas no puede surgir. El óctuple sendero de los aryas, que daña y finalmente erradica los orígenes de duhkha, también está condicionado, por lo que se puede practicar y desarrollar. El desarrollo del sendero erradicará el origen de duhkha, llevándonos a lo no condicionado, el Nirvana, momento en el que encontramos la paz verdadera.

En este volumen de *Biblioteca de sabiduría y compasión*, nos hemos sumergido en los temas de la ausencia de identidad esencial y la vacuidad que se mencionaron en volúmenes anteriores. Hemos aprendido algunos de los conceptos fundamentales relativos a la naturaleza última y cómo se puede abordar comprendiendo el surgimiento dependiente. También hemos empezado a aprender algunos de los razonamientos y métodos de meditación empleados para comprender la naturaleza última. El próximo volumen profundizará en algunos de estos numerosos razonamientos y métodos de meditación que conducen a esta comprensión.

Al investigar tanto el planteamiento de la tradición pali como el de la tradición sánscrita sobre la naturaleza última, descubrimos una unidad básica en el sentido de que ambas enfatizan el método analítico y el surgimiento dependiente como un tema importante que analizar. También hemos visto visiones divergentes, específicamente en la explicación de la tradición sánscrita de la ausencia de identidad esencial de los fenómenos y en la ausencia de identidad esencial de la persona explicada en la tradición pali, y los diferentes niveles del objeto de negación en la meditación de la ausencia de identidad esencial de la persona.

Tanto los puntos en común como las diferencias indican la habilidad del Buda como maestro que hace que sus enseñanzas sean adecuadas para una amplia variedad de discípulos. Somos increíblemente afortunados de haber encontrado estas enseñanzas, de tener la oportunidad de aprenderlas y practicarlas y de ser receptivos para confiar y tener fe en ellas. Todo el mérito de nuestros esfuerzos lo dedicamos a la completa Iluminación de todos los seres conscientes.

Epílogo

El abhidharma pali.

UNO DE LOS PROPÓSITOS DE *Biblioteca de sabiduría y compasión* es familiarizar a los budistas con la doctrina de las demás tradiciones budistas distintas a la propia. La teoría del dharma evolucionó con el tiempo tal y como se enseña en la tradición pali. Las explicaciones pali de los dharmas que componen y constituyen los objetos materiales se presentan brevemente para que las personas interesadas en los sistemas de principios filosóficos y que han estudiado los principios budistas puedan ampliar sus conocimientos[113]. Muchos tibetanos creen que la tradición pali es equivalente a los sistemas de principios vaibhashika o sautrantika. Aunque comparte algunas similitudes con éstos, existen algunas diferencias importantes.

Debido a las distancias geográficas y a cuestiones doctrinales, tras el parinirvana del Buda se desarrollaron dieciocho escuelas. Parece ser que la mayoría de ellas tenían sus propios sistemas de abhidharma. El abhidharma pali se desarrolló en el sur de la India, Sri Lanka y otros países theravada. El abhidharma sarvastivada se desarrolló en Cachemira y en el norte de la India. También hubo otros sistemas de abhidharma entre las dieciocho primeras escuelas, pero en la actualidad sólo se conservan textos de las escuelas theravada, sarvastivada y dharmaguptaka[114]. Maestros posteriores de países que seguían la tradición pali o sánscrita escribieron textos posteriores de abhidharma[115].

---

113   El abhidharma pali, que existe en la tradición theravada, explica muchos más temas que los mencionados aquí, incluyendo la consciencia, los factores mentales, los procesos cognitivos, los reinos de renacimiento, el karma, el proceso de muerte y renacimiento, la materia, los engaños, los dhyanas y las absorciones sin forma, los objetos de meditación, la condicionalidad, los senderos y los resultados y la purificación. El material presentado en este epílogo no es más que una ínfima parte del abhidharma pali.

114   El título de una obra de abhidharma de la escuela dharmaguptaka que se conserva traducida al chino equivale al *Shariputra-abhidharma-shastra* en sánscrito.

115   Véase el capítulo 4 de *Un acercamiento al sendero budista* (Ediciones Amara) para más información sobre los cánones budistas y las tres cestas de enseñanzas, de las que el abhidharma es la tercera.

Aunque tanto los abhidharma pitakas pali y sarvastivada tienen siete tratados canónicos de abhidharma, estos siete no son los mismos. Los temas de estos dos conjuntos de siete tratados se superponen en cierta medida, pero en algunos casos sus interpretaciones difieren. El theravada de hoy en día sigue el abhidharma pali, mientras que los textos abhidharma conocidos en el budismo tibetano descienden de los abhidharmas sarvastivada y mulasarvastivada.

Los primeros abhidharmikas que vivieron justo después del Buda probablemente compartían ideas similares. En el siglo III a.C., el budismo se extendió a Sri Lanka, donde se desarrolló el abhidharma pali. Sri Lanka está lejos del norte de la India, donde se desarrolló el abhidharma sarvastivada. Con el paso del tiempo, algunos términos que eran comunes a ambos abhidharmas pasaron a tener significados ligeramente diferentes. Por ejemplo, la palabra *último* (*paramartha, paramattha*) fue utilizada por los primeros comentaristas de una manera, pero llegó a tener un significado diferente en el abhidharma primitivo e incluso otros significados diversos en los sistemas de principios yogachara y madhyamaka. Además, los abhidharmas sarvastivada y pali diferían en lo que consideraban *último*.

A menos que se indique lo contrario, las visiones a continuación son las de los abhidharmikas pali. Al reflexionar sobre ello, veremos que la doctrina vaibhashika que surgió de la escuela sarvastivada difiere del sistema pali. En general, el sistema sarvastivada tiende más hacia afirmaciones sustancialistas que el sistema pali. Ten en cuenta que, como se verá más adelante, la noción de que los theravada actuales sostienen principios vaibhashika o sautrantika es incorrecta, aunque comparten algunas visiones similares.

Formular una filosofía enraizada en las enseñanzas del Buda

Cuando el Buda enseñó los sutras que más tarde se sistematizaron para formar el canon pali, sus enseñanzas estaban orientadas a la práctica. Instruía a personas de diversos orígenes, disposiciones espirituales e intereses para vivir una buena vida en el presente, crear las causas para buenos renacimientos observando la ley del karma y sus efectos y alcanzar la Liberación practicando los tres adiestramientos superiores. En aquella época, sus enseñanzas no constituían una teoría organizada sobre los diversos fenómenos o su modo de existencia.

Formular tal filosofía a partir de las enseñanzas del Buda fue el trabajo de las generaciones posteriores, a partir de los abhidharmikas.

El abhidharma es una de las tres cestas de las enseñanzas del Buda. *Abhidharma* indica una disciplina o estudio del Dharma. La palabra *dharma* tiene múltiples significados, pudiendo referirse a los fenómenos, a las enseñanzas del Buda y a los elementos físicos y mentales en los que se pueden resumir todos los fenómenos. De los tres adiestramientos superiores, el abhidharma se asocia con el adiestramiento superior en la sabiduría.

Los eruditos y practicantes theravada tienen visiones diversas sobre los orígenes del abhidharma. Algunos dicen que fue pronunciado por primera vez por el Buda y relatado más tarde por Shariputra. Otros dicen que fue compuesto por arhats y sabios. Sin embargo, todos coinciden en que el abhidharma se desarrolló y sistematizó después del parinirvana del Buda. El objetivo de los primeros abhidharmikas era exponer la estructura subyacente de las enseñanzas del Buda de una manera sistemática que se aplicara en todas las circunstancias y ayudara a los practicantes en su práctica meditativa, de modo que alcanzaran la Iluminación.

Una forma de hacerlo fue elaborar listas de fenómenos y matrices para señalar las características únicas de cada fenómeno, así como sus relaciones con otros fenómenos. De este modo, hacían hincapié en el objetivo del Buda de ayudarnos a comprender que el mundo y los seres que lo habitan no existen tal y como los concebimos habitualmente. Las cosas no son permanentes, ni agradables, ni surgen de una sustancia metafísica subyacente, ni están gobernadas por un yo real que se pueda encontrar. Son procesos, no objetos aislados. Las personas y los objetos que encontramos en nuestra vida cotidiana surgen de forma dependiente y son fenómenos físicos y mentales interconectados y entrelazados, que surgen y cesan a cada instante debido a sus causas y condiciones. Al diseccionar las cosas en sus componentes, los abhidharmikas pusieron de manifiesto que no se puede encontrar un yo real.

Aunque las enseñanzas sobre la ausencia de identidad esencial y la vacuidad en las tradiciones budistas actuales se iniciaron con los sutras del Buda, los abhidharmikas las desarrollaron aún más. Las teorías y estructuras que desarrollaron, a su vez, se vieron influidas posteriormente por las filosofías de escuelas no budistas, así como por los abhidharmikas de otras escuelas budistas. Esto dio lugar a nuevos escritos sobre abhidharma, así como a otros tratados sobre la sabiduría y la naturaleza de la realidad de sabios indios posteriores como Nagarjuna y Dharmakirti. Ha habido un gran intercambio, debate, revisión y ampliación de las diversas teorías articuladas por los primeros abhidharmikas. Esta historia no es fácil de desentrañar, ya que no todos los textos relevantes existen en la actualidad. Sin embargo, un breve vistazo nos ayudará a comprender la evolución de las filosofías de las tradiciones budistas actuales.

Para las personas que han estudiado la tradición tibetana, es posible que parte de lo que lean a continuación no coincida con los textos de principios filosóficos que han estudiado. Además, dentro de la tradición tibetana, varias subescuelas describen de forma diferente las afirmaciones de las antiguas escuelas filosóficas indias. Así pues, la disposición a escuchar otros enfoques es crucial.

Los primeros abhidharmikas

Aunque el análisis de deconstrucción ha sido siempre valorado en el budismo, en los primeros años no se centraba en el estatus ontológico de los objetos, sino en distinguir los constituyentes de los fenómenos y sus relaciones entre sí. Como uno de los siete factores que dirigen a la Iluminación, el discernimiento de estados (*dharmapravicaya, dhammavicaya*) era muy valorado en la meditación y se utilizaba para desarrollar la visión correcta, la visión superior y la sabiduría con el fin de alcanzar la Iluminación. Se empleaba para evaluar diversos estados mentales y prácticas y diferenciar los virtuosos, que había que desarrollar, de los no virtuosos, que se debían abandonar. De este modo, los practicantes vivirían de forma ética y desarrollarían una profunda concentración.

Ese discernimiento también se utilizaba para identificar los componentes y estructuras reales de los objetos ordinarios con el fin de eliminar el apego y la animosidad hacia ellos. Además, este discernimiento ayudaba a los practicantes a ver la interdependencia entre los fenómenos, lo que contribuía a la ausencia de identidad esencial. De este modo, enfatizaron que las enseñanzas sobre el surgimiento dependiente son esenciales para alcanzar la Liberación.

Para ello, los abhidharmikas se basaron en las listas de los sutras. Examinaron cuestiones como "¿Cuáles son las aflicciones, los contaminantes y las aflicciones auxiliares? ¿En cuál de los tres reinos de la existencia –deseo, forma y sin forma– se encuentran? ¿Cuáles son virtuosas, no virtuosas o neutras?". Esto condujo al análisis exhaustivo de los estados mentales, el tema principal del primer capítulo de *Enumeración de los factores* (*Dhammasangani*), el primer libro del abhidharma pali. El análisis de la virtud y la no virtud condujo a profundas deliberaciones sobre el karma. Las treinta y siete armonías con la Iluminación se analizaron para revelar la forma de practicar el sendero. Con el paso del tiempo, los comentaristas del abhidharma explicaron los senderos y las etapas que dirigen a la Iluminación y los relacionaron con los diversos engaños que se reducían o erradicaban en cada sendero y en cada etapa.

Las teorías de los primeros abhidharmikas, que aparecieron justo después del parinirvana del Buda, estaban arraigadas en tres doctrinas principales que el Buda expuso:

1. Impermanencia sutil. Todos los fenómenos condicionados surgen y desaparecen a cada instante debido a sus causas y condiciones.
2. Ausencia de identidad esencial. No hay sustancialidad ni en la persona ni en los cinco agregados que la componen.
3. Originación dependiente. Los fenómenos surgen dependiendo de otros fenómenos —sus causas y condiciones— y existen en relación con otros fenómenos. No existe una sustancia subyacente a partir de la cual aparezcan o se formen los fenómenos. Tampoco existe un creador externo que haya creado la mente y la materia.

Al describir y analizar los fenómenos, los abhidharmikas llevaron a cabo dos actividades importantes: en primer lugar, analizaron los fenómenos en profundidad, describiendo claramente el carácter único de cada fenómeno; en segundo lugar, al analizar los fenómenos según las partes que los componen, crearon listas más detalladas de clasificaciones de fenómenos y las relaciones entre estos fenómenos se desarrollaron en lo que se denomina la "teoría del dharma".

Comenzando con las categorías de fenómenos de los sutras —los cinco agregados, las doce fuentes, los dieciocho constituyentes—, analizaron cada una de ellas y describieron sus relaciones con las demás. Investigaron cómo se corresponden los cinco agregados con las doce fuentes y los dieciocho constituyentes, y qué fuentes y constituyentes están incluidos en cada agregado.

Al analizar los fenómenos llegando hasta sus componentes más pequeños, los practicantes ven que no existe una sustancia subyacente a partir de la cual se haya creado todo. Esto contradice las afirmaciones de las escuelas no budistas, como los samkhyas, que afirman que todos los objetos manifiestos son transformaciones de la naturaleza fundamental (sustancia primordial, *prakrti*, *pakati*). También invalida las creencias de que todo fue creado a partir de una sustancia cósmica unificadora, que una mente universal subyace a todo lo que existe y que todo es creado por un creador permanente y absoluto y se disolverá de nuevo en él. Al afirmar que todo en el mundo aparece, cambia y cesa debido a causas y condiciones, el budismo refuta las teorías de predeterminación fatalista o las del surgimiento sin causa, al azar.

Al demostrar que las partes constituyentes de los fenómenos no existen de forma aislada, sin relación con nada más, los abhidharmikas hicieron hincapié en las relaciones causales. Las cosas tienen causas directas y condiciones cooperativas: la madera es la causa directa de una mesa y el carpintero es su condición cooperativa. Algunos fenómenos son *condiciones concomitantes* en el sentido de que surgen juntos y se condicionan mutuamente. En otras palabras, si uno está presente, también lo está el otro.

En el proceso de selección de los temas que había que tratar, los primeros abhidharmikas también señalaron los principales temas y enseñanzas que los budistas debían explorar y comprender. De este modo, se llamaba la atención sobre nuestros estados mentales, el mundo material, los reinos de existencia, el karma y sus resultados, los senderos y los frutos de la Iluminación, el tiempo, el movimiento, etc.

La teoría del dharma

La teoría del dharma surgió como una forma de comprender lo que se conoce y experimenta en la meditación y para señalar a los practicantes qué observar cuando realizan prácticas como los cuatro fundamentos de la atención[116]. Dado que los practicantes buscan el Nirvana y que el camino hacia el Nirvana implica el vipasana de la naturaleza del yo, el análisis de los componentes del yo es importante. Ver el mundo –nuestra experiencia interna y los objetos externos–

---

116 Ver los capítulos 12 y 13 de *Tras las huellas del Buda* (Ediciones Amara) para una explicación de los cuatro fundamentos de la atención.

correctamente implica ver los fenómenos básicos de los que estamos compuestos nosotros y nuestro mundo.

La teoría del dharma se centra en la identificación de los ladrillos de construcción de nuestra experiencia, los fenómenos elementales que componen nuestro ser y el mundo. Son fenómenos condicionados que surgen y cesan a cada instante. Al describir cómo se interrelacionan para formar otros fenómenos y cómo más tarde vuelven a combinarse para volver a formar otros fenómenos, la teoría del dharma muestra que nuestra creencia de que nuestros estados mentales y el mundo que nos rodea consisten en fenómenos unificados y "sólidos" es errónea.

En particular, el análisis del abhidharma demuestra que lo que parece ser un flujo continuo de consciencia se compone en realidad de diferentes instantes de la mente, cada uno de los cuales consta de una mente primaria y sus factores mentales asociados. Esto marca el comienzo de la sistematización de la psicología budista, una psicología dirigida hacia la Iluminación y, por lo tanto, preocupada por discernir los estados mentales engañosos y no engañosos. Las matrices del abhidharma también ilustran que un mismo factor mental puede aparecer de diferentes formas y con diferentes nombres en varias listas. Empezamos a investigar, por ejemplo, cómo la malicia, como una de las tres no virtudes, se relaciona con la aversión, que es una de las tres aflicciones mentales raíz, y cómo el enfado se relaciona con el resentimiento, la ira, etcétera. Del mismo modo, entendemos la atención de un modo amplio como el fundamento de la atención, la facultad de la atención, el poder de la atención, el factor iluminado de la atención y la atención correcta.

La teoría del dharma evolucionó con el tiempo a medida que surgían nuevas preguntas, se examinaban las implicaciones de la teoría existente y se descubrían o resolvían contradicciones. En la tradición pali, esto dio lugar a una serie de textos abhidharma, largos comentarios y subcomentarios que más tarde se resumieron en textos más breves. Después, se escribieron más comentarios escritos sobre estos textos más cortos.

La teoría del dharma se presupone, aunque no se expone claramente, en los textos canónicos del abhidharma. Se desarrolla de forma más completa en los comentarios que exploran sus implicaciones. A medida que surgieron más preguntas, se desarrollaron otras teorías como respuesta, como la de las dos verdades y la división en existencia sustancial e imputada.

En los sutras, Buda propuso cinco grupos en los que podían analizarse los fenómenos, especialmente los relacionados con el yo: 1) cuerpo y mente (P. *nama-rupa*); 2) cinco agregados (*skandha, khandha*); 3) seis elementos (*dhatu, dhatu*), es decir, tierra, agua, fuego, viento, espacio y consciencia; 4) doce fuentes sensoriales (*ayatana, ayatana*), y 5) dieciocho constituyentes (*dhatu, dhatu*).

El Buda tenía una razón para hablar de cada uno de estos grupos. La clasificación de las cosas en los cinco agregados diferencia claramente entre la materia (el cuerpo) y la mente. La meditación sobre los cinco agregados permite a los practicantes descubrir que no existe un yo independiente ni en los agregados ni separado de ellos. El Buda dice repetidamente: "Esto no es mío; esto no soy yo; esto no es mi yo". Es decir, ninguno de los agregados me pertenece, no corresponden al yo y no son mi yo. Sólo hay partes físicas y mentales impersonales.

La clasificación de esos mismos fenómenos en doce fuentes sensoriales y dieciocho constituyentes pone de manifiesto las condiciones necesarias para que se produzcan la percepción y la cognición. Discernirlos de este modo pone de manifiesto que la mente no es ni un alma ni un fenómeno independiente, sino que es producida por causas y condiciones.

Estos cinco grupos no son distintos entre sí, sino que se superponen. El cuerpo y la mente se pueden ampliar hasta llegar a los cinco agregados: el cuerpo es el agregado de la forma y la mente está constituida por los cuatro agregados restantes. El cuerpo, la mente y los cinco agregados se pueden ampliar en los seis elementos, con el agregado físico o del cuerpo incluyendo los elementos tierra, agua, fuego, aire y espacio, y la mente (cuatro agregados mentales) condensada en el sexto elemento, la consciencia. Los cinco agregados se pueden expandir para formar las doce fuentes, que a su vez se pueden expandir en los dieciocho constituyentes. Ninguno de estos conjuntos constituye el modo último de análisis porque cada uno de ellos se puede descomponer en partes más pequeñas[117].

---

117 En *Tesoro del conocimiento*, de Vasubandhu, las doce fuentes y los dieciocho constituyentes incluyen fenómenos permanentes como el espacio no condicionado y el Nirvana. En el abhidharma pali, las doce fuentes y los dieciocho constituyentes incluyen el Nirvana, pero no hay otros dharmas permanentes.

La teoría del dharma facilita incluso un análisis más refinado donde cada dharma se considera el factor más pequeño que se puede identificar. Sin embargo, identificar las partículas más pequeñas de la materia no implica que estas partículas o dharmas no tengan partes. En el abhidharma pali no se habla de que los fenómenos estén compuestos por partículas sin partes[118]. Más bien, estos dharmas son simplemente las unidades materiales más pequeñas que se pueden identificar. En este caso, el agregado de la forma se descompone en veintiocho dharmas de la forma.

El abhidharma se centra principalmente en los factores mentales que componen los diversos tipos de consciencia. Las consciencias primarias y los factores mentales son factores importantes que examinar para comprender la ausencia de identidad esencial. Además, conocer los diversos estados de la mente ayuda a los meditadores cuando desarrollan la concentración para obtener absorciones meditativas de los reinos de la forma y sin forma. Estos dharmas mentales son más numerosos que los materiales: los agregados de la sensación, el discernimiento y los factores composicionales están compuestos por cincuenta y dos factores mentales (*chaitta, chetasika*). El último agregado, la consciencia, se compone de ochenta y nueve tipos.

En resumen, el abhidharma canónico define y clasifica los dharmas y muestra las relaciones entre ellos. Compuesto por numerosas listas y matrices, ayuda a los practicantes a identificar y comprender los dharmas en su meditación. El abhidharma implica no sólo el análisis para identificar cada dharma, sino también la síntesis para señalar sus interconexiones. Por ejemplo, el primer libro del abhidharma pali, *Enumeración de los factores* (*Dhammasangani*), define y clasifica los factores mentales entre otras cosas, mientras que el último libro, *Condiciones o relaciones fundamentales* (*Patthana*), enumera los diversos tipos de relaciones condicionales entre los dharmas. El análisis deconstruye los fenómenos para mostrar que no existe una identidad esencial ni una sustancia subyacente, primordial o fundamental (*prakrti*) de la que todo se origina. La síntesis complementa esto ilustrando que los dharmas no son entidades separadas y aisladas.

Las clasificaciones y definiciones precisas son categorías artificiales que sólo sirven para identificar y describir los dharmas. Nuestra

---

118 Los vaibhashika y los sautrantika afirman la existencia de las partículas sin partes (T. *rdul phran cha med*), mientras que los yogachara y los madhyamika refutan su existencia.

experiencia es, de hecho, una compleja red de relaciones interconectadas de dharmas.

Según la tradición pali, los dharmas materiales son elementos de una experiencia. Se habla de ellos como características y funciones, pero no como partículas. Por ejemplo, el elemento tierra es la propiedad de la solidez. Es la característica de la dureza y su función es servir de soporte o base a los demás elementos. El elemento agua es la propiedad de la cohesión. Tiene la característica de fluir o fluidez y su función es unir a los demás dharmas.

La teoría del dharma del abhidharma pali no se basa en una dicotomía entre sustancia y cualidades, ya que tal dicotomía podría conducir fácilmente a la asunción de un yo sustancial (P. *attavada*), que el Buda niega rotundamente. Es decir, un dharma no es una cualidad inherente de otro dharma, y un dharma no es el sustrato o la sustancia a partir de la cual se produce otro dharma. Los propios dharmas son condiciones para otros dharmas, tal y como describe el conjunto de veinticuatro condiciones que muestran el surgimiento dependiente de todos los dharmas tanto en términos de sus relaciones temporales como espaciales.

El abhidharma sarvastivada habla de los dharmas de un modo diferente. Son partículas aisladas, sin partes, con su propia naturaleza (*svabhava, sabhava*). Esto se traduce en la afirmación de la escuela sarvastivada de que los dharmas existen como entidades últimas e independientes en los tres tiempos –pasado, presente y futuro–, una posición refutada por Nagarjuna y los madhyamikas posteriores.

EL desarrollo de la teoría del dharma

Las cuestiones y controversias doctrinales influyeron en el desarrollo de la teoría del dharma a lo largo del tiempo. Según el abhidharma canónico, no existía una esencia perdurable que fuera la persona ni en los agregados –y por extensión en los dharmas que componen los agregados– ni totalmente separada de los agregados y los dharmas. Sin embargo, algunos budistas –concretamente los puggalavadins– se preguntaban cómo se podía producir el renacimiento y que el karma funcionase en las vidas futuras si no existía un yo. Para resolver este enigma, los puggalavadins afirmaron que la persona es real y última. Esto se refutó en *Puntos de controversia* (*Kathavatthu*), uno de los siete textos canónicos del abhidharma que, según se dice, fue escrito por Moggaliputta Tissa en el siglo III a.C.

Al refutar que la persona es real y última, estos abhidharmikas posteriores dijeron que los dharmas y agregados que componen la persona son reales y últimos. Pero "reales y últimos" no significa que sean entidades distintas y absolutas que existan por su propio carácter. Significa más bien que los dharmas son el límite último de nuestra experiencia, en el sentido de que no se pueden reducir más. Sin embargo, no hay ninguna sustancia absoluta que los sustente, ninguna entidad metafísica a partir de la cual se manifiesten y en la que se disuelvan posteriormente. El hecho de que se les llame "últimos" no contradice la insistencia del primer abhidharma de que todas las cosas son impermanentes y surgen de forma dependiente debido a causas y condiciones. Se dice que los dharmas son *reales* –lo que significa que se producen cuando sus causas y condiciones están presentes–.

Esto pone de manifiesto que hay dos niveles de existencia: Algunos, como la persona, se pueden analizar dividiéndolos en sus partes constituyentes. Otros, como los dharmas, no se pueden analizar más a fondo porque son los constituyentes elementales de los fenómenos.

Para comprender la evolución de algunas de las ideas del abhidharma, resulta muy útil examinar un texto posterior del abhidharma, el *Abhidhammattha Sangaha*, de Anuruddhacariya, muy utilizado a partir del siglo XII, y ver la forma en que clasifica los fenómenos y las razones que hay detrás de ello. Este texto afirma que hay dos clases de realidades: las convencionales (P. *sammuti*) y las últimas (P. *paramattha*)[119]. Se diferencian en función de si son los referentes del pensamiento conceptual (P. *paññatti*) y los términos convencionales o tienen su propia naturaleza (P. *sabhava*). Las realidades convencionales son los referentes de conceptos y términos. Algunos ejemplos de realidades convencionales son las personas, los seres humanos, los animales, las tazas, las mesas y los árboles. Como objetos designados y productos de la construcción mental, existen debido a la concepción, carecen de naturaleza propia y no son componentes irreductibles de la existencia.

Las realidades últimas, en cambio, tienen naturaleza propia y son los constituyentes finales y últimos de la existencia. Cuando las realidades convencionales se analizan hasta sus componentes, descubrimos las realidades últimas –los dharmas– que no se pueden reducir más. Por ejemplo, una persona parece ser una realidad última, pero

---

119 Véase, *Comprehensive manual of abhidharma*, de Bhikkhu Bodhi, pp. 25-26, para una exposición más amplia de la realidad última.

cuando se analiza sólo encontramos los componentes de la persona —los cinco agregados—. Al ser un conjunto de procesos mentales y físicos impermanentes, una persona es una cosa convencional que sólo existe debido a términos y conceptos. Mientras que la "persona" es una construcción conceptual que no se puede encontrar cuando se busca, los dharmas, que son los componentes impermanentes más elementales de una persona, no se pueden reducir más. Así pues, ontológicamente los dharmas son realidades últimas porque tienen naturaleza propia y epistemológicamente son 3los objetos últimos del conocimiento correcto.

El significado de que los cinco agregados sean realidades últimas requiere una aclaración. El cuerpo burdo, por ejemplo, no es una realidad última, ya que se puede reducir a los cuatro elementos primarios. Los elementos primarios, sin embargo, no se pueden reducir más. Son sutiles y a la gente corriente nos resulta difícil percibirlos. Tenemos que investigar con atención adecuada para percibir las realidades últimas, como los cuatro grandes elementos. Puesto que se conocen directamente con una consciencia meditativa más sutil, que se considera un conocedor último o supremo, se denominan *objetos últimos* o *supremos*.

Las existencias últimas (realidades últimas) son de cuatro tipos:

1. La mente (*chitta*, *chitta*) corresponde al agregado de la consciencia. En la mente se incluyen las mentes de los reinos del deseo, de la forma y sin forma. La mente se define de tres maneras: un agente que conoce un objeto, el instrumento por medio del cual los factores mentales conocen un objeto y la actividad de conocer. Las dos primeras definiciones implican que la mente es una cosa y la acción de conocer es otra. Estas definiciones se dan para superar la visión distorsionada de que existe un yo o alma permanente que es el agente o instrumento de la cognición. La tercera definición es la más exacta: la mente es el proceso cognitivo y no se puede establecer fuera del hecho de conocer, no es otra cosa que el acto de conocer.

2. Los factores mentales incluyen los agregados de la sensación, el discernimiento y los factores composicionales. Dentro del abhidhamma se enumeran cincuenta y dos factores mentales, que aparecen junto con la mente y desempeñan diversas funciones. Los agregados de la sensación y el discernimiento son dos

de los factores mentales. Los otros cincuenta se encuentran en el agregado de los factores composicionales, que incluye emociones, visiones, actitudes, estados de ánimo y otras funciones mentales. Los factores mentales que acompañan a cualquier mente surgen y cesan junto con esa mente, tienen el mismo objeto y surgen debido a la misma fuente sensorial.
3. La materia o forma (*rupa*) se refiere a los dharmas materiales y es la misma tanto en el esquema del abhidharma como en el esquema de los cinco agregados.
4. El Nirvana, el cese de duhkha y sus causas, es el único dharma no condicionado. Ni creado ni destruido, el Nirvana es inmortal y está completamente más allá del mundo condicionado y de las ataduras del tiempo y el espacio. Se dice que el Nirvana tiene su propia naturaleza (Vism 16:72) porque es un dharma, no es una designación y no depende de construcciones conceptuales.

De estas cuatro realidades últimas, las tres primeras comprenden todas las cosas impermanentes, condicionadas. Los cinco agregados se pueden englobar en estas tres primeras: el agregado de la forma es la materia; los agregados de la sensación, el discernimiento y los factores composicionales son los factores mentales, y el agregado de la consciencia es la mente. La cuarta realidad última, el Nirvana, es lo no condicionado.

En este contexto, el agregado de la forma no implica el cuerpo burdo, que es una realidad convencional, sino los componentes del cuerpo que se toman como base para analizarlo de modo último –los dharmas–. Del mismo modo, el agregado de la consciencia no se refiere a la mente en general, que es una realidad convencional, sino a los fugaces instantes de consciencia de los que se compone la mente. Discernir la diferencia entre la persona, que es una realidad convencional, y los cinco agregados, que son realidades últimas, es una parte esencial del desarrollo de la sabiduría de la ausencia de identidad esencial en la tradición pali. Esta comprensión es el objetivo de la meditación vipasana y es un paso importante hacia el logro del Nirvana.

Sustancia y naturaleza propia

Parece ser que en el primer texto del abhidharma en el que se que utilizan las expresiones *naturaleza propia* (*auto naturaleza*) y *otra naturaleza* es el *Shariputrabhidharma shastra*[120]. Dice: "La naturaleza propia contiene la naturaleza propia; la otra naturaleza no contiene la naturaleza propia. La naturaleza propia se asocia con la naturaleza propia; la naturaleza propia no se asocia con la otra naturaleza". Esto indica que las cosas con los mismos atributos pertenecen a un grupo de naturaleza propia y las que tienen atributos diferentes pertenecen al grupo de la otra naturaleza. En este caso, este término distingue entre diferentes grupos y no tiene nada que ver con el modo de existencia de los fenómenos.

En posteriores shastras del abhidharma, la naturaleza propia pasó gradualmente a significar naturaleza inherente. Esta connotación aparece por primera vez en el abhidharma vibhasha-shastra de la escuela sarvastivada. Divide las cosas en setenta y cinco constituyentes básicos y considera que éstos son la esencia real de todas las cosas. Son indivisibles, dotados de su propia naturaleza única y reales, mientras que los compuestos creados a partir de ellos son irreales. Por ejemplo, la persona es irreal, pero sus constituyentes básicos son reales, es decir, existen sustancialmente. Por su parte, la persona existe de modo imputado y es menos real que los constituyentes básicos. Aunque los sarvastivada creían haber entendido correctamente las enseñanzas del Buda sobre la ausencia de identidad esencial, en realidad establecieron un realismo budista que contradice las enseñanzas fundamentales del Buda sobre la ausencia de un yo permanente y sólido y la vacuidad. Parece que su noción de existencia sustancial fue el principal blanco del enfoque madhyamaka de Nagarjuna.

Esta controversia doctrinal, que también influyó en la teoría del dharma theravada, se centró en torno a la afirmación sarvastivada de que los fenómenos existen en los tres tiempos. Surgió de las preguntas: "Puesto que las cosas sólo existen en el presente, ¿cómo podría una causa que no existe (porque ya ha cesado para dar lugar a un resultado) producir un resultado? ¿Cómo podría un resultado que no existe (porque aún no ha surgido) ser producido por una causa que existe?". Para resolver este dilema, los sarvastivada postularon

---

[120] Yinshun, un gran erudito chino del siglo XX, dice que éste es un texto de abhidharma muy temprano de la escuela sthaviravada. La mayoría de los eruditos occidentales dicen que es un texto dharmaguptaka. Los dharma-guptakas eran una rama de los vibhajyavadins, que pertenecían a la rama sthavira de la sangha primigenia (a diferencia de los mahasamghika), por lo que no hay contradicción entre lo que dice Yinshun y la opinión de los eru-ditos occidentales

que los fenómenos existen sustancialmente en el pasado, el presente y el futuro. Esto dio un giro ontológico a la teoría del dharma, que hasta entonces había sido simplemente un relato descriptivo de la experiencia empírica. Desde el punto de vista theravada, esta afirmación del sistema sarvastivada otorgaba una naturaleza inherente e innecesaria a los dharmas.

Aunque la tradición pali rechazó esta afirmación de la naturaleza propia y sus implicaciones, siguió influyendo en la teoría del dharma tal y como se explica en los comentarios de Sri Lanka. Mientras que el abhidharma canónico no daba una definición formal de *dharma*, los comentaristas del abhidharma de Sri Lanka definían un dharma como aquello que posee o es portador de su propia naturaleza. Esto, sin embargo, no implica una dualidad entre un dharma y su naturaleza, un dharma no es un agente separado que sostiene su naturaleza propia como una sustancia subyacente. Más bien, *naturaleza propia* se utiliza para significar "lo que no se tiene en común con otros": cada dharma es un hecho de la existencia empírica que no es lo mismo que otros hechos discernidos empíricamente. La *naturaleza propia* indica simplemente el mero hecho de ser un dharma. No significa que haya una sustancia duradera que sostenga un dharma. En todo caso, equiparar dharma y naturaleza propia significa que sólo existe el constantemente cambiante surgir y cesar de los fenómenos mentales y materiales, cada uno de los cuales tiene sus propias características únicas.

Un texto canónico pali anterior, el *Camino de la discriminación* (*Patisambhidamagga*), que se encuentra en el *Khuddaka Nikaya* y se atribuye a Shariputra, dice que los cinco agregados son vacíos de naturaleza propia (P. *sabhavena-suñña*). Si los agregados carecen de naturaleza propia, entonces seguramente las partes que los componen y que se pueden analizar también deben carecer de naturaleza propia. Para reconciliar esta afirmación con la nueva definición de dharma como "aquello que es portador de su propia naturaleza" sin sugerir que los dharmas existen por su propio carácter, los comentaristas pali complementaron la definición anterior con una nueva: "Un dharma es aquello que es portador de sus propias condiciones". Es decir, un dharma no es un agente autónomo, sino algo que depende de sus condiciones y es apoyado por sus condiciones. Esta definición subraya que los dharmas no existen por derecho propio y que *naturaleza propia* no significa sustancia inherente[121]. Los dharmas se producen debido a las condiciones apropiadas. Aquí vemos que aunque la palabra *sabhava* se incorporó al pensamiento del abhidharma theravada, no se interpretó como un modo sustancial del ser. Más bien, era la naturaleza condicionalmente dependiente de las cosas.

Características propias

Del mismo modo, decir que un dharma es aquello que posee su propia característica (*svalaksana, salakkhana*) no significa que haya dualidad entre un dharma y sus características. Las definiciones (características) y lo definido (lo caracterizado) se utilizan por comodidad en la expresión, no tienen significado último. Cada dharma tiene sus propias características distintivas. Por ejemplo, la visibilidad es la característica específica del color. Decir que el elemento tierra es el que tiene la característica de la solidez es provisional, no último. De hecho, la solidez es el elemento tierra.

Comentando el título de *Discurso sobre la raíz de todas las cosas*, el subcomentario explica el significado de *cosas (dharma)*[122]:

> "Poseen sus propias características": Aunque no hay dhammas desprovistos de sus propias características, esto se dice con el propósito de indicar que éstos son meros dhammas dotados de sus naturalezas específicas desprovistas de atribuciones tales como la de un "ser", etc. Aunque entidades tales como el yo, la belleza, el placer y la permanencia, etc., o la naturaleza [fundamental], la sustancia, el alma, el cuerpo, etc., que son meras construcciones erróneas debidas al ansia y a las visiones, o entidades tales como la flor en el cielo, etc., que son meras expresiones del discurso convencional, no se pueden descubrir como realidades últimas (P. *saccikatthaparamatthato*), estos dhammas (aquellos dotados de una naturaleza específica) sí pueden. Estos dhammas se descubren como realidades últimas. Aunque no hay distinción real (entre estos dhammas y sus características), aun así, para facilitar la comprensión, la exposición hace una distinción como mero recurso metafórico. O bien se soportan, se dis-

---

[121] Parece ser que para los antiguos comentaristas pali, *sabhava* —naturaleza propia— tiene múltiples significados, algunos aceptables y otros no. El mismo punto fue planteado por los madhyamika también, como se explicará en un volumen futuro.

[122] *Discurso sobre la raíz de la existencia* (*Mulapariyaya Sutta* y sus comentarios), traducción de Bhikkhu Bodhi (Kandy: Sociedad de Publicaciones Budistas, 2006), 38.

ciernen, se conocen, de acuerdo con su naturaleza específica, por lo que son dhammas.

Decir que los dharmas tienen sus propias características se hace para indicar que tienen una naturaleza específica y para distinguirlos de concepciones distorsionadas como ver lo que carece de identidad esencial como si la tuviera, ver lo repugnante como bello, ver lo que tiene una naturaleza insatisfactoria como placentero y ver lo impermanente como permanente. El hecho de que tengan sus propias características también indica que no han sido creadas a partir de una sustancia primordial ni de otras entidades metafísicas que se fabrican debido al ansia y a las visiones. Puesto que tienen sus propias características, los dharmas son diferentes de las flores del cielo y otras entidades inexistentes que imaginamos. Este es, pues, el significado de decir que son, en última instancia, realidades últimas. No significa que existan por sus propias características.

La característica básica de un dharma no se altera con el tiempo y no se puede transferir a otro dharma. Incluso cuando está asociada a otros dharmas, cada dharma conserva su propia característica. La solidez o elemento tierra sigue siendo solidez, incluso cuando se asocia con agua u otros elementos.

Las características propias o específicas son únicas de cada dharma, son los dharmas. Los dharmas son los límites últimos del análisis sutil. No se pueden conocer individualmente con nuestros sentidos. Se necesita un grupo de ellos o un continuo de momentos en el caso de las sensaciones y demás para que se produzca la cognición. Del mismo modo, las características específicas no se conocen directamente, aunque un grupo de ellas se pueda percibir directamente como un objeto conceptual.

Las características generales (*samanya-lakshana*, *samañña-lakkhana*) son características como la impermanencia, la insatisfacción y la ausencia de un yo permanente y sólido, que son comunes a todos los dharmas mundanos. Las características generales son construcciones mentales imputadas por la mente sobre los dharmas. Superpuestas a los datos últimos de la existencia empírica, las características generales se conocen mediante la inferencia. Cuando los yoguis perciben una característica general como la impermanencia, su percibidor yóguico directo conoce los dharmas que surgen y cesan. Conocen su impermanencia indirectamente. Los sutras hablan de tres características generales de las cosas condicionadas. Estas tres características generales no son dharmas ni entidades separadas. Son construcciones mentales imputadas a grupos de fenómenos: (1) surgimiento: producción (*utpada, uppada*), (2) desaparición: cese (*vyaya, vyaya*), y (3) envejecimiento: alteración de lo que existe (*sthityanyathatva, thitassa aññathatta*).

Una taza, por ejemplo, es un objeto imputado, una construcción mental, que no es más que el conjunto de dharmas –solidez, cohesión, temperatura, etc.– que la componen. Nuestros sentidos perciben directamente el blanco, la solidez, la suavidad, etc., y por medio de esto sabemos "Aquí hay una taza". Los dharmas son últimos en el sentido de que se pueden experimentar y percibir directamente; son datos sensoriales. Nuestra mente reúne los datos sensoriales, crea una construcción mental y designa "taza".

En general, *último* significa *aquello que ha alcanzado lo más elevado o lo último*. En este caso, los dharmas son últimos en el sentido de que no se pueden reducir más mediante el análisis, a diferencia de la persona, que no es real ni última. Los dharmas se denominaron no sólo *naturaleza propia*, sino también *naturaleza última* (P. *paramattha-sabhava*). Para la tradición pali, estos términos no tienen implicaciones sustancialistas. Más bien, hacen hincapié en que los dharmas mentales y materiales son elementos de la experiencia presente; no se consideran como poseedores de una naturaleza real que permanece en el pasado, el presente y el futuro, como afirma la sarvastivada.

Del mismo modo, decir que los dharmas tienen existencia última u objetiva (P. *paramatthato vijjamanata*) significa que son los componentes irreductibles de la experiencia empírica. Decir que los dharmas son cognoscibles de modo último indica que los contenidos de nuestra cognición se pueden analizar en estos elementos irreductibles.

Tanto los dharmas como los objetos imputados (*prajñapti, paññatti*) son objetos de conocimiento. Aunque los objetos imputados son creados artificialmente por la mente y carecen de homólogos objetivos que sean conocidos directamente por los sentidos, siguen siendo conocibles y, por tanto, son objetos conocibles. Aquí nos encontramos con otro significado del término *dharma* que también se encuentra en el abhidharma: *fenómenos, existencias*. En este sentido, todos los fenómenos –tanto los que son realidades últimas como los que son construcciones mentales– se consideran dharmas.

También se aplican a los dharmas otros dos rasgos: la inseparabilidad y el origen condicionado. La inseparabilidad significa que en cualquier momento dado de materia o mente, los dharmas que lo componen no son separables entre sí. Al asociarse de este modo, los dharmas forman una unidad. La mente primaria y los factores mentales que la acompañan son inseparables en el sentido de que ninguno puede ocurrir sin el otro. Juntos forman un solo conocedor. Del mismo modo, el color, el sabor, el olor y la dureza de una manzana no se pueden separar físicamente, sino que ocurren juntos.

Aunque los dharmas son inseparables, se pueden distinguir y conocer como si estuvieran separados. Aunque el color, el sabor, el olor y la textura de una manzana son inseparables, estas cualidades pueden ser distinguidas por separado por los diferentes conocedores sensoriales. Los dharmas mentales, sin embargo, son mucho más difíciles de distinguir por separado. Es difícil diferenciar la sensación, la intención, la atención, etc., en nuestra experiencia.

Igual que la inseparabilidad, el origen condicionado describe los dharmas en términos de sus asociaciones mutuas. Hay cinco axiomas del origen condicionado que se enuncian explícita o implícitamente:

1. No existe una causa original absoluta ni un principio de nada. Simplemente existe la continuidad de las cosas siempre cambiantes y condicionadas.
2. Las cosas sólo surgen de sus causas concordantes, no pueden surgir de causas y condiciones que carecen de la capacidad para producirlas.
3. Las cosas no surgen de una causa única como un creador absoluto o una sustancia primordial.
4. Las cosas no surgen como fenómenos aislados. Siempre que se produce un cambio debido a causas, los efectos son múltiples.
5. Varias causas y condiciones producen varios resultados. Muchos dharmas producen muchos otros dharmas.

Los dharmas surgen en asociación con otros dharmas y al mismo tiempo que ellos. Por ejemplo, una mente primaria y sus siete factores mentales omnipresentes[123] –el contacto, la sensación, el discernimiento, la intención, la atención, la unicidad y la vida psíquica– surgen

---

123 Los textos tibetanos sobre mente y consciencia (*Blo rig*) enumeran cinco factores mentales omnipresentes.

juntos. Ninguno de ellos –ni la mente primaria ni ninguno de los factores mentales que la acompañan– puede surgir por sí solo sin los demás. Incluso un momento mental es un fenómeno complejo con muchos componentes.

Del mismo modo, la unidad más pequeña de la materia es un conjunto (P. *kalapa*), una combinación de ocho dharmas materiales –los cuatro elementos primarios de solidez (tierra), cohesión (agua), temperatura (fuego) y movimiento (aire) y los cuatro elementos secundarios de color, olor, sabor y esencia nutritiva (la capacidad de mantener la vida)–. El sonido no se considera un elemento secundario inseparable porque las cosas no producen sonido continuamente.

Ninguno de estos ocho puede surgir separado de los demás. No se encuentran en zonas físicas diferentes ni en momentos distintos. El hecho de que los dharmas sean inseparables y surjan en combinación unos con otros y, sin embargo, se puedan distinguir como poseedores de sus propias características únicas ilustra los enfoques analítico y de síntesis del abhidharma. A través del análisis se disciernen individualmente, a través de la síntesis se ven como surgiendo conjuntamente.

Designaciones y conceptos

La teoría del dharma también nos permite distinguir las entidades empíricas distintas de las mentes conocedoras y los fenómenos imputados que crea la mente conceptual. Nos ayuda a comprender la relación entre los dharmas y los objetos que percibimos en nuestra vida cotidiana. También pone en tela de juicio hasta qué punto los objetos se corresponden con los términos que se refieren a ellos.

Las designaciones o imputaciones se mencionaron por primera vez en el *Dhammasangani*, donde la designación en sí es el paññatti (S. *prajñapti*) y todos los dharmas (en el sentido amplio de todas las cosas) son *el sendero de las designaciones*, es decir, son lo designado. Los paññatti son los nombres, términos y designaciones que expresan tanto las existencias últimas –los dharmas– como los objetos más amplios que son combinaciones de dharmas. Los comentaristas posteriores incluyeron en paññatti no sólo los nombres de las cosas –sean objetos reales o nominales–, sino también los objetos y significados que les corresponden. Esto no implica, sin embargo, que los dharmas existan dependiendo de la designación y conceptualización por parte de la mente. La teoría de paññatti estaba implícita en los sutras, pero fue desarrollada por los abhidharmikas. *Persona* se conoció como la designación convencional dada al conjunto de los agregados psicofísicos impermanentes surgidos de forma dependiente. Del mismo modo, *carro* era el nombre convencional dado al conjunto de partes que formaban un vehículo. Sin embargo, la idea budista primitiva de la designación convencional no se explicaba comparándola con las existencias últimas o reales, como los dharmas. Esto lo hicieron posteriormente los abhidharmikas en el abhidharma pitaka.

Hay dos tipos de designaciones: (1) Designaciones por término (P. *namapaññatti*) son los nombres, palabras o símbolos que designan cosas reales o irreales. Se establecen mediante el uso mundano. Un ejemplo es la palabra *taza*. (2) Los objetos designados (P. *attha-paññatti*) son los objetos designados o conceptualizados y los significados que corresponden a los nombres, palabras y símbolos. Estos objetos son construcciones mentales que aparecen cuando la mente interpreta las apariencias de los elementos reales en unas determinadas disposiciones.

Un ejemplo es la taza. Las designaciones por término y los objetos designados son interdependientes y se refieren a lo mismo visto desde dos ángulos diferentes: la verbalización que da a conocer las cosas y lo que se da a conocer (lo que se construye con el pensamiento). Es importante señalar la diferencia entre designaciones de objetos y dharmas. Aunque los dharmas se pueden conceptualizar y dar a conocer mediante nombres y símbolos, su existencia no depende de ellos. Al contrario que las designaciones de objetos, que no existen a menos que medie un concepto.

Los comentarios posteriores explican las designaciones con mayor profundidad. Las designaciones carecen de realidad correspondiente y son cosas sin naturaleza propia; esto las diferencia de los dharmas, que son los elementos objetivos de la existencia. Las designaciones no son existencias últimas y carecen de los atributos de surgir, permanecer y desintegrarse. No son producidas por causas y condiciones; no tienen naturaleza propia que se manifieste mientras están presentes. Aunque las distinciones temporales como pasado, presente y futuro se aplican a los dharmas, no se aplican a las designaciones. Las designaciones no están incluidas en los cinco agregados y no son ni condicionadas (P. *sankhata*) ni no condicionadas (P. *asankhata*). Aunque existen, las designaciones son irreales y abstractas. Carecen de existencia objetiva y son dependientes de la mente, mientras que los dharmas existen por su propia naturaleza (*svabhavasiddhi, sabhavasiddha*) y tienen sus propias características distintivas. Las designaciones son conceptualizadas y existen sólo debido al pensamiento (P. *parikappasiddha*). Siendo construcciones mentales superpuestas a la realidad, las designaciones crean la ilusión de ser un único objeto a cosas que, de hecho, son conjuntos complejos de dharmas.

Cuando las ruedas, los ejes y los tablones están dispuestos de una determinada manera, se designa *carreta* y se les conoce convencionalmente como *carreta*. Pero cuando se analizan basándose en los dharmas –sus componentes últimos e irreducibles–, no hay carreta allí. Cuando las raíces, el tronco, las ramas y las hojas están dispuestos de una manera determinada, se denomina comúnmente *árbol*, pero cuando se examina cada una de sus partes no hay allí ningún árbol. Del mismo modo, los cinco agregados juntos se denominan *persona, yo* o *ser*, pero cuando se analizan basándose en sus componentes últimos, no hay ninguna persona en ellos.

Las dos verdades

Las antiguas tradiciones indias no budistas que se adherían a la noción de un *alma* o *yo* (*atman, attan*) tenían una visión sustancialista de la existencia y consideraban el tiempo y el espacio como absolutos. El Buda y los abhidharmikas refutaron estas visiones. Los abhidharmikas formularon la doctrina de las dos verdades para formar una filosofía cohesiva que pudiera explicar todo lo que existe sin las suposiciones filosóficas erróneas de los no budistas. Esta doctrina también se vio influida por el debate sobre las denominaciones y los conceptos que se desarrolló como resultado de la teoría del dharma.

Aunque la doctrina de las dos verdades –la convencional y la última– la expusieron por primera vez los abhidharmikas y no aparece en los propios sutras, la distinción que se hace en los sutras entre sutras definitivos (*nitartha, nitattha*) e interpretables (*neyartha, neyyattha*) parece ser un antecedente relevante. Un sutra del Anguttara Nikaya dice (AN 2.24)

> Monjes, estos dos tergiversan al Tathagata. ¿Qué dos? El que explica un discurso cuyo significado requiere interpretación como un discurso cuyo significado es definitivo, y el que explica un discurso cuyo significado es definitivo como un discurso cuyo significado requiere interpretación.

Se ha extraído y aclarado el significado de las afirmaciones definitivas. Expresan su significado de forma explícita y se pueden tomar tal como son. Los enunciados interpretables son indirectos y sus verdaderos significados se deben extraer y revelar[124]. Buddhagosha establece una conexión entre los significados definitivos e interpretables y las dos verdades[125]. Aquí, parece que el concepto inicial de *las dos verdades* así como el concepto de *discursos definitivos e interpretables* sirvieron para ayudar a los primeros budistas a reconciliar pasajes de las escrituras que parecían contradictorios. Con el paso del tiempo, la doctrina de las dos verdades se convirtió en una forma de categorizar los fenómenos. El comentario al *Kathavatthu* afirma[126]:

> El Despierto, el mejor de todos los maestros, propuso dos verdades, la convencional y la última; no vemos una tercera. Una afirmación regida [puramente] por el acuerdo es verdadera debido a las convenciones del mundo. Una afirmación última es verdadera porque caracteriza las cosas como son.

Las dos verdades son la convencional (P. *sammuti-sacca*) y la última (P. *paramattha-sacca*). *Sammuti* se refiere a convención y acuerdo general, por lo que las verdades convencionales son verdades basadas en el acuerdo general y las convenciones sociales. Las verdades últimas son explicaciones que utilizan términos indicativos de los elementos reales de la existencia: los dharmas que no dependen de la construcción mental. Las afirmaciones sobre lo último son verdades últimas. Aunque se dice que los dharmas son realidades últimas, no son verdades últimas. Sólo los dharmas son reales y lo que no es un dharma no es real. Tanto las verdades convencionales como las últimas son *paññattis*, designaciones, porque se deben transmitir a través del medio simbólico del lenguaje.

---

124 El tema de las enseñanzas definitivas e interpretables (provisionales) también se destaca en el budismo tibetano. Véase de Robert A. F. Thurman, *The Central Philosophy of Tibet: A Study and Translation of Jey Tsonkhapa's Essence of True Eloquence* (Princeton, NJ: Princeton University Press, 1991).

125 Hay una distinción paralela en la explicación prasangika madhyamika. La vacuidad de existencia inherente, que es la verdad última, es definitiva, como lo son las escrituras que la explican. Las verdades convencionales y las escrituras que las explican son interpretables o provisionales.

126 *The Cowherds, Moonshadows: Conventional Truth in Buddhist Philosophy* (Oxford: Oxford University Press, 2001), 6.

En el budismo primitivo no existía una doctrina formulada sobre la existencia real. Lo que se analizaba (la persona, por ejemplo) se llamaba *convencional*, pero aquello en lo que se analizaba –los dharmas– no se llamaba *último*. *Último* se usaba sólo para referirse a *la meta suprema, el bien supremo*, el Nirvana. Más tarde *paramattha* adquirió el significado de *significado supremo*, y luego de *existente de modo último*.

Más tarde, en el abhidharma, *último* llegó a tener el significado ontológico de *lo que realmente existe*. De este modo, el significado de *último* se amplió para incluir los dharmas. Es decir, *último* pasó a denotar la existencia real, los dharmas que tienen su propia naturaleza. Sin embargo, no se menciona que los dharmas sean verdades últimas.

Así pues, parece que el significado de *último* y *verdad última* cambió con el tiempo al añadirse el abhidharma y sus comentarios. En los sutras, el Nirvana es la verdad suprema o última porque su naturaleza no es engañosa. El Buda dice en el *Sutra sobre la exposición de los elementos* (MN 140.26):

> Porque es falso, monjes, lo que tiene una naturaleza engañosa y es verdadero lo que tiene una naturaleza no engañosa: el nibbana. Porque esto, monjes, es la verdad suprema [última] de los ariyas, es decir, el nibbana, que tiene una naturaleza no engañosa.

El abhidharma distingue entre lo construido mentalmente y lo que tiene naturaleza propia. Las cosas con una base convencional (P. *sanketa*) son cosas que llegan a existir debido a las designaciones, dependen de las interpretaciones mentales que se superponen sobre conjuntos de dharmas. Pero los dharmas son últimos porque son existencias reales que se pueden conocer directamente. Una mesa, por ejemplo, es convencional porque *mesa* se designa sobre la multitud de dharmas que son sus componentes. *Mesa* no se refiere a un fenómeno objetivo que corresponda al término, sino que se designa cuando la mente interpreta un conjunto de dharmas de una determinada manera. La mente superpone *mesa* a este conjunto; así pues, la mesa es una convención, una designación. Aunque la mesa no es una entidad separada de los dharmas que la componen, se dice que existe porque, según nuestras convenciones y acuerdos sociales, se considera una entidad separada. Sin embargo, los dharmas que la componen tienen una naturaleza propia que no depende de las convenciones, los dharmas son una realidad empírica. Existen en función de causas y condiciones, pero no dependen de la designación mental.

Algunas personas creen erróneamente que la tradición pali valora más las verdades últimas que las verdades convencionales. Al contrario, las escrituras pali explican que a los seres conscientes que podían ser guiados al Nirvana mediante un discurso sobre lo convencional, el Buda les hablaba de lo convencional; a los seres conscientes que podían ser guiados al Nirvana mediante un discurso relativo a lo último, les habló de lo último, y a los que requerían una combinación de ambos, les habló de los dos. Del mismo modo que una persona políglota habla a otra en su lengua materna para facilitarle la comprensión de su significado, también el Buda habla de lo convencional, de lo último y de ambos según el método más conveniente para guiar a un ser concreto hacia el estado de arhat. Ningún método es superior al otro.

Además, el comentario al *Anguttara Nikaya* explica que todo lo que dice el Buda es verdadero. Por ejemplo, decir "La persona existe" es un discurso verdadero con respecto a lo convencional. Sólo si alguien piensa que hay una persona sustancialmente existente en los agregados, esta afirmación se convierte en falsa. Si nos esforzamos demasiado en hablar en términos de lo último, como al decir "Los dharmas que componen los cinco agregados caminan por la calle", no conseguimos comunicarnos bien porque hemos ignorado los usos convencionales de las palabras. Tanto las verdades convencionales como las últimas existen y son útiles, y el discurso sobre lo convencional y lo último también es útil. No es necesario dar más importancia a uno que a otro. De hecho, podríamos decir que las dos verdades son dos formas de presentar la verdad, dos formas de hablar de nuestra experiencia.

La teoría de la forma

Aunque los principios esbozados anteriormente se aplican por igual a los dharmas mentales y materiales, aquí examinaremos más detenidamente la forma (*rupa*, *rupa*), que también se denomina *lo material* o *materia*.

El abhidharma pali define la forma como aquello que tiene la característica de estar sujeto al cambio físico y a la desintegración. Según la teoría del abhidharma de la transitoriedad, un instante de materia da paso a otro. Un instante de forma desaparece y aparece otro. La materia posterior no es la misma que la inmediatamente precedente, debido principalmente a la influencia de los cambios infinitesimales de temperatura.

El abhidharma sarvastivada, por el contrario, define la forma como aquello que tiene la característica de resistencia o impenetrabilidad. Esto enfatiza que la forma está localizada en el espacio y sólo puede existir donde no exista otra forma.

En el abhidharma pali, se describen cuatro elementos primarios de la forma. Aunque se denominan *tierra*, *agua*, *fuego* y *aire*, en realidad indican cualidades de la materia. En resumen, el elemento *tierra* es la solidez y la resistencia. El elemento *agua* es la fluidez y la cohesión que une a los demás elementos. La cohesión da solidez a objetos reconocibles, como mesas y árboles. El elemento *fuego* es el calor. El frío no es más que la ausencia de calor, no es una cualidad en sí misma. El elemento *aire* es el movimiento, la expansión, la contracción y la fluctuación. Estas cuatro son las fuerzas naturales que componen la materia. Al ser espacial y temporalmente inseparables, estas cuatro existen al mismo tiempo y en el mismo lugar, ya sean las unidades más pequeñas de materia o los componentes de enormes montañas. Así, toda forma tiene algo de solidez, cohesión, calor y movimiento. Aunque estos cuatro elementos son inseparables, se pueden distinguir. Pero el hecho de que se pueda hablar de ellos de forma diferente no significa que existan de forma independiente, sin relación con nada más. La interacción de los elementos se convierte en los objetos materiales que reconocemos.

Los cuatro elementos tienen características, funciones y manifestaciones diferentes. Cada uno está influido por los demás, pero no pierde su característica individual. No se pueden condensar en una sustancia ni transformarse en otro elemento. Los cuatro elementos primarios surgen y existen juntos, se crean y condicionan mutuamente. *Sendero de purificación* lo explica (Vism 11.109):

> El elemento tierra, sostenido por el agua, mantenido por el fuego y distendido por el aire, es una condición para los otros tres elementos primarios al actuar como su base. El elemento agua, que está asentado sobre la tierra, mantenido por el fuego y distendido por el aire, es una condición para los otros tres elementos primarios al actuar como elemento de cohesión. El elemento fuego, que está asentado sobre la tierra, mantenido por el agua y distendido por el aire, es una condición para los otros tres elementos primarios al actuar como su mantenedor. El elemento aire, asentado sobre la tierra, unido por el

agua y mantenido por el fuego, es una condición para los otros tres elementos primarios al actuar como su elemento de distensión.

Cada elemento está presente en cada instante de la materia. Lo que diferencia a los distintos objetos materiales no es la cantidad de cada elemento que los compone, sino su intensidad. Por ejemplo, aunque los cuatro elementos materiales primarios están presentes tanto en el metal como en la leche, el elemento de la solidez es más intenso en el metal y el elemento de la fluidez más intenso en la leche. Nuestro sentido táctil no necesariamente conoce todos los elementos simultáneamente. Esto a menudo tiene que ver con aquello a lo que prestamos atención. Si metemos la mano en agua caliente, la experiencia del calor está por encima de todo, aunque sin duda la fluidez está presente. Lo que nuestro sentido táctil percibe puede depender de qué elemento es el más destacado: si pisamos un clavo, la solidez es lo más destacado y se convierte en el objeto de nuestra atención, aunque esto no significa que los otros tres elementos no estén presentes.

Curiosamente, el abhidharma pali no considera el elemento agua como un objeto del tacto, sino como un objeto de la mente (P. *dhammayatana*). Cuando tocamos el agua, su suavidad se debe al elemento tierra y su temperatura al elemento fuego. No podemos tocar directamente la cohesión o la fluidez. Aunque los theravada no consideran el frío como una característica del elemento agua, los sarvastivada sí. Así, los sarvastivada consideran que el elemento agua es un objeto del tacto porque al tocarlo podemos experimentar su frescor.

Los elementos primarios dependen unos de otros para surgir, mientras que los elementos secundarios dependen y se apoyan en los primarios, aunque surgen simultáneamente con ellos. Por eso se consideran secundarios.

En el abhidharma canónico se mencionan muchos tipos de formas. En los comentarios se agrupan en catorce tipos secundarios de la forma:

(1-5) Los cinco poderes o facultades sensoriales: los poderes o facultades sensoriales de la vista, el oído, el olfato, el gusto y el tacto. No se trata de los órganos burdos, como el globo ocular o el oído, sino de una especie de materia sutil y translúcida situada en estos órganos físicos. Cada facultad tiene su propio campo de percepción: la facultad del ojo percibe los colores, no los sonidos, etc.

(6-9) Los cuatro tipos de datos sensoriales: color, sonido, olor y sabor. Se omiten los objetos del tacto porque se componen de tres de los cuatro elementos primarios (solidez, temperatura y movimiento). Sólo la tierra, la temperatura y el movimiento son objetos táctiles. El elemento agua representa la fluidez y la viscosidad y no se conoce directamente con el sentido del tacto, se conoce a través de un proceso de inferencia. Esta idea se limita al abhidharma theravada. Otras escuelas budistas afirman que los cuatro grandes elementos son objetos del tacto[127].

En el abhidharma pali canónico, así como en el abhidharma sarvastivada, tanto el color como la forma se consideran objetos de la vista. Sin embargo, en el abhidharma pali elaborado en Sri Lanka sólo el color es un objeto de la vista. La forma no se puede percibir directamente, vemos una forma dependiendo de la ubicación del color. Por lo tanto, la forma se considera una construcción mental que carece de una equivalencia objetiva. Hay dos visiones del sonido, una de las cuales dice que viaja como ondas en serie.

(10-11) Las dos facultades del sexo, que son la materia sutil que diferencia lo masculino de lo femenino.

(12) La facultad material de la vida, que mantiene y estabiliza las facultades sensoriales, las facultades sexuales y la base física de la mente.

(13) La cualidad nutritiva de la materia, la capacidad de nutrir la forma biológica y mantener la vida.

(14) La base física de la mente. Esto no se menciona en los sutras, pero sí se encuentra en el *Patthana*, el último libro del abhidharma pitaka pali. Es una forma que es la base física de la fuente de la mente y el constituyente de la consciencia mental. Sin embargo, no se especifica qué es precisamente, aunque comentaristas posteriores lo identificaron con el corazón (*hrdaya, hadaya*). Esto no se refiere al corazón físico, sino a una materia sutil situada en él o cerca de él. Curiosamente, aunque las otras cinco facultades sensoriales físicas también se consideran poderes o facultades dominantes (*indriya, indriya*), la consciencia mental no lo es.

Estos catorce más los cuatro elementos primarios son los dieciocho elementos materiales concretos que constituyen dhammas materiales realmente existentes en el abhidharma pali. Otros diez

---

[127] Las escuelas no theravada consideran el frío como un atributo del elemento agua, pero según la theravada, el frío es la ausencia relativa de calor, que está representado por el elemento temperatura.

elementos materiales son modos o etapas de esos dieciocho. Algunos de ellos existen tanto interna como externamente, tanto como partes de los seres vivos como en el entorno inanimado. Otros –las cinco facultades físicas de los sentidos, las dos facultades del sexo, la facultad material de la vida y la base física de la actividad mental– sólo se encuentran en conjunción con los seres vivos. Aquí vemos que el abhidharma examina tanto los componentes físicos de los seres vivos como su entorno externo, considerándolos a todos ellos como fenómenos impermanentes surgidos de forma dependiente que carecen de un yo o sustancia primordial que los controle.

La teoría de las partículas más pequeñas

Tanto los científicos contemporáneos como los antiguos eruditos del abhidharma han debatido mucho sobre las partículas más pequeñas de la materia. Sin embargo, esta argumentación está ausente en el canon pali; se desarrolló posteriormente en Sri Lanka y parece haber sido influenciada por las escuelas budistas de la India, en particular las escuelas sarvastivada y vaibhashika[128].

Según los sarvastivada y los vaibhashika, el *paramanu* (S. *paramanu*) es la unidad más pequeña de la materia. Carece de partes y no tiene dimensiones espaciales. El maestro vaibhashika *Sanghabhadra* dice[129]:

> Entre los elementos materiales susceptibles de resistencia, la unidad más pequeña, que no se puede dividir ni por otra cosa material ni por la mente, se llama *paramanu*. Debido a que no tiene partes, se llama *lo más pequeño*, igual que el ksana (momento, instante) se considera la unidad más pequeña de tiempo, ya que no se puede dividir más en semi ksanas.

Un paramanu siempre surge y existe junto con otros paramanus, formando una unidad o un compuesto llamado samghata. El samghata está formado por los cuatro elementos primarios y cuatro de los elementos secundarios. Un paramanu no tiene partes y carece de resistencia porque las partículas sin dimensiones espaciales no pueden tener resistencia.

---

[128] En general, los estudiosos de la historia dicen que la vaibhashika fue una rama posterior que se desarrolló a partir de la escuela sarvastivada.

[129] Y. Karunadasa, *The Buddhist Theory of Matter as Presented in the Theravada Buddhism with Special Reference to the Abhidharmma*, tesis doctoral, Universidad de Londres, 1963, 344-45.

Según los eruditos theravada, los sautrantika discreparon de esto, diciendo que la partícula más pequeña no puede carecer de partes y de resistencia[130]. Los vaibhashika replicaron que si bien una partícula más pequeña carece de partes y de resistencia, puesto que no se dan aisladamente sino en combinación con otras partículas más pequeñas, cuando forman un compuesto tienen resistencia. Los sautrantika señalaron la imposibilidad de ese hecho, diciendo que si la partícula más pequeña carece de partes y de resistencia, entonces un compuesto también debe carecer de partes y de resistencia, porque ¿cómo podrían muchas cosas que individualmente carecen de resistencia llegar a tener resistencia cuando se juntan?

Los sautrantika también se preguntaban cómo estas partículas sin partes se pueden unir para formar un compuesto. ¿Se tocan unas con otras o no? Si se tocan entre sí, entonces, puesto que carecen de partes y dimensiones espaciales (por ejemplo, partes direccionales como este, sur, etc.) y resistencia, entonces se deberían fusionar en una sola, en cuyo caso nunca habría formas burdas. Si se tocan parcialmente, entonces deben tener partes y direcciones, lo que contradice la propia afirmación de los vaibhashika. Además, si las partículas sin partes se tocaran, deberían existir durante dos momentos, uno en el que surgen y el segundo durante el que se tocan. Esto contradice la afirmación comúnmente aceptada de que todos los dharmas son momentáneos.

En respuesta a esto, los vaibhashika dicen que las partículas sin partes no entran en contacto entre sí, sino que hay un espacio intermedio infinitesimal entre ellas. Las partículas permanecen unidas debido a la influencia del elemento aire. Pero los sautrantika también cuestionaron esto: ¿cómo podrían unirse partículas sin partes con espacio entre ellas? Deberían tener partes y resistencia para hacerlo.

Los theravada dicen que un paramanu es una unidad infinitesimal de materia. A diferencia de los vaibhashika, no dicen que sea la unidad más pequeña de cada uno de los elementos primarios. En vez de eso, un paramanu se refiere al conjunto más pequeño que consta de los cuatro elementos primarios y los cuatro secundarios. Para en-

---

130 Según los sistemas de principios presentados en la rama guelug del budismo tibetano, los vaibhashika y los sautrantika aceptaban las partículas sin partes, mientras que los yogachara y los madhyamika refutaban su existencia. Sin embargo, algunos eruditos guelug afirman que una rama de los sautrantika no acepta las partículas sin partes.

fatizar lo pequeña que es esta partícula, un comentario pali dijo que es como "una partícula de espacio". El paramanu se denomina *racimo material* (P. *rupa-kalapa*) para mostrar que, aunque es infinitesimalmente diminuto, es un conjunto de elementos materiales.

Los theravada hablan de *kalapanga* —una *rama del grupo*—, es decir, un elemento material constituyente de una kalapa (partícula más pequeña)[131]. Mientras que los vaibhashika dicen que la partícula más pequeña es un instante de un elemento primario, según los theravada la partícula más pequeña es un conglomerado (*kalapa*) de los cuatro elementos primarios y los cuatro secundarios. Aunque lógicamente se podría decir que los kalapanga eran más pequeños que el kalapa, puesto que ningún kalapanga existe aislado, no se dice que sea la instancia más pequeña de un material. Tanto los kalapangas como los kalapas tienen dimensiones espaciales —no se habla de partículas sin partes en el abhidharma pali–. El *Visuddhimargasannaya*, del rey Parakaramabahu II, dice[132]:

> El espacio intermedio entre dos partículas más pequeñas (*kalapa*) tiene la función de delimitar el átomo como "éste es el lado inferior de la partícula más pequeña y aquél es el lado superior de la partícula más pequeña".

Los theravada afirman que cada partícula más pequeña de materia (*rupa-kalapa*) está separada de otras partículas más pequeñas por un espacio infinitesimal. Así pues, las partículas más pequeñas no se tocan entre sí. La razón por la que no se pueden tocar es que si lo hicieran, entonces tendrían que ser espacialmente inseparables como los kalapangas. En ese caso, las dos partículas más pequeñas se fusionarían para formar una partícula mayor. Si esto continuara, con más y más partículas fusionándose, el mundo sería un enorme *rupa-kalapa*. Así pues, mientras los vaibhashika dicen que las partículas más pequeñas no se pueden tocar porque se fusionarían y se convertirían en una partícula infinitesimalmente pequeña, los theravada dicen que no se pueden tocar porque se convertirían en una partícula infinitesimalmente enorme.

---

131 *Paramanu* y *kalapa* son la misma cosa. Se llama *paramanu*, o *átomo*, porque es el más pequeño. Se llama *kalapa*, o *racimo*, porque aunque es el más pequeño, es un racimo o grupo de elementos materiales.

132 Karunadasa, *Buddhist Theory of Matter*, 368–69.

La teoría de la transitoriedad (*ser instantáneo*)

Paralela a una teoría de la unidad más pequeña de materia está la teoría de la unidad más pequeña de tiempo (*ksana, khana*), un instante. Aunque los rudimentos de esta teoría se remontan al abhidharma canónico, se desarrolló por completo en la literatura del abhidharma de Sri Lanka. Como ya se ha mencionado, los sutras hablaban de tres características de lo condicionado (AN 3.47): surgir, desaparecer y envejecer (surgir, desvanecerse y alterarse mientras persiste), que son características generales. Más tarde estos tres submomentos de la experiencia fueron llamados *surgir, permanecer* y *desintegrarse*.

Los sarvastivada también tenían una teoría de la transitoriedad, que refleja las tendencias sustancialistas de esta escuela. Fue la primera escuela en mencionar cuatro marcas características de todo dharma mental y material: surgimiento, permanencia, modificación (*jarata, jarata*) y desaparición. Definen un instante como el tiempo en el que las cuatro llevan a cabo su actividad. Un instante es el tiempo que se tarda en cortar un hilo de seda con un cuchillo afilado, y sesenta y cuatro instantes constituyen la duración de un chasquido de los dedos.

De nuevo, desde la perspectiva theravada, los sautrantika refutan esto, diciendo que si estos cuatro ocurren en serie, entonces un instante tiene cuatro fases distintas y, por lo tanto, es divisible y no puede ser la unidad más pequeña de tiempo. Pero si estas cuatro ocurren simultáneamente en un instante, entonces se anularían entre sí. Las cuatro características no se pueden aplicar a un solo dharma momentáneo, sólo a una serie de dharmas momentáneos, que es una cosa empíricamente observable. Los sautrantika afirman que las cuatro características son una serie, lo que en sí se llama *subsistencia*. Algo que es momentáneo no puede subsistir o modificarse porque todo lo que surge perece, no hay tiempo para que subsista o se modifique.

Dentro del theravada, hay diversas ideas al respecto. Los sutras suelen presentar dos fases: surgimiento y cese. Una vez que surge un dharma, perece; no hay tiempo para que permanezca[133]. El sur-

---

[133] Esta visión es compartida por los yogachara y los madhyamika. Todo lo que surge, perece; no hay necesidad de que una fuerza externa opere sobre ello para causar su cesación. Por sí solo, el surgimiento debido a causas y condiciones es suficiente para asegurar su cesación inmediata. Según la tradición guelug, los sautrantika, yogachara y madhyamika dicen que las características de una cosa incluyen tres actividades: las actividades de surgir, de permanecer o persistir y de cesar. Los

gimiento disipa el nihilismo, que dice o que la persona no existe o que cesa con la muerte sin continuidad. El cese disipa el absolutismo, que sostiene que las cosas tienen una realidad sustancial permanente. Este punto de vista concuerda con la experiencia meditativa, especialmente cuando se hace hincapié en la fase de disolución para poner de manifiesto la impermanencia de los fenómenos condicionados.

Algunos theravada decían que aunque algo que surge cesará, hay un instante intermedio en el que ese algo se vuelve hacia su propio cese. Este instante, en el que se enfrenta a su propio perecer, se llama *permanecer*. Este instante de existencia es necesario, pues algo no puede realizar dos actividades opuestas –surgir y cesar– en el mismo instante.

Sin embargo, algunos sutras, como el *Sutta de lo magnífico y maravilloso* (MN 123.23), hablan de conocer cosas como las sensaciones, los discernimientos y los pensamientos "a medida que surgen, a medida que están presentes y a medida que desaparecen". Los abhidharmikas formalizaron esto para convertirlo en la teoría de que los dharmas condicionados surgen, permanecen y se desintegran. Es decir, cada dharma mental y físico pasa por tres instantes: un instante de surgimiento, un instante de existencia y un instante de cesación. No se trata de tres dharmas, sino de un dharma que atraviesa tres fases: surge en el primer instante, permanece en el segundo y cesa en el tercero.

En la antigüedad se discutió mucho sobre la teoría del cambio. El cambio sólo se puede producir de dos maneras: parcialmente o totalmente. El cambio parcial significa que, aunque la entidad sigue siendo la misma, algunas cualidades o partes de ella cambian. Esto es contrario a las ideas budistas, ya que algo no puede ser a la vez permanente e impermanente. No existe una dualidad entre sustancia y cualidad de manera que la primera pueda permanecer estática mientras las cualidades surgen y cesan.

Por otra parte, si se produce un cambio total, entonces lo nuevo es completamente diferente. Si algo surge y luego cambia totalmente

---

vaporshikas dicen que son agentes separados que actúan sobre las formas, etc., haciendo que surjan, permanezcan y cesen. Los prasangika afirman que el surgimiento, la permanencia y el cese de las cosas impermanentes ocurren simultáneamente. El surgimiento de una cosa es su nueva creación de lo que no existía; su permanencia es su similitud con lo que le precedió; su envejecimiento es el hecho de ser una entidad diferente a la del instante anterior, y su cese (desintegración) es su no durar otro instante.

antes de cesar, no podemos decir que lo mismo que surge también cesa, pues cesaría una cosa totalmente distinta[134].

Este dilema condujo a redefinir el cambio. En lugar de que el cambio fuera la transformación del mismo elemento de una etapa a otra, el cambio se veía ahora como la sustitución de un dharma momentáneo por otro.

El cambio es el cese de un elemento y el surgimiento de otro en su lugar. Esto se opone a la visión sustancialista no budista de que existe una sustancia subyacente permanente que sigue siendo la misma en sus momentos posteriores, pero que cambia superficialmente.

La teoría de la momentaneidad provocó que se volviera a definir el cambio y también trajo consigo la definición del movimiento. Del mismo modo que un dharma momentáneo no tiene tiempo para cambiar, sino que cesa inmediatamente, tampoco tiene tiempo para trasladarse a otro lugar. El movimiento no es una cosa que va de un lugar a otro, sino una nueva cosa momentánea que aparece en un lugar adyacente. Aunque digamos que un pimiento verde se ha movido de la tabla de cortar a la sartén, en realidad no se ha movido. En realidad, en cada instante apareció un nuevo pimiento verde en cada lugar infinitesimal del trayecto entre la tabla de cortar y la sartén[135].

La teoría del tiempo

Igual que el budismo refuta la noción de una sustancia primordial subyacente, también niega la existencia del tiempo absoluto, es decir, el tiempo como una sustancia o contenedor real y omnipresente en el que existen las cosas y ocurren los acontecimientos. La perspectiva budista es que el tiempo es una designación imputada por la mente conceptual dependiendo de los cambios en los dharmas que surgen y perecen. Pasado, presente y futuro se postulan en relación con los dharmas —con referencia a un dharma específico, el pasado es lo que ha surgido y cesado, el presente es lo que ha surgido pero aún no ha cesado y el futuro es lo que aún no ha surgido—. Buddhagosha dice[136]:

---

134 Estos son el tipo de enigmas que surgen cuando vemos los fenómenos como inherentemente existentes. Los prasangika los utilizan para refutar la existencia inherente. Véanse ejemplos en los capítulos 11 y 15 de *Cuatrocientos*, de Aryadeva.

135 Ver el capítulo 2 de *Coming and Going* para ver otra perspectiva del movimiento. El comentario de Tsongkhapa, *Océano de razonamiento*, ayuda a explicar esto.

136 De Y. Karunadasa, *The Theravada Abhidhamma: Inquiry into the Nature of Conditioned Existence* (Boston: Wisdom Publications, 2019), 274.

El tiempo cronológico referido a tal o cual acontecimiento no es más que una expresión convencional. No existe un instante de tiempo permanente o absoluto. Específicamente, una consciencia primaria particular –que no tiene contenido per se– surge simultáneamente con sus factores mentales que la acompañan –que la llenan y le proporcionan su contenido–. Un instante de tiempo se designa sobre la duración de la combinación de factores mentales acompañantes de una mente primaria. Diecisiete instantes de un dharma mental es la duración de la existencia de una forma; los instantes mentales cambian a un ritmo mucho más rápido que las partículas materiales.

La teoría del espacio

Del mismo modo que se rechaza el tiempo absoluto, también se rechaza el espacio absoluto. Únicamente una escuela budista[137] se adhiere a la idea del espacio real: dice que el espacio es omnipresente, infinito, eterno y no obstructivo en el sentido de que no obstruye la materia que existe en él y no es obstruido ni desplazado por la materia. Este espacio no es sólo la ausencia de obstrucción, sino algo positivo: un elemento o sustancia real que es el contenedor en el que todo existe y se mueve.

Según la tradición pali, que refuta la teoría anterior, aunque el espacio se enumera a veces junto con los cuatro elementos primarios de tierra, agua, fuego y aire y justo después de ellos, eso no significa que también sea un elemento primario de la materia. Cuando el espacio y la consciencia aparecen después de los cuatro elementos primarios (*mahabhuta, mahabhuta*), el grupo de seis se denomina *elementos* (*dhatu, dhatu*). Así, el espacio y la consciencia no se consideran elementos primarios adicionales de la materia.

El primer libro del abhidharma pitaka pali enumera el espacio como un elemento material secundario. Al hacerlo, indica que el espacio existe sólo en referencia a la forma y en ese sentido es un derivado de la forma. No obstante, el espacio carece de existencia independiente y sólo existe como concepto. El *Kathavatthu* describe un debate sobre la realidad del espacio. Alguien dice que el espacio es real y visible, citando el espacio que se puede ver entre dos árboles o el espacio en el ojo de una cerradura. El *Kathavatthu* lo refuta,

---

137 Algunos theravada identifican esta escuela con los vaibhashika de Cachemira.

diciendo que lo que realmente estamos viendo es el color de los dos árboles. En función de esto, imputamos que hay espacio entre ellos. Del mismo modo, vemos el color del material circundante del ojo de la cerradura y asignamos la designación "el espacio del ojo de la cerradura". Este espacio se conoce mediante un proceso conceptual, no mediante la percepción directa. Por lo tanto, depende de los procesos conceptuales de la mente.

Los sautrantika también rechazan el espacio como algo real y lo definen como "la mera inexistencia de la forma, que tiene la característica de impenetrabilidad o falta de resistencia". Decir que es la "mera inexistencia de la materia..." enfatiza que es una mera negación. El espacio no es una sustancia opuesta a la forma, sino una mera ausencia de la capacidad de obstrucción de la forma. Coinciden con la tradición pali en que el espacio existe de manera imputada (P. *kappana-siddha*) y no existe por su propia naturaleza (P. *sabhavasiddha*). Esto explica la negativa del Buda a responder a una pregunta que los no budistas le planteaban a menudo sobre si el espacio era infinito o finito. Porque es creado mediante conceptos, no se puede decir que sea ni lo uno ni lo otro.

La evolución del abhidharma

Los primeros abhidharmikas de los dos primeros siglos posteriores al parinirvana del Buda vivían probablemente en zonas no muy distantes entre sí, por lo que sus teorías eran bastante similares. Pero una vez que el budismo empezó a extenderse por el sur de Asia, hubo poca comunicación entre los distintos comentaristas del abhidharma, por lo que sus afirmaciones fueron más diversas. Con el paso del tiempo, surgieron nuevas cuestiones que ocuparon a los comentaristas posteriores debido al contacto con influencias no budistas. En aquella época, muchos filósofos y renunciantes de la India se dedicaban a estudiar y desarrollar teorías sobre epistemología, ontología y lenguaje, entre otros temas. Escuelas filosóficas como la samkhya, la jain y la vaishesika promovían ideas que desafiaban a los budistas y los estimulaban a formular respuestas que concordaran con la doctrina budista general. Fue en este entorno donde se desarrolló el abhidharma sarvastivada.

En el primer abhidharma, los dharmas se consideraban procesos dinámicos y acontecimientos condicionados. Más tarde, las escuelas no budistas de la India empezaron a hablar de existencia (*bhava, bhava*), naturaleza propia (*svabhava, sabhava*), sustancia (*dravya, dabba*), imputación y designación, características propias o específicas y características generales. Estos términos llegaron a tener diversos significados y surgieron nuevos conceptos, lo que dio lugar a un gran debate, no sólo entre budistas y no budistas, sino también entre las tradiciones budistas e incluso dentro de las distintas sectas de una misma tradición. Además, los significados de estas palabras cambiaban constantemente incluso dentro de una misma secta.

Por ejemplo, el término *dravya*, que tras surgir el madhyamaka se equiparó a la existencia inherente, fue utilizado anteriormente por el filósofo no budista Patañjali para indicar un objeto individual o una agregación de cualidades. Luego se yuxtapuso con *guna* (cualidades) y la samkhya dijo que *dravya* tenía tanto un sustrato inmutable como propiedades que cambiaban. La vaishesika tenía aún otro significado para *dravya* y los jainistas lo definieron como *existencia* (S. *sat*), que poseía surgimiento, permanencia y desaparición.

Además de los conjuntos de fenómenos señalados anteriormente, los abhidharmikas también iniciaron nuevos modos de clasificación, como *las veintidós facultades* (*indriya, indriya*)[138]. Más tarde, los sarvastivada delinearon una taxonomía quíntuple de los fenómenos: forma, mentes primarias, factores mentales, compuestos abstractos (S. *cittaviprayuktasamskara*) y fenómenos incondicionados o permanentes (S. *asamskrta*). A semejanza de los sutras, esta clasificación diferencia forma y mente. Sin embargo, ahora los factores mentales –que los sarvastivada catalogan como cuarenta y seis– se distinguen de las mentes primarias y tienen su propia categoría. Además, hay nuevas categorías de fenómenos –compuestos abstractos y fenómenos no condicionados– que no se enumeraban inicialmente en los cinco agregados, las doce fuentes sensoriales y los dieciocho constituyentes. Los compuestos abstractos son fenómenos impermanentes que no son ni forma ni mente. Los fenómenos no condicionados incluyen no sólo el Nirvana y el espacio no producido, sino también otros fenómenos no cambiantes.

Es difícil saber hasta qué punto la gente había conceptualizado previamente a estos grupos y hasta qué punto estas nuevas categorías

---

138 El término *indriya* también se utiliza para referirse a las cinco facultades sensoriales, así como al grupo de cinco facultades de las treinta y siete armonías con la Iluminación.

fueron el resultado de preguntas y debates que surgieron después de la vida del Buda. Desde una perspectiva histórica, estos nuevos avances en la comprensión de las enseñanzas del Buda condujeron a la creación de nuevos tipos de fenómenos. Aunque las clasificaciones anteriores en los cinco agregados y demás fueron útiles para comprender que no existe un yo entre los componentes de la persona, más tarde hubo más preocupación por la ontología. Además, al haber más personas dedicadas al análisis a lo largo de los años, se identificaron más dharmas, cada uno con su propio nombre y función distintivos

Antes, los dharmas se consideraban procesos y acontecimientos impermanentes que se condicionaban mutuamente. Añadir la categoría de fenómenos no condicionados cambió la situación, porque se dijo que los fenómenos permanentes tenían una función, que los distinguía como existentes y como dharmas. Pero, a diferencia de los fenómenos condicionados, su función no era producir un efecto. Por ejemplo, la función del espacio no condicionado era dar a los objetos materiales un lugar donde ocurrir. Según el texto del abhidharma sarvastivada *Gran Explicación Detallada* (*Mahavibhasha Sastra*), el espacio era una entidad real, un dharma, no una designación (*prajñaptita*). Además, los sarvastivada decían que todos los fenómenos, fueran condicionados o no condicionados, tenían una naturaleza inherente fija (*svabhava*) y existían sustancialmente como entidades reales (S. *dravyata*) en los tres tiempos –pasado, presente y futuro–.

Mientras tanto, la palabra *svabhava* siguió cambiando. En los textos canónicos, la naturaleza propia se yuxtaponía a la otra naturaleza y se decía que era el criterio por el que los dharmas se incluían en una u otra categoría. En otras palabras, los dharmas y las categorías se definen por su svabhava; no poseen una naturaleza separada, sino que están constituidos y determinados por su svabhava. Los sarvastivada iniciaron la transición del significado de *svabhava* de fenómenos que poseen su propia naturaleza a fenómenos que poseen una naturaleza inherente.

Algunas reflexiones

A mí (Chodron) me gustaría ofrecer algunas reflexiones, por rudimentarias que sean, para que veamos las enseñanzas del Buda en el contexto de las circunstancias en las que florecieron y cómo el cambio de esas circunstancias influyó en las explicaciones de las enseñanzas por parte de las generaciones futuras. Con demasiada frecuencia, algunos de nosotros consideramos que el Budadharma que se nos enseña es inmune a influencias externas como la cultura, la política, la economía, la ciencia, etc. Aunque este tema es muy amplio, me limitaré a mencionar algunos puntos.

En la época de los primeros abhidharmikas y de los primeros panditas budistas indios de la tradición de Nalanda, en la India había muchas sectas de renunciantes, cada una con su propia doctrina. Sus panditas y maestros participaban en una animada cultura de debate, por la que los discípulos de aquellos que no podían mantener sus afirmaciones frente al razonamiento se convertían y se hacían seguidores de los que sí podían. Al mismo tiempo que cada parte defendía su propio sistema, se les desafiaba a explicar diversos puntos con mayor profundidad, lo que provocó la evolución de las creencias y la ampliación de los temas para debatir. El budismo que nos ha llegado ahora es producto de ello. Aunque el verdadero Dharma no cambia, su expresión externa y algunos de los temas que se consideran importantes cambian con el tiempo.

Los temas que fueron de gran importancia en el Tíbet en el siglo VII, en el siglo XV y en la actualidad no son necesariamente los mismos que trataron los primeros abhidharmikas o los que interesan en los estudios theravada contemporáneos. Una razón de ello es que las cuestiones y los debates aparecieron gradualmente con el tiempo. Otra es que ciertos temas interesaban en distinto grado a personas de diferentes lugares y culturas. Veamos algunos ejemplos de esto.

El abhidharma pali no habla de las partículas sin partes, un tema que sigue siendo ampliamente refutado en los estudios tibetanos contemporáneos. En el abhidharma pali no se habla de los cuatro grandes elementos como partículas, sino como cualidades, y la combinación de los cuatro grandes elementos y las cuatro cualidades secundarias se consideran las unidades más pequeñas de la forma. Desde este punto de vista, estas unidades más pequeñas de la forma son interdependientes y surgen y cesan debido a causas y condiciones, tienen partes. Los sarvastivada, en cambio, afirman que las partículas no tienen partes. Las refutaciones yogachara y madhyamaka de las partículas sin partes, por lo tanto, son en respuesta a los sarvastivada, no a los abhidharmikas pali.

En los textos canónicos del abhidharma pali y en los comentarios indios y de Sri Lanka, no se menciona que los fenómenos existan o no existan verdaderamente. Parece que el término *existencia verdadera* se empezó a utilizar más tarde[139]. Al principio *svabhava* –naturaleza propia o naturaleza intrínseca– significaba que los dharmas tienen su propia entidad convencional. Las diferentes sectas, tanto budistas como no budistas, tenían sus propios significados para ese término, muchos de los cuales eran ambiguos. Las expresiones *inherentemente existente* y *existente por sus propias características* no se utilizaban.

Lo mismo se puede decir de los primeros abhidharmas sarvastivada, pero debido a su afirmación sustancialista de que los dharmas existen sustancialmente en los tres tiempos, parece que estaban más inclinados a aceptar formas cosificadas de existencia. Por lo tanto, la negación madhyamaka de la *existencia inherente y existente por sus propias características* es especialmente en respuesta a las visiones de los sarvastivada y vaibhashika.

En el primer abhidharma pali, así como también en el primer abhidharma sarvastivada, no se encuentran los términos *ausencia de identidad esencial de la persona* y *ausencia de identidad esencial de los fenómenos*. Los comentaristas pali declararon explícitamente que los agregados no son el yo ni son los objetos de uso de un yo, y asumieron que todo –la persona y los fenómenos– existía de modo dependiente. Refutaron las afirmaciones de las escuelas no budistas de que la persona y los fenómenos son creados por un creador externo o que son producidos a partir de una sustancia absoluta que sea su sustrato –ideas que las generaciones futuras dijeron que eran adquiridas y no visiones aflictivas innatas–. En cambio, los abhidharmikas pali decían que la persona es una designación sobre un conjunto de dharmas materiales y mentales impersonales[140].

---

139 Pregunté a Bhikkhu Bodhi sobre esto, y en correspondencia privada, el 5 de mayo de 2010, escribió: "Curiosamente, acabo de hacer una búsqueda de *saccasiddhi* (el equivalente en pali del término sánscrito *satyasiddhi*, o *existencia verdadera*) en el CD del Sexto concilio tripitaka. Muestra tres resultados. Todos se refieren al mismo pasaje en tres subcomentarios diferentes. Pero el significado es bastante diferente de *satyasiddhi* como *existencia verdadera*. Aquí el significado es *éxito a través de la verdad*. El texto está explicando el orden de los diez paramis en la tradición theravada y dice que 'la determinación viene inmediatamente después de la verdad porque existe el éxito de la verdad a través de la determinación. Cuando uno está atado a la verdad, permanece inquebrantable de acuerdo con sus preceptos relativos a la generosidad, etc.'".

140 Esto difiere de los prasangika, que dicen que una persona se imputa en función del conjunto de agregados. ¿Pensaron los antiguos eruditos en la diferencia

Desde una perspectiva histórica, me parece fascinante la evolución de los significados y usos de las palabras. En los primeros abhidharmas no se mencionaba ni lo último ni lo convencional. Cuando se introdujo el término *último* en el abhidharma pali se atribuyó a los dharmas, en el sentido de que son las cosas básicas de las que están compuestas la mente y la materia. Del mismo modo, el significado de *naturaleza propia, características propias* y *características específicas y generales* evolucionó a lo largo de los siglos dentro de cada tradición. Tampoco se encuentra el término *objeto de negación* ni en los sutras ni en los comentarios pali.

Sería muy interesante investigar la evolución de los significados de algunos de los términos más utilizados actualmente para investigar el modo más profundo de existencia de los fenómenos y explorar los nuevos términos filosóficos que han surgido a lo largo de los siglos. Sería un gran tema para una tesis doctoral.

El abhidharma comenzó a formular las enseñanzas del Buda en una filosofía y un sistema con el fin de promover la aspiración de los practicantes budistas a la Liberación. Se utilizó como ayuda para la meditación sobre la ausencia de un yo permanente, unitario e independiente, ya que analizaba los complejos fenómenos mentales y materiales para que los practicantes pudieran ver que no hay ninguna persona que se pueda encontrar en los agregados ni ninguna sustancia primordial en la materia. Como los abhidharmikas también hacían hincapié en la síntesis de los dharmas, sus explicaciones también ayudaban a los practicantes a comprender el surgimiento dependiente.

Con el paso del tiempo, las cuestiones ontológicas surgieron y se hicieron prominentes, especialmente con la introducción del término y el concepto de *svabhava/sabhava*. Aunque este término no fue utilizado por el Buda en los sutras y rara vez se encuentra en el canon pali en general, se convirtió en un concepto importante en la época post canónica. Además, posteriores eruditos desarrollaron las implicaciones epistemológicas del primer abhidharma, exponiendo los diversos tipos de conocedores y cómo éstos conocen los objetos. Si a esto se añaden las ideas que se encuentran en los *Sutras de la Perfección de la Sabiduría*, se obtiene una abundancia de teorías para debatir y emplear en la meditación.

---

entre "dependiente de" y "en dependencia de"? Parece que tales cuestiones surgieron mucho más tarde, a medida que los debatidores planteaban más y más preguntas.

Muchos textos y temas estudiados en el budismo tibetano contemporáneo, como los senderos y los niveles (T. *sa lam*), tienen sus raíces en las primeras obras del abhidharma que describían las etapas de comprensión de los discípulos (sravakas y realizadores solitarios). A ellas se añadieron además las descripciones de los niveles del bodhisatva de los sutras mahayana, como el *Sutra de los diez niveles*. Sabios indios como Maitreya y Asanga se explayaron sobre los senderos y los niveles de los tres vehículos, y a partir de todo este material los grandes eruditos tibetanos desarrollaron posteriormente el género de textos conocidos como *Senderos y niveles*, que describen los senderos y los niveles de los tres vehículos desde los puntos de vista svatantrika y prasangika. Estos están incluídos en el plan de estudios monástico actual.

Los Textos de la *Colección de Temas* (*Dudra*) y los de Mente y Consciencia (*Blo rig*) que se estudian en los monasterios tibetanos contemporáneos también tienen su origen en estos primeros textos del abhidharma. El esquema en el que todos los fenómenos se categorizan en *permanentes* (*nitya*, *nicca*) y *cosa* (S. *bhāva*), las subcategorías de estos dos, las clasificaciones de los diversos tipos de causas y efectos y la sistematización de los tipos de mentes y factores mentales tienen todos su origen en el abhidharma. Las interrelaciones entre las mentes y los factores mentales y las causas de la cognición también proceden de los primeros textos del abhidharma.

Tener una perspectiva histórica del desarrollo de las ideas dentro del budismo nos ayuda a comprender las diversas teorías y a los grandes sabios indios que las propusieron. También ilustra por qué ciertas cuestiones fueron y siguen siendo tan importantes. A medida que las doctrinas budistas se encuentren con la filosofía occidental, surgirán nuevas preguntas y temas de debate. ¿Cómo se abordarán utilizando como recurso la riqueza de la tradición de las escrituras? La cuestión del libre albedrío y la predeterminación, tan importante en la filosofía occidental, no fue examinada por las grandes mentes de la India, Sri Lanka, China y Tíbet. ¿Por qué este tema era tan poco interesante que ni siquiera se les ocurrió? ¿Cómo pueden aplicarse ahora los principios budistas para debatirlo? Del mismo modo, la cuestión de la interdependencia del cerebro y la mente –un tema inexistente en las culturas antiguas– es otro ámbito en el que la filosofía budista se desarrollará en los tiempos modernos.

Los abhidharmikas y los filósofos indios posteriores

Debido a que el camino medio se estudia en profundidad antes que el abhidharma en el currículo monástico tibetano y debido a que el desarrollo histórico de las ideas en el budismo no se enfatiza en su educación, los practicantes de la tradición tibetana quizá no puedan ver la conexión entre el desarrollo del abhidharma y el camino medio enseñado por Nagarjuna. En los sutras pali, el Buda no afirma la existencia inherente ni tampoco la niega. A veces, cuando en los sutras pali el Buda habla de la ausencia de un yo permanente, unitario e independiente, niega que los agregados sean una persona. Otras veces parece que niega que los agregados tengan su propia naturaleza inherente, aunque no utiliza esa terminología. En los sutras pali, el Buda explica cómo los fenómenos están sujetos a un constante surgir y desaparecer. ¿Puede alguien que tiene una meditación en la visión superior clara y experiencial con profunda consciencia de la constante desaparición de los agregados seguir afirmando que tienen una esencia inherente que existe de un instante a otro?

Existen antecedentes de los pensamientos y escritos de Nagarjuna en la tradición pali, como seguramente también los hubo en todas las escuelas primitivas. Tanto el formato como el contenido del famoso tetralema de Nagarjuna –que rechaza el surgimiento *de uno mismo*, *de otro*, *de ambos* y *sin causa*– se encuentran en los sutras pali, cuando en el *Libro de la causalidad* (SN 12.17) el asceta desnudo Kassapa pregunta al Buda si el sufrimiento es creado por uno mismo, por otro, tanto por uno mismo como por otro o por casualidad. El Buda respondió "No es así" a cada una de las opciones.

La idea de que algunos fenómenos son construcciones mentales imputadas por la mente se expuso inicialmente en la primera literatura del abhidharma. Las implicaciones de esta idea fueron extraídas por los maestros indios y sus descendientes tibetanos. Para muchos maestros indios, las construcciones mentales se yuxtaponen a los fenómenos *reales* (que cada escuela define de forma ligeramente distinta), de modo que se dice que los distintos fenómenos tienen diferentes grados o tipos de existencia. En su *Tratado sobre el camino medio*, Nagarjuna examina muchos de los mismos temas que los abhidharmikas –causalidad; movimiento; las fuentes sensoriales; agregados; elementos; surgimiento, permanencia y cese; esencia;

tiempo, y devenir y destrucción– y concluye que no hay diferentes grados de existencia, sino que todos los fenómenos existen igualmente por mera imputación.

Muchos de los temas explorados por los primeros abhidharmikas sarvastivada y desentrañados por comentaristas posteriores se convirtieron en la base de la crítica madhyamaka. De las diversas escuelas budistas primitivas, los sarvastivada eran muy sustancialistas. Los significados de muchos términos –por ejemplo, *naturaleza propia* y *características propias*– adquirieron matices diferentes para las distintas personas y escuelas. Además, estos significados cambiaron con el tiempo y se popularizaron nuevos términos filosóficos. Los escritos de los panditas mahayana indios respondieron a estas palabras antiguas y nuevas y a sus diversos significados. Por ejemplo, posteriores eruditos se preguntaban: "¿Cuál es la diferencia entre un objeto que tiene su propia naturaleza y que existe por su propia naturaleza?" o "¿Puede un objeto tener sus propias características pero no existir por sus propias características?". Las distintas escuelas filosóficas que se desarrollaron en la India tienen sus propias definiciones de estos términos y sus propias posturas sobre estas cuestiones.

Debido a que Nagarjuna vivió durante algún tiempo en el norte de la India, donde los sarvastivada y los vaibhashika eran fuertes, es probable que tuviera más contacto con estas escuelas. Así, su refutación de la existencia inherente y de la existencia por sus propias características iba dirigida a las afirmaciones de estas escuelas cuando aclaró el significado del camino medio libre de los dos extremos.

Muchos de los temas que actualmente son objeto de debate o de gran importancia en la comprensión tibetana de la vacuidad no fueron considerados por la tradición pali ni por otras escuelas primitivas. Por ejemplo, la tradición pali asumía que la gente tenía una comprensión convencional común de la palabra *mío* y no entraba en largas deliberaciones sobre el significado de *mío* en la visión errónea de una identidad personal que se aferra al yo y *lo mío*. En la misma línea, en el canon pali el Buda no afirma que los fenómenos existan inherentemente, ni dice que sólo exista la ausencia de identidad esencial de la persona y no la ausencia de identidad esencial de los fenómenos. Ninguno de estos términos fue de uso común hasta más tarde, e incluso entonces su significado evolucionó con el tiempo a medida que grandes pensadores budistas exploraron diferentes áreas.

Aunque mi conocimiento está apenas en su infancia, si nos acercamos a los sutras pali con una mente fresca veremos en ellos sugerentes indicios de la filosofía de Nagarjuna. Del mismo modo, cuando nos acerquemos a los textos del abhidharma de las diversas escuelas primigenias, veremos el desarrollo de las ideas que condujeron a la refutación de Nagarjuna de la existencia inherente de todos los fenómenos. Algunas de las ideas que se encuentran en el abhidharma canónico y en sus comentarios posteriores son las que Nagarjuna refutó, mientras que otras apoyaron su refutación de la existencia inherente.

Glosario

Absolutismo (*eternalismo* o *permanencia, shashvatanta sassata*). La creencia de que los fenómenos existen inherentemente.

Acumulación de mérito (*punyasambhara*). Una acción virtuosa motivada por la bodhichita que es la causa principal para alcanzar el Cuerpo de la Forma de un buda.

Acumulación de sabiduría (*jñanasambhara*). Una acción mental virtuosa motivada por la bodhichita que es una causa principal para alcanzar el Cuerpo de la Verdad de un buda.

Adquisición (*prapti*, T. *'thob pa*). Afirmado por los vaibhashika, es como una cuerda que asegura que el karma pasará de una vida a la siguiente.

Aferramiento a la identidad esencial, sustancial (*atmagrha, attagaha*; T. *bdag 'dzin*). Aferramiento a la existencia inherente o intrínseca.

Aferramiento a la existencia inherente (*svabhavagraha*). Aferramiento a la existencia verdadera o inherente de la persona y los fenómenos. Sinónimo de *aferramiento a la existencia verdadera* (prasangika).

Aferramiento a la existencia verdadera (*satyagraha*). Aferrarse a que la persona y los fenómenos existen con una esencia intrínseca.

Aflicciones (*klesha*). Factores mentales que perturban la tranquilidad de la mente. Entre ellos se encuentran las emociones perturbadoras y las visiones erróneas.

Aflicciones adquiridas (*parikalpita*, T. *kun btags*). Aflicciones aprendidas en esta vida a través del contacto con filosofías y psicologías falsas.

Aflicciones burdas. Aflicciones derivadas de aferrarse a una persona autosuficiente y sustancialmente existente, en contraste con las aflicciones sutiles.

Aflicciones manifiestas. Aflicciones activas en la mente en el momento presente (en contraposición con las semillas de las aflicciones)

Aflicciones sutiles. Aflicciones derivadas del aferramiento a la existencia inherente (en contraste con las aflicciones burdas).

Análisis (*vichara*, T. *dpyod pa*). Factor mental que examina un objeto en detalle.

Análisis último (T. *don dam pa'i dpyod pa*). Análisis que examina lo que un objeto es realmente y su modo más profundo de existencia.

Agregados (*skandha*). Los cuatro o cinco componentes que conforman un ser vivo: forma (excepto los seres nacidos en el reino sin forma), sensación, discernimiento, factores composicionales y consciencia.

Aire (*prana*, T. *rlung*). 1.Uno de los cuatro elementos. 2. Energía en el cuerpo que influye en las funciones corporales. 3. energía sutil sobre la que cabalgan los diferentes niveles de la consciencia.

Apariencia conceptual (*artha-samanya*, T. *don spyi*). Imagen mental de un objeto que aparece a una consciencia conceptual.

Apariencia dual (T. *gnyis snang*). La apariencia del sujeto y el objeto como si estuvieran separados o la apariencia de existencia inherente.

Apercepción (*svasamvedana*, T. *rang rig*): Una consciencia "secundaria" que conoce a la consciencia principal misma de forma directa y no dual. La afirman algunos sistemas de principios filosóficos, pero la niegan los prasangika y otros.

Arhat. Alguien que ha eliminado todos los oscurecimientos aflictivos y ha alcanzado la Liberación.

Ausencia de identidad esencial de la persona (*pudgalanairatmya*, T. *gang zag gi bdag med*). Para los prasangika: la inexistencia de una persona autosuficiente y sustancialmente existente es la ausencia de identidad esencial burda de la persona, y la inexistencia de una persona inherentemente existente es la ausencia de identidad esencial sutil de la persona.

Ausencia de identidad esencial de los fenómenos (*dharmanairatmya*, T. *chos kyi bdag med pa*). Para los prasangika: la no existencia, de fenómenos inherentemente existentes externos a la persona.

Ausencia de signo (*animitta*, T. *mtshan ma med pa*). La vacuidad que es la ausencia de existencia inherente de la causa de cualquier fenómeno.

Autosuficiente (T. *rang rkya ba*). Ser una entidad diferente de sus partes.

Arya (ariya). Alguien que ha experimentado directamente y de modo no conceptual la vacuidad de existencia inherente.

Atención inadecuada. Véase concepción distorsionada.

Ausencia de deseo (apranihita, T. *smon pa med pa)*. La naturaleza última de los efectos de las cosas.

Base de designación (base de imputación, T. *gdags gzhi)*. Conjunto de partes o factores en función de los cuales se designa o imputa un objeto.

Bhavanga. Una corriente pasiva de consciencia subliminal que existe durante todas las ocasiones en que una consciencia que conoce claramente no está presente. Se describe en los comentarios pali y en el abhidharma, pero no en los sutras..

Bodhichita. Una consciencia mental primaria inducida por el deseo de beneficiar a los demás, acompañada de una aspiración de alcanzar la completa Iluminación uno mismo con ese fin.

Bodhisatva. Alguien que posee la bodhichita genuina e incontrovertible.

Brahmacharya. Conducta pura, especialmente la abstinencia sexual.

Calor interno (chandali, T. *gtum mo)*. Práctica del tantra del yoga superior para atraer los aires hacia el interior.

Carácter sin naturaleza (laksana-nihsvabhavata, T. *mtshan nyid ngo bo nyid med pa)*. Cualidad de lo imaginario que no existe por sus propias características.

Características (lakshana, T. *mtshan nyid)*. Atributos o características de un objeto.

Características discordantes. Las características de dos objetos que no son iguales. Por ejemplo, un objeto es permanente mientras que el otro es impermanente.

Características generales (samanya-lakshana, samañña-lakkhana, T. *spyi'i mtshan nyid)*. Características –como la impermanencia, ser insatisfactorio y la ausencia de una identidad permanente– que son comunes a todas las cosas funcionales.

Características propias/específicas (svalaksana, salakkhana; T. *rang mtshan, rang gi mtshan nyid)*. Las características específicas únicas de cada fenómeno. Las cosas tienen sus características propias, pero no existen por sus propias características.

Carencia de naturaleza (*nihsvabhava*, T. *ngo bo nyid med pa*). La carencia de una naturaleza determinada.

Causa sustancial (*upadana-karana*). La causa que se convierte en el resultado, a diferencia de las causas cooperativas que ayudan a la causa sustancial a convertirse en el resultado.

Cesación verdadera (*nirodhasatya*). La cesación de una parte de las aflicciones o de una parte de los oscurecimientos cognitivos. También se puede referir a la cesación de todos los oscurecimientos aflictivos, de los oscurecimientos cognitivos o de ambos.

Completa Iluminación (*samyaksambodhi*). La Budeidad, el estado en el que se han eliminado todos los oscurecimientos y se han desarrollado sin límites todas las buenas cualidades.

Compuestos abstractos (*viprayukta-samskara*). Fenómenos impermanentes que no son ni formas ni consciencias.

Concentración (*samadhi*). 1. Factor mental que se concentra de manera unipuntualizada durante un largo período de tiempo en un objeto. 2. Un estado de profunda absorción meditativa. 3. Concentración unipuntualizada que está libre de pensamiento discursivo.

Concentración de acceso (P. *upachara samadhi*). Tradición pali: un nivel de concentración que prepara la mente para entrar en el siguiente dhyana real. Es comparable a una *preparación* (*samantaka*) en la tradición sánscrita.

Concepción distorsionada (*atención inapropiada, ayonisho-manaskara*, T. *tshul bzhin ma yin pa'i yid la byed pa*). Pensamientos distorsionados que proyectan exageraciones y cualidades erróneas sobre los objetos, provocando la aparición de aflicciones.

Conceptualidad (*kalpana*, T. *rtog pa*). Pensamiento.

Conceptualizaciones (*vikalpa viparyasa*, T. *rnam rtog*). Pensamientos distorsionados que van desde exagerar la conveniencia o la belleza de un objeto hasta considerar las cosas impermanentes como permanentes, etc.

Concomitante/simultáneo (T. *mtshungs ldan*). Que acompaña o sucede al mismo tiempo en el mismo estado mental.

Condicionalidad (dependencia causal). Dependencia de causas y condiciones.

Confusión (moha, T. *gti mug)*. Ignorancia.

Conocedores sensoriales directos válidos. Consciencias incontrovertibles que conocen sus objetos –visiones, sonidos, olores, sabores y objetos tangibles– directamente dependiendo de una facultad cognitiva física.

Conocedor directo válido (pratyaksha-pramana). Una consciencia nueva no engañosa y no equivocada que está libre de conceptualidad. Según los prasangika, es una consciencia no engañosa que conoce su objeto sin depender de una razón.

Conocedor inferencial válido (anumana-pramana). Una consciencia que conoce su objeto –un fenómeno ligeramente oculto– de modo no engañoso y puro basándose en una razón.

Conocedor sublime (jñana, T. *mkhyen pa)*. Un logro espiritual en el continuo de alguien que ha entrado en un sendero. Existe desde el sendero de acumulación hasta la tierra de buda. *Conocedor sublime, sendero, tierra, sabiduría prístina* y *comprensión clara* se incluyen mutuamente.

Conocedor válido (pramana). Una consciencia no engañosa que es incontrovertible con respecto a su objeto aprehendido y que nos permite lograr nuestro propósito.

Conocimiento de la visión (P. *vipasana-ñana)*. Conocimiento mundano (P. *lokiya)* de las tres características que se obtiene a través de la visión. Conduce al conocimiento del sendero supramundano (P. *lokuttara)* que comprende las cuatro verdades y el Nirvana.

Conocedores directos yóguicos válidos. Consciencias mentales no engañosas que conocen sus objetos dependiendo de la unión de la permanencia apacible y vipasana o visión superior.

Consciencia (vijñāna, viññāna, T. *rnam shes)*. Aquello que es claridad y cognición.

Consciencia analítica (consciencia que razona, yuktijñana, T. *rigs shes)*. Una consciencia que usa o ha usado el razonamiento para analizar la naturaleza última de un objeto. Puede ser conceptual o no conceptual.

Consciencia base de todo (*alayavijñana*, T. *kun gzhi rnam shes*). Consciencia almacén donde se depositan todas las predisposiciones y semillas kármicas. Las lleva de una vida a la siguiente y es el yo según los proponentes de las escrituras yogachara.

Consciencia conceptual (*kalpana*, T. *rtog pa'i shes pa*). Una consciencia que conoce su objeto a través de una apariencia conceptual.

Consciencia errónea o falsa (*viparyaya jñana*). Una mente que es errónea con respecto a su objeto aprehendido.

Consciencia equivocada. Una consciencia errónea en cuanto al objeto que aparece.

Consciencia mental (*mano-vijñana*). Una consciencia primaria que conoce los fenómenos mentales en contraposición a las consciencias primarias que conocen los objetos físicos.

Consciencia no conceptual (*nirvikalpaka*, T. *rtog med shes pa*). Una consciencia que conoce su objeto directamente, no mediante una apariencia conceptual.

Consciencia primaria (*vijñana*). Una consciencia que aprehende la presencia o la entidad básica de un objeto. Hay seis clases: visual, auditiva, olfativa, gustativa, táctil y mental.

Consecuencia (*prasanga*, T. *thal 'gyur*). Forma de razonamiento que muestra a la otra parte las incoherencias de sus afirmaciones; forma de razonamiento muy utilizada por los prasangika.

Contaminado (*asrava*, *asava*). Que está bajo la influencia de la ignorancia o sus predisposiciones.

Contaminante (*asrava*, *asava*). Conjunto de tres o cuatro contaminaciones profundamente arraigadas: deseo sensorial, existencia (ansia de existir en una forma samsárica) e ignorancia. Algunas listas añaden las visiones.

Continuo mental (*chittasamtana*). El continuo de la mente.

Cosa (*bhava*, T. *dngos po*). 1. Algo que puede realizar una función, sinónimo de producto. 2. Existencia inherente.

Cuatro verdades comunes. Las cuatro verdades aceptadas de forma común por los cuatro sistemas de principios filosóficos budistas. Se centran en las aflicciones burdas.

Cuatro verdades no comunes. Las cuatro verdades aceptadas sólo por los prasangika madhyamika. Se centran en las aflicciones sutiles.

Cuatro verdades de los aryas (Cuatro nobles verdades (*chatvary aryasatyani*). La verdad de duhkha, de sus causas, de su cesación y del sendero que lleva a la cesación.

Cuerpo de la Naturaleza de la Verdad (*svabhavika dharmakaya*). El cuerpo de un buda que es la vacuidad de la mente de un buda y las cesaciones verdaderas de ese buda.

Cuerpo de la Verdad (*dharmakaya* T. *chos sku*). El cuerpo de un buda que incluye el Cuerpo de la Naturaleza de la Verdad y el Cuerpo de la Sabiduría de la Verdad.

Cuerpo de Sabiduría de la Verdad (*jñana dharmakaya*). El cuerpo de un buda que es la mente omnisciente de ese buda.

Definitivo (*nitartha, nitattha*, T. *nges don*). Prasangika: Sutra o declaración que enseña principal y explícitamente verdades últimas.

Designación (*prajñapti, paññatti*, T. *btags pa*). El objeto designado por término y concepto dependiendo de su base de designación.

Dhyana (P. *jhana*). Una absorción meditativa del reino de la forma.

Diferente (*nanatva*, T. *tha dad*). Fenómenos que son diversos; fenómenos que no son idénticos.

Dieciocho constituyentes (*dhatu*, T. *khams*). Son los seis objetos, las seis facultades sensoriales y las seis consciencias.

Doce fuentes (*ayatana*, T. *skye mched*). Aquello que abre o potencia el surgimiento de la consciencia. Consisten en seis fuentes sensoriales externas (formas, sonidos, olores, sabores, objetos tangibles y otros fenómenos) y seis fuentes sensoriales internas (ojo, oído, nariz, lengua, cuerpo y facultades sensoriales mentales).

Doce vínculos de originación dependiente (*dvadashanga-pratityasamutpada*). Un sistema de doce factores que explican cómo renacemos en el samsara y cómo podemos liberarnos de él.

Dos verdades (*satyadvaya*). Verdades últimas y verdades engañosas o veladas (convencionales).

Duhkha (P. *dukkha*). Las experiencias insatisfactorias de la existencia cíclica.

Dzogchen. Una práctica tántrica que enfatiza la meditación en la naturaleza de la mente. Se practica principalmente en la tradición nyingma.

Elaboraciones (*proliferaciones, prapañca, papañca,* T. *spros pa*). Ignorancia y otras fabricaciones mentales que oscurecen la naturaleza última de los fenómenos, es decir, su vacuidad.

Engaño (*mala,* T. *dri ma*). O bien un oscurecimiento aflictivo o bien un oscurecimiento cognitivo.

Envejecimiento (*sthityanyathatva, thitassa annathatta*). Alteración de lo que existe.

Escuela/sistema de principios filosóficos. Conjunto de afirmaciones filosóficas sobre la base, el sendero y el resultado que comparte un grupo de personas.

Erróneo (*viparyasa,* T. *phyin ci log pa*). Erróneo, falso, tergiversado.

Esencialistas (*defensores de la existencia verdadera,* T. *dngos por smra ba*). Filósofos budistas y no budistas que siguen un sistema de principios no madhyamaka y afirman que la persona y los agregados existen de modo real e intrínseco.

Estabilidad meditativa (*sthapyabhavana,* T. *'jog sgom*). Meditación para enfocar y concentrar la mente en un objeto.

Estabilidad meditativa en la vacuidad. La mente de un arya enfocada unipuntualizadamente en la vacuidad de existencia inherente.

Estados desafortunados (*apaya*). Estados desafortunados de renacimiento como ser infernal, espíritu hambriento o animal.

Existencia convencional (*samvrtisat*). Existencia.

Existencia inherente (*svabhavasiddhi, sabhavasiddha,* T. *rang bzhin gyis grub pa*). Existencia sin depender de ningún otro factor, existencia independiente. Los prasangika lo niegan tanto a nivel último como a nivel convencional.

Existencia por sus propias características (*svalakshana,* T. *rang gi mtshan nyid kyis grub pa*). Existencia por su propio lado.

Existencia verdadera (*satyasat*). La existencia que tiene su propio modo de ser, existencia que tiene su propia realidad.

Existente (*sat*). Lo que es perceptible por la mente.

Fabricaciones conceptuales. Modos de existencia falsos e ideas falsas imputadas por una consciencia conceptual.

Factor mental (chaitta). Un aspecto de la mente que acompaña a una consciencia primaria y que completa la cognición, aprehendiendo atributos particulares del objeto o realizando una función específica.

Facultad cognitiva/facultad sensorial (indriya). El material sutil en el órgano sensorial burdo que permite la percepción de los objetos sensoriales; para la consciencia mental, es el momento previo de cualquiera de las seis consciencias.

Fenómenos ligeramente ocultos (paroksha). Fenómenos que los seres ordinarios pueden conocer inicialmente sólo a través de la inferencia basada en los hechos.

Grilletes (samyojana). Factores que nos mantienen atados a la existencia cíclica e impiden el logro de la Liberación. Los cinco grilletes inferiores –la visión errónea de una identidad personal, la duda engañosa, la visión de las malas reglas y prácticas, el deseo sensual y la malicia– nos atan al renacimiento en el reino del deseo. Los cinco grilletes superiores -el deseo de existir en el reino de la forma, el deseo de existir en el reino sin forma, la arrogancia, la inquietud y la ignorancia afligida- impiden que un no retornante se convierta en un arhat.

Ignorancia (avidya). Factor mental que se oscurece y se aferra a lo contrario de lo que existe. Hay dos tipos principales: la ignorancia respecto a la verdad última y la ignorancia respecto al karma y sus efectos.

Inferencia (anumana, T. *rjes su dpag pa).* (1) Un conocedor que conoce su objeto a través del razonamiento, (2) una conclusión a la que se llega a través de un silogismo sobre la base de la evidencia y el razonamiento.

Interpretable (neyartha, neyyattha, T. *drang don).* Escritura o afirmación que habla de la variedad de fenómenos y/o no se puede tomar literalmente.

Impermanencia (anitya, anicca). Momentaneidad; no permanecer en el instante siguiente. La impermanencia burda es el final de un continuo; la impermanencia sutil es algo que no permanece igual en el instante siguiente.

Imputadamente existente (prajñaptisat, T. *btags yod).* (1) vaibhashika: Algo que cuando se descompone en trozos o instantes de tiempo más pequeños ya no se puede constatar. (2) sautrantika hasta svatantrika: Algo que sólo se puede identificar identificando otra cosa. (3) prasangika: Algo que existe al ser meramente designado por término y concepto.

Innato (*sahaja*, T. *lhan skyes*). Existente en la mente desde tiempos sin principio, algo que no se adquiere de nuevo en esta vida.

Investigación (*vitarka, vitarka*, T. *rtog pa*). Factor mental que busca una idea aproximada sobre un objeto.

Karma. Acción intencional de cuerpo, palabra o mente.

Liberación (*moksha* T. *thar pa*). Una cesación verdadera que es el abandono de los oscurecimientos aflictivos; Nirvana. El estado de libertad de la existencia cíclica.

Liberación (*vimukti, vimutti*, T. *rnam grol*). Tradición sánscrita: Liberación completa del samsara; tradición pali: Acontecimiento condicionado que produce el Nirvana.

Libre de conceptualidad (*kalpana-apodha*, T. *rtog bral*). Sin ninguna apariencia conceptual.

Madhyamaka. Un sistema de principios filosóficos que refuta la existencia verdadera.

Mahamudra. Un tipo de meditación que se enfoca en la naturaleza convencional y última de la mente.

Meditación analítica (*vichabhavana*, T. *dpyad sgom*). Meditación que se hace para comprender un objeto.

Mente (*chitta*). La parte de los seres vivos que conoce, experimenta, piensa, siente, etc. En algunos contextos equivale a consciencia primaria.

Mindfulness (*smrti, sati*). Factor mental que lleva la mente a un fenómeno conocido previamente sin olvidarlo y evita la distracción hacia otros objetos.

Momentáneo (*ksanika*). Que no permanece en el siguiente instante sin cambios.

Muerte (*maranabhava*). El último instante de una vida, en el que se manifiesta la mente más sutil de la luz clara.

Muerte (*vyaya, vaya*, T. *'jig pa*). Cesar, desintegrarse.

Naturaleza diferente. Dos cosas pueden existir en momentos y lugares diferentes.

Negación afirmativa (paryudasapratishedha, T. *ma yin dgag).* Una negación que se realiza al eliminar explícitamente un objeto de negación y que proyecta otro fenómeno como consecuencia de esa negación.

Negación no afirmativa (prasajyapratishedha, T. *med dgag).* Fenómeno negativo en el que, tras la eliminación explícita del objeto de negación por una consciencia, no se sugiere o establece otro fenómeno. Un fenómeno que es la mera ausencia de un objeto de negación.

Negativo (pratishedha, T. *dgag pa).* Un objeto (1) cuyo nombre elimina un objeto de negación, o (2) que aparece explícitamente de manera que un objeto de negación ha sido negado. Es equivalente a exclusión (*apoha,* T. *sel ba*), otra exclusión (*anyapoha,* T. *gzhan sel*) y aislar (*vyatireka, ldog pa*).

Nihilismo (ucchedanta vibbavaditthi). La creencia de que nuestras acciones no tienen una dimensión ética; Creer que nada existe.

Nirgranthas. Jainistas; seguidores de Mahavira, contemporáneo de Buda.

Nirvana. El estado de liberación de un arhat; el aspecto purificado de una mente que está libre de aflicciones.

Nirvana que no mora (apratistha-nirvana). El Nirvana de un buda que no mora ni en el extremo de la existencia cíclica ni en el extremo de la liberación personal.

Nivel del bodhisatva. Una consciencia en el continuo mental de un bodhisatva arya caracterizada por la sabiduría y la compasión. Es la base para el desarrollo de las buenas cualidades y la base para erradicar los oscurecimientos y alcanzar la completa Iluminación.

Nominalmente diferentes. Dos fenómenos son nominalmente diferentes cuando no son la misma cosa y se pueden distinguir por su concepto.

No contaminado (anasrava). Que no está bajo la influencia de la ignorancia.

No cosa (abhava, T. *dngos med).* (1) Fenómenos permanentes; (2) fenómenos que no pueden realizar una función.

No despilfarro (avipranasha, T. *chud mi za ba).* Afirmado por los vaibhashika, se asemeja a un pagaré, vale o sello que garantiza que el karma pasará de una vida a la siguiente.

No dualidad. La no aparición de sujeto y objeto, de existencia inherente, de verdades convencionales y/o de apariencias conceptuales en la estabilidad meditativa de un arya en la vacuidad.

No engañoso (avisamvadi, T. *mi slu ba).* Incontrovertible, correcto; la forma en que aparece a un conocedor fiable que lo percibe directamente concuerda con la forma en que existe.

No equivocado (abhranta, T. *ma ' khrul ba).* (1) sautrantika: no equivocado con respecto al objeto que aparece en una consciencia. (2) prasangika: una consciencia sin la apariencia de existencia inherente.

No erróneo (aviparita, T. *phyin ci ma log pa).* Correcto.

No existente (asat). Que no lo puede percibir una mente.

Objeto (vishaya, T. *yul).* Lo que es conocido por una consciencia.

Objeto aprehendido (objeto implicado, *mushtibandhavishaya,* T. *'dzin stangs kyi yul).* El objeto principal con el que se implica la mente, es decir, el objeto que la mente capta o comprende.

Objeto comprendido (prameya, T. *gzhal bya).* Aquello que es el objeto conocido o comprendido por un conocedor válido.

Objeto concebido (adhyavasaya-visaya, T. *zhen yul).* El objeto concebido por una consciencia conceptual; es el objeto aprehendido o con el que se implica una consciencia conceptual.

Objeto de negación (pratisedhya, T. *dgag bya).* Lo que es negado o refutado.

Objeto de atención (vishaya, T. *dmigs pa).* El objeto principal al que la mente se refiere o se enfoca.

Objeto implicado (objeto aprehendido, *pravrtti-vishaya,* T. *' jug yul).* El objeto principal con el que se implica la mente.

Objeto observado (alambana, T. *dmig yul).* El objeto básico con el que la mente se relaciona o en el que se enfoca al aprehender ciertos aspectos de ese objeto.

Objetos conocibles (jñeya, T. *shes bya).* Lo que es adecuado para servir como objeto a una consciencia.

Objeto que aparece (*pratibhasa-vishaya*, T. *snang yul*). El objeto que aparece realmente a una consciencia. El objeto que aparece de una consciencia conceptual es una apariencia conceptual de algo.

Ocho preocupaciones mundanas (*ashtalokadharma*). Apego a la ganancia material, la fama, la alabanza y el placer, y aversión a la pérdida, el descrédito, la crítica y el dolor.

Originación dependiente (*pratityasamutpada*). Es de tres tipos: (1) Dependencia causal –las cosas surgen debido a causas y condiciones–, (2) dependencia mutua –los fenómenos existen con relación a otros fenómenos– y (3) designación dependiente –los fenómenos existen al ser meramente designados por términos y conceptos–.

Oscurecimientos aflictivos (*kleshavarana*). Oscurecimientos que impiden principalmente la Liberación; las aflicciones y sus semillas.

Oscurecimientos cognitivos (*jñeyavarana* T. *shes bya'i sgrib pa*). Oscurecimientos que impiden principalmente la completa Iluminación; las predisposiciones de la ignorancia y de la visión dual sutil que hacen que surjan estos oscurecimientos.

Pensamiento (*kalpana*). Una consciencia conceptual.

Percibidor directo (*pratyaksha*, T. *mgon sum*). Una consciencia no equivocada que está libre de conceptualidad. Según la prasangika: una consciencia que está libre de conceptualidad.

Permanencia apacible (*samatha*, *samatha*, T. *zhi gnas*). Según la tradición sánscrita: La concentración que surge de la meditación y que va acompañada del gozo de la flexibilidad mental y física en la que la mente permanece sin esfuerzo y sin fluctuaciones durante todo el tiempo que se desee en cualquier objeto virtuoso en el que se le haya colocado. Según la tradición pali: La concentración unipuntualizada de la mente, los ocho logros (absorciones meditativas) que son la base para la visión superior.

Permanente (*nitya*, *nicca*, T. *rtag pa*). Inmutable, estático. *No significa eterno.*

Persona autosuficiente y sustancialmente existente (T. *gang zag rang rkya thub pa'i rdzas yod*). Un yo que se puede identificar independientemente de los agregados. Un yo con estas características no existe.

Persona ordenada. Alguien que ha recibido la ordenación monástica. Un monje o una monja.

Positivo (afirmativo, *vidhi*, T. *sgrub pa*). Un fenómeno que no es comprendido por la consciencia conceptual que lo aprehende eliminando explícitamente un objeto de negación.

Postular (*vyavasthana*, T. *bzhag pa*). Establecer, determinar o postular un objeto; designar.

Prasangika Madhyamaka. Un sistema de principios filosóficos mahayana que afirma que todos los fenómenos carecen de existencia inherente, tanto convencionalmente como de modo último.

Pratimoksha. Los diferentes grupos de preceptos éticos de los monjes, monjas y seguidores laicos, que ayudan en el logro de la Liberación.

Predisposiciones (*vasana*). Predisposiciones, impresiones o tendencias latentes.

Principio filosófico (*siddhanta,*). Un principio o creencia filosófica.

Producción sin naturaleza (*utpatti-nihsvabhavata*, T. *skye ba ngo bo nyid med pa*). Una cualidad de las naturalezas dependientes: surgen de causas que son de una naturaleza diferente a ellas mismas y no surgen de causas que son de la misma naturaleza que ellas mismas.

Realizador solitario (*pratyekabuddha*). Una persona que sigue el vehículo fundamental y que busca la Liberación personal, y enfatiza la comprensión de los doce vínculos de relación dependiente.

Reino de la forma (*rupadhatu*). El reino del samsara en el que los seres tienen cuerpos sutiles. Nacen allí debido a haber alcanzado diversos estados de concentración.

Reino del deseo (*kamadhatu*). Uno de los tres reinos de la existencia cíclica. El reino en el que los seres conscientes están abrumados por la atracción y el deseo por los objetos sensoriales.

Reino sin forma (*arupyadhatu*). El reino del samsara en el que los seres conscientes no tienen un cuerpo material, y permanecen en profundos estados de concentración.

Revisión del conocimiento (P. *paccavekkhanañana*). En los que entran en la corriente, los que regresan una vez y los no retornantes, es un conocimiento en el tiempo posterior a la meditación que revisa el sendero, sus frutos, los engaños abandonados, los engaños que permanecen y el nirvana. Los arhats no tienen la revisión del conocimiento de los engaños que permanecen.

Sabiduría de la visión (P. *vipasana-pañña*). Sabiduría de las tres características obtenida a través de la visión de "el que ha entrado en la corriente".

Sabiduría inmaculada (*jñana*, T. *ye shes*). Una comprensión experiencial en el continuo de alguien que ha entrado en un sendero.

Samadhi. Ver *Concentración*.

Samkhya. Escuela de filosofía hindú que afirma la existencia de una sustancia primordial y que afirma que los efectos existen en un estado no manifiesto en sus causas.

Samsara. Renacimiento constante y recurrente bajo el control de las aflicciones y el karma contaminado.

Sautrantika. Una escuela de principios filosóficos budistas que expone los principios filosóficos del vehículo fundamental.

Sautrantika-svatantrika madhyamaka. Un sistema de principios mahayana que acepta los objetos externos y refuta la existencia inherente de modo último pero no a nivel convencional.

Seis perfecciones (*sadparamita*). Las prácticas de la generosidad, la conducta ética, la paciencia, el esfuerzo gozoso, la estabilidad meditativa y la sabiduría que son impulsadas por la bodhichita.

Semillas kármicas. El potencial de las acciones creadas previamente que producirán sus resultados.

Sendero (*marga*, T. *lam*). Tradición sánscrita: un conocedor sublime que está unido a una renuncia incontrovertible.

Sendero de acumulación (*sambharamarga*, T. *tshogs lam*). El primero de los cinco senderos. Empieza cuando uno aspira a la Liberación día y noche –en el sendero del sravaka– o cuando se tiene la bodhichita espontánea para el sendero mahayana.

Sendero de conocimiento (P. *magga*-ñana). Un sendero supramundano que conoce el Nirvana.

Sendero de meditación (*bhavanamarga*, T. *sgom lam*). El cuarto de los cinco senderos. Empieza cuando un meditador comienza a erradicar las aflicciones innatas desde la raíz.

Sendero de la visión (*darsanamarga*, T. *mthong lam*). El tercero de los cinco senderos. Comienza cuando un meditador primero tiene una experiencia directa y no conceptual de la vacuidad de existencia inherente.

Sendero de no más aprendizaje (*asaiksamarga*, T. *mi slob lam*). El último de los cinco senderos; el estado de arhat o la Budeidad.

Sendero de preparación (*prayogamarga*, T. *sbyor lam*). El segundo de los cinco senderos. Empieza cuando un meditador alcanza la unión de la permanencia apacible y la visión superior en la vacuidad.

Sendero ininterrumpido (*anantaryamarga*, T. *bar ched med lam*). Una sabiduría que experimenta directamente la vacuidad y que está en proceso de eliminar su parte correspondiente de engaños.

Sendero liberado (*vimuktimarga*, T. *rnam grol lam*). Una sabiduría que percibe directamente la vacuidad y que ha erradicado por completo su parte correspondiente de engaños.

Ser consciente (*sattva satta,*). Cualquier ser con una mente que no es un buda.

Ser del infierno (*naraka*). Un ser que ha nacido en una de las clases de seres desafortunados que padecen un dolor físico muy intenso como resultado de su fuerte karma destructivo.

Ser ordinario (*prthagjana, puthujjana*, T. *so so skye bo*). Alguien que no es un arya.

Signo (*nimitta*). Una imagen mental que surge en la estabilidad meditativa y se utiliza para alcanzar la concentración unipuntualizada.

Silogismo (*prayoga*). Enunciado que consta de sujeto, predicado y razón, y en muchos casos, un ejemplo.

Silogismo autónomo. (*svatantra-prayoga*, T. *rang rgyud kyi sbyor ba*). Un silogismo en el que las partes implicadas están de acuerdo en que todas las partes del silogismo existen de forma inherente; la forma de razonamiento preferida de los svatantrika.

Sin naturaleza última (*paramartha-nihsvabhavata*). Una cualidad de las naturalezas consumadas; la naturaleza última de los fenómenos que es percibida por las consciencias purificadoras últimas.

Sravaka (oyente, P. *savaka*). Alguien que practica el sendero del vehículo fundamental que conduce al estado de arhat y que enfatiza la meditación en las cuatro verdades.

Superposición (*samaropa*, T. *sgro btags, sgro ' dogs*). La imputación o proyección de algo que no existe; por ejemplo, un yo en la persona.

Supramundano (trascendental, *lokottara, lokuttara* T.' jig rten las 'das pa). Relativo a la eliminación de las ataduras y las aflicciones; perteneciente a los aryas.

Sustancia primordial (naturaleza fundamental, *prakrti, pakati*, T. *rang bzhin*). Sustancia que existe intrínseca o inherentemente a partir de la cual se crea todo, afirmada por la escuela no budista samkhya.

Sustancialmente existente (*dravyasat, dabbasat*, T. *rdzas yod*). (1) Vaibhashika: Un objeto que se puede identificar incluso cuando se rompe en pedazos más pequeños o instantes de tiempo. (2) Sautrantika hasta svatantrika: Un objeto que se puede conocer directamente, sin que se identifique otro objeto. (3) Prasangika: inherentemente existente.

Surgimiento/producción (*utpada, uppaada*, T. *skye ba*). La aparición de un fenómeno impermanente que antes no existía.

Svatantrika madhyamaka. Un sistema de principios mahayana que afirma que los fenómenos no existen inherentemente a nivel último, pero sí a nivel convencional.

Talidad (*tattva*, T. *de kho na nyid*). La vacuidad, la forma en que son realmente las cosas.

Tathagata. Un buda.

Tendencias subyacentes (*anusaya, anusaya*). Disposiciones latentes en la mente que permiten que surjan aflicciones manifiestas cuando se dan las causas y condiciones apropiadas. Son el apego a la sensualidad, el enfado, las visiones, la duda engañosa, la arrogancia, la existencia (en los tres reinos) y la ignorancia.

Tesis (*pratijña*). Lo que hay que probar –la combinación del sujeto y el predicado– en un silogismo.

Tierras puras. Lugares creados por la determinación inquebrantable y el mérito de los budas, donde todas las condiciones externas son conducentes a la práctica del Dharma.

Tres criterios de una inferencia o silogismo correcto. Presencia de la razón en el sujeto, implicación directa o vinculación e implicación inversa.

Tres criterios para los fenómenos existentes. Es conocido por una consciencia convencional; su existencia no es invalidada por otro conocedor convencional válida; no es invalidada por una mente que analiza el vacío.

Tres características. Tres características de los fenómenos condicionados: Impermanencia, duhkha y ausencia de identidad esencial.

Tres reinos (*tridhatuka, tedhatuka*, T. *khams gsum*). El reino del deseo, el de la forma y el reino sin forma.

Una naturaleza. Dos fenómenos que existen al mismo tiempo y no aparecen separados a la percepción directa son una sola naturaleza.

Uno (*ekatva*, T. *gcig*). Fenómeno singular; fenómeno que no es diverso; idéntico.

Unión de la permanencia apacible y vipasana. Un sendero que consta tanto de la permanencia apacible como de vipasana y en el que el gozo de la flexibilidad mental y física ha sido inducido por el análisis.

Vaibhashika. Un sistema de principios filosóficos del vehículo fundamental que acepta partículas sin partes direccionales y momentos de consciencia sin partes temporales como verdades últimas y afirma objetos externos verdaderamente establecidos.

Vehículo fundamental. El sendero que dirige a la Liberación de los oyentes y los realizadores solitarios.

Verdad última (*paramarthasatya, paramatthasacca*, T. *don dam bden pa*). El modo último de existencia de todas las personas y fenómenos; la vacuidad; los objetos que son verdaderos y aparecen como verdaderos a su principal conocedor, una sabiduría que comprende directa y no conceptualmente la vacuidad.

Verdades convencionales (verdad velada, *samvrtisatya, sammuti-sacca*, T. *kun rdzob bden pa*). Aquello que es verdad sólo desde la perspectiva de la ignorancia. Incluye todos los fenómenos excepto las verdades últimas.

Verdades nominales (*vyavaharasatya*, T. *tha snyad bden pa*). Ver verdades convencionales.

Verdades veladas (verdades convencionales *samvrtisatya*). Objetos que sólo son verdaderos para la ignorancia; objetos que parecen existir de forma inherente a su conocedor principal, la ignorancia..

Vinaya. Disciplina monástica.

Visión de una identidad personal (Visión de lo compuesto y transitorio, *satkayadrsti, sakkayaditthi*). Aferrarse a un yo o lo mío inherentemente existente (según el sistema prasangika).

Visión errónea de una identidad personal que se aferra al yo (*ahamkara*, T. *ngar 'dzin gyi 'jig lta*). Una visión aflictiva que sostiene el yo como inherentemente existente.

Visión errónea de una identidad personal que se aferra a lo mío (*mamakara*, T. *nga yi bar 'dzin pa'i ' jig lta*). Una visión aflictiva que sostiene aquello que hace las cosas *mías* como inherentemente existente.

Visión superior (*vipashyana, vipassana*, T. *lhag mthong*). Una sabiduría que discierne minuciosamente los fenómenos unida a una flexibilidad especial inducida por el poder del análisis.

Yo permanente, unitario e independiente. Un alma o un yo (*atman*) que afirman los no budistas.

Persona (*pudgala*, T. *skya bo*). Un ser consciente designado dependiendo de sus cuatro o cinco agregados.

Persona aislada del ejemplo (T. *gang zag gzhi ldog*). Lo que se encuentra cuando se busca la persona.

Persona autoaislada (T. *gang zag rang ldog*). La persona general, la persona que existe de modo imputado.

Yogachara (*Chittamatra*). Un sistema de principios mahayana que acepta ocho consciencias, incluyendo una consciencia base de todo y una consciencia aflictiva, y afirma la existencia verdadera de otros fenómenos potenciados (dependientes), pero no afirma objetos externos.

Yogachara-svatantrika madhyamaka. Un sistema de principios mahayana que no afirma objetos externos, afirma seis consciencias y refuta la existencia inherente a nivel último pero no a nivel convencional.

yogui/yoguini. Un meditador en la talidad.

Índice por palabras

A

Abhidhammattha Sangaha 383
abhidharma
  abhidharma pali 377, 381–382
  abhidharma sarvastivada 373
  desarrollo del 414–416
  enfoques analítico y de síntesis del 392
  en las tres fases de los fenómenos condicionados 342
  Vasubandhu y el 60
abhidharma pali 381, 403 *Véase también* notas al pie 94, 113 y 117
  orígenes y desarrollo 373–376
  tres doctrinas principales del 376–378
abhidharma sarvastivada
  crítica madhyamaka al 416
  desarrollo del 373, 408–410
  forma 398
  la teoría del dharma y el 382
  sobre el elemento agua 399
  sobre las partículas sin partes 401–402, 411–412 *Véase también* nota al pie 130
  sobre la transitoriedad 404
  taxonomía quíntuple de los fenómenos del 409
  y la naturaleza inherente 386
abhidharma vibhasha-shastra 386
absolutismo 22, 43, 63, 254, 269, 342
  contrarrestar el 239
  desenraizar el 328–332
  disipar el 405
  en las escuelas no budistas 86
  evitar el extremo del 118–122
  extremo del 275–276
  la visión del 44
  libertad del 248–250

absorciones meditativas 381 *Véase* nota al pie 101; *Véase también* dhyanas
adquisición (prapti) 90
aferramiento 83–84, 125–126 *Véase también* notas al pie 21, 37 y 38
  a la existencia inherente/verdadera 38–39, 43–44, 126, 162, 173, 193, 273, 298, 333 *Véase también* notas al pie 21 y 38
  a "lo mío" 229–230
  al yo y los agregados, oden en el que surge *Véase* nota al pie 58
  ansia y 358–359
  dogmas y 286
  formas adquiridas e innatas 113–114
  inexistencia total, a la 43 *Véase también* nota al pie 74
  método rápido para liberarse del 351
  tres tipos de 318–320, 349–350
aferramiento a la identidad esencial 35, 84–83, 111, 190, 213, 222, 227
aferramiento a la identidad esencial de la persona 173
  diversidad de visiones del 242–243
  objeto observado por el 176, 225
  visión errónea de una identidad personal, distinguir entre el 229–230
aferramiento a la identidad esencial de los fenómenos *Véase* nota al pie 37
  como la raíz de todas las aflicciones 174
  diversidad de visiones del 242–243
  objetos observados por 175–176

aflicciones
    adquiridas 115, 150, 190
    adquiridas e innatas 190
    algo objetivo y localizable 127
    antídoto, específico 35-36
    burdas y sutiles 281
    cesación de las 205-206
    como conceptualizaciones 186
    desarrollo secuencial de las 179-180
    eliminar las 34, 151-152
    el surgir de las 182-185, 212-213
    ignorancia es la fuente de las 177-178
    manifiestas 223-227, 315-316, 322
    raíces de las 67, 173
    son consciencias erróneas 181
    suprimir temporalmente las 223
aflicciones manifiestas *Véase* en aflicciones (manifiestas)
agregados 369-370, 410
    abhidharma; visión de los 382-385
    aferramiento a los 125-126, 357-358, 363 *Véase* nota al pie 37
    cesación de los 5 323
    como base de designación 82-83, 212-213
    como insatisfactorios 317-321, 345-346
    como "lo apropiado" 196-198
    como verdaderamente existentes 159-160
    desarrollo secuencial 177-178
    designación y los 393
    después de la experiencia del logro 313-314, 329
    eliminar el aferramiento a los 351-354, 411
    en el *Sutra del corazón* 233-238
    en la ausencia de identidad esencial de los fenómenos 231

    Véase nota al pie 25
    fenómenos incluidos en los 337
    investigando los 361-362, 380
    meditar en los 320-321, 342-344
    origen de los 318-319
    vacío de sus propias características 388
    vacíos de naturaleza propia 196-197
    verlos con sabiduría 350
    visión prasangika de los 106-107
    visión sautrantika de los 93
    visión vaibhashika de los 88
    visión yogachara de los 102
    y el aferramiento a la identidad esencial de la persona 173, 173-174
    y la relación con el yo 92-94, 111-113, 196-197, 219, 340-342, 346-350
agua, elemento 399 *Véase también* nota al pie 127
aislados del ejemplo, fenómenos 89
amor 29-31, 180-181
análisis
    beneficios del 200
    el concepto budista del 190-191
    el propósito del 177, 285-286
    en el primer abhidharma 376-378
    la importancia del 309-310
    precisión en el 361-362
análisis último 37-36, 40, 104-105, 107, 108-107, 146, 263-265, 268, 270
analogías y ejemplos
    cuerda enrollada 218
    de los agregados 348
    dos palos que se frotan 155
    el reflejo de una cara 250, 270 *Véase* nota al pie 76
    la facultad del ojo 354-361, 368-369
    lámpara de aceite 344
    la semilla y el brote 253, 300-301

los cuernos de un conejo 84
luna doble 162 *Véase* nota al pie 55
magdalenas 357
medicina 301
palo metido en el agua 325
una mesa 396
una olla 109, 263
una pera 272
un buey negro y un buey blanco 358
un carro 393
un coche 83 *Véase* nota al pie 23
un jersey 260-261
Ananda 326-327, 353
Angutara Nikaya 394-397
ansia 318-320, 339 *Véase* nota al pie 101
   cómo se origina el 357-358
   como un yo permanente unitario e independiente 362-363
   el fin del 323, 351-352, 359
   no ceder ante el 321
   seis tipos de 356-359
   y los cinco agregados 349, 371
antídotos, la fuerza de los engaños y sus 314-316
apariencias conceptuales 33-34
   consciencias y 152-155
   la visión sautrantika de las 90-91
   tipos de objetos y 155-160
   visión prasangika de las 162-163
   y la impermanencia sutil 157-158
apego
   a la existencia samsárica 350
   a las visiiones erróneas 330
   atención adecuada e inadecuada y el 180-181
   como consciencia conceptual 156-157
   como consciencias erróneas 162-164
   cómo surge 319-320
   funciones específicas 177
   métodos para eliminarlo 327-328
Aryadeva 44, 54, 59, 273
Asanga 75, 262, 297 *Véase también Compendio del conocimiento* (Asanga)
   Cinco tratados sobre los niveles 98
      Véase también Nota al pie 29
   en el Tíbet 71
   homenaje a 55, 60-61
   sistemas de principios filosóficos 77
   y el surgimiento dependiente causal 287-288, 299
ascetismo 86, 324-325
atención 361
   abhidharma, comprensión de la 378-379
   a las sensaciones 322
   al cuerpo 343-344, 368-369
   cuatro fundamentos de la 311-312, 378-379 *Véase también* nota al pie 95
   distorsionada 157
   popularidad 304-305
   y opciones 307
atención adecuada e inadecuada 180-181
atención inadecuada *Véase* concepciones distorsionadas
Atisha 57, 61-63, 79
Atthakavagga 333
ausencia de identidad esencial 35, 36, 111, 140, 172, 328, 345, 386
   agregados y la 346-351
   de las formas derivadas 369-372
   dos tipos, distiguir entre 230
   dos tipos, distinguir entre 173-172, 194-195
   dos tipos, orden en el que se comprenden 196-197
   en la prsangika y la svatantrika, comparación 243

en las tradiciones pali y sánscrita, comparación 335-336, 371-373
en los tres giros 131-130
estudiar la, propósito de 67-68
importancia de comprender la 317-318
incompleta 303
Liberación vacía y 145
meditar en la 89
perspectiva del abhidharma 375-376, 381, 385
sutil 280-281
vehículo fundamental y la 281
y los primeros abhidharmikas 377
ausencia de identidad esencial de la persona 131-130, 172-171 *Véase también* nota al pie 33
burda y sutil 93-92, 96
comprensión de la 194-198, 220-221
en el vehículo fundamental 283
en la madhyamaka 93, 96, 115, 231, 243 *Véase también*
en las escuelas inferiores 89-94, 102-103, 123-124, 231
en la tradición pali 412, 416
en la yogachara 101, 231-232 *Véase también* nota al pie 28
meditación en la 96, 372
progresión en la comprensión 111-115, 117
ausencia de identidad esencial de los fenómenos 36, 83-82, 83, 172-171, 224, 371, 412, 416
comprensión de la 194-198
el mahayana y la 283-285
en la madhyamaka 243-244 *Véase también*
en las escuelas madhyamaka 116-117, 232-233

en la yogachara 101-102, 115-116, 231
en los sistemas inferiores 89-90, 93 *Véase también* nota al pie 25
en los tres giros 130-131
tradición pali 359, 411, 416-417
ausencia de signos 132, 141, 144, 268-269, 284
ausencia de un yo permanente, unitario e independiente 415 *Véase también* ausencia de identidad esencial
36 factores, como la 359-363
con respecto a la forma material 364
términos utilizados 359
autoconocedor 78-79, 105, 211 *Véase* nota al pie 18; *Véase* nota al pie 32
autosuficiente y sustancialmente existente 83, 89-90, 92-96
Avalokiteshvara 134, 142

B

base de designación/imputación
en la prasangika 106, 121, 127, 217-218
en la vaibhasika 89
en la yogachara 102
términos utilizados 83-84
base objetiva 37-36, 39, 186, 192-193, 235, 256
bhavanga (consciencia subliminal) 354 *Véase también* nota al pie 107
Bhavaviveka 262
ausencia de identidad esencial de los fenómenos, sobre la 283-284
Corazón del camino medio 63, 69, 79

en el Tíbet 72-71
Fulgor del razonamiento 63, 69, 78-79
homenaje 55, 59
importancia de 65
sistema de principios de 78-79
y Budapalita 73-74
Big Bang, teoría 294
bodhichita 33, 50, 57, 59, 64, 276
    Véase nota al pie 25
bodhisatvas 35, 268
    arya 42, 143, 178, 222
    aryas del vehículo fundamental y los 282
    código ético 281
    emanación 302
    logros espirituales de los 151-150, 284
    objeto de logro de los 201
    respeto por los 46
Buda 308, 324-325
    diferentes audiencias y el 304-305
    emanación del 302
    homenaje al 54, 58
    la autoridad del, Dharmakirti lo demuestra 61
    medios hábiles en las enseñanzas 63, 68-69, 122-125, 128-129, 139-140, 233 *Véase también* nota al pie 36
    sobre el yo 363
    sobre las enseñanzas del Dharma 45-46
Budapalita 55, 58, 59, 65, 74-73, 77, 118 *Véase también Comentario a Tratado del camino medio*
budas
    consciencia no conceptual de los 187 *Véase también* nota al pie 63
    emanación de los 302
    Iluminación de un 35, 246
    Nirvana que No Mora de los 201-202
    signos y marcas de los 298
    vacuidad de los 171
Buddhagosha 395, 406
budismo 73, 294, 301-303, 305 *Véase también* budismo indio; budismo tibetano
budismo chino 79, 270 *Véase* nota al pie 3
budismo indio 53, 171
    desarrollo de los sistemas de principios filosóficos en el 70-71, 75-79
    dieciocho escuelas del 373
    el primer 69, 411
    evolución del 408
budismo tibetano
    contexto histórico del 410-414
    dos extremos en el 249-250
    enseñanzas de la vacuidad 64-65
    expansión del 61-63
    madhyamaka en el 267, 271-272
    segunda diseminación 79-80, 267
    sistematización de los sistemas de principios filosóficos en el 69-73 *Véase* nota al pie 13
    sobre la Iluminación 152
    tradiciones de la nueva transmisión en el 79
    traducciones sánscritas en el 79-80

C

Cachemira 373 *Véase también* entrada en vaibhashika, escuela
calor interno 35
Camino de la discriminación 387
canon pali 283, 374, 387, 401, 413, 416
características
    específicas/propias 256, 388-389, 409, 413

generales 389-390, 409, 413
carecer de naturaleza 100
causalidad 271, 287-288 *Véase también* surgimiento dependiente/condicionalidad
contemplar los tres principios de la 300
el rechazo de la () de los no budistas 86
la predeterminación y la 306-307
los primeros abhidharmikas 378-379
causas concordantes 253-254, 290-291
causa sustancial 77, 100, 105, 260
cerebro 85, 264, 354, 414
cesación verdadera 46, 91, 114, 142, 188, 313, 321 *Véase también* cuatro verdades
Chandrakirti 74, 118, 273, 298
  alabanza de Atisha a 63
  Autocomentario sobre el suplemento 267, 282
  Comentario a Cuatrocientos versos, [de Aryadeva] 38, 79, 214
  en el Tíbet 73, 78-79
  homenaje a 55, 59
  la importancia de 65, 75
  Palabras claras 35, 267, 282
  sistemas de principios filosóficos 78-79
  sobre los ocho atributos de los fenómenos dependientes 147
Changkya Rolpai Dorje 208
Chapa Chokyi Senge 62
charvakas 119, 264-265
Chokyi Gyaltsen *Véase*
Cielo 304
ciencia 46, 58
  meditación y 304-305
  sobre el origen del universo 293-294
  sobre la genética 86-87

sobre los objetos y los observadores 127
tradición de Nalanda y 61-62
y la permanencia 304
y las partículas subatómicas 361-362
yogachara y la 99
yoguis y la 82
y proyección 183
clarividencia y clariaudiencia 153
cognición
  de objetos 155-158
  de sujetos 152-155
Colección de Temas (*Dudra*) 414
Comentario a Compendio de la cognición válida 276-275 *Véase también* nota al pie 63
Comentario a Tratado del camino medio (Budapalita) 37, 63, 77, 266
compasión 31, 47, 180, 328
Compendio del conocimiento (Asanga) 77, 223, 278
Compendio de principios (Santaraksita) 70
complejo cuerpo-mente 313-312, 318, 346
completa Iluminación 82, 129, 133, 358
  aspiración a la 33, 278
  causas de la 35, 47, 139, 231
  como inherentemente existente 142
  diversidad de visiones de la 245
  en el mahayana 251, 284
compuestos abstractos 409
concentración 361 *Véase* nota al pie 94
  en la eliminación de los obstáculos 315-318
  en la tradición theravada 310-314
  los beneficios de la 326

Índice por palabras / 445

y el discernimiento 376
y la sensación 324
concentración de acceso 315–316
concepciones distorsionadas 180, 185, 338–339, 389
conceptualidad (*kalpana*) 186, 190 *Véase* nota al pie 50
conceptualizaciones 182–187, 200, 310 *Véase* nota al pie 63
condicionalidad 315, 328, 337–338, 353
Condiciones o relaciones fundamentales 381, 400
conducta ética 46, 248, 273, 314–316, 376
confusión 36, 67, 177–178, 246, 263, 300, 323, 332, 345
conocedor 107, 124 *Véase también* percibidores directos; *Véase también* conocedores válidos
conocedores directos válidos 110, 162–161, 197
conocedores sublimes 143 *Véase* nota al pie 78
conocedores válidos 272
    como consciencia que razona 212–211
    convencionales 335
    en la vacuidad 151, 268
    en la yogachara 101
    inferenciales 197
    negación nihilista de los 263
    prasangika madhyamika, visión de los 84, 107–108, 161–162
conocimiento de vipasana (P. vipassana-ñana) 352–353
conocimiento revisor (*paccavekkhanañana*) 350
conocimiento y la visión 325 *Véase también* nota al pie 105
    de la Liberación 350
    de las cosas como realmente son 350, 352

consciencia aflictiva 98, 106
consciencia base de todo (*alayavijñana*) 71
    como la identidad personal 95, 206, 242
    en la yogachara-svatantrika 105
    objetos externos y la 124
    según los yogachara 98, 130
consciencia conceptual 91
    erróneas o no erróneas 154
    percepción directa y su relación con la 150–155
    tipos de objetos de la 155–158
    utilidad de la 158
    visión prasangika de 161–163
    y los objetos de negación 210–211
consciencia mental 71
    como la identidad personal 95, 206, 221, 222–223, 242, 360–361
    visión prasangika de la 161–162
    visión vaibhasika de la 89
    visión yogachara-svatantrika de la 105–106
consciencia primaria *véase entrada en* consciencia/s
consciencia/s 319 *Véase* nota al pie 31; *Véase* nota al pie 108; *Véase también* consciencia conceptual; consciencia mental; consciencia sensorial
    análisis del abhidharma de la 379
    como la ausencia de un yo permanente y sólido 364
    errónea 149
    innatas, dos tipos de 181
    investigadoras, dos tipos de 191–192
    la vigilancia 308
    los objetos, su relación con la 355
    no conceptuales 152–153
    no defectuosa 103–104, 116, 120–125, 232

no equivocada 108
primarias 312, 381, 407
que razona, (consciencia mental especial) 212
según los yogachara 98-99
seis tipos de 233, 355-356
sensaciones y la 344
sin error 298
sin partes, momentos de 84, 88-91, 101, 277
verificadora 175
visión superior y 311
conciencias del sendero 93
consciencia sensorial 153, 154, 210, 318, 323
 en la prasangika 161-163
 en la svatantrika 105-106
 en la yogachara 98, 102
 objetos de la 157-158, 211
consecuencias 78-79, 167, 271-272
contacto 319, 323, 344, 356-357
contaminantes 188, 321, 350, 376
continuo causal 188
Continuo sublime (Maitreya) 188, 297
corazón, sutil 400
cortar la 127
cosmología india 367
creadores 87, 286
 el propósito de creer en 292
 en las escuelas no budistas 84-87, 288-289
 refutación de los 211, 219-220, 289-292, 377, 412
cristianismo 35, 45, 86, 292
cuatro absorciones del reino sin forma *Véase* nota al pie 101
Cuatrocientos versos 25, 34, 38, 44, 54, 59, 63, 69, 76, 177, 198, 210, 217, 273
cuatro distorsiones 186-187, 339-340
cuatro formas de reunir discípulos 47

cuatro senderos de los aryas 144
 Véase también nota al pie 97
 el engreimiento de "yo soy en los 318
 erradicación de la eliminación en los 316
 la sabiduría en los 335-336
 la vacuidad en los 41-43
cuatro verdades 57, 61
 al examinar los fenómenos 336
 burdas y sutiles 114, 278-283 *Véase también*
 contemplar las 276
 dieciséis aspectos de las 143
 establecer las 256, 265
 examinar las 317-321
 penetrar el sentido de las 310
 vacuidad y las 41-43, 255
 verlas tal y como son 321
cuerpo 262
 analizar el 380
 ausencia de identidad esencial del 365-369 *Véase también* nota al pie 109
 como "lo mío" 229-230
 como los dharmas 385
 como sustancialmente existente 96
 desarrollo del 324-325
 distorsiones respecto al 339-341
 impermanencia del 343-344
 inherentemente existente, aferrarse al 174-179
 treinta y dos partes del 365-366
 y el yo 169-171, 219, 225, 296, 362-363
 y la mente, relación entre el 264-265
Cuerpo de la Forma (*rupakaya*) 251, 284 *Véase también* nota al pie 25

Cuerpo de la Naturaleza de la Verdad (*svabhavika dharmakaya*) 201-202
Cuerpo de la Verdad (*dharmakaya*) 251 *Véase también* nota al pie 25; *Véase también* Cuerpo de la Naturaleza de la Verdad (*svabhavika dharmakaya*)
cuerpos de buda 90, 251-252 *Véase también* Cuerpo de la Forma (*rupakaya*) y Cuerpo de la Verdad (*dharmakaya*)

D

debate, tradición del
   artificiales 72-71
   en la India 275-276, 289, 411
   propósito del 65-66
desapasionamiento (viraga) 329-330, 336-337, 337, 352
desencanto (nibbida) 328-329, 336-337, 352, 366-367
deseo sensorial/sensual 319, 323, 325, 344-345, 350
designaciones 392-398, 408-409
Dhammadinna 330
Dharma
   analizar la importancia del 58-60
   consciencias conceptuales, estudio de las 154-155
   contexto histórico en la comprensión 411-414
   duración del 46
   preservar el 53-54
dharmaguptaka, escuela 373 *Véase* nota al pie 120
Dharmakirti 61, 73-74, 75, 262, 376-375
   Comentario a Compendio de la cognición válida 61
   en el Tíbet 62

homenaje 56, 60
prominencia de 77
Siete tratados sobre la cognición válida 75
sobre un creador 289
y Chandrakirti 78
y los sautrantika proponentes del razonamiento 91
dharmas
   características propias de los 388-390
   como lo último 395-396, 413
   como lo útlimo 389-391
   en el abhidharma de Sri Lanka 387-388
   fuentes textuales de los 379-380
   inseparabilidad de los 391-392
   mental 407
   naturaleza propia 386-388
   originación condicionada 391
   persona como un 412-413
   significados de los términos 375-374
   teoría del dharma de los abhidharmikas 378-379, 382-385
   visiones diferentes, evolución de los 408-410
   y las designaciones de objetos, diferencia entre 393
   y las dos verdades 394, 397
   y materia/sustancia 382, 400
dhyanas 311, 315 *Véase también* notas al pie 94 y 101
dieciocho constituyentes 338, 380, 409 *Véase* nota al pie 104; *Véase también* nota al pie 117
Dignaga 56, 60, 61, 62, 73, 77, 78
Discurso al hombre de Atthakanagara 353
Discurso mayor a Malunkyaputta 353
Discurso mayor a Saccaka 325-326

Discurso mayor sobre el símil de la huella del elefante 353, 364
Discursos conectados 341
Discurso sobre el símil de la serpiente 330, 341, 351
Discurso sobre la raíz de todas las cosas 388
Discurso sobre los seis grupos de seis 318, 353
doce fuentes 320-321, 337-338, 353, 354-355, 380, 409 *Véase también* notas al pie 100 y 117
doce vínculos de originación dependiente 172, 178, 216, 336-337, 338
Dolpopa Sherab Gyaltsen 73
dos conocimientos *Véase Compendio del conocimiento* (Asanga); *Tesoro del conocimiento* (Vasubanhu)
dos extremos 36, 63
   evitar los 255, 272-274
   orden inverso de oponerese a los 240-239, 250
   premisas similares 248-249
   refutar los 237-238
   tradición pali 327-329
dos oscurecimientos 200
   burdos y sutiles, diversidad de visiones sobre los 243-246
   eliminar los 151-152, 285
dos purezas 201
Dos Supremos 58
dos verdades 57, 61, 73
   comparación de las diferentes visiones 109-110
   comprensión progresiva de las 122-123
   establecer las 257-258
   formulación en el abhidharma 394-397
   importancia de comprenderlas 251-253

nihilismo y las 249, 264-265
no son contradictorias 252
Sutra del corazón y las 234, 237-238, 239-240
visión prasangika de las 107-108, 110-111, 123-124
visión sautrantika de las 90-92, 109-111, 122-123
visión svatantrika de las 103-105, 109-110, 123
visión vaibhashika 88-90
visión vaibhashika de las 88, 122
visión yogachara de las 100-101, 110, 122
Dragpa Gyaltsen, *Separarse de los cuatro apegos* 43-44
Dromtonpa 80
duda 42, 48, 281-280
   que se inclina hacia la comprensión correcta 149
   y razonamiento 166-168
duhkha (insatisfacción) 29, 247, 345
   cómo surge el 185-186, 256-257
   cuatro atributos del 279-281
   de los agregados 317-321, 345, 370
   de los demás, compasión por el 31
   investigar el 67
   proceso causal del 169
   vacuidad y 266-267
   y el deseo por la Liberación 144-145
   y la comprensión de la ausencia de identidad esencial 363
dzogchen 147, 189, 237

E

ecuanimidad 180, 324, 326
elaboraciones 41, 72, 181, 239
   distinguir la información de las 356
   el cese de las 187, 191, 298

liberarse de las 239
libre de 46, 193
tipos de 184-185
elaboraciones mentales 145-147
elementos/cuatro grandes/primarios
Véase también elemento tierra;
elemento agua
análisis de los 353, 364-365, 367-368
en el abhidharma pali 397-399,
411
en el samghata 401-402
elemento tierra 365-367
eliminación, tipos de 317
el que ha entrado en la corriente
41, 151-152, 257, 282, 341 *Véase
también*
el que retorna una vez 41, 151-152,
257, 282, 314-313 *Véase* notas al
pie 77 y 99
enfado
como una consciencia errónea
181
el ansia y el 320
funcionamiento específico del
177-178
la ignorancia que se aferra a
la identidad esencial y el
176-177
métodos para eliminar el 327-328
prevenir el 47
engaños, tres niveles de 314-317
Véase también oscurecimientos
aflictivos; oscurecimientos
cognitivos

engreimiento 318, 339, 349-350 *Véase
Enumeración de los factores* 377, 381
epistemología 62-64, 77-78, 408
escritura
autoridad de la 135
mérito de copiar y memorizar
una 48-52

escuchar, contemplar y meditar
50-51, 64, 273-274 *Véase también* nota al pie 66
escuela sarvastivada 374 *Véase también* nota al pie 128
esencialistas 40, 192
objeciones a los madhyamaka,
Nagarjuna 256-257, 265, 271
sobre el objeto de negación 262,
276-277
sobre la existencia imputada y
sustancial 123
esfuerzo gozoso 50, 61, 258-257
espacio
en el primer pensamiento indio
394
en la tradición pali 407-408
no producido 88, 91, 193, 409
Véase también nota al pie 89
estabilidad meditativa en la vacuidad 35, 40, 147, 268
como libre de elaboraciones 185
consciencia investigadora 191
consejos a los principiantes
166-167, 227-228, 238
creencias sutiles 301
dos verdades y la 105
negación no afirmativa en la 193
objetos de la 237, 241
según la prasangika 161
visiones, la importancia de nuestras 262
estado de arhat 151-152, 278
comprensión de la ausencia de
identidad esencial 195
el ansia y el 358
el logro del 246, 281
en los 4 sistemas de principios
filosóficos 87
etapas del logro del 311-314
las semillas y el 202
los agregados en el *Véase* nota al pie 25

Etapas medias de la meditación (Kamalashila) 50
eternalismo (visión que superpone) 37
existencia convencional 268
   de elaboraciones 185
   en el razonamiento 270-271
   en el sistema vaibhashika 88
   existencia inherente, distinguir entre la 207-208
   negar la 248
   svatantrika y madhaymaka, diferencias en la 103-104
existencia inherente 34, 272 *Véase también* nota al pie 34; *Véase también* nota al pie 38
   análisis de la 253
   antídoto para el aferramiento a la 143
   apariencias y aferramiento, diferencias entre 159
   como objeto de negación 34, 204-205, 224-225, 229, 299-300
   confundir la existencia con la 249-250, 252
   creencia arraigada en la 206-207
   de las causas y efectos, refutación de la 146-147
   descripciones 213-218
   elaboración de la 182, 184-185, 236
   en la persona 114-115
   en los sutras pali 415
   existencia última y 243
   la visión svatantrika 103-104
   refutar la 173, 192-194, 277-278, 417
   sistemas que aceptan la 303
   vacuidad de 198
   visión prasangika de la 106-107, 161-162, 176
   y existencia convencional, diferenciar entre 207-210, 265-266
existencia última 268-267

existencia última y existencia inherente 243-242
svatantrika y prasangika, diferencias en la 103
visión abhidharma 384, 393-392
visión vaibhashika 88
existencia verdadera 103, 172-171
   como conceptualización 187
   negar la 299
   términos de uso 412-411 *Véase* nota al pie 139
   vacuidad de la 269
   visión esencialista de la 138
   visión yogachara 101
   y existencia, diferenciar entre la 271

F

factores mentales *Véase* en mente (mente y factores mentales)
facultades *Véase* nota al pie 8
   desarrollo supremo de las 326-327
   en las enseñanzas de los sistemas filosóficos *Véase* nota al pie 36
   en la yogachara *Véase* nota al pie 42
   personas de las tres capacidades 57, 328-329
facultades sensoriales 169, 177, 318, 323
   en el abhidharma pali 354-355, 399
   restricción de las 326
   y la sensación 344
   y objetos, relación entre las 358
fe 302
   los límites de la 46
   razón y 53, 61-62, 284-285
   tres clases de fe *Véase* nota al pie 5
felicidad 29, 169, 247-246, 267-266

fenómenos *Véase* fenómenos condicionados: ausencia de identidad esencial de los fenómenos; fenómenos no condicionados
abhidharma, análisis de los 375–378
aflictivos y puros 257–258 *Véase también* nota al pie 78
cinco grupos (tradición del sutra) 380
como construcciones mentales 415
como meramente designados 125
como vacíos y dependientes 253–254, 260–261
contemplar los 300
diferentes visiones de los 137–139
esquemas en el examen de los 336–338
existencia dependiente 42
existencia inherente de los 71–70, 149–150, 201
funcionalidad y ausencia de existencia inherente 107–106, 250, 256–260, 265, 271–272
malinterpretar los 67–68
modo último de existencia de los 198, 238–237, 268–269
naturaleza de los 201
naturaleza vacía de los 42, 237
sutrantika, visión de los 90–91
términos de uso 82
treinta y seis factores 354–363
tres tipos de 210
fenómenos condicionados
como carentes de ocho características de 145–148, 258–259
como permanentes, refutación de los 39–40
como vacíos y dependientes 261
teoría del dharma de los 378, 404
tres fases de los 342
vacuidad de los 171, 216
y no condicionados, distinciones entre 409–410
fenómenos no condicionados 124, 171, 409
física cuántica 127, 137
forma/materia *Véase* nota al pie 23
abhidharma, diversas visiones de la 364, 385, 397–401
análisis de la 234–238
cómo surge la 234
como surgimiento dependiente 236
el espacio en referencia a la 407–408
es vacía 234–235
significado de 364
unidad más pequeña de la 392
vacía de sí misma 235
formas derivadas 369
Fundamentos de la práctica budista 50, 152, 165

G

gozo físico y mental 323
Gran Explicación Detallada (Mahavibhasha Sastra) 76, 410 *Véase también* nota al pie 22
Gran sutra de los seis niveles 319
gratificación, peligro y escapar 319–320, 322–323
grilletes 281, 314, 321, 340, 358
guelug, tradición 189, 416 *Véase también* nota al pie 74
sistemas de principios filosóficos 72 *Véase también* notas al pie 130 y 133
textos de principios filosóficos *Véase* nota al pie 13
Gunaprabha 56, 61
Gyaltsab Dharma Rinchen 62

H

Haribhadra 56, 61, 77

I

ignorancia 35, 128, 204–205, 321
   ansia y la 358
   antídoto a la 217–218
   dos modos de funcionar la 338–339
   dos tipos de 172
   métodos para eliminar la 327–328
   prasangika, definición de la 79
   sufrimiento e 318–319
   supresión temporal de la 314
   términos utilizados 83
ignorancia innata que se aferra a la identidad esencial 215
   como la raíz del samsara 172–173
   consciencia conceptual 164–163
   cortar la 82
   del yo y los agregados 224–225
   desafiar la 276
   elaboraciones y la 182–181, 185
   erradicar la 35, 67, 189–191
   es una consciencia errónea 204
   identificar la 33–34
   innata y adquirida (dos niveles) 176–178
   términos de uso 83
   vacuidad y la 64–65
   visión errónea de una identidad persona 213
Iluminación *Véase* completa Iluminación
   cualidades necesarias para la 144
   en las religiones no budistas 303–305
   siete factores de la 358
   significados de la 151–152
Iluminando la triple fe (Tenzin Gyatso) 54–58

impermanencia 89
   burda y sutil *Véase* nota al pie 84
   causalidad e 300
   contemplar la 312
   de las sensaciones 323
   en la comprensión de la ausencia de identidad esencial 363
   Liberación sin signos y la 144
   los primeros abhidharmikas y la 376
   permanencia e 294, 296, 405
   sutil 157, 342–345, 361, 368
Implicarse en las acciones del bodhisatva (Shantideva) 59, 63, 207, 292
imputación 99, 176, 392, 409
   en la prasangika 106, 120, 415
      Véase también nota al pie 27
   en la sautrantika 90–91, 109, 124
imputadamente existente 91–93
   Véase también nota al pie 24
   Asanga, sobre 96
   en la sautrantika 91
   en la vaibhashika 88–89
   según los prasangika 123
India 248, 275, 288–289, 411 *Véase también* nota al pie 82
Indrabhuti 305
inferencia 150, 210–211
Introducción a las dos verdades (atisha) 63–64
investigación 62, 82, 177, 310 *Véase también* nota al pie 50
Ishvarasena 76

J

jainismo 286, 408 *Véase también* nirgrantha (jainistas)
Jamyang Shepa *Véase* notas al pie 33, 73 y 84
Jetari 69, 77
Jñanagarbha 77

Índice por palabras / 453

John Main 302
judíos 292, 301

K

kadam, escuela 79-80
kagyu, (tradición) textos de principios filosóficos *Véase* nota al pie 13
Kamalashila 50, 55, 60, 70-69, 77
karma 90, 205-206
   causal 213
   convicción del 45-44
   de abandonar la vacuidad 266
   destructivo, creación de 323
   en los seres realizados 202
   en los sistemas no budistas 295-296
   estabilizar la fe en el 46
   los dos extremos y el 248
   nihilismo ético y el 119, 263-264
   no creer en la ley del 43
   surgimiento del 181-182, 185-186
   y el yo 111, 178
   y los engaños 314-315
   y renacimiento 306-307
Khuddaka Nikaya 387-388
Khunu Lama Rimpoché 59, 188
Kotthita 358

L

Langdarma 61
Lavapa 77
lenguaje 408
   limitaciones del 199-200
   papel del 102, 205
   pronombres de primera persona 183
liberación 350, 352
Liberación 65-64, 206, 246, 334, 336, 337 *Véase también* en la entrada Nirvana; las tres puertas a la Liberación y el

aceptación de la 286-287
aspiración a la 33, 61, 186, 276
como inherentemente existente 43-44, 142-143
en el vehículo fundamental 278-283
en los sistemas filosóficos no budistas 84-85, 219, 303-305
enseñanzas que dirigen a la 135-136
lo que se requiere eliminar para lograr la 174-175, 178, 242-241, 245, 281
semillas de 48
y negación 193, 203-204, 208-209, 211
libre albedrío 306-308, 414
Libro de la causalidad 415
Libro de los agregados 341
Ling Rimpoché 215
lógica *Véase* razonamiento y lógica
luz clara no compuesta 46

M

madhyamaka (camino medio) 64, 72, 77, 273 *Véase también* prasangika madhyamaka; svatantrica madhyamaka
   ausencia de identidad esencial, sobre la 115-117, 195
   confundir términos del 140
   debate en el 59
   definitivo e interpretable en el 128-129
   dos extremos, como libertad de los 254, 272-273
   en la India 76-77
   existencia inherente, sobre la 253-254
   malinterpretar 333
   negaciones no afirmativas, sobre las 192

nihilistas, refutar que son 262-267
objeto de negación en la 126
orígenes de 69
otros sistemas de principios y la 68
prasangika/svatantrika, diferencias entre 102-106, 125, 134-135, 232-233
sobre el cuerpo *Véase* nota al pie 109
sobre las dos verdades 251-252
sobre las partículas sin partes 411-412 *Véase* notas al pie 118 y 130
sobre la vacuidad 236
visión 37-43, 54
y el abhidharma, conexión entre 415-417
y el mundo externo 137
y la transitoriedad *Véase* nota al pie 133
yogachara, diferencias entre la 102-103
maestro espiritual 45-46, 50, 65-64, 273
mahamudra 189, 237
mahayana *Véase* vehículo universal (mahayana)
Maitreya 55, 75, 297, 414 *Véase también Ornamento de las comprensiones experienciales claras*; *Sublime continuo*
Maitreyanath 56
Manjushri 62, 208
Marpa Lotsawa 62
matar, enseñanzas interpretables 132
materialismo 37
medios hábiles, diversidad de visiones 118
meditación
distracciones durante la 159
estabilización en la 51, 150, 311

experiencias en, interpretación errónea de las 310
influencias en la 304
mente en blanco, de la 211
mente
abhidamma, visión de la 384
abhidarma, visión de la 400 *Véase* mente y factores mentales
análisis de la 380-381
como base de la meditación 237
como inherentemente existente, aferrarse a la 127, 174-175, 178
como "lo mío" 229
como sustancialmente existente 94
desarrollo de la 324
el yo y la 169-172, 220-221, 225, 296
errónea y correcta 175
naturaleza de la, buscar la 147-148
naturaleza vacía de la 188-189
que no tiene objeto 39
vaibhashika, visión de la 88
y su relación con el cuerpo 264
mente base de todo 188 *Véase también* nota al pie 64
mente que se reconoce a sí misma *Véase* autoconocedor
Mente y Consciencia (Blo rig) 414 *Véase también* nota al pie 123
mente y factores mentales
distinguir los 409
en el abhidharma pali 379, 381, 384-385, 391-392, 407, 414
en la sautrantika 92
factores mentales virtuosos 180-181
mente aislada 189
omnipresentes 391-392
mérito 45, 47-48, 48, 273
método, aspecto del 33, 48, 74, 186, 251-252, 285
Milarepa 62

mimamsaka, sistema 86
Mipham 239
monasterio de Kopan 61
monasterio de Samye 62
monasticismo (tibetano) 48, 60, 65-66, 70, 414
Montserrat 302
movimiento, definición de 406
muerte 358
   aniquilación/visión nihilista de la 254, 263
   elemento tierra 365-366
   momento de la 329
   tres tipos de persona y la 329
   vaibhashika, visión de la 90
   visión absolutista y la 331
mulasarvastivada 374
Mulasarvastivada 56

N

Nagarjuna 76, 118, 275, 376, 416 *Véase también* nota al pie 16
   Alabanza al mundo trascendente 284
   Comentario sobre la bodhichita 39, 67, 77
   confiar en 63, 75, 273-274, 298
   confíar en 50
   en el Tíbet 64
   Guirnalda preciosa 139, 174, 282 *Véase también* nota al pie 58
   homenaje a 54, 59-60
   interpretar erróneamente a 270-271
   Refutación de las objeciones 252, 270
   respuesta a los sarvativada 73
   Sesenta estrofas de razonamiento 39, 127
   Setenta estrofas sobre la vacuidad 172, 216
   sobre el aferramiento a las visiones 332-333
   sobre el tiempo 382 *Véase también* Tratado del camino medio
naiyayika, sistema 85
Nalanda
   universidad de 275
   Universidad de 53-54
Nalanda, tradición de 53-54, 54-58, 58, 62, 411
Nandaka (bhikkhu) 344
naturaleza de buda 180, 201-202, 260, 297-299 *Véase también* nota al pie 3
naturaleza propia (svabhava, sabhava)
   en el abhidharma de Sri Lanka 387-388
   en el abhidharma pali 383-387, 387, 393-394, 396 *Véase también* nota al pie 121
   en la sarvastivada 382, 409
   en la sautrantika 408, 410
   términos en la evolución 408-415
naturalezas imaginadas 100, 123, 130
   Véase también nota al pie 35
negaciones afirmativas 192
negación no afirmativa 114, 192-194, 237, 241, 247, 297-298
nihilismo 106, 210, 239, 269, 333
   confundir la vacuidad con el 43-44
   contrarrestar el 250, 266-267, 342
   de Nagarjuna, acusaciones y refutación 40-43
   desenraizar el 328-329
   en los sistemas de principios filosóficos no budistas 86
   ético y filosófico 119
   evitar el 47, 59
   liberarse del 118-119

protección del 139
refutar el 272-274
tipos de 263-266
visión del 36-38
nirgrantha (jainistas) 86
nirvana
   cuatro etapas para la comprensión del 313-314
   y la sabiduría 335
Nirvana 188, 201
   causas del 35
   como "lo último" 396-397
   como no condicionado 409
   en la tradición pali 309, 385 *Véase también* nota al pie 92
   las tres puertas a la Liberación y el 140-142, 144
   logro del 173, 201, 328
   Nagarjuna, definición del 181-182
   que No Mora 171, 201-202
   sin residuo *Véase* nota al pie 25
   vislumbrar el 321
niveles del bodhisatva 414
   cuarto 113
   octavo 113, 151-150, 202
   séptimo 282-283
no desperdicio (avipranasa) 90
no dualidad 43-44, 55, 105-106, 139, 188, 193
no retornante 41, 151, 257, 282, 314-313 *Véase también* notas al pie 77 y 99
nyingma, tradición 239-241 *Véase también* nota al pie 13

O

objeto concebido 156, 159-160, 189
   como objeto de negación 210-212, 215
   del aferramiento a la identidad esencial de la persona 242
   en el sistema prasangika 161-162, 174-175
objeto con el que se implica *Véase* objeto aprehendido
objeto de enfoque *Véase* objeto observado
objeto de negación 106, 111-112, 115, 243-246, 278-279, 413 *Véase también* existencia inherente
   como el objeto concebido por la ignorancia que se aferra a la identidad esencial 210-212
   consejos a los principiantes 227-229
   dos extremos y el 247-249
   en la prasangika y sistemas inferiores, diferencias 96-97, 103-104 *Véase también* nota al pie 27
   en los sistemas inferiores 92-96
   existencia inherente, como 34, 114-115
   identificarlo correctamente, la importancia de 203, 207-210, 217-218, 246-247
   persona autosuficiente y sustancialmente existente como 112-114
   progresión del 122-123
   razonamiento y 50-51
   términos de uso 83-84
   yo permanente como 112
objeto observado 156
objeto observado/de enfoque 155-156, 158-160 *Véase también* nota al pie 53
   del aferramiento a la identidad esencial de la persona 241-242
   en la prasangika 162-163, 175-176, 225-227 *Véase también* nota al pie 56

seres conscientes, como 180–181
objeto que aparece 84, 155–160
   en el sistema prasangika 161–163
   en la comprensión de la vacuidad; directa e inferencial 194
   según los sautrantika 93, 155, 159–160
objetos aprehendidos 124, 189–190
   como objeto de negación 213–214
   en la meditación en la vacuidad 241
   identificar los 192–194
   según los prasangika 159–160, 175–176
   según los sautrantika 156–160
objetos conocibles 89, 99, 107, 110, 249, 390 *Véase también* nota al pie 89
objetos de negación
   dos tipos de 203–204
objetos externos
   como objetos que posee el yo 95
   según los yogachara proponentes de las escrituras 98–99
   variedad de visiones sobre los 76–78, 109, 124–126
objetos sensoriales 169, 201, 211, 318, 319, 322, 326–328, 356–357
ocho extremos 184–185
ocho preocupaciones mundanas 49
óctuple sendero 305, 332, 336
   desarrollar el 371
   la sabiduría del 309
   y la atención a la sensación 323
   y la meditación en los agregados 320–321
omnipotencia 289–292
omnisciencia 289–292
orgullo *Véase*
Ornamento de las comprensiones experienciales claras (Maitreya) 45, 143

Ornamento de las comprensiones experienciales claras (Vimuktisena) 56
oscurecimientos aflictivos 200
oscurecimientos cognitivos 33–34, 200, 203–205, 203–207, 247 *Véase aquí* nota al pie 68
otra naturaleza 386–385, 410
otras vacuidades 73, 235

P

Padmasambhava 61
pali, tradición
   sobre la sabiduría 309
   sobre las tres puertas de la Liberación 144
   sobre la verdad última 396–397
Parayanavagga 333
partículas sin partes 70–71, 299 *Véase también* nota al pie 118
   en el abhidharma pali 381, 403
   refutación de las 102, 109–110, 124, 211, 277–278, 411
   sautrantika, visión de las 91, 101–102, 401–403
   vaibhashika, visión de las 88, 101–102, 401–403
Patañjali 409
patrones habituales 306–308
Patsab Nyima Drak 73, 79
percibidores directos 149, 153–152, 192
   del nirvana 151–152 *Véase también* nota al pie 49
   en la prasangika 115, 123
   en la sautrantika 93
   mentales 152–153, 211–212
   objetos que aparecen y objetos aprehendidos 156
   sensoriales 153–157, 231–232
   y consciencias conceptuales, relación 154–155

yóguicos 93–95, 192, 389
permanencia apacible
 enfocada en la vacuidad 47
 unión de la (visión superior) y la
  34, 51, 55, 150, 155, 191
persona 412 *Véase también* nota
 al pie 140; *Véase también* yo
 o alma (*atman*); ausencia
 de identidad esencial de la
 persona
 abhidharma, visiones de la
  382–384, 393, 394, 412
 aferramiento a la identidad esencial de la *Véase* nota al pie 37
 apariencia convencional de la
  259–260
 permanente, refutar que sea 74
 surgimiento dependiente de la
  272–273
 visión nihilista de la 273
persona aislada de la ilustración 224
persona autoaislada 89, 92, 224–223
persona autosuficiente y sustancialmente existente 68, 129, 143, 203
 burda y sutil 223–222 *Véase* notal
  al pie 33 y 73
 como objeto de negación 91–95,
  111–114, 117, 123–124, 220–224,
  241–243, 278–279
 consciencia de 227
 en la prasangika 115
 en la vaibhasika y la sautrantika
  89–90, 130–129, 195, 246, 277
 en la yogachara 98, 101
 enseñanzas provisionales sobre
  133
 limitaciones 125–127, 279–280
 y un yo independiente, diferencias entre 221–222
prasangika madhyamaka 72,
 76–75, 78, 84–83, 127, 414 *Véase
 también* nota al pie 24; *Véase
 también* nota al pie 27

aferramiento a la identidad
 esencial de la persona, sobre
 el 222
algo localizable y concreto. sobre
 127
ausencia de identidad esencial
 335
ausencia de identidad esencial de
 las escuelas inferiores 96–97
ausencia de identidad esencial,
 sobre la 118, 231–233
base objetiva, sobre una 39
Budapalita, sobre la 59
camino medio, sobre el 118–121
definitivo e interpretable 131–136
diferencia entre la svatantrika y
 la 103, 125, 134–135, 242–243
dos verdades, sobre las *Véase* nota al pie 125
en el budismo tibetano, concuerdan con la 64
ignorancia que se aferra a la
 identidad esencial, sobre la
 175–178
las cuatro verdades no comunes
 de los 114, 278–279
método de la 165–167
objetos de la consciencia, sobre
 los 161–162
objetos de negación 114–118, 115,
 232
oscurecimientos, sobre los 243,
 245
percibidores directos, sobre los
 153–155
persona, sobre la *Véase* nota al
 pie 140
revisión 106–108
sobre dos extremos, refutarlos
 en orden inverso 240–241,
 247–249
talidad, sobre la *Véase* nota al
 pie 3

textos de principios filosóficos de la 77-79
tipos de objetos, sobre los 157-158
transitoriedad, sobre la *Véase* nota al pie 133
vacuidad, sobre la 36-38, 207
verdad última, sobre la 84
visión errónea de una identidad personal 174
yogachara, comparación con la 102, 125
preceptos 315-317, 331-332
predeterminación 306-308, 378, 414
predisposiciones 34, 98, 244-245
preguntas del *Sutra Upali* 176-175, 216-217, 235
producción sin naturaleza 100
propias características *Véase* en la entrada características; específicas/propias
proyecciones 82, 183, 260
psicología budista 379
puggalavadins 382
Puntos de controversia 382, 395, 407
purificación 295
    cuatro poderes oponentes 308
    de las negatividades 45, 273, 276
    papel de la mente en la 188

Q

Quinto Dalai Lama, Lobsang Gyatso 225

R

Ratnakuta Sutra 216, 235
razonamiento y lógica 46, 51, 257
    Véase también consecuencias; silogismos
    conceptualidad y 154
    el Buda animó a la investigación 53
    en el análisis del yo 295
    en el vehículo fundamental 284-285
    en la vacuidad 151-152
    fenómenos ocultos, en los 210-211
    objetos que niega el 204
    para discernir el significado definitivo 135-136
    propósito del 164-166, 246
realizadores solitarios 35, 151-150, 201, 281-285 *Véase también* nota al pie 25
reduccionismo científico 86
Reflexiones
    sobre el elemento tierra 367
    sobre el estado de ánimo presente 255
    sobre el significado interpretable y definitivo 136-137
    sobre el vocabulario de la vacuidad 84
    sobre el yo, tres visiones erróneas del 229
    sobre la ausencia de identidad esencial 118, 199
    sobre la cognición 155
    sobre la conceptualización 183-189
    sobre la dependencia causal 293
    sobre la economía 254
    sobre la forma y la vacuidad 238-239
    sobre la madhyamaka, dos ramas de 108
    sobre la negación no afirmativa 199
    sobre las aflicciones 179-180
    sobre las dos verdades 274
    sobre las religiones 305-306
    sobre las tres características 341-342

sobre las tres puertas a la Liberación 148
sobre las visiones nihilistas 267
sobre la vacuidad 43, 274
sobre la visión errónea de una identidad personal 178
sobre los agregados 350-351
sobre los engaños y la eliminación 317
sobre los objetos 155
sobre los objetos de negación 210, 218
sobre los objetos y las consciencias 160-161, 164
sobre los sistemas de principios filosóficos 80, 128
sobre los sistemas de principios inferiores 97
sobre los tres aferramientos 321
sobre los tres tipos de personas 330
sobre los yogachara 102-103, 263-267
sobre "mi" y "lo mío" 230-231, 352
sobre un alma permanente 296
sobre un estudiante adecuado 49-50
sobre uno mismo y los demás 260
reglas, aferramiento a las 331
religiones en el mundo
   adecuada para cada persona 301-302
   clasificación de las 285-287
   examinar las 287-288
renacimiento
   afortunado 47-49, 329
   ansia y 358-359
   elección 306-307
   el yo y el 170, 219, 337, 382
   karma y 178
   producir un 185-186

visión nihilista del 263-266
Rendawa Zhonnu Lodro 64, 64-65
Requisitos para la Iluminación 143
   Véase también nota al pie 45
rueda del Dharma 46, 53, 99, 130, 135
   Véase también nota al pie 42

S

sabiduría 273 *Véase también* sabiduría inmaculada
   adiestramiento superior en la 309-310
   de la realización espiritual clara *Véase* sabiduría del sendero (P. *magga-pañña*)
   etapas para desarrollarla 322-324
   no conceptual 147
sabiduría de la visión superior (P. *vipassana-pañña*) 309-317, 321, 323-324
sabiduría del sendero (P. *magga-pañña*) 309, 314, 316-317, 321, 336
sabiduría inmaculada 105, 143, 191, 212-211
sabiduría que comprende la vacuidad 147, 172, 239
   cese del aferramiento y la 280-279
   conceptualmente 163
   del yo 175
   desarrollar la 34, 50-52
   directamente 33, 36, 163, 173 *Véase también* nota al pie 56
   objeto aprehendido por la 192-194
   objeto de negación de la 190
   y el Cuerpo de la Verdad 251
Sakya Pandita (1182-1251) 62
sakya, tradición 188, 239 *Véase también* notas al pie 13 y 64
samadhi *Véase* concentración
samsara
   ansia por el 329

cese del 206-205
contemplar el 50, 265
cortar la raíz del 127-126
erradicar sus causas 33-34
insatisfacción en el 33
secuencia causal del 185-186
y la ignorancia que se aferra a la identidad esencial 172
y las tres puertas a la Liberación 141-142
Samsara, Nirvana y naturaleza de buda 67
Sanghabhadra 401
Santaraksita 55, 60, 61, 70-69, 77
sautrantika, escuela 72, 124, 283 *Véase también* nota al pie 24
   ausencia de identidad esencial en la 117, 195-197, 231, 242
   camino medio, interpretación del 120
   Chandrakirti y la 78
   definitivo e interpretable en la 129
   escrituras 76
   existencia inherente en la 115
   orígenes de la 69
   ramas de la 75
   resumen de la 90-97
   sobre el espacio 408
   sobre el tiempo 404-405
   sobre la Iluminación 246
   sobre las partículas sin partes *Véase* nota al pie 118
   sobre la transitoriedad *Véase* nota al pie 133
   sobre los dos oscurecimientos 244
   sobre los objetos 155-160
   Vasubandhu y la 55-56, 76
   y la theravada 72-73
   y la tradición pali 373-374

sautrantika proponentes de la escritura 91
sautrantika proponentes del razonamiento 75, 91, 109
sautrantika-svatantrika madhyamaka 76-75, 88-87, 104-105, 109, 117, 244, 245
Segundo Dalai Lama (Gendun Gyatso) 190, 193
seis clases de seres 173-172
Seis ornamentos 58
semillas
   de las aflicciones 34, 36, 200
   de las aflicciones (ver tabla) 245
   de los seres realizados 202
   para la Liberación, palntar las 48
semillas kármicas 71-70, 98, 106-105, 206, 213, 219, 295, 308, 360
sendero de la meditación 151
sendero de la visión 113, 150
sendero de no más aprendizaje 151-150
sendero de preparación 150
Sendero de purificación (Buddhaghosha) 345, 398 *Véase también* notas al pie 94 y 106
senderos ininterrumpidos 93
senderos liberados 93
sendero supramundano 313, 316-315, 324-323, 337, 350 *Véase también* nota al pie 94
Senderos y niveles, género de textos 414
sensación 319-321
   calmar la reactividad ante la 324, 326-327
   comprender la naturaleza de la 322, 322-323
   impermanencia de la 344
   insatisfacción 345
   no es el yo 362
   seis clases de 356

surgir la 357
seres conscientes
   atención adecuada e inadecuada 180-181
   como budas, medios hábiles para enseñarles 297
   potencial de los 188
   vacuidad de los 171
seres mundanos 36, 82 *Véase también* seres ordinarios
seres ordinarios 36, 82, 149, 199, 210, 264
Serie más corta de preguntas y respuestas 330
Shakyaprabha 56, 61
Shantideva 55, 59, 63, 82, 118 *Véase también* implicarse en las acciones del bodhisatva
Sharawa 79
Shariputra 336, 358, 364, 366, 368, 375, 387
Shariputrabhidharma shastra 386-385 *Véase* nota al pie 120
Siete tratados del abhidharma 76
Siete tratados sobre la cognición válida 76, 98 *Véase también* nota al pie 30
significado definitivo 33, 233
   abhidharma, visión del 394-396
   confiar en el 298
   en la yogachara 99
   fuentes del 63-66
   importancia del estudio del 118, 273-274
   prueba lógica del 137-140
   respetar el 136
   sistema de principios filosóficos sobre el 129-136
   terminos de uso 128-130
   verdad última y 252
significado provisional/interpretativo 53, 233
   respecto al uso del 129-130, 134-135 *Véase también* nota al pie 39
   respetar el 136
   visión del abhidharma del 394-396
   visiones de cada sistema de principios del 129-136
signo (P. *nimitta*) 311
silogismo 78, 164-166, 167-168, 270
   Véase también nota al pie 17
   debate sobre los 78 *Véase también* nota al pie 17
   ejemplo de un 261
   propósito del 166-168
   sobre un creador externo 289
sin naturaleza última 100
sistema samkhya 78-77, 85, 408
   camino medio, interpretación del 119
   causalidad en el 290-292
   el no teísmo en el 286
   refutación del 378
sistemas de principios filosóficos
   como algo progresivo 69-71, 74, 121-128
   estudio de los, método de 74-75
   estudio, propósito del 68-70, 73-75, 81-83, 111-112
   fuente de los 233
   fuentes sobre los *Véase* nota al pie 20
   género de (*siddhanta*) 70, 81
   no budistas 84-87
   proponentes y practicantes, diferencias entre 283 *Véase también* nota al pie 88
   propósito del estudio de los 31-32, 55-56
   sobre el funcioinamiento de las cosas 287 *Véase* nota al pie 89

sobre las partículas sin partes
Véase nota al pie 130
variaciones clave de los 87-88
Songtsen Gampo (c. 604-49) 62
sravakas 35, 151, 201, 281-285 *Véase también* nota al pie 25
Sri Lanka 373-374, 387, 400, 401, 404, 411
sthaviravada *Véase* nota al pie 120
sufrimiento *Véase* duhkha (insatisfacción)
superposición 143, 173, 218 *Véase también* nota al pie 57
Suplemento al Tratado del camino medio (Chandrakirti)
sobre el aferramiento a la identidad esencial y los agregados *Véase* nota al pie 58
sobre la madurez para escuchar enseñanzas de la vacuidad 44
sobre las cualidades de escuchar sobre la vacuidad 46
sobre las dos verdades 107
sobre los niveles de aferramiento a la identidad esencial 222
traducciones al tibetano del 79
visión errónea de una identidad personal 173
surgimiento dependiente 54, 145-146, 166
beneficios de comprenderlo 260
causal 216, 287-288, 294, 299-301 *Véase también* condicionalidad
como antídoto a la ignorancia 217
dharmas, y los 382
en las experiencias cotidianas 319-320
negar erróneamente 248

para examinar los fenómenos 336-338, 383
para refutar los dos extremos 272-274
profundidad del 275
seis grupos de seis *Véase también* doce vínculos del surgimiento dependiente
ver el Dhamma 370 *Véase también* nota al pie 111
y duhkha 256-257
y la vacuidad 34
y la vacuidad de la forma 234-235
y los primeros abhidharmikas 377-378, 415-418
y los seis grupos de seis 357-358 *Véase también* doce vínculos del surgimiento dependiente
y vacuidad, como complementarios 38, 40-42, 46-47, 107, 138-139, 207-210, 239, 249-250, 252, 262
sustancia 388, 409-408
sustancialmente establecido 89, 120-119
sustancialmente existente
Asanga, sobre 96
en la prasangika 107
en la sautrantika 92
en la vaibhasika 89-90
significado de *Véase* nota al pie 24
sustancia primordial 85, 211, 236, 288, 290, 378, 389, 391, 401-400, 406, 413
Sutra de la enseñanza de Akshayamati 131, 135
Sutra de la Perfección de la Sabiduría en cien mil estrofas 134
Sutra de la Perfección de la Sabiduría en ocho mil estrofas 282
Sutra de la Perfección de la Sabiduría en veinticinco mil estrofas 235

Sutra de la red de Brahma 330
Sutra de las preguntas de Adhyashaya 280-279
Sutra de las visiones sostenidas 328-329
Sutra del capítulo de Kashyapa 154-155, 235, 268
Sutra del corazón 53, 130, 134, 142, 233
   sobre las dos verdades 237-238
   sobre la vacuidad y la forma 234-237
   y los cinco agregados 171
   y Mipham 239
Sutra del descenso a Lanka 71
Sutra de los diez niveles 282, 414
Sutra del regalo del niño precioso 48
Sutra del rey de la concentración 35, 197-198
Sutra del tallador del diamante 281-282
Sutra del tesoro del que así se ha ido 48
Sutra que desenreda el pensamiento 71, 97, 130, 135, 136 *Véase también* nota al pie 42
Sutras de la Perfección de la Sabiduría 56, 413 *Véase también* nota al pie 42
   malinterpretar los 267
   Nagarjuna 76
   Nagarjuna y los 41-43, 54
   objeciones al significado de los 40-41
   significado definitivo 139, 298
   significado definitivo o interpretable 130
Sutra sobre la exposición de los elementos 396
Sutra sobre la mezquindad de uno en Dhyana 59-62, 280-281
Sutra sobre los secretos del Tathagata 190
Sutra solicitado por Gaganagañja 198

Sutta de la atención a la respiración (Anapanasati Sutta) 312
Sutta de lo magnífico y maravilloso 405
Sutta más corto sobre el Rugido del León 328
Suttanipata 331-334
Sutta sobre la violencia 334
svatantrika madhyamaka 75, 77, 278-277, 414 *Véase también* nota al pie 24; *Véase también* sautrantika-svatantrika madhyamaka
aferramiento a la identidad esencial de los fenómenos en la 242-243
ausencia de identidad esencial de los fenómenos en la 116, 232
base objetiva, en la 40
base objetiva localizable en los fenómenos 127-126
camino medio, interpretación en la 120-121
definitivo e interpretable, significado 133-136
objeto de negación, en la 279
revisión de la 103-104
sobre la base de imputación 89
sobre la completa Iluminación 245
sobre la vacuidad 37-36
subdivisiones 105
y la prasangika, diferencias entre la 103-105, 125, 135, 242-243

T

Tagdrag Rimpoché 59
talidad 36, 44, 201, 238-237, 267, 283
   Véase nota al pie 3
tantra 184, 187
Tantra de Guhyasamaja 132, 189
Teckchen Choling 59
tendencias subyacentes 315, 322, 356

Índice por palabras / 465

Tenzin Gyatso Decimocuarto Dalai Lama 30-31, 227 *Véase también* iluminando la triple fe (Tenzin Gyatso) en págs 54, 58 y 59-63
  en el Kumba Mela 35
  monjes católicos y 301-302
  respeto por todas las enseñanzas 136
  sobre comprender la prasangika 128
  sobre los creadores 292
  sobre su propia fe 285-286
  sobre sus logros espirituales 193-194 *Véase* nota al pie 66
  teoría del cambio 405-406
  tesis 164-166, 269-272
Tesoro del conocimiento (Vasubandhu) 75, 76, 143, 223, 278 *Véase también* nota al pie 117
tetralema 415
theravada, tradición 72-74, 402 *Véase también* nota al pie 96
  abhidharma 399-400 *Véase* nota al pie 127
  abhidharma pali en la 373
  sobre el paramanu (racimo material) 402-403 *Véase* nota al pie 131
  sobre el tiempo 404-406
  sobre la concentración 310-313 *Véase* nota al pie 94
  sobre la Iluminación 151-152
  teoría del dharma de la 386-387
tiempo 299, 406-407
  en el abhidharma sarvastivada 382, 386
  en las antiguas tradiciones indias 394
  y designaciones 393-394
tiempo entre sesiones de meditación 198

transitoriedad 397-398, 404-406 *Véase también* nota al pie 133
Tras las huellas del Buda *Véase* nota al pie 1
Tratado sobre el camino medio (Nagarjuna) 63, 76, 136-135, 188, 258, 333
  homenaje en 145, 147, 258, 275
  sobre el nihilismo, acusación y refutación 40-43, 255-256
  sobre el yo y "lo mío" 178
  sobre la diversidad de enseñanzas del Buda 128-129
  sobre la percepción errónea de la vacuidad 263
  sobre las cinco características de la realidad 199
  sobre las conceptualizaciones y elaboraciones 181-182
  sobre la vacuidad como la eliminación de todas las visiones 269
  sobre la vacuidad y el surgimiento dependiente 253-254
  temas del abhidharma en 415
Treinta y siete prácticas de los bodhisatvas 307
tres adiestramientos superiores 56, 309, 314, 374 *Véase también* nota al pie 7
tres características 342
  agregados y las 349-350
  contemplar las 323-324
  en el análisis de los fenómenos 336, 338-341
  sabiduría de la visión superior y las 309-313, 321
  tradiciones pali y sánscrita, comparación 335-336
tres puertas a la Liberación y las 144-145
  ventajas de comprenderlas 341

visión directa de las 352-353
Tres Joyas 41-42, 42, 46, 57, 65-64, 256-257
tres Madres 56 *Véase también* nota al pie 6
tres naturalezas 99, 130-131
   como ausencia de naturaleza 99
   relación entre las 101
tres puertas a la Liberación 140-142, 144-145, 268-269
   base, sendero y resultado y las 142-143
   cuatro verdades y las 143
   ocho significados profundos 142
Tsongkhapa 62-64, 73, 75, 78-79, 249, 275
   Exposición media del sendero gradual 251
   Exposición última de la sabiduría 173, 179-178, 190, 216-215, 222
   Gran exposición sobre las etapas del sendero 62-63, 208, 212, 214-215
   Guía concisa del camino medio 92
   Rosario de oro 207
   visión de, progresión personal 139, 207-208

U

último, significado del término 374, 383, 389-390, 395-396, 413
universo
   múltiples 294
   origen del 293-294
urgimiento dependiente 306

V

vacío propio (de la forma) 235
vacuidad 36-38, 151, 236, 416
   como antídoto a la ignorancia 172-173

como el modo último de existencia 33
como la puerta de la Liberación 140, 143-144
como propiedad de los fenómenos convencionales 266-268
comprensión general budista de la 207
comprensión inferencial 51, 197-198 *Véase* nota al pie 67; *Véase* nota al pie 63
cualidades para estudiar la 44-49, 68-69
el poder de comprender la 206-207
en el vehículo fundamental 281
énfasis tibetano en la 64-65
en los primeros abhidharmikas 375
está libre de toda elaboración 186
estudiar, la importancia de 40, 41, 64-68, 255
etapas para comprender la 149-152
instruir a otros sobre la 49
la importancia de comprender la 33-36, 303-304
malinterpretación de la 39-46, 267-268, 280-281
mérito de estudiar la 46-47
negar la 253
no existencia, confundir la 249-250, 252, 262, 269
objetivar la 269
oscurecimientos mentales y la 262
percepción directa de la 149, 211, 258, 267
su naturaleza 38-43
sutil 112
también es vacía 333
visión prasangika de la 171-172, 272-274, 298-299

y tener una naturaleza última, distinguir entre la 185
vaibhashika, escuela 72, 278–277, 283, 412 *Véase también* notas al pie 24 y 128
ausencia de identidad esencial en la 117, 195–196, 231, 242
Cachemira 90 *Véase* nota al pie 137
camino medio, interpretación en la 119–120
Chandrakirti y la 78
definir, diversas opiniones sobre la *Véase* nota al pie 22
definitivo e interpretable en la 130
dos oscurecimientos en la 244
funcionamiento de las cosas en la 287 *Véase también* nota al pie 89
orígenes de la 69
ramas de la 75
resumen de la 88–90
sammitiya 242 *Véase también* nota al pie 34
sobre la Iluminación 246
sobre las partículas sin partes 401–403 *Véase* notas al pie 118 y 130
sobre la transitoriedad *Véase* nota al pie 133
sobre la verdad última 84
textos de principios filosóficos 76
theravada y la 72–73
tradición pali y la 373–374
Vasubandhu y la 55–56, 76
vaidantikas 299–300
vaishesika, sistema 85, 299, 408
vajrayana 57
Vasubandhu *Véase también* Tesoro del conocimiento (Vasubandhu)
en el Tíbet 71

Explicación de Tesoro del conocimiento 76
homenaje 55, 60
Siete tratados del abhidharma 76
vehículo fundamental 60, 75, 87, 278
Véase también nota al pie 77
vehículo universal (mahayana) 54
completa Iluminación en el 251
enseñanzas del 283–284
los sistemas de principios filosóficos del vehículo fundamental en el *Véase* nota al pie 88
naturaleza de buda en el 297
sistemas de principios filosóficos del 75–76, 87
Vasubandhu en el 60
verdades convencionales 147–148, 184, 263
verdades veladas *Véase* verdades convencionales
verdad última
como la vacuidad de existencia inherente 194
diversidad de visiones de la 84
malinterpretar la 298
visión vaibhashika 88
vida y la vitalidad (T. *srog tshol*) 132
vijñanavada 56–55, 97 *Véase también* yogachara (chitamatra)
Vikramashila (Universidad) 69
Vimuktisena 56, 58, 61, 77
vinaya 56, 61
vipasana, el conocimiento de (P. *vipassana-ñana*), 315, 345 *Véase también* nota al pie 105 y 106
visión errónea de una identidad personal 215, 349
antídoto a la 143
como una "sabiduría" aflictiva 175

el aferramiento al yo y a "lo mío" en la 178, 229-230 *Véase también* nota al pie 74
el engreimiento del "yo soy", diferencia con la *Véase* nota al pie 99
  en el canon pali 416-417
  en la prasangika 157-158, 163, 178, 225-227
  en la yogachara 98
  investigar la 195-196
  objeto concebido 242
  objeto concebido de la 190-189
  raíz del samsara 173
  sistemas inferiores y la 95
  visión compartida de la 96-97
  y aferramiento a la identidad esencial de la persona, distinguir 229
  y el sentido válido del yo 212-213
visiones
  adquiridas 224, 300
  correcta 51, 78, 125, 309, 320-321, 332 *Véase también* nota al pie 12
  diversidad de 305
visiones erróneas 272, 329, 339
  adquiridas 206
  aferramiento a las 318-319, 330-334
  como oscurecimientos aflictivos 200-201
  consecuencias y las 166
  contrarrestar las 128
  eliminar las 190
  Nagarjuna diezma las 40
  renunciar a las 330
  resultados de las 42
  y los agregados 349-350
visión seca *Véase* nota al pie 94
visión superior 361 *ver dentro de permanencia apacible* (unión de la)
  beneficios de la 326
  correcta 320-321
  en los objetos sensoriales 326
  meditación de la 311, 324, 350 *Véase también* nota al pie 94; *ver dentro de visión superior* (meditación de la)
  propósito de estudiar sobre la 67-68
  requisitos previos para la 50-51
Visuddhimargasannaya (*Parakaramabahu*) 403

Y

Yinshun *Véase* nota al pie 120
yogachara (*chitamatra*) 55, 72, 278-277
  aferramiento a la identidad esencial de la persona en la 242
  aferramiento a la identidad esencial de los fenómenos en la 242
  ausencia de identidad esencial en la 117, 195, 231, 242
  camino medio, interpretación en la 120-121
  como un paso útil 304
  definitivo e interpretable en la 130-131 *Véase también* nota al pie 42
  expansión de la 79
  nombres de la 97 *Véase también* nota al pie 28
  objeto de negación en la 279-278
  objetos de la consciencia en la *Véase* nota al pie 54
  orígenes de la 60, 69
  ramas de la 75
  resumen de la 97-103
  sobre la completa Iluminación 245
  sobre la materia 138

sobre las partículas sin partes 411
sobre la transitoriedad *Véase* nota al pie 133
sobre la vacuidad 37-36
sobre los dos oscurecimientos 244
textos de la visión 76, 97-98
tibetana y china, diferencias 71
y la base objetiva 40
yogachara-madhyamaka 60, 77
yogachara proponentes de las escrituras
98-99, 130
yogachara proponentes del razonamiento
76, 98
yogachara-svatantrika madhyamaka
73, 77
yoga de la deidad 237
yogui/yoguini términos utilizados 82
yo o alma (*atman*) *Véase también* en "agregados" persona; visión de una identidad personal
aferramiento al 331
concepto del, importancia de comprenderlo 111
conceptos válidos del 209-210, 212-213, 359
cuatro atributos del 347-348
desenraizar todas las visiones del 328-329
en las escuelas no budistas 84-87, 295
examinar el 174-175, 361-363
objetos que posee el 95-97
pensamiento indio de la época del buda sobre el 360, 394
permanente 112, 115, 123, 125, 170, 206, 219, 226, 228, 255-254, 277
permanente (ver tabla) 159

perspectiva del abhidharma 375, 378-379
refutación del 295-296
sentido instintivo del 169-172
términos de uso 83
términos equivalentes 214
verdadero 286, 298

Z

zen, tradición 151

Milton Keynes UK
Ingram Content Group UK Ltd.
UKHW020627291123
433416UK00016B/994